뽑히는 면접

면접 합격 포인트 30분 특강

뽑히는 면접

서울문화사

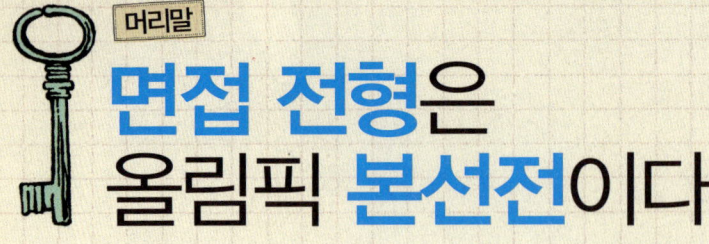

머리말
면접 전형은 올림픽 본선전이다

"군대에서는 국가에 충성하라고 계급장을 달아줍니다. 저에게 A사 배지를 달아주신다면 A사에 충성하겠습니다."

한 대기업 면접에 참가한 지원자는 애사심과 열정을 강조하기 위해 지인을 통해 어렵게 그 회사 배지를 구했다. 그리고 면접장에서 큰 목소리로 외쳤다. 결과는 어땠을까? 면접관들은 흐뭇한 아빠 미소를 지으며 지원자에게 합격의 배지를 주었다. 물론 이 지원자의 합격 여부에 배지가 미친 영향은 적을지도 모른다. 그런데 그것 아는가? 면접에서 당락은 아주 사소한 것에서 갈린다는 사실을.

서류 전형이 올림픽 예선전이라면, 면접 전형은 올림픽 본선전이다. 수백 대 1의 높은 경쟁률을 뚫고 몇 대 1의 낮은 경쟁률 앞에 선 당신, 하지만 이제부터 시작이다. 올림픽 무대에 서는 것도 어렵지만, 그곳에서 금메달을 목에 거는 것은 더욱 피 말리는 승부이기 때문이다. 면접장에 오른 지원자들은 한 명 한 명 모두 쟁쟁한 선수들이다. 눈 깜짝할 사이에 메달 색이 바뀔 수 있다. 끝까지 긴장을 늦춰서는 안 된다.

나는 그동안 많은 취업 준비생들을 만나 서류 전형과 면접 전형을 함께했다. 그동안의 노하우를 살려『뽑히는 자기소개서』를 펴냈고, 독자들의 따뜻한 호응에 힘입어 이 책을 준비했다. 처음에는 출간을 올 봄으로 예상했다. 자기소개서와 면접은 짝꿍인 데다 첫 번째 책과 형식이 유사해서 금방 완성할 것이라고 생각했다. 그런데 아니었다. 면접은 자기소개서보다 몇 배로 챙길 것이 많았다. 초조한 마음으로 면접을 기다리는 독자를 위해 나 역시 떨리는 마음으로 한 글자 한 글자 꾹꾹 눌러 채웠다. **오래 묵어서 다행인 것은 현장의 목소리와 사례가 더 늘었다는 점이다.** 특히 강의와 상담은 물론 기업의 외부 면접관으로 활동하면서 직접 면접 과정에 참여한 경험이 책을 완성하는 데 유용했다.

『뽑히는 자기소개서』도 두툼했는데, 이 책은 내복 2벌을 더 겹쳐 입은 모양새다. 구성과 디자인은 『뽑히는 자기소개서』의 독자 반응을 꼼꼼하게 살펴 선택했다. 내용은 크게 2장으로 나뉜다. **1장은 면접 가이드, 2장은 면접 질문과 답변 예시로 꾸몄다.** 이번에는 김병만으로 시작한다. 김병만의 스토리로 영감을 얻었다면, 이후 '면접 자가 진단'을 통해 직접 자신의 합격 가능성을 점쳐보라. 그다음, 면접 실패 유형을 살펴보고 면접관이 선호하는 구직자가 되기 위한 방법도 알아보자. 어느 정도 개요를 익혔다면, 2장의 실전 문제를 풀어보라. **최근 면접에서 빈도가 높은 면접 질문을 모아서 이를 보기 쉽게 6가지 유형으로 구분했다.** 각 테마별로 대표 질문과 답변 예시, 답변 방법을 넣어 풍성하게 꾸몄다. '명사들이 면접을 본다면?'이라는 가정은 이 책에서도 이어진다. 총 60명의 명사들이 당신의 성공 취업을 응원해줄 것이다. 마지막으로 **면접의 높은 문을 활짝 열어젖힌 5명의 선배들이 소중한 면접 경험담과 합격 자기소개서를 모두 공개했다.** 이 책이 모든 기업 면접관의 마음을 대변하지 못할 수도 있다. 하지만 대체로 많은 면접관의 마음이 전달되도록 노력했다. **부디 이 책이 독자들의 면접 합격에 한 알의 밀알이 되기를 바란다.**

CONTENTS

머리말_면접 전형은 올림픽 본선전이다

PART: 01　취업의 99퍼센트는 면접이 결정한다
…… 면접 A to Z

01 〉달인 김병만이 면접을 본다면? » 014
- 달인 김병만과 면접　◆ 면접의 3요소 'EEH'
- 끌리는 구직자 되는 법 7가지　◆ touch : 안철수연구소와 해커

02 〉굿바이! 불합격 면접 » 050
- 면접 자가진단　◆ 수진 씨와 민호 씨의 좌충우돌 면접 패션
- 오디션 프로그램에서 배우는 면접 실수 유형 베스트 12
- touch : 말솜씨를 업!시키는 7가지 방법

03 〉헬로! 합격 면접 » 079
- 매출 올리는 오프닝, 자기PR　◆ 임원 DNA를 파악하라
- PT면접 · 토론면접 2마리 토끼 잡기　◆ 끌리는 말에 숨어 있는 말하기의 기술 15
- touch : 틀리기 쉬운 직장 내 언어 예절

04 〉면접의 맥을 짚어라 - 인사담당자 Q&A » 120
- 면접관은 어떨 때 호의적인가?　◆ 면접 합격 비결은?
- 지원자들이 자주 하는 실수는?　◆ 임원면접에서 무엇을 평가하는가?
- 실무면접을 위한 팁?　◆ PT면접 · 토론면접 대비 방법은?
- touch : 당신이 스티브 잡스라면

PART: 02 뽑히는 면접 답변

... 실전편

01 〉면접 인기 메뉴를 즐기자 – '기본형 질문' 답변법 » 150
◈예시로 배우는 '기본형 질문' 답변법　◈이렇게 바뀌었어요 '3단계 기본형'
◈'기본형 질문' 대표 20선　◈명사들의 스토리에서 배우는 '기본형 질문' 답변법
◈touch : 임형주가 신문을 15개 보는 이유!

02 〉재산을 200퍼센트 활용하라 – '스펙형 질문' 답변법 » 187
◈예시로 배우는 '스펙형 질문' 답변법　◈이렇게 바뀌었어요 '3단계 스펙형'
◈'스펙형 질문' 대표 20선　◈명사들의 스토리에서 배우는 '스펙형 질문' 답변법
◈touch : 합격을 불러온 케이크 이력서

03 〉스펙보다 스토리에 집중하라 – '스토리형 질문' 답변법 » 223
◈예시로 배우는 '스토리형 질문' 답변법　◈이렇게 바뀌었어요 '3단계 스토리형'
◈'스토리형 질문' 대표 20선　◈명사들의 스토리에서 배우는 '스토리형 질문' 답변법
◈touch : "다시 태어난다면 누구로 태어나고 싶은가?"

04 〉밥과 반찬도 어울리는 그릇이 있다 – '회사형 질문' 답변법 » 265
◈예시로 배우는 '회사형 질문' 답변법　◈이렇게 바뀌었어요 '3단계 회사형'
◈'회사형 질문' 대표 20선　◈명사들의 스토리에서 배우는 '회사형 질문' 답변법
◈touch : 기업 CEO들이 가장 후회하는 10가지

05 〉열정과 직무 이해는 비례한다 – '직무형 질문' 답변법 » 296
◈예시로 배우는 '직무형 질문' 답변법　◈이렇게 바뀌었어요 '3단계 직무형'
◈'직무형 질문' 대표 20선　◈명사들의 스토리에서 배우는 '직무형 질문' 답변법
◈touch : "하늘을 나는 모형 비행기를 만들어본 적이 있는가?"

06 〉순발력과 창의력으로 승부하라 – '이색형 질문' 답변법 » 329
◈예시로 배우는 '이색형 질문' 답변법　◈이렇게 바뀌었어요 '3단계 이색형'
◈'이색형 질문' 대표 20선　◈명사들의 스토리에서 배우는 '이색형 질문' 답변법
◈touch : 대학생 100명이 뽑은 대통령의 자격

합격한 면접은 무엇이 다를까? » 361
◈스트르츠 프로스트, 조신웅 편　◈4번째 여전사, 최연경 편
◈몰입하는 개미, 현중식 편　◈7년 전 약속, 유성민 편　◈맨발로 뛰는 마케터, 김우철 편

면접 질문 189제

01> 기본형 질문
- 취미를 소개해보라. ◆ 150
- 성격의 장·단점은 무엇인가? ◆ 153
- 별명은 무엇인가? ◆ 156, 176
- 좌우명은 무엇인가? ◆ 158, 179
- 존경하는 사람은 누구인가? ◆ 158
- 자신을 과일에 비유해서 설명하라. ◆ 159
- 주위에서 자신을 어떻게 평가하는가? ◆ 160
- 주량은 얼마나 되는가? ◆ 161
- 담배를 피우는가? ◆ 162
- 군대 생활은 어떠했나? ◆ 162
- 나이가 많은데……. ◆ 163
- 체력이 약해 보이는데, 힘든 일도 잘할 수 있나? ◆ 164
- 최근에 읽은 책은 무엇인가? ◆ 164
- 좋아하는 운동은 무엇인가? ◆ 165
- 대인관계는 어떠한가? ◆ 166
- 주말이나 휴일에 주로 무엇을 하는가? ◆ 167
- 아침에 일어나면 제일 먼저 무엇을 하는가? ◆ 168
- 첫 월급을 타면 무엇을 하고 싶은가? ◆ 169
- 가장 큰 경쟁력은 무엇인가? ◆ 170
- 면접관이라면 어떤 질문을 하겠는가? ◆ 171
- 지금까지 취업하지 않은 이유는 무엇인가? ◆ 172
- 마지막으로 하고 싶은 말이 있다면? ◆ 174
- 자기소개를 해보라. ◆ 175
- 성장 과정은 어떠했는가? ◆ 177
- 아버지는 어떤 일을 하시는가? ◆ 178
- 인생의 멘토는 누구인가? ◆ 180
- 내 인생 최고의 영화는 무엇인가? ◆ 181
- 지금까지 살면서 슬럼프가 있었나? ◆ 182
- 콤플렉스가 있다면 무엇인가? ◆ 183
- 버킷리스트는 무엇인가? ◆ 184

02> 스펙형 질문
- 학창 시절에 주로 무엇을 했나? ◆ 187
- 대학 전공을 선택한 이유는 무엇인가? ◆ 190
- 자신의 전공을 소개해보라. ◆ 192
- 해당 전공을 복수전공(부전공)한 이유는? ◆ 193
- 전공이 지원 직무와 맞지 않는데, 지원한 이유는 무엇인가? ◆ 194
- 학점이 낮은 이유가 있는가? ◆ 195
- 학점이 높은데, 너무 공부만 한 것 아닌가? ◆ 196
- 다양한 아르바이트를 했는데, 가장 힘든 일은? ◆ 196
- 아르바이트를 하면서 새롭게 시도하거나 배운 것이 있다면? ◆ 197
- 자격증이 없는데 학교 다닐 때 무엇을 했는가? ◆ 198
- 자격증이 무려 19개인데, 왜 그렇게 많이 취득했는가? ◆ 199
- 고등학교를 다닐 때 공부 외에 어떤 활동을 했는가? ◆ 200
- 자신의 해외 경험에 대해 말해보라. ◆ 201
- 해외 경험이 없는데, 어학 공부는 어떻게 하고 있나? ◆ 202
- 어학연수도 다녀왔는데 어학 성적이 좋지 않은 이유는? ◆ 202
- 컴퓨터 활용 능력은 어떠한가? ◆ 203
- 봉사활동은? ◆ 204
- 동아리 활동은? ◆ 205
- 자신이 수행한 팀 프로젝트 중 가장 기억에 남는 것은? ◆ 206
- 공모전 입상 경력이 있는데, 수상 과정을 말해보라. ◆ 207
- 인턴을 하면서 이룬 성취 경험을 소개하라. ◆ 208
- 휴학 기간 동안 무엇을 했는가? ◆ 209
- 어학연수를 가지 않고도 영어를 잘하게 된 비결은? ◆ 211
- 전공이 다른데, 일을 잘할 수 있는가? ◆ 212
- 중국 연수를 간 이유는 무엇이고, 공부 외에 무엇을 했는가? ◆ 213
- 책을 펴냈는데? ◆ 214
- 제2외국어는 무엇을 하는가? ◆ 215
- 다양한 활동을 했는데, 가장 큰 소속감을 느

- 낀 조직은 무엇인가? ◆ 216
- ◈세계 여행은 어떻게 하게 되었는가? ◆ 217
- ◈세계 시장에 진출하는 데 가장 큰 어려움은 무엇이었고, 이를 어떻게 극복했는가? ◆ 218
- ◈할리우드에서 영화를 찍었는데, 무엇이 달랐는가? ◆ 219
- ◈시작장애인 최초의 승마 선수로서 승마마라톤대회에 출전했는데? ◆ 220

03) 스토리형 질문
- ◈리더십을 발휘한 경험을 소개하라. ◆ 222, 254
- ◈창의성을 발휘한 경험은 무엇인가? ◆ 226
- ◈목표를 세우고 도전해본 경험이 있는가? ◆ 228
- ◈지금까지 살면서 성취한 경험은? ◆ 230
- ◈지금까지 한 일 중 가장 열정적으로 했던 일은? ◆ 231
- ◈책임감을 갖고 일했던 경험은 무엇인가? ◆ 232
- ◈어려운 상황을 이겨낸 경험은 무엇인가? ◆ 233
- ◈창의적인 방법으로 문제를 해결한 경험이 있는가? ◆ 234
- ◈변화를 추구했던 경험을 소개하라. ◆ 236
- ◈적극성을 발휘해 다른 사람을 도운 적이 있는가? ◆ 237
- ◈주인의식을 갖고 일했던 경험을 말해보라. ◆ 238
- ◈이문화에 적응하기 위해 노력했던 경험은? ◆ 239
- ◈고객 만족을 위해 적극적으로 노력했던 경험이 있다면? ◆ 240
- ◈가장 큰 보람을 느낀 경험은 무엇인가? ◆ 241
- ◈다른 사람과 협력하여 좋은 결과를 이끌어낸 적이 있는가? ◆ 242
- ◈다른 사람과 갈등한 경험이 있는가? ◆ 243
- ◈이제까지 가장 강하게 소속감을 느꼈던 조직은 무엇이었으며, 그 조직의 발전을 위해 어떤 노력을 했는가? ◆ 244
- ◈조직을 위해 희생했던 경험이 있다면 말해보라. ◆ 245
- ◈팀 내 불화를 극복한 경험을 소개해보라. ◆ 246
- ◈살면서 가장 후회하는 일은 무엇인가? ◆ 247
- ◈인생에서 실패한 경험을 말하라. ◆ 248
- ◈인생을 살면서 가장 힘들었던 일은 무엇인가? ◆ 249
- ◈어려움을 헤쳐나가 전화위복이 된 사례가 있다면? ◆ 252
- ◈불가능한 일에 도전한 경험이 있는가? ◆ 253
- ◈지원 분야 외에 몰두한 경험을 소개하라. ◆ 255
- ◈꾸준히 노력해서 성취한 것이 있다면? ◆ 256
- ◈계획을 세워 노력한 일은 무엇인가? ◆ 257
- ◈지금껏 가장 힘들었던 일은 무엇이었는가? ◆ 258
- ◈살아오면서 가장 감동적인 순간을 말해보라. ◆ 259
- ◈지금까지 살면서 가장 열정을 다 바쳐서 경험한 것이 있다면 무엇인가? ◆ 260
- ◈약속과 원칙을 지켜 신뢰를 형성/유지했던 경험이 있다면? ◆ 261

04) 회사형 질문
- ◈우리 회사에 지원한 동기는 무엇인가? ◆ 264
- ◈다른 회사는 어느 곳에 지원했는가? ◆ 267
- ◈우리 회사에 대해 아는 것을 말해보라. ◆ 269
- ◈포항에 제철소가 들어선 까닭은? ◆ 270
- ◈우리 회사를 어떻게 평가하는가? ◆ 270
- ◈우리 회사에 아는 사람이 있는가? ◆ 271
- ◈현대·기아차와 도요타의 차이를 말해보라. ◆ 272
- ◈우리 회사가 자동차 외에 다른 산업에 뛰어든다면 어떤 시장을 추천하겠는가? ◆ 273
- ◈은행 지점이 포화 상태인데, 앞으로 은행 점포는 어떻게 변해야 할까? ◆ 273
- ◈백화점이 계속 성장하려면 어떻게 해야 하는가? ◆ 274
- ◈패션 시장에서 나타나는 불안 요인을 2가지 꼽고 이에 대한 대안을 제시하라. ◆ 275
- ◈서류 전형 통과 후 입사를 위해 어떤 노력을 했는가? ◆ 276

- 예전 회사는 왜 그만두었는가? ◆ 276
- 다른 회사와 동시에 합격한다면 어떻게 하겠는가? ◆ 277
- 출·퇴근 거리가 꽤 먼데, 어떻게 할 것인가? ◆ 278
- 야근이 많은데, 할 수 있나? ◆ 278
- 원하지 않는 부서에 배치받으면 어떻게 할 것인가? ◆ 279
- 희망 근무지가 아닌 지방이나 해외 지사로 발령이 난다면? ◆ 280
- 상사가 과도한 업무를 주거나 부당한 요구를 했을 시 어떻게 하겠는가? ◆ 281
- 직속 상사가 매우 지독한 성향으로 소문이 자자하다. 그와 계속해서 일해야 한다면? ◆ 281
- 강성 노조를 어떻게 생각하는가? ◆ 282
- 당신에게 직장은 어떤 의미인가? ◆ 283
- 우리 회사가 당신을 뽑아야 하는 이유는 무엇인가? ◆ 285
- 피자 회사의 사훈을 새롭게 만든다면? ◆ 286
- K-POP이 더 성장하려면 무엇을 해결해야 한다고 생각하는가? ◆ 287
- 한국 야구 발전을 위해 아이디어를 낸다면? ◆ 288
- 기업(산업)이 생존하는 데 필수조건은 무엇이라고 생각하는가? ◆ 289
- 30억 예산 영화인 〈연가시〉가 관객들에게 사랑받은 비결은 무엇이라고 생각하는가? ◆ 290
- 클래식과 경영은 어떤 공통점이 있는가? ◆ 291
- 탁월한 성과를 내는 리더와 그렇지 않은 리더의 차이는 무엇이라고 생각하는가? ◆ 292
- 한국에 정착한 계기는 무엇인가? ◆ 293
- 살면서 이루고 싶은 목표가 있다면 말해보라. ◆ 294

05) 직무형 질문
- 지원 직무를 선택한 계기나 이유는 무엇입니까? ◆ 296
- 지원 직무를 잘하기 위해 어떤 노력을 했는가? ◆ 299
- 지원 직무를 한마디로 정의한다면? ◆ 301
- 해당 직무에 대해 아는 만큼 말하라. ◆ 302
- 입사하면 어떤 일을 하고 싶은가? ◆ 303
- 외식사업부의 인재는 어떤 역량이 필요한가? ◆ 304
- 홍보담당자가 되기 위해 어떤 노력을 했는가? ◆ 304
- 은행 텔러에게 꼭 필요한 자질을 무엇이라고 생각하는가? ◆ 305
- 차량 운전을 해본 경험이 있는가? ◆ 306
- 이 일이 스트레스가 많고 힘든데, 어떻게 극복할 것인가? ◆ 306
- 기업이 필요로 하는 교육은 무엇이 있는가? ◆ 307
- 중도상환수수료가 무슨 뜻인가? ◆ 308
- 플랜트 과정은 어떻게 이루어지는가? ◆ 308
- 명품 핸드백 ODM 사업을 하려 하는데, 기존 이탈리아와 거래하던 기업을 어떻게 설득하겠는가? ◆ 309
- 최근 20대 고객이 많이 이탈했는데, 그 이유는 무엇이고 이들을 사로잡기 위한 방법은 무엇인가? ◆ 309
- DM 자료를 발송할 때 스팸이 되지 않으려면 어떻게 해야 할까? ◆ 311
- 친환경 마케팅이 실수하는 이유는 무엇인가? ◆ 311
- 현재 광고 마케팅 흐름을 말해보라. ◆ 312
- 출판사 기획자들이 범하는 오류에 대해 말해보라. ◆ 313
- 고객이 창구에 와서 예금 금리가 다른 은행보다 낮다고 소란을 피운다면, 어떻게 하겠는가? ◆ 314
- 기내 서비스 도중 기내식인 비빔밥이 부족해서 제공하지 못한다면? ◆ 315
- 입사 후 포부는 무엇인가? ◆ 316
- 해당 직무를 무엇이라고 생각하는가? ◆ 318
- 해당 직무를 선택한 계기가 있나? ◆ 319
- 직무 역량을 갖추기 위해 어떤 노력을 했는가? ◆ 320
- 비서의 덕목 4가지를 꼽는다면? ◆ 321
- 아이디어는 어디에서 얻는가? ◆ 322
- 지금까지의 출연작 중에 가장 기억에 남는

- 작품이나 배역은? ◆ 323
- 작품을 하면서 신경 쓰는 것은 무엇인가? ◆ 324
- 데뷔 후 오랜 시간 다양한 작품에서 수많은 역할들을 연기하다 보니, 연기에 대한 매뉴얼이 있을 것 같은데? ◆ 325
- 앞으로의 목표는 무엇인가? ◆ 326
- 2년 후의 모습을 그려보라. ◆ 327

06) 이색형 질문

- 최근 대기업들의 사회 공헌이 급격히 늘어나고 있는데, 여기에 대해 어떻게 생각하는가? 또한 입사 후 사회 공헌 프로그램을 만든다면 무엇을 만들지 이야기해보라. ◆ 329
- 공중파 아나운서가 프리 선언을 하는데, 어떻게 생각하는가? ◆ 333
- 한류 스타가 자신이 버는 돈의 절반을 사회에 기부하는 대신 군 복무를 면제받는다면 찬성하는가, 반대하는가? ◆ 335
- 인터넷 실명제에 찬성하는가, 반대하는가? 그 이유는 무엇인가? ◆ 336
- 당신이 유아용품 제조회사 대표라면, 신문을 볼 때 제일 먼저 어떤 기사를 보겠는가? ◆ 337
- 의사인 당신에게 동창이 병원에 찾아와서 먼저 진료를 봐달라고 한다. 어떻게 해야 할까? ◆ 338
- 고객이 몸이 아픈 어머니를 위해 우리 회사 제품을 구매했는데, 슬프게도 어머니는 그 제품이 도착하기도 전에 숨을 거두고 말았다. 고객이 반품을 원하는데, 업무 규정상 반품은 무료이지만 택배 직원을 부르는 것은 고객이 하도록 되어 있다. 어떻게 하겠는가? ◆ 338
- 아버지는 더우니 문을 열어놓으라고 하고, 어머니는 모기가 들어오니 문을 닫으라고 한다. 어떻게 해야 할까? ◆ 339
- 야구방망이와 야구공을 합쳐 1달러 10센트다. 방망이는 공보다 1달러 더 비싸다. 공의 가격은 얼마인가? ◆ 339
- 여자가 평생 화장하는 데 걸리는 시간을 계산하면? 그 시간이 적당하다고 보는가? ◆ 340
- 두 사람이 케이크를 나누어 가지려 한다. 두 사람 모두 수긍할 수 있도록 케이크를 둘로 나누려면 어떻게 하는 것이 좋을까? ◆ 340
- 얼마 전 드라마 〈추적자〉가 화제를 낳았는데, 이 드라마에서 누가 누구를 추적했다고 생각하는가? ◆ 341
- 앞으로 글로벌 아트 마켓에서 인기를 얻을 미래 스타를 꼽는다면? ◆ 342
- 전기 요금을 인상해야 하는가? ◆ 343
- 사일로 효과에 대해 어떻게 생각하는가? ◆ 343
- 스파게티 볼 효과에 대해 아는 대로 말해보라. ◆ 344
- 전 세계 대통령 중 존경하는 대통령은 누구인가? ◆ 345
- 스마트폰의 단점이 무엇인지 말하고, 스마트폰과 공생할 수 있는 법을 말하라. ◆ 346
- 환경 보호와 이윤 추구는 동시에 가능한가? ◆ 346
- 이상 기후가 계속되고 있는데, 패션회사는 어떻게 마케팅을 하면 좋을까? ◆ 347
- 한국과 일본의 국가 신용 등급이 역전됐는데, 가장 큰 이유는 무엇이라고 생각하는가? ◆ 348
- 올림픽 영웅에게 기업은 어떤 점을 배울 수 있는가? ◆ 348
- 휴대폰 배경화면은 무엇으로 설정했는가? ◆ 350
- 좋아하는 노래가 있다면 불러보라. ◆ 351
- 여자들은 왜 명품 핸드백에 열광할까? ◆ 352
- 기업 규제에 대해 어떻게 생각하는가? ◆ 353
- 시장 경쟁의 변화에 대해 어떻게 생각하는가? ◆ 354
- 불경기가 지속된다면 어떤 상품으로 승부를 걸어야 하는가? ◆ 355
- 국제 유가와 휘발유 값이 뛰어서 세계 각국이 몸살을 앓는데, 유가가 국제 경제에 어떤 영향을 미치고 있는가? ◆ 356
- 유럽 경제 위기의 원인은 무엇이라고 보는가? ◆ 357
- 국민에게 사랑받는 대통령이 되려면 어떤 원칙을 지켜야 하는가? ◆ 358
- 프로그램에 우승해서 상금을 받는다면? ◆ 359

PART: 01

취업의 99퍼센트는 면접이 결정한다

··· 면접, A to Z

01 > 달인 김병만이 면접을 본다면?
02 > 굿바이! 불합격 면접
03 > 헬로! 합격 면접
04 > 면접의 맥을 짚어라 – 인사담당자 Q&A

면접에서 자신감은 필수조건이다.
목소리가 기어들어가고 면접관과 제대로 눈도 맞추지 못한다면
누가 그 지원자를 뽑고 싶겠는가?
신입사원에게 요구하는 가장 큰 자질은 적극적이고 패기 있는 모습이다.

How to interview?

A to Z

01〉 달인 김병만이 면접을 본다면?

◈ 달인 김병만과 면접

"나는 엉금엉금 기어서 여기까지 왔잖아. 뛰지는 못하지만 쉬지 않고 계속 기어서 왔어. 한순간에 확 뜨는 사람은 중간에 여유를 부릴 수 있겠지. 나는 기어서라도 목표까지 가는 거잖아. '토끼와 거북이' 이야기를 봐. 아무리 토끼가 빨라도 결국에는 거북이가 이겼잖아."

어느 날, 인생에 힘이 되는 거북이를 만났다. 158.7센티미터의 작은 키, 무대에만 서면 얼어붙는 입, 대사 울렁증에 심한 사투리, 개그맨이 되기에는 단점이 더 많았던 거북이 한 마리. 그 거북이가 지독한 열정과 끈기로 사람들의 마음을 사로잡았다.

달인 김병만, 그는 스스로를 '거북이'라고 부른다. 뛰어가지 못한다면 기어서라도 개그맨이 되겠다고 다짐했던 김병만은 꿈을 이뤘다. 치열하게 피땀 흘려 웃음과 감동을 주는 달인의 경지에 오른 것이다. 동료 연예인들은 물론 정재계 인사들도 그의 성실함에 존경을 표할 정도다.

김병만은 개그맨이 되기 위해 30만 원을 들고 무작정 서울로 올라왔다. 건물 철거, 신문 배달, 보조출연 등을 하며 생활비를 벌고 개그맨 시험에 올인했다. 대학로 마로니에 공원에서 보낸 밤도 셀 수 없다. 하지만 개그맨이 되기는 쉽지 않았다. 개그맨 공채 시험에서 7번, 방송연예학과 실기 시험에서 9차례나 떨어졌다. 계속되는 오디션 탈락에 수면제를 모으고 건물 옥상 난간에 서기도 했다. 그러나 포기하지 않았다. 부족한 재능을 땀으로 채운 뒤, 미련하리 만큼 묵묵히 걸어갔다. 다행히 하늘은 그의 수고를 나 몰라라 하지 않았다. 결국 그는 개그맨 공채 시험에 합격했고, 슬랩스틱 개그의 새 장을 활짝 열어젖혔다.

김병만 하면 달인을 빼놓을 수 없다. "16년 동안 ○○만을 해오신 달인 김병만 선생"이라는 소개로 시작되는 〈달인〉 코너는 그를 스타 개그맨의 반열에 올려놓았다.

"〈달인〉은 제 인생에서 가장 큰 선물입니다. 매회 아이템 선정에서 훈련, 구성 등 힘든 점도 있지만 기쁜 마음으로 임합니다. 부상마저도 즐겁습니다. 매회 웃음을 위해 목숨을 건다는 생각으로 무대에 오릅니다."

그는 이외에도 서바이벌 프로그램과 리얼 버라이어티쇼 고정 출연, 일본 진출, 가수 데뷔 등으로 진정한 달인의 면모를 과시했다. 무엇 하나 대충

하는 법이 없다. 아이스댄싱 연습을 하다가 발목 부상을 입고도 진통제를 맞으며 훈련에 임하는가 하면, 아프리카 나미비아의 악어섬에서 물, 식량, 침낭 없이 살아남는 과정을 통해 진정한 도전의식을 보여주었다. 김병만, 그는 도전과 땀의 상징이고 신뢰의 또 다른 이름이다. 많은 이들에게 꿈과 희망을 선사해준 그가 면접을 본다면 어떨까? 모든 면접관의 마음을 사로잡아 슈퍼 루키가 되지는 않을까?

달인 김병만이 면접을 본다면?

※ 아래 면접 Q&A는 김병만의 책과 인터뷰 내용을 토대로 재구성했습니다. 답변은 김병만의 생각을 그대로 옮겨 왔고, 면접 상황에 맞게 말만 다듬었습니다. 김병만의 목소리를 통해 무엇을 배울 수 있는지, 면접관이 체크할 수 있는 포인트는 무엇인지 함께 정리했습니다. 과연 우리의 달인은 면접도 잘 볼까요? 김병만의 이야기에 귀를 기울여봅시다.

Q. 자신을 동물에 비유해보세요.

"거북이라고 생각합니다. 평소에 거북이라는 말을 참 좋아했습니다. 개그맨으로 데뷔하자마자 스포트라이트를 받는 친구들이 부럽기도 했지만, 이내 생각을 바꾸었습니다. '거북이처럼 가늘고 길게 가자' '느리더라도 쉬지 말고 엉금엉금 기어서 가자'고 다짐했습니다. 꿈이 있는 거북이는 지치지 않는다는 생각으로 열심히 노력한 결과, 제가 맡은 〈달인〉이 〈개그콘서트〉 최장수 코너로 꼽히기도 했습니다."

> 거북이는 언뜻 진부한 면이 있다. 하지만 거북이와 관련된 진솔한 생각으로 면접관의 마음을 두드렸다. 노력의 결과물을 함께 제시함으로써 신뢰도를 높인 것이 눈에 띈다.

☑ **체크포인트:** 진솔함 ○   성실함 ○   긍정 마인드 ○

Q. 작은 키가 열등감으로 작용하지는 않습니까?

"어렸을 적엔 내세울 것 없는 외모와 친구들보다 작은 키가 창피하기도 했습니다. 하지만 이런 환경이 저를 더욱 채찍질했습니다. 타고난 재능이 없으니 노력밖에 기댈 것이 없다고 생각했습니다. 〈가족의 탄생〉 프로그램에서 배구 미션을 수행할 때도 작은 키를 극복하고 도전에 성공해서 유기견을 위한 예방접종 비용을 얻었습니다. 당시 저를 제외한 다른 MC들은 모두 도전에 실패했고, 배구 선수들의 성과도 그리 좋지 않았습니다. 저는 도전자 중 가장 단신인 데다 왼손잡이라는 변수가 있었지만, 손이 붓고 피멍이 들 정도로 연습해서 3번의 기회 중 2번을 성공시켰습니다. 키가 작으니까 먼저 출발하고, 더 많이 걷고, 부지런히 움직이는 것이 습관이 되었습니다. 지금은 키에 대한 콤플렉스를 극복했습니다. 제 몸은 개그를 하는 데 가장 큰 자산이기 때문입니다."

> 단점에 대해서도 의연한 태도를 보여 긍정적인 인상을 준다. 단점을 극복하기 위한 노력도 감동적이다.

☑ **체크포인트: 진솔함 ○ 성실함 ○ 긍정 마인드 ○**

Q. 자신의 단점을 이야기해보세요.

"무대 울렁증이 있었습니다. 하지만 하루 17시간씩 노력한 결과, 화면에서 떨지 않게 보일 수 있었습니다. 이는 노력과 훈련을 거친 결과입니다."

> 역시 성실함이 돋보이는 답변이다.

☑ **체크포인트: 성실함 ○**

Q. 개그 소재는 어디에서 얻나요?

"일상에서 만나는 모든 것이 소재입니다. 이를테면 일식집에 갔다가 주방장의 이야기를 듣고 아이디어를 얻기도 하고, 물을 마시다가도 종이컵으로 뭘 할 수 있을까 고민합니다. 〈달인〉 코너는 일이라고 생각하지 않습니다. 여행을 가더라도 해외에서 아이디어를 얻는다는 생각을 갖고 떠납니다. 한번은 중국 상하이에 가서 변검을 보고 꼭 도전해봐야겠다고 다짐했습니다."

> 성공한 사람은 일과 여가를 하나라고 생각하는 경우가 많다. 이런 모습은 면접관에게 좋은 인상을 준다. 구체적인 경험을 넣어 생각을 뒷받침한 것도 좋다.

☑ **체크포인트**: 직업관 ○ 열정 ○

Q. 어떤 영화 장르를 좋아합니까?

"액션 영화입니다. 고등학교 때 별명이 반담이었습니다. 액션 배우 장 클로드 반담이 나오는 영화를 보면 무조건 따라 했습니다. 성룡을 흉내 내는 건 기본이었죠. 심지어 물구나무로 서서 누가 멀리 가나 하는 게임을 매일 했습니다. 몸으로 표현하는 것은 자신 있습니다. 이러한 경험을 살려 많은 말을 하지 않고도 몸으로 웃기는 코미디를 하고 싶습니다. 찰리 채플린이 나이 들어서도 그만의 색깔을 잃지 않고 보여준 것처럼, 저도 저만의 색이 있는 코미디언이 되겠습니다."

> 자신의 직무 역량을 보여주고 있다. 어떤 질문이든 의미 없이 개인적 취향만 말하지 말라. 면접은 소개팅도 아니고 술자리도 아니다. 자신의 경쟁력과 포부를 강조하자.

☑ **체크포인트**: 관심사 ○ 직무 역량 ○ 포부 ○

Q. 초심과 현재의 마음 중 무엇이 더 중요하다고 생각합니까?

"초심에만 머무르면 아마추어 같다는 생각이 듭니다. 너무 초심만 보면 앞으로 가는 데 어려움이 생길 수도 있지 않을까요? 적절하게 때에 따라 변해야 합니다. 다만, 인간적인 도리랄지, 근본적인 것은 버리지 않는 것이 중요합니다. 사람들이 '무대 위 초심을 잃지 말라'고 하는 것은 자신의 근본과 뿌리를 알라는 의미라고 생각합니다."

> 보통은 이 질문에 '초심이 중요하다'는 뻔한 대답이 나온다. 하지만 김병만은 근본을 잃지 않으면서도 앞으로 나아가는 것을 아울러서 말했다. 삶의 철학이 느껴진다.

☑ 체크포인트: 자기계발 ○ 가치관 ○

Q. 지금까지 살면서 가장 큰 도전은 무엇이었습니까?

"SBS 생존 버라이어티 〈정글의 법칙〉 촬영을 위해 아프리카행 비행기에 오른 것입니다. 〈정글의 법칙〉은 물도, 식량도, 침낭도 없이 맨손으로 아프리카 오지에서 생존하는 리얼 생존 버라이어티로, 국내에서 처음 시도한 예능과 다큐의 콜라보레이션입니다. 류담, 제국의 아이들 광희, 배우 리키 김 등과 함께 광활한 아프리카 대륙을 종횡무진 누비면서 작은 것도 얼마나 소중한지를 새삼 깨달았습니다."

> 두괄식 전개가 돋보인다. 가장 큰 도전이 무엇이었느냐는 질문에 빙빙 돌려 말하지 않고 핵심부터 말했다. 국내에서 처음 시도한다는 표현은 면접관의 귀를 쫑긋 세울 수 있다. '최초', '최고'라는 표현에 관심이 많기 때문이다. 다만 이런 단어를 쓸 때는 뚜렷한 증거가 있어야 하며, 겸손하게 답하는 것이 중요하다.

☑ 체크포인트: 도전 정신 ○

Q. 아프리카에서 먹어본 음식 중 가장 인상적인 것은 무엇입니까?

"뱀입니다. 굶주림과 맞서 싸우면서 생존을 위해 애벌레, 지네, 생선, 뿔닭 등 여러 음식들을 먹었습니다. 그중 가장 기억에 남는 것은 뱀입니다. 맹독을 갖고 있는 독사여서 독을 제거한 다음 출연진들과 함께 나눠 3조각씩 먹었습니다. 다음 날 아침 눈을 뜰 때 몸과 마음이 가뿐해서 자꾸만 뱀 생각이 났습니다. 한번 먹어본 사람이 잘 먹는다는 말이 틀린 것이 아니었습니다."

> 기업은 야생형 인재를 선호한다. 생존을 위해 뱀과 애벌레 등을 먹어본 경험은 어디에 떨어뜨려놓아도 살아남을 수 있음을 보여준다. 마무리에 유머를 넣어 딱딱한 면접 분위기를 풀었다.

☑ 체크포인트: 도전 정신 ○ 유머 ○

Q. 아프리카에서 생활하기 위해 새롭게 만든 것이 있었나요? 있다면 무엇이었습니까?

"생존하기 위해 잠도 잊고 발명했습니다. 어죽을 끓이기 위해 콜라 캔을 활용해서 냄비를 만들었고, 모기장을 활용해 물고기를 잡는 통발도 완성했습니다. 그 외에 뗏목, 힘바족 어린이용 목욕탕 등도 만들었습니다. 무엇보다 가장 활용도가 높았던 것은 김병만표 화장실이었습니다. 생각보다 화장실이 잘 만들어져서 멤버들은 제가 만든 집보다 화장실에서 쉬기를 더 좋아했습니다."

> 생생하고 구체적인 답변이 눈에 띈다. 게다가 재치와 유머를 더해 면접장을 화기애애하게 만들었다.

☑ 체크포인트: 창의성 ○ 재치 ○ 유머 ○

Q. 극한 상황에서 의견 충돌이 일어나지는 않았나요?

"밀림에서는 날이 어두워지기 전까지 집을 짓고, 먹을 것을 사냥해야 했습니다. 항상 긴장하며 움직이니까 저도 모르게 무척 예민해졌습니다. 저는 무뚝뚝하게 이야기할 때가 많았고, 다른 멤버는 그 상황에서도 엄마처럼 동생들을 달랬습니다. 특히 집을 지을 때 저는 시간이 충분하지 않다고 생각해서 서두르고 있는데, 다른 멤버가 '이왕 지을 거라면 설계해서 하자'는 식으로 말하면서 본의 아니게 의견 충돌이 생겼습니다. 저녁 때 콜라 캔에 어죽을 끓여 그 멤버에게 다가가 화해했습니다. 함께 만든 뗏목을 타고 아프리카 나미비아 악어섬을 탈출한 후에는 팀원들에게 더 잘해주지 못해서 미안하다고 사과했습니다. 모두 부둥켜안고 뜨거운 눈물을 흘렸습니다. 체력적으로나 정신적으로 힘든 촬영이었지만, 그 덕분에 팀워크는 더욱 끈끈해졌습니다."

> 배경과 갈등 상황, 해결 방법까지 차례대로 이야기하여 몰입도를 높였다. 면접을 보면 이 질문에 많은 지원자들이 상대방을 탓하듯 말하곤 한다. 김병만처럼 상대를 배려하는 마음을 담으면 좋은 점수를 얻을 수 있다.

☑ 체크포인트 : 팀워크 ○ 문제 해결 능력 ○

Q. 리더십을 발휘한 경험을 소개해보세요.

"〈정글의 법칙〉 마다가스카르 편을 촬영할 때였습니다. 저희 팀은 내리쬐는 강렬한 태양 아래 맨발로 사막 횡단을 해야 했습니다. 저는 발에 물집이 잡혔지만, 가장 앞에 서서 멤버들을 이끌었습니다. 특히 한 멤버가 사막 횡단에 어려움을 겪어서 망설임 없이 그의 가방을 짊어졌습니다. 30킬로그램이 넘는 가방을 메고 목도리도마뱀 주법으로 사막을 내달렸더니 멤버들이 웃으며 힘을 냈습니다. 사막에 이어 도착한 곳은 열대 우림 지대였습니다. 늪지대와 외나

무다리 등 험한 곳이 많아서 먼저 길을 헤쳐나갔습니다. 2층집도 직접 지었는데, 갑작스럽게 내린 거센 빗줄기로 물이 새는 지경에 이르렀습니다. 저는 멤버들을 위해 모깃불을 만들고 2층집 보수 작업을 했습니다. 이렇게 노력한 결과 멤버들 모두 무사히 정글 탐사를 할 수 있었습니다."

> 헌신의 리더십이 잘 나타나 있다. 답을 할 때는 이처럼 자신의 역할과 노력이 잘 드러나도록 구체적으로 전달해야 한다.

☑ 체크포인트: 리더십 O

Q. 건축대학원에 진학한 이유가 무엇입니까?

"건물 철거, 폐기물 수거, 공사장 잡역부터 인테리어까지, 20대의 고생 덕분에 건축에 관심을 갖게 됐습니다. 어렸을 때부터 농부이자 목수였던 아버지를 따라 미장일도 곧잘 했습니다. 제 꿈은 개그 전용관을 짓는 일입니다. 배우 입장에서 무대가 이렇게 되었으면 좋겠다고 생각해둔 것이 있는데…… 배우에게 제일 좋은 무대를 만들고 싶습니다."

> 대학원 진학 동기에 자신의 포부를 잘 녹였다. 그만큼 목표 의식이 명확하기 때문에 가능한 것이다. 포부를 묻는 질문이 아니더라도 열정과 입사 의지가 느껴질 수 있도록 답하자.

☑ 체크포인트: 열정 O 자기계발 O 포부 O

Q. 김병만의 슬랩스틱 코미디를 연구한 논문이 나왔다는데 기분이 어떻습니까?

"제가 추구하는 코미디를 정리해주고, 어디에선가 저를 지켜보며 진지하게 생각해주시는 분들이 있다는 것은 정말 고마운 일입니다. 그분들께 누가 되지 않도록 열심히 해야겠다고 다짐했습니다. 연예계 생활이 꽃이라고 하는데, 관리를 제대로 안 하면 피어보기도 전에 시들고 말 겁니다. 꾸준히 가꾸고 물을 줘야죠. 누구보다 뒤처져서 더 이상 뒤처질 것이 없던 출발점보다 지금이 더욱 노력할 때라는 것을 잘 압니다."

명언이다. 자신만의 철학이 담긴 말은 듣는 이에게 감동을 준다.

☑ 체크포인트 : 인성 O

◈ 면접의 3요소 'EEH'

『뽑히는 자기소개서』에서 자기소개서 3요소로 'ETW'를 꼽았다. ETW는 Experience(경험), Thinking(생각), Writing skill(문장력)의 약자다. 흥미로운 E와 진솔한 T를 재료로 삼은 다음, 정성스러운 W로 자기소개서를 완성하자는 이야기였다. 그렇다면 면접에서는 무엇이 중요할까? 면접은 자기소개서보다 몇 배는 복잡하다. 같은 말을 하더라도 외모와 표정, 목소리에 따라 전달력이 다르고 면접관에 따라 평가가 엇갈릴 때도 있다. 그렇다고 핵심 요소가 없는 것은 아니다. 바쁜 면접 준비생들을 위해 3가지 핵심을 꼽아보았다. 바로 'EEH'가 그것이다. 이는 Eye(시각), Ear(청각), Heart(마음)의 약자다. 면접의 평가 요소는 크게 눈에 보이는 것과 귀로 들리는 것, 마음을 울리는 것 3가지로 나눠볼 수 있다.

시중 은행 A사는 신입사원 공개 채용 때 30분 동안 10명을 면접 보았다. 이날 개인이 받은 질문은 2~3개 정도다. 이렇게 짧은 시간 동안 면접관은 무엇을 평가했을까? 지원자가 얼마나 논리적인지, 창의적인지, 도전적인지를 평가했을까? 면접관이 단시간에 파악한 것은 바로 인상이다. 은행은 상품을 파는 곳이다. 세일즈 역량에서 무엇보다 중요한 것은 호감과 신뢰감을 주는 인상이다. 신언서판(身言書判)이라는 말이 있다. 사람을 판단할 때 그 사람의 외모와 말씨, 글 쓰는 품새를 보고 판단한다는 뜻이다. 이 중에서도 가장 먼저 볼 수 있는 것이 바로 외모다. 그만큼 사람의 첫인상이 중요하다는 의미다.

미국 프린스턴대 알렉산더 토도로프 교수가 과학 저널에 발표한 논문에는 첫인상의 중요성을 알려주는 실험 내용이 실려 있다. 토도로프 교수는 사람들에게 2장의 사진을 보여주고 "누가 더 유능한가?"라고 묻고 선택하게끔 했다. 그 결과, 놀랍게도 상원의원 당선자와는 70퍼센트, 하원의원 당선자와 68퍼센트 일치했다. 이 결과는 사람들이 인상을 통해 얼마나 많은 것을 짧은 시간에 판단하는지 여실히 보여준다. 미국 다트머스대 심리·뇌 과학자 폴 왈렌 교수의 연구에 따르면, 뇌의 편도체는 0.017초라는 짧은 순간에 상대방에 대한 호감과 신뢰성 여부를 판단한다. 우리가 짧은 시간에 상대를 평가하는 것은 한마디로 본능이라고 할 수 있다.

"면접관들도 사람인지라 지원자를 보면 한눈에 호감인지, 비호감인지 느낀다. 단, 첫인상에 영향을 받지 않으려고 노력할 뿐이다."

한 대기업 임원의 말이다. 첫인상이 이처럼 중요한 평가 척도라면 면접관에게 처음부터 좋은 이미지를 주도록 노력해야 한다. 그렇다면 첫인상에 크게 영향을 미치는 것은 무엇이 있을까? 첫 번째가 바로 E(Eye, 눈에 보이는 것)다.

Eye 면접관의 눈을 사로잡아라!

살아 있는 눈빛과 밝은 표정은 얼굴로 보여주는 이력서다. 구자균 LS산전 부회장은 면접 때 눈을 중점적으로 보며, 눈빛이 똘똘한지, 그렇지 않은지를 평가한다. 구 부회장은 목표를 달성하고 성취한 경험이 많을 때 독수리와 같은 눈빛을 가질 수 있다고 강조한다. 방현주 아나운서 역시 아나운서를 희망하는 지원자들에게 "말은 눈으로 한다. 눈으로 호소하라"며 눈빛의 중요성을 말한다. 지금 당신의 눈빛은 어떠한가? 독수리처럼 매섭고 이글거리는가? 퀭한 눈빛과 비몽사몽하는 모습으로는 면접관의 표를 얻을 수 없다.

면접장에서 자주 나오는 지적 중 하나는 "내 눈을 쳐다보고 이야기하라"다. 눈을 피하거나, 눈을 너무 자주 깜빡인다거나, 아래위로 훑어보거나, 눈동자를 이리저리 굴리면 신뢰를 주지 못한다. 시선은 '제2의 언어'라고 불릴 정도로 많은 정보를 전달한다.

면접관은 표정만으로도 지원자가 긴장했는지, 열정적인지, 자신감이 있는지 등을 알 수 있다. 아무리 뛰어난 외모를 가졌더라도 얼굴을 찌푸리고 있으면 곤란하다. 표정이 어둡거나 굳어 있다면 지금 당장 거울을 보고 미소 짓는 연습을 하자. 수시로 거울을 보며 '개구리 뒷다리'를 발음하자. 입과 눈이 함께 웃어야 진정한 미소 강자가 된다. 너무 명랑해 보이는 것도, 너무 울적해 보이는 것도 좋지 않다. 진지하면서도 밝은 표정을 유지해야 한다. 표정미학에서 밝고 온화한 표정은 스위치 온이라 하고, 어둡고 냉랭한 표정은 스위치 오프라고 한다. 면접관이 선호하는 표정은 말하지 않아도 알 것이다. 많은 지원자들이 면접장에서 스위치 온의 표정을 짓고 있다. 하지만 면접관은 믿지 않는다. 다만 이 표정이 진짜인지, 가짜인지 궁금해한다. 겉만 스위치 온인 지원자를 가려내기 위해 면접관은 일부러 불쾌한 말을 던진다. 이때 얼굴이 붉으락푸르락 달아오르는 사람들이 있다. 면접장에서조차 감정을 컨트롤하지 못해 험상궂은 표정을 짓는다면 불합격은 불 보듯 뻔한 일이다.

옷은 첫인상에 중요한 영향을 미친다. 면접 복장을 선택할 때는 최대한 단정한 것을 고르자. 면접을 보기 위해 새로 옷과 구두를 구입했다면, 몇 번 입거나 신어야 자연스럽다. 옷차림은 회사에 따라 다르게 선택해야 한다. 백화점이나 패션회사, 광고회사 등은 너무 경직된 분위기보다 세련되면서도 깔끔한 복장을 선호한다. 대기업이나 공기업은 기본에 충실한 의상을 선택하는 것이 좋다. 패션회사 면접을 앞두고 있다면, 면접 당일 그 회사 옷을 착용하거나 해당 브랜드의 패션 스타일을 접목하는 것은 최소한의 예의라고 할 수 있다. 버릇도 체크하자. 하늘만 보거나 땅만 보거나 혀를 날름거리거나 머리를 긁거나 손장난을 하거나 발끝을 떠는 등의 모습 말이다. 자신은 이런 버릇이 전혀 없다고 생각한다면 지금 당장 캠코더를 꺼내어 당신의 면접 장면을 촬영해보라. '헉' 소리가 날 것이다.

Ear 면접관의 귀를 쫑긋 세워라!

면접의 두 번째 평가 요소는 E(Ear, 귀로 들리는 것)다. 이는 신언서판(身言書判)의 '언(言)'과 맥을 같이 한다. 『1 퍼센트 다른 스피치』의 저자 박정길 NLP 전략연구소 대표는 "스피치는 가슴을 두드리는 메시지뿐만 아니라 그 메시지를 전달하는 언어 구사 능력이 탁월해야 한다"고 말했다.

면접을 보면 당황스러운 상황이 여러 차례 생긴다. 그중 하나가 면접관이 "그만!"을 외칠 때다. 한창 이야기꽃을 피우는데, 면접관이 말허리를 자르면 큰일이라도 난 듯 심장이 쿵쾅쿵쾅 요동친다. "그만"이 나오는 데는 2가지 이유가 있다. 하나는 지원자의 말을 통해 면접 평가표에 체크할 요소를 찾았으니 다른 질문으로 넘어가자는 뜻이다. 시간을 절약하기 위해 '긍정의 그만'을 외치는 것이다. 또 다른 이유는 '부정의 그만'이다. 한마디로 지루해서 들어줄 수가 없다는 의미다. 많은 지원자들이 자신도 모르게 정신없이 이야기를 쏟아낸다. 아무리 아는 것이 많고 뜻이 깊다고 해도 말에 조리가 없고 중언부언하면 좋은 평가를 받기 어렵다. '~했고, ~이며, ~인데' 식으로 말을 이어가면 본인도 지치고 면접관도 지친다. 미사여구와 고사성어는 쏙 빼고 질문과 상관 있는 내용만 추려 핵심을 전달하자. 대답 시간은 질문에 따라 20~60초 정도가 적당하다. 세계적인 리더십 컨설턴트인 스티븐 코비의 언어를 보면 군더더기가 없고 간결하다. 입 밖으로 나오는 단어들은 정제된 것들이 대부분인데, 특히 명사가 많다. 짧고 군더더기가 없을수록 설득력은 높아진다.

말 다이어트만큼 중요한 것이 있다. 좋은 목소리로 말하는 것이다. 면접처럼 단시간에 이루어지는 커뮤니케이션에서는 말의 구체적인 내용보다 목소리가 훨씬 많은 정보를 전달해준다. 무뚝뚝한 말투와 혀 짧은 소리, 부정확한 발음, 허스키한 쇳소리, 둔탁한 음색, 기어들어가는 소리로는 면접관을 설득하기 어렵다.

그렇다면 어떻게 해야 좋은 목소리를 만들 수 있을까? 한마디로 노력해야 한다. 연간 300회 이상 강연을 하는 이영권 박사는 처음 무대에 섰을 때 컬컬한 자신의 목소리가 마음에 들지 않았다고 한다. 그래서 술과 담배를 끊었다. 또한 철저한 몸 관리로 호흡을 늘리고 발성을 바로잡아서 상대에게 신뢰감을 줄 수 있는 목소리를 만들었다. 그는 스피치에 목숨을 걸었고, 그 분야에서 최고가 되기 위해 노력했다. 명강사라는 타이틀은 그냥 주어진 것이 아니었다. 한편 조양호 2018평창동계올림픽유치위원장은 무대 울렁증이 있었다고 한다. 그런 조 위원장이 유려한 영어로 평창의 유치 당위성을 정중하면서도 호소력 있게 전달했다. 그는 어떻게 무대 울렁증을 극복했을까? 먼저 『링컨처럼 서서 처칠처럼 말하라』라는 책을 읽고 오바마, 케네디, 마틴 루터 킹 등 명연설가들의 연설을 들었다. 그다음 영국의 유명한 연설 전문가를 수소문해서 수차례 영국까지 오가며 실전 못지않게 고강도 스피치 훈련을 했다. 발음 교정부터 시작해서 감정을 싣고 억양을 조절하며 말하는 법을 배웠다. 국내에 돌아와서도 매일 스피치와 프레젠테이션 연습을 한 덕분에 상대의 마음을 흔드는 뛰어난 말솜씨를 선보일 수 있었던 것이다.

면접장에만 서면 호흡이 가빠지고 목소리가 떨리는가? 말주변이 없어서 목소리가 작아지고 더듬거리는가? 내실을 갖추고 있으면서도 제대로 전달하지 못해 점수를 잃고 있지는 않은가? 그렇다면 당신도 연습하라. 하고 싶은 말을 또박또박 설득력 있게 전달하는 것도 능력이다. 연습만이 살길이다.

Heart 면접관의 마음을 울려라

밝은 표정(E)과 좋은 목소리(E)는 면접관의 호감을 살 수 있다. 하지만 당신의 이름이 합격 리스트에 오르려면 아직 멀었다. 많은 면접관들이 첫인상과 선입견만으로 지원자들을 판단하지 않기 위해 신중을 기하고 있기 때문이다. 게다가 면접장에는 인상 나쁜 지원자보다 좋은 지원자가 훨씬 많지 않은가? 이들 가운데 당신이 선택되려면 마지막 H(Heart, 마음을 울리는 것)를 잡아야 한다. **기업은 열정적인 지원자를 선호한다. 그렇다면 열정의 기준은 무엇일까?** 당신의 말과 행동에서 애사심과 직무 열정이 묻어나야 한다. 인사담당자들의 목소리를 직접 들어보자.

"면접 때 외교학과 출신의 여성 지원자가 200쪽 넘는 기록물을 가져왔어요. 대학 1학년 때부터 에너지 분야에 얼마나 관심을 쏟아왔는지 입증하는 자료였죠. 에너지 관련 세미나나 포럼 등에 7년 이상 참여한 자료를 통해 자신의 관심사를 논리정연하게 설명하는데, 정말 인상적이었습니다. 물론 면접관의 마음을 사로잡았죠. 그 지원자는 입사식 때 신입사원 대표로 선서 낭독자로 뽑히기도 했습니다."

중공업 인사담당자

"가장 기억에 남는 지원자는 우리 백화점의 전 점포를 다 돌아본 경험을 토대로 구체적인 부분을 설명해준 지원자입니다. 긍정적인 평가를 받아 합격했어요."
백화점 인사담당자

"어떤 지원자는 면접장에서 50여 장의 명함을 쭉 펼쳐 보였어요. 직접 베스트 숍 50군데를 방문해 명함을 받아 왔더라고요. 면접관들이 모두 흐뭇해했죠."
전자회사 인사담당자

열정 DNA를 갖고 있는 지원자들은 해마다 늘고 있다. 면접관의 눈높이도 덩달아 높아져만 간다. 하루 이틀 회사 홈페이지를 클릭해보고 면접장에 가겠다는 마음은 버려라. 한 관상학 박사에 따르면, 관상을 바꾸는 방법에는 3가지가 있다고 한다. 첫째가 몸에 걸치는 옷과 머리 스타일이며, 둘째는 성형수술이고, 셋째는 심상(心相)이다. 아무리 외모가 뛰어나고 말솜씨가 좋더라도 지원자의 마음 씀씀이가 나쁘면 면접관의 선택을 받을 수 없다. 생긴 대로 사는 시대는 지났다. 사는 대로 생기는 세상이다. 정직하게 땀을 흘려라. 취업의 메달은 당신 것이다.

❖ 끌리는 구직자 되는 법 7가지

면접관이 선호하는 지원자가 되려면 어떻게 해야 할까? 다음의 7가지를 꼼꼼하게 살펴보고 면접관이 원하는 모습으로 다시 태어나자.

1. 진솔함과 간절함으로 승부하자

"저는 20살이 넘도록 백화점을 한 번도 가보지 못했습니다. 집에서 차로 2시간이 걸려야 갈 수 있는 백화점은 꿈도 꿀 수 없었죠. 하지만 저는 동네에서 패션리더로 통합니다. 사교적이어서 마을에선 저를 차기 이장 후보로까지 거론할 정도입니다."

충남 당진의 시골 출신 한 씨는 20살이 넘도록 백화점을 한 번도 가보지 못했다. 어쩌면 이것이 흠이 될 수 있었지만 면접관의 이목을 집중시켰다. 실무면접관으로 참여했던 매니저는 "백화점을 한 번도 못 가본 것을 숨기지 않고 당당히 말한 것에서 진정성이 묻어났다"고 말했다.

많은 면접관들이 면접 때 눈을 먼저 본다. 눈은 거짓과 진실이 나타나기 때문이다. 한 보험회사 인사팀장은 "지원자 중에는 눈치를 보는 사람이 있다. 표현 속에도 합격을 위한 거짓이 있다"고 말했다. 면접관이 가장 중요하게 생각하는 것은 다름 아닌 진솔함이다. 진솔함이 면접관에게 좋은 이미지를 심어줄 수 있다. 요즘은 역량면접이 많아서 위기를 모면하기 위한 거짓말은 쉽게 들통난다. 역량면접은 한 가지 질문에 대한 답변을 토대로 다른 질문들이 꼬리를 무는 방식으로 구조화된 면접이기 때문이다. 우리은행과 신한은행에 합격한 신입사원도 진심의 중요성을 강조한다.

"면접관의 질문이 '자신을 한 단어로 표현해보라'였습니다. 순간 머리가 하얗게 되더라고요. 근데 저도 모르게 '저는…… 진심입니다'라는 말이 툭 튀어나왔습니다. 아무리 기술이 발달해도 진심은 통한다는 평소의 생각을 말했던 것 같아요."

우리은행 김우현 계장

"간절하게 두드리고, 두드리면 열립니다. 저는 신한은행 홍보대사를 포함해 신한은행 입사에서 5번이나 떨어졌지만 끝내 붙었어요. 5번의 실패가 간절함을 줬습니다. 포기하지 않으면 됩니다. 하지만 대충은 하지 마세요. 대충 하면 99퍼센트는 떨어지더라고요."

신한은행 이진우 주임

면접관은 당신의 마음을 꿰뚫고 있다. 이 때문에 마음에도 없는 소리를 하면 한눈에 알아차린다. 슈퍼스타K에서 심사위원을 맡고 있는 이승철은 "무대 위에 지원자가 올라오면 저 사람이 무슨 마음을 갖고 있는지 알 것 같다. 나도 저 과정을 거쳤기 때문이다"라고 말했다.

면접관은 당신이 진실을 말하는지, 거짓을 말하는지 매우 궁금하다. 그래서 제일 먼저 하는 것이 입사지원서 내용을 재확인하는 것이다. 예를 들어 자기소개서에 스페인어를 특기라고 적었다면, 어떤 질문이 나와도 유창하게 스페인어로 대답할 수 있어야 한다. 자기소개서와 면접 시 답변이 다르면 매우 위험하다. 한 대기업 면접관은 "간혹 자기소개서 내용과 전혀 다른 답변을 하는 지원자가 있는데, 아주 가식적으로 들린다"고 지적했다. 면접에 가기 전에는 자기소개서 내용을 숙지하자. 요즘은 온라인 입사 지원이 많기 때문에 복사해놓지 않으면 원서 접수 후 다시 확인하기 어렵다. 반드시 사본을 보관해두고 면접 보러 가기 전에 다시 한 번 살펴보라.

2. 자신감으로 어필하자

〈사례 1〉

노숙자 신분으로 투자회사의 인턴 면접에 응시한 크리스 가드너. 정장을 갖춰 입지 않은 크리스 가드너에게 면접관은 "자네라면 인터뷰에 셔츠도 안 입고 온 녀석한테 뭐라고 할 건가? 그리고 내가 그를 고용한다면 자네는 무엇이라고 할 건가?"라고 질문했다.

옷차림을 지적하는 위기에 처했지만, 크리스 가드너는 당황하지 않고 이렇게 말했다.

"속옷은 진짜 멋진 걸 입고 왔나 보군."

재치 있는 답변을 들은 면접관들은 모두 폭소했다. 그리고 크리스 가드너는 합격을 거머쥐었다.

〈사례 2〉

30살 이경석 씨, 그는 회사를 1년간 다니다가 그만둔 다음 사법고시에 도전했다. 하지만 뒤늦은 공부는 쉽지 않았다. 2번 연속 시험에 실패하자 자신의 길이 아님을 알고 취업 준비를 했다. 서류 통과의 문턱은 높았다. 간절하게 서류 통과를 바라던 어느 날, 동부화재에서 면접 기회가 찾아왔다. 이곳에서 면접관의 날카로운 질문이 쏟아졌다.

"경석 씨는 하고 싶은 대로 하는 사람인가요? 다니던 회사를 그만두고 고시 공부하다 안 되니 다시 취업하겠다고 나서고……. 여기 와서도 그렇지 않겠어요?"
면접관의 질문에 식은땀이 흘렀다. 그렇지만 중심을 잃지 않고 각오를 밝혔다.
"개인적으로 욕심이 있어서 그만뒀습니다. 하지만 그만큼 방황과 시행착오를 겪었기에 현장에 나갔을 때 더 많이 이해하고 공감할 수 있을 것 같습니다."
이후 이 씨는 면접관에게 자신의 장점과 입사 의욕을 전달하려고 노력했다. 어학 성적과 학과 성적은 높지 않았지만 일본 열도 자전거 완주와 교육 출판 기업의 사내 강사 경험 등 자신만의 스토리가 있었다. 그는 결국 부족한 점을 솔직히 인정하는 겸손함과 열정, 성실함 등을 인정받아 동부화재에 합격했다.

〈사례 3〉

"골라잡아. 메이커 티셔츠가 단돈 5,000원."
2006년 대학생이던 정석빈 씨는 집안 형편이 어려워지자 동대문에서 노점상을 시작했다. 처음에는 티셔츠만 정리하던 그가 노점에서 의자 위로 올라가 "골라잡아, 5,000원"을 외치며 자신을 시기하는 상인들에게 애교를 부리고, 장사를 방해하는 건달들을 상대로 자릿세마저 깎는 천생 장사꾼이 되었다. 하지만 장사에서 빛을 발하던 그도 취업 앞에서는 약해졌다. 토익 점수도 없고 학점도 3.06으로 낮아서 서류 심사조차 통과하기 어려웠다. 67개의 기업에 입사 지원을 했지만 66곳에서 고배를 마셨다. 단 한 곳, 삼성디스플레이에서 면접 기회를 얻었다. 그는 면접에서 노점상 경험을 통해 얻은 자신감을 발휘해 면접관들에게 자신을 판매했다. "골라잡아, 5,000원"을 외치며 그만의 매력으로 면접관들을 사로잡은 것이다. 현재 그는 삼성전자 갤럭시S 아몰레드 디스플레이 사업부에 근무 중이다.

면접에서 자신감은 필수조건이다. 면접 내내 목소리가 기어들어가고 면접관과 제대로 눈도 맞추지 못한다면 누가 그 지원자를 뽑고 싶겠는가? 회사가 신입사원에게 요구하는 가장 큰 자질은 적극적이고 패기 있는 모습이다. 부족한 점이 있더라도 기죽지 말고 자신감 있는 모습을 유지하라. 면접 전형에 선다는 것은 이미 자신의 실력을 인정받은 것이다. 많은 지원자들이 스펙이 좋지 않다고 걱정한다. 하지만 이미 정해진 스펙은 바꿀 수 없지 않은가? 없는 것에 좌절하지 말고 있는 것에 집중하라. 정석빈 씨와 이경석 씨처럼 자신만의 매력으로 면접관의 마음을 사로잡자.

3. 외운 것을 앵무새처럼 말하지 말고 면접관과 소통하라

근사한 TV를 장만하기로 마음먹었다고 하자. 매장에서 직원에게 설명을 들은 후 구입하기로 결정했다. 먼저 첫 번째 판매점. 깔끔한 옷차림에 야무진 인상의 판매 직원이 당신을 맞았다. "TV를 사고 싶은데……"라고 말을 꺼내자, 최근 본사에서 영업 교육을 받은 직원이 암기한 내용을 쏟아낸다. "최신 TV는 이러쿵저러쿵……" 하며 한참 동안 설명한 후, 그는 2가지 모델을 추천한다. 두 번째 판매점. 역시 같은 말을 꺼냈다. 그때 점원이 묻는다. "공간은 어느 정도나 되나요? 어떤 프로그램을 즐겨 보시나요?" 그는 당신과 대화를 나눈 후 2가지 모델을 추천한다.

자, 어떤 곳에서 TV를 사고 싶은가? 많이 고민하지 않은 채 두 번째 매장 점원의 손을 들어줄 것이다. 당신이 면접을 볼 때 첫 번째 매장 직원과 비슷한 모습을 보이지는 않는지 생각해보라. 지원자들은 계속되는 구직 활동 때문에 타성에 젖어 있는 경우가 많다. 어떤 기업인지, 어떤 면접관인지, 어떤 질문인지 생각하지도 않고 스터디할 때 준비했던 내용들을 반복적으로 되풀이할 때가 많다.

한 기업에 외부 면접관으로 참여했을 때 이런 일이 생겼다.

면접관 : "마지막으로 하고 싶은 말은 없나요?"

지원자 : "네, 3행시로 저를 한 번 더 소개하고 싶습니다."

면접관 : "그건 너무 작위적이니 면접 보면서 느낀 점이나 앞으로의 각오를 편하게 말해보세요."

지원자 : "아닙니다. 준비한 것을 할 테니 운을 띄워주세요."

면접관 : "……."

지원자의 당황스러운 태도에 면접 분위기는 순간 싸늘해졌다. 그 지원자가 퇴실한 후, 자리에 있던 면접관 5명은 약속이나 한 듯 일제히 고개를 저었다. 어떤 면접관도 이처럼 앵무새 같은 지원자를 반기지 않는다. 면접관이 대안을 제시했다면, 그에 맞춰 새롭게 이야기를 풀어가야 한다. 그것이 소통하는 모습이다.

그리스의 철학자 테오프라스토스는 『성격론』에서 다음과 같이 '때를 놓치는 사람'의 예를 들었다.

- 자신의 애인이 앓아누워 있는데 그녀의 집 앞에서 세레나데를 부르는 남자
- 상대방도 잘 알고 있는 내용을 구구절절 설명하는 남자
- 긴 여행에서 이제 막 돌아온 사람에게 산책을 권하는 남자

혹시 당신도 면접에서 이렇게 눈치 없는 행동을 하고 있지는 않은가?
CJ E&M 인사팀에 지원한 김가진 씨. 그는 면접 때 〈미인〉이라는 노래를 불렀다.
"한 번 보고, 두 번 보고, 또 보고 싶네. 제가 미인은 아니지만……."
그때 면접관이 김 씨의 말을 끊고 질문을 했다.
"스스로 미인이 아니라고 생각하세요?"
그는 이렇게 말했다.
"어머니께서 CJ E&M tvN의 〈화성인 바이러스〉에 허벅지 종결자로 나가서 매력을 발산해보라고 하셨습니다."
갑작스러운 질문에도 얼마나 유연하게 잘 대처했는가? 센스는 물론이요, CJ E&M의 콘텐츠에 대한 관심도 보여줬다. 면접관이 자신이 준비한 내용을 모두 듣지 않고 중간에 질문을 던지더라도 당황하지 마라. 면접은 독백이 아니라 대화다. 자신이 하고 싶은 말을 하는 것보다 면접관의 반응을 살펴서 그에 호응하는 것이 더욱 중요하다.

4. 당신과 궁합이 맞는 기업을 찾아라

"면접 결과를 지금 알려주십시오. 합격인지 아닌지."

1984년 현대전자 본사. 면접을 막 끝낸 27세 지원자는 문으로 걸어 나가다 말고 멈춰 서서 이처럼 요구했다. 당돌한 그의 모습에 면접관들은 매우 당황했다.

"방금 면접을 봤잖습니까? 2주 후에 결과가 나오니 기다리세요."

"죄송합니다. 지금 알려주시면 안 되겠습니까? 저는 삼성전자와 현대전자 두 곳에 원서를 냈는데, 삼성전자에 합격해서 내일 입사를 앞두고 있습니다. 하지만 현대전자에 합격한다면 이곳에 입사하고 싶습니다. 컴퓨터 시스템을 동작시키는 시스템 프로그래밍 부서가 현대전자에만 있기 때문입니다. 컴퓨터 구조 전반에 관심이 깊습니다. 하드웨어와 소프트웨어를 두루 다루는 시스템 프로그래머가 꿈입니다. 기회를 주시면 열심히 일하겠습니다."

자초지종을 들은 면접관들은 일단 그를 기다리게 했다. 그리고 면접이 끝난 후 그는 합격 소식을 들을 수 있었다. 드라마 같은 이야기의 주인공은 스토리지 전문 업체인 한국EMC 김경진 사장이다. 그는 남다른 사연으로 IT 업계에 첫발을 내디뎠다.

사실 이처럼 당돌한 모습은 대부분의 면접관이 선호하지 않는 모습이다. 그런데도 합격했다. 그것이 지원자와 기업의 궁합이다. 물론, 지원자가 역량을 갖추었고 면접관이 납득할 만한 사연이 있을 때 가능한 일이다. 최근의 사례를 하나 더 살펴보자.

주철환 JTBC 콘텐트본부장은 한 칼럼을 통해 A씨의 에피소드를 소개했다. 방송사 최종 면접에서 몇 차례 낙오했던 A씨. 그는 여러 차례 면접에서 떨어지자, 이번 기회가 마지막이라고 생각하고 모험을 하기로 했다. 방송사 임원면접 장소에 체육복을 입고 운동화를 신고 모자를 눌러쓴 채 나타난 것이다. 자신의 차례가 되자 액션에 들어갔다. 마치 벽을 타듯이 의자 위를 훌쩍 넘어서 모서리에 걸터앉았다.

"시청자의 마음을 훔치는 예능PD가 되겠습니다. 각오를 확실히 보여드리기 위해 저는 오늘 도둑의 심정으로 여기에 왔습니다."

그의 모험은 적중했다. 그는 현재 예능PD가 되어 시청자의 마음을 훔치고 있다.

기업마다, 업종마다, 직무마다 선호하는 인재상이 다르다. 코리안리는 실력과 정신력이 강해도 체력이 떨어지는 사람은 선발하지 않는다. 이를 확인하기 위해 몇 년째 야외면접을 실시한다. 아침 7시에 산에 모여 오전에는 등산을 하고 오후에는 축구, 오래달리기 등과 같은 운동과 게임을 한다. 최근 기업은 창의성 있는 인재를 원하고, 스펙이 당락에 미치는 영향도 크게 낮아졌다. 하지만 한 항공사는 채용설명회에서 개성이 강하고 튀는 지원자보다는 보수적인 기업 문화를 잘 이해하고 조직에 잘 동화될 수 있는 사람을 선호하며, 서류 전형에서는 스펙이 부족한 지원자부터 걸러낸다고 밝혔다. 같은 IT 산업인데 어떤 회사는 전공에 충실한 사람을 원하고, 어떤 회사는 전공은 합격에 전혀 영향을 미치지 않는다고 강조한다. 이처럼 기업마다 선호하는 인재 유형이 다르다.

〈K팝스타〉에는 JYP, SM, YG 등 3대 기획사를 대표하는 심사위원들이 나온다. 3대 기획사의 색깔 차이만큼 각 심사위원들이 뽑는 사람도 극명하게 차이가 난다.

"심사를 하면서 나는 마음에 드는데 JYP와 SM에서는 별로라고 생각하는 경우도 있었고, 그 반대되는 경우도 많았습니다."
양현석

"상위권의 실력을 가진 참가자는 의견 차이가 별로 없습니다. 하지만 뭔가 부족한 참가자일수록 의견이 심하게 갈립니다. 어제는 처음으로 패자부활전을 했는데, 심사위원 권한으로 탈락자 중 2명씩을 살릴 수가 있었습니다. 그런데 제가 살린 사람과 양현석 씨가 살린 사람, 보아 씨가 살린 사람이 모두 달랐습니다. 그때 많이 놀랐습니다."
박진영

불합격했다고 슬퍼하거나 노여워하지 말라. 당신과 맞지 않았을 뿐이다. 세상에는 당신만의 짝이 있는 것처럼, 당신의 매력을 알아줄 회사도 있다.

5. 솔직함과 무례함을 구분하라

몇 해 전, 두 여배우의 연말 수상 소감이 논란의 중심에 섰다. 주인공은 KBS 연기대상에서 최우수연기상을 수상한 문근영과 SBS 연기대상에서 대상을 수상한 고현정이었다. 둘은 똑같이 '시청률'에 대해 이야기했지만, 문근영은 소신 발언으로, 고현정은 무례함으로 평가받았다. 대체 왜 이런 일이 생겼을까? 두 배우의 수상 소감을 직접 들어보자.

"이렇게 큰 상을 주셔서 감사합니다. 특별히 잘했다기보다는 올 한 해 고생 많아서 준 거라고 생각합니다. 드라마가 완성되기까지 고생하는 스태프들이 많습니다. 이들의 노력이 좀 더 보람찬 결실이 되기 위해서는 드라마 시스템에 변화가 필요하다고 생각합니다. 드라마 촬영 현장이 상당히 열악합니다. 문제점이 없어지기 위해서는 개선이 필요합니다. 시청률이 아니라 드라마 현장에서 맡은 임무를 잘하는 것으로 평가받을 수 있는 환경이 되길 바랍니다. 드라마를 마음껏 만들 수 있도록 방송국과 제작사 측의 노력이 필요하며, 저 역시 배우로서 맡은 바 임무인 연기에 최선을 다하겠습니다."
문근영

"저희가 드라마를 만들고 연기를 하고 모든 스태프들이 이 작업에 참여할 때 그 결과물이나 그 과정이나 그게 참 아름다운 일이라고 생각합니다. 그 과정을 잘 모르시는 분들이 이 배우가 어떻네, 저 배우가 어떻네 하면서 시청률 가지고 함부로 이야기하지 말아주세요. 배우는 작품에 진심을 담아 연기를 합니다. 좋은 대본이든 아니든, 그 순간 저희는 최선을 다합니다. 제가 시상식을 안 나오는 배우라서 미움을 많이 받습니다. 하지만 나오지 말라고 해도 나오고 싶을 때는 이렇게 나옵니다. 저희가 일하면서 욕 많이 했던 우리 작가님, 진짜 당신이 미워서 욕을 했겠습니까. 그게 아니라 처음에 시청자분들이 너무 사랑을 많이 주셨는데 기대에 부응하지 못하는 거 같아서 속상해서 그랬죠."
고현정

자, 어떠한가? 같은 말이라도 '아' 다르고 '어' 다르다는 것이 느껴지지 않는가? 솔직함과 무례함은 한 끗 차이다. 면접장에서도 이 같은 실수는 자주 생긴다. 솔직함은 면접관의 마음을 열지만 그 솔직함에 1퍼센트라도 무례함이 담긴다면 면접관의 마음은 다시 닫힌다. 다음 2가지 사례를 통해 지나친 솔직함이 어떤 결과를 불러오는지 살펴보자.

〈사례 1〉 한 종합일간지 최종 면접장

사장님 : "우리 자매지에 경제 일간지가 있는데 그쪽에 1년 정도 있다가 종합지로 다시 오면 어때요? 자매지만 따로 모집하니까 좋은 인재들이 안 모여서 그럽니다. 어때요? 그래도 일할 의향이 있나요?"

지원자 : "사실 방송사에 가고 싶었는데 그쪽에서 몇 년째 신입사원을 뽑지 않아서 마지못해 이쪽에 응시했습니다. 만약 경제부나 정치부로 보내주신다면 여기에 있겠지만, 경제지에서 근무하라고 하신다면 일할 생각이 없습니다."

사장님 : "내가 인생의 선배로서 한 가지만 이야기해주고 싶은 게 있어요. 시험 성적을 보니까 아주 훌륭한데, 면접 보는 태도에 문제가 있군요. 면접관이 묻는 의도를 알 만한 사람이 그렇게 말하면 안 돼요. 다른 데 가더라도 시험은 붙겠지만, 그런 태도는 사회생활에 좋지 않습니다."

〈사례 2〉 일본의 한 고등학교 면접장

면접관 : "원래 히로시마상고로 진학하려 했다는데, 어째서 우리 학교에 응시했나?"

지원자 : "저도 히로시마상고에 가고 싶었습니다. 하지만 입학을 받아주지 않았습니다. 그때 고료고 관계자가 응시만 하면 뽑아주겠다고 하기에 어쩔 수 없이 선택했습니다."

면접관 : "우리 학교도 너 같은 녀석은 필요 없다. 당장 나가!"

지원자 : "제 답변이 왜 불합격 사유입니까? 정직한 건 죄가 아니지 않습니까?"

〈사례 1〉은 SBS 고철종 기자가 과거 한 종합 일간지 최종 면접에서 했던 실수담이다. 그는 이 내용을 책 『사람과 사람 사이』에서 소개하며 당시의 당돌함과 교만을 고백했다.

"당돌함은 대개 교만에서 비롯된다. 면접에서 상대방이 뻔한 질문을 할 때는 상식적인 선에서 답변하는 것이 관계가 무르익기 전까지 지켜야 될 상식이다."

〈사례 2〉는 일본 야구의 전설인 장훈이 고등학교를 선택할 때 있었던 일이다. 이 일화는 '박동희의 야구 탐사' 칼럼에서 발췌했다.

6. 성의에 성의를 더하라

배우 김명민을 인터뷰하는 자리. 연예 리포터 조영구는 김명민이 크게 보도된 신문을 준비했다. 이렇게 성의를 보이는데 어떻게 스타들이 감동하지 않을까? 〈슈퍼스타K〉의 터줏대감 이승철은 〈슈퍼스타K 3〉을 앞두고 아나운서로부터 스피치 교육을 받았다. 그 결과 한결 부드러운 말투와 세련된 표현을 통해 공감 심사, 촌철살인 심사를 선보였으며, 가요계 대선배로서 인간적인 면모까지 유감없이 발휘했다. 사랑받는 사람과 그렇지 않은 사람의 차이는 생각보다 크지 않다. 작은 성의가 모여 큰 차이를 낳는 것이다. 면접도 마찬가지다. 당신은 면접관에게 어떻게 성의를 보이고 싶은가? 인터넷 검색보다는 발품을 파는 노력을 기울여야 진정한 차별화가 가능하다.

CJ E&M 방송사업 부문에 입사한 한 지원자는 정보통신공학 전공자였다. 전공은 지원 분야와 무관했지만, 평소 끼가 넘쳐서 〈팔도 모창대회〉, 〈놀라운 대회 스타킹〉 등 다양한 방송 프로그램에 출연하는가 하면, 크고 작은 행사에서 MC나 VJ 등으로 활동한 이색적인 이력의 소유자였다. 이처럼 지원 분야와 전공이 다르더라도 자신이 일관성 있게 해당 분야를 좋아하고 있음을 어필할 수 있어야 한다.

백화점에 입사한 윤 씨. 그는 1학년 때 백화점 입사를 목표로 여러 지역의 백화점들을 직접 다니며 공부했고, 백화점과 관련된 경험을 최대한 많이 하려고 노력했다. 아르바이트를 해도 백화점과 관련된 것을 했으며, 여행을 하더라도 '이런 상품을 백화점에서 판매하면 어떨까?'라고 고민했다. 신문이나 책을 읽거나 무언가를 새롭게 경험할 때마다 백화점과 연결시켜 생각했다. 한 분야에 대해 지속적으로 관심을 가지다 보니 관련 경험들이 쌓여서 자연히 자신감과 적극성은 따라왔다고 한다.

최근 입사자들 가운데는 저학년 때부터 삶의 방향을 고민하고 회사 홍보 대사나 인턴, 아르바이트 등 의미 있는 경험을 꾸준히 쌓았다는 공통점이 있다. 그러나 당장 일주일 후에 면접이라고 해서 열정을 보여줄 방법이 없는 것은 아니다. 출판사에 입사하려 한다면 하루라도 출판 교육을 받거나, 출판사에서 아르바이트를 하거나, 그것도 여의치 않다면 출판사 사장들의 자서전과 칼럼과 인터뷰를 살펴보라. 출판 커뮤니티 등을 방문해도 많은 힌트를 얻을 수 있다. 자동차회사에 입사한 한 지원자는 국내 자동차 산업의 과제와 발전 방향 등에 대해 알고 싶어서 『현대자동차 왜 강한가』, 『현대인을 위한 자동차산업 이야기』, 『위기의 자동차 산업 여기에 길을 묻다』 등 자동차 관련 책을 5권 이상 읽어보았다.

기업 본사나 매장 등도 꼭 방문하라. 은행에 취직하고 싶다면 지점을 찾아가서 은행원과 상담하고 그들의 말투를 익혀라. 한 은행에 최종 합격한 지원자는 영업장을 찾아온 가상의 고객을 상대하는 모습을 평가하는 롤플레잉 면접에서 높은 점수를 받았다. 합숙면접에 가기 전에 은행으로 직접 찾아가 직원들이 하는 행동을 유심히 살펴본 뒤, '통장을 개설할 때 비밀번호는 2번씩 눌러야 하고, 거래신청서를 가지고 오려면 앉아 있던 자리에서 일어나야 한다'는 디테일한 부분까지 연출해낸 까닭이다.

면접을 앞두고 밤에 회사를 찾아간 지원자도 있다. 회사 분위기를 미리 파악하고 주인 의식을 갖기 위해서였다. 건물을 돌아보고 경비 아저씨와 친해졌다. 분위기는 어떠한지, 야근은 많이 하는지, 사장님은 어떤 분이신지 등 궁금한 것을 모두 물어봤다.

"면접 보기 전부터 '나는 이 회사 사람이 될 거야' 하고 계속 생각했어요. 면접 준비할 때 업계나 회사 제품에 대한 공부도 중요하지만, 회사의 이념과 비전, 분위기를 아는 것도 중요해요. 이런 것은 인터넷을 찾기보다 직접 회사에 가봐야 알 수 있죠. 잠행으로 화장실 구조까지 파악하고 나니까 확실히 긴장이 덜 되더라고요. 무엇보다 '나는 무조건 이 회사에 들어간다'라고 면접 직전까지 계속 마인드 컨트롤을 한 것이 효과가 있었어요."

자신이 입사하고자 하는 부서와 관련된 임직원을 찾아서 포털사이트에서 전부 검색한 다음, 임직원의 인터뷰와 칼럼 등을 수집한 지원자도 있다. 임직원들의 시각과 논조를 미리 파악하기 위해서다. 물론 그 지원자는 합격했다.

능력이 부족하다면 합격 확률은 20퍼센트다. 하지만 부족한 능력에 열정이 더해지면 합격 확률은 몇 배로 증가한다. 가능성을 높이 평가할 면접관도 있을 테고, 그가 다른 면접관을 설득할 수도 있기 때문이다. 그러니 면접관을 당신의 편으로 만들 수 있어야 한다.

7. 머릿속 서랍을 활용하라

구글러 김태원은 tvN 〈스타특강쇼〉에 출연해 자신의 과거 면접 경험담을 공개했다.

"한 회사에서 면접을 보는데 '우리 회사에 입사하기 위해 어떤 노력을 했는가'라는 질문이 나왔죠. 그때 다른 지원자들은 마케팅 학회, 공모전, 인턴 경험 등을 이야기했습니다."

김태원은 어떻게 말해서 다른 지원자들과 차별화를 꾀했을까? 그의 목소리를 직접 들어보자.

"인사동 노점상 아주머니로부터 마케팅을 배웠습니다. 학생 리포터 활동

당시 체험 기사를 쓰기 위해 더운 여름날 인사동 노점상에서 액세서리를 파는 아주머니와 함께 액세서리를 팔던 중 '시원하게 비나 내렸으면 좋겠다'고 말하자 인사동 노점상 아주머니께서 크게 화를 내며 '비가 오게 되면 액세서리가 물에 젖어 팔 수 없게 된다. 다른 사람의 입장이 돼서 생각해봐라'고 조언했습니다. 아주머니의 조언에서 고객 지향적 마케팅을 배웠습니다."

결과는 합격! 이처럼 경험을 시기적절하게 꺼내서 답변하려면 면접을 보기 전 자신의 삶을 충분히 되돌아보아야 한다. 요즘은 스토리형 질문이 많기 때문에 머릿속 서랍이 정리돼 있으면 에피소드를 꺼내 쓰기 쉽다. 보스턴컨설팅그룹의 전 일본 대표인 우치다 카즈나리가 쓴 『골드포인트』를 보면 머릿속 서랍을 활용하는 방법이 자세히 실려 있다. 여기서 서랍이란 상대방에게 자신을 각인시키거나 설득시키기 위해 대화에서 사용할 화제를 담아두는 머릿속의 데이터베이스를 말한다.

면접을 앞두고 있다면 제일 먼저 하고 싶은 말을 정리하라.
그동안의 노력과 성과, 삶의 여정을 보여줘라.
그다음 무조건 외우지 말고 머릿속 서랍에 폴더를 마련하고
파일명을 재미있게 붙여서 저장하라.
남의 이야기를 베끼면 풀 죽은 시금치처럼 맛이 없다.
당신의 살아 있는 이야기를 꺼내라.
사례를 정리한 후에는 그것을 업그레이드하라.
당일 이슈를 찾아보고,
그날 면접장에 오는 면접관의 관심을 반영해서
최고의 요리를 대접하라.

[touch]
안철수연구소와 해커

안철수연구소 면접에 참가한 지원자들 가운데는 자신의 능력을 과시하려는 의욕이 앞선 나머지 '해킹'이라는 단어를 쉽게 내뱉는 경우가 많다고 한다. 그들은 보안을 위해 해킹을 해봐야 한다고 자신 있게 주장한다. 이때 면접관들이 지원자들에게 던지는 질문이 있다.

"그렇다면 ○○○님은 경찰이 되기 위해서 도둑질을 해봐야 한다고 생각하십니까?"

대부분의 지원자는 그제야 '아차!' 하며 당황한다.

해킹 기법을 아는 것이 보안을 하는 데 충분조건일 수는 있다. 하지만 해킹 기법을 아는 것과 해킹을 해본 것에는 엄연한 차이가 있다. 경찰은 도둑들의 수법을 잘 알고 있지만, 이는 도둑을 효과적으로 추적하고 빨리 검거하기 위해 익히는 지식일 뿐, 직접 도둑질을 하지는 않는다. 게다가 지금은 인터넷 보안시스템 공급업체 안철수연구소의 면접장에 있지 않은가?

누울 자리 보아가며 발을 뻗으라고 했다.

출처 : 안랩 블로그, '11년 전 나를 사로잡은 안철수연구소의 기업문화' 게시글 중에서

02〉굿바이! 불합격 면접

◆ 면접 자가진단

면접은 생각보다 사소한 부분에서 당락이 나뉜다. 워낙 뛰어난 인재들끼리 경쟁하기 때문이다. 당신이 지난 면접이나 모의면접에서 어떤 실수를 했는지 점검하면 다음에는 좋은 성적을 얻을 수 있다. 다음의 표를 통해 자가진단을 해보자.

자가진단 '내가 본 면접은 몇 점?' – 질문편

◉ **자가진단 체크 방법 : 각 문항을 읽고 해당되는 내용에 V를 표시하라.**

	입실(퇴실)할 때 느긋하게 걷거나 빨리 걸었다. (2점)
	입실하자마자 인사도 하지 않고 의자에 앉았다. (3점)
	면접관과 눈을 마주치지 못했다. (5점)
	면접 내내 표정이 우울하고 말문이 막혔다. (5점)
	목소리가 작고 힘이 없으며 말이 빠르거나 느렸다. (3점)
	'~했어요', '~거든요' 식의 말투를 주로 쓰고 비속어나 은어를 사용한 적도 있다. (3점)
	'음', '에' 등 습관어를 자주 사용했다. (1점)
	말할 때 손이나 몸을 자주 움직였다. (1점)
	다른 사람이 발언할 때 경청하지 않았다. (3점)
	시간이 흐를수록 긴장이 풀어져서 예의에 벗어난 행동을 했다. (6점)
	거짓말을 했다. (10점)
	자기소개할 때 자기소개서에 적은 내용을 똑같이 말했다. (2점)
	답변이 대체로 진부했다. (4점)
	질문을 이해하지 못했지만 추측해서 말했다. (3점)
	질문에 상관없는 이야기를 장황하게 늘어놓았다. (3점)
	대답할 때 보통 10초 내로 짧게 말했다. (2점)
	모르는 내용을 아는 척하며 말했다. (5점)
	너무 솔직하게 대답했다. (3점)
	블라인드 면접에서 개인 신상을 자주 언급했다. (2점)
	마무리 발언 기회를 활용하지 않았다. (1점)
	면접 때 지각하거나 대기 시간에 멀뚱거리며 앉아 있었다. (5점)
	단정한 옷차림이 아니었다. (4점)
	면접 예상 질문을 미리 뽑아서 외웠다. (4점)
	자기소개서를 다시 한 번 살펴보지 않고 면접 자리에 참석했다. (4점)
	전공 기본 지식을 갖추지 않았다. (4점)
	과거의 경험이나 스펙을 입사 후 어떻게 적용할지에 대해서는 고민하지 않았다. (2점)
	지원 회사와 산업에 대해 제대로 공부할 겨를이 없었다. (4점)
	본사나 지점, 매장 등을 방문하지 않았다. (3점)
	당일 신문을 살펴보지 않고 면접장에 갔다. (1점)
	면접은 혼자 준비했다. (2점)

◉ 점수 집계 방법 : V를 표시한 문항의 점수를 합산하라.

◉ 각 문항별로 중요도와 구직자들의 실수 비율 등을 고려해서 가중치(1~10점)를 부여했다.

〈자가 진단 결과〉

5점 이하   베스트 면접! ★★★★★

6~15점   면접 유의 단계! ★★★★☆

16~30점   면접 주의 단계! ★★★☆☆

31~50점   면접 경고 단계! ★★☆☆☆

51점 이상   워스트 면접! ★☆☆☆☆

자가진단 '내가 본 면접은 몇 점?' – 해석편

➕ 면접 태도

- 입실(퇴실)할 때 느긋하게 걷거나 빨리 걸었다. (2점)

🔸 면접관은 걷거나 앉은 자세만으로도 당신의 성향을 파악한다. 양반걸음은 게을러 보이고, 너무 빨리 걸으면 고집이 세 보인다. 구부정한 태도로 쭈뼛쭈뼛 들어오면 소극적인 데다 뭔가를 숨기는 것처럼 느껴진다. 앉은 자세도 마찬가지다. 한쪽으로 삐딱하게 앉으면 주제넘어 보이고, 허리가 구부정하면 소극적인 인상을 준다. 면접 중에 몸을 흔들거나 다리를 꼬는 것도 금물. 가슴과 허리를 펴고 바른 자세로 앉아 있어야 한다.

- 입실하자마자 인사도 하지 않고 의자에 앉았다. (3점)

🔸 인사는 예절의 기본이며 인간관계의 시작이다. 아직까지 우리 사회에서는 아랫사람이 윗사람에게 먼저 인사하기를 바란다. 인사에 존경의 마음이 담겨 있다고 보기 때문이다. 면접에서 인사는 총 4번이다. 들어가자마자 목례하고 앉기 전에 정중례한다. 이후 면접이 끝나면 정중례하고 나오기 전에 문 앞에서 목례한다. 단체면접의 경우 마지막으로 나오는 지원자만 4번 인사하고, 다른 지원자는 마지막 목례를 생략한다. 인사할 때 목소리를 작게 내거나 말끝을 흐리는 경우가 있는데, 매우 소극적인 인상을 풍기므로 주의하자. 명쾌한 톤으로 시원시원하게 인사해야 한다.

- 면접관과 눈을 마주치지 못했다. (5점)

🔸 대화할 때는 상대방의 눈을 봐야 한다. 그런데 생각보다 눈을 마주치지 못하는 지

원자들이 많다. 다음에 무슨 말을 할지 생각하느라 천장을 쳐다보거나 시선을 내리깔거나 불안하게 움직이거나 눈을 자주 깜박거린다. 이 경우 면접관은 준비되지 않은 지원자라고 판단하기 쉽다. 면접관과 눈을 맞추고 안정적인 눈빛을 보여야 한다. 답변 내용과 상황에 맞춰서 눈빛을 변화시킬 필요도 있다. 그렇다고 너무 부담은 갖지 말라. 입이 아니라 마음으로 말하면 눈빛은 저절로 말에 따라 바뀐다. 면접관이 여러 명일 때는 고개를 돌려 질문한 면접관을 바라보되, 다른 면접관과도 고루 시선을 마주칠 수 있도록 신경 쓰자. 계속해서 한 명에게만 시선을 주면 내성적으로 비춰지며, 다른 면접관들이 불쾌하게 여길 수 있다.

- 면접 내내 표정이 우울하고 말문이 막혔다. (5점)

◐ 면접 때 밝고 환한 표정은 기본이다. 한 대기업 면접관은 "사람이 가볍게 보일 정도까지는 아니더라도 면접자들이 미소를 지어줬으면 좋겠다. 경직된 자세와 표정 없는 얼굴로 들어오는 지원자들에게는 호감이 안 간다"고 말했다. 압박 질문에 당황하거나 한숨을 쉬고 눈물을 글썽이는 지원자들도 있다. 이러한 모습 역시 감점 요소다. 면접관이 일부러 곤란한 질문을 하는 것은 순발력 있는 대처 능력을 보기 위해서다. 말을 이어가지 못할 정도로 떠는 것은 위험하다. 면접 내내 긴장되고 떨리는 데는 이유가 있다. 경험이 부족하거나 준비와 연습 없이 면접장에 갔기 때문이다. 면접에 고수는 없다. 철저한 준비와 노력만이 승자로 만들어줄 것이다.

- 목소리가 작고 힘이 없으며 말이 빠르거나 느렸다. (3점)

◐ 자신감 있는 목소리는 합격의 지름길이다. 지원자의 목소리가 축 처져 있으면 면접에 집중하지 않는다는 인상을 준다. 특히 초반에는 큰 목소리를 내다가 시간이 지

날수록 목소리가 작아지는 지원자들은 긴장이 풀렸거나 외운 것만 답변을 잘한다고 오해받을 수 있다. 퇴실할 때까지 자신 있고 당당하게 말해서 패기 있는 모습을 보여주자. 말이 빠르면 급하고 느리면 게을러 보인다. 아나운서가 뉴스 원고를 읽는 표준 속도는 1분에 300자에서 400자다. 일반적인 스피치 속도는 1분에 250자 전후가 적절하다.

■ '~했어요', '~거든요' 식의 말투를 주로 쓰고 비속어나 은어를 사용한 적도 있다. (3점)
◐ 어린아이 같은 말투도 문제다. '~했구요', '~했거든요' 등의 말은 의존적이고 나약한 인상을 준다. 대답할 때는 격식을 갖추는 '다, 까' 체를 주로 사용하자. 은어와 속어를 남발하고 있는지도 확인해야 한다. '이멜', '뽀샵', '헐' 등의 표현을 아무렇지 않게 쓰는 것은 안 좋다. 긴장하다 보면 자신도 모르게 잘못된 단어를 선택해서 말실수를 하는 경우가 있다. 내가 만난 한 지원자는 면접 때 이렇게 대답한 적이 있다. "외국 인턴을 하며 가장 힘든 점은 회의가 많은 것이었습니다. 멍 때리고 있을 때가 잦아 아쉬웠습니다." 한순간 분위기가 싸해졌다. 면접관은 가족이나 친구가 아님을 기억하라. 사소한 어휘 하나가 당신의 평소 성품을 반영한다.

■ '음', '에' 등 습관어를 자주 사용했다. (1점)
◐ 불필요한 습관어는 집중력을 떨어뜨린다. '음', '에', '아', '저' 등과 같은 소리를 내면서 뜸을 오래 들이거나 답변 중간에 '어', '쫌'이라는 말을 여러 차례 쓰면 좋지 않다. '~한 것 같아요', '제 느낌에는', '~라고 생각합니다' 식의 명확하지 않은 말투는 신뢰감을 낮추고, '그게 아니라' 등의 표현은 부정적인 성향을 보여준다. '쓰읍', '쩝'과 같은 소리는 듣기에도 불편하다. 대부분 자신도 모르게 습관어를 사용하는 경

우가 있으니, 습관어의 사용과 빈도를 진단해 고치도록 노력하자.

■ 말할 때 손이나 몸을 자주 움직였다. (1점)

🔸 자연스러운 제스처는 말을 더욱 풍성하게 만드는 장점이 있다. 하지만 과도한 제스처는 산만하고, 경직된 제스처는 연습한 티가 난다. 얼굴 위로 손을 올려 과도하게 액션을 취하면 매우 어수선해 보인다. 제스처를 자주 쓰기보다는 강조하고 싶은 부분이 있을 때 두세 차례 손을 움직여 말하는 것이 좋다. 손동작은 어깨부터 배꼽 사이에서 하는 것이 안정적이다. 손가락으로 얼굴이나 머리카락을 만지는 것도 안 좋다. 집중력이 부족하다는 인상을 준다.

■ 다른 사람이 발언할 때 경청하지 않았다. (3점)

🔸 다른 지원자가 말할 때 어떤 태도를 보이는지도 중요한 평가 항목이다. 의견이 있다고 불쑥 끼어들거나, 자신의 면접 답변을 준비하거나 딴생각을 하는 것은 금물이다. 면접관의 표정을 살피는 것도 좋지 않다. 곁눈질을 하고 있으면 면접관은 당신을 신뢰하지 않는다. 바른 자세로 다른 지원자의 이야기를 경청하면서 적절하게 리액션해야 한다. 고개를 끄덕이거나 미소를 짓는 것이 무난하다.

■ 시간이 흐를수록 긴장이 풀어져서 예의에 벗어난 행동을 했다. (6점)

🔸 면접관은 크게 3가지 반응을 한다. 지원자들이 최대한의 능력을 발휘하도록 부드러운 분위기를 유도하거나, 압박하거나, 별다른 반응 없이 질문하고 대답하며 포커페이스를 유지한다. 이 중 면접관이 부드러운 분위기를 유도할 때 지나치게 긴장을 풀고 예의에 벗어난 행동을 취하는 지원자들이 있다. 삐딱하게 앉거나 장난스럽

게 말하거나 의자를 돌리기도 한다. 이는 탈락의 지름길이다. 면접 후 마무리도 신경 쓰자. 아무리 대답을 잘했더라도 마무리가 부족하면 좋은 인상을 주기 어렵다. 인사를 하지 않고 뒤돌아 나오거나 허둥대는 모습을 보이면 지금까지 쌓은 신뢰가 무너진다. 덜렁거리지 말고 끝까지 신중한 자세를 유지하자.

✚ 면접 답변

- 거짓말을 했다. (10점)

○ 거짓말은 절대 금물이다. 자신의 상품성을 높이기 위해 거짓말을 하면 그 순간은 모면할 수 있지만 끝까지 평상심을 유지하기 힘들다. 일반적으로 사람들은 뭔가 불편한 구석이 있을 때 눈빛이 흔들리고 상대방과 시선을 마주치지 못한다. 면접관은 당신의 표정 하나, 눈빛 하나 놓치지 않는다.

- 자기소개할 때 자기소개서에 적은 내용을 똑같이 말했다. (2점)

○ 면접관은 지원자의 자기소개서를 이전에 살펴보았거나 그 자리에서 검토한다. 이미 다 아는 내용을 반복해서 전달하는 것은 의미가 없고 성의도 부족해 보인다. 또한 글로 적힌 내용을 말로 옮기면 매우 딱딱하고 작위적인 인상을 준다. 자기소개서의 핵심(경쟁력과 포부)을 반영하되, 새로운 언어로 다시 풀자. 글과 말은 하나가 아님을 인식해야 한다.

- 답변이 대체로 진부했다. (4점)

○ 면접관은 지원자들에게 패기 넘치는 모습을 기대한다. 논리적 근거가 있다면 조금은 색다른 대답을 해도 괜찮은데, 무조건 불합격을 피하려고만 하다 보니 대답이

천편일률적이다. 한 대기업 임원은 "면접관도 사람이다. 같은 이야기를 3번 이상 들으면 집중력이 떨어진다. 리스크가 있어도 기발한 발상을 합리적, 논리적으로 설명한 지원자에게 높은 점수를 줄 계획이다. 20~30대답게 패기 있는 모습을 보여달라"고 요청했다.

■ 질문을 이해하지 못했지만 추측해서 말했다. (3점)
◐ 좋은 대답은 질문을 정확히 파악해야 나온다. 때로 면접관의 말을 놓칠 수도 있는데, 이 경우 질문의 요점이 무엇인지 다시 확인해야 한다. 못 알아들었는데 추측해서 대답하면 엉뚱한 말을 할 수가 있다. 질문을 이해하지 못했다고 감점되지는 않지만, 엉뚱한 답변을 하면 감점된다. 딴생각은 하지 말고 면접관의 말을 진지하게 들어서 질문의 요지와 의도를 확실하게 이해하자. 실수했다면 웃음 등으로 어물쩍 넘기지 말고 실수를 인정한 후 다시 답하자. 그 모습이 더욱 책임감 있어 보인다.

■ 질문에 상관없는 이야기를 장황하게 늘어놓았다. (3점)
◐ 지원자들이 준비를 많이 하다 보니 생기는 실수다. 면접관의 질문에 답하기보다 자신이 준비한 것을 이야기하는 경우가 많다. 임원들은 효율적인 일처리를 중시하기 때문에 길게 늘여 이야기하는 것을 좋아하지 않는다. 질문을 잘 듣고 결론을 먼저 말한 다음, 명료하면서도 간결한 근거를 들어 설득하자. 팀 프로젝트에 관한 질문일 때는 팀이 한 일과 성과를 중심으로 이야기하기보다는 자신의 역할과 기여도, 결과, 배운 점 등에 집중해서 말하자. 면접관이 궁금한 것은 다른 사람이 아니라 지원자가 한 일이기 때문이다.

■ 대답할 때 보통 10초 내로 짧게 말했다. (2점)

◐ 1분이 넘어가는 장황한 답변도 안 좋지만 "그렇다", "아니다"가 주가 되는 단답형도 성의가 없다. 면접관이 폐쇄형 질문을 하더라도 당신은 구체적 예시를 들어 의지를 담아라. 시간은 질문에 따라 20~60초 정도가 적당하다.

■ 모르는 내용을 아는 척하며 말했다. (5점)

◐ 모르는 질문이 나올 때는 솔직하게 말하되 아는 부분을 충실하게 대답해야 한다. 잘 모르는 것을 아는 것처럼 설명하다가 막히면 오히려 점수를 잃는다. "A는 잘 모르는데 B에 대해서 말씀드려도 되겠습니까?"처럼 의지를 보이는 것도 방법이다. 면접관은 지식이 많은 것보다 대처 능력을 중요하게 본다. 이 상황 하나만으로도 성실한지, 정직한지, 자신감이 있는지, 입사 의지가 강한지를 평가할 수 있다.

■ 너무 솔직하게 대답했다. (3점)

◐ 너무 솔직한 것은 때로는 독이 된다. 공무원이 왜 되려고 하느냐는 질문에 "공무원은 철밥통이기 때문에", "공무원 연금 때문에 노후 걱정이 없을 것 같아서"와 같은 대답은 피해야 한다. 단점을 물어볼 때도 "건망증이 있다"처럼 지나치게 솔직하게 말하거나 변명하는 것은 안 좋다. 크게 무리 없는 단점을 들고, 이를 어떻게 바꿔가고 있는지, 구체적인 사례를 들어 개선 의지를 보여주자.

■ 블라인드 면접에서 개인 신상을 자주 언급했다. (2점)

◐ 일부 기업에서는 면접 때 '개인 정보를 유출하지 말라'고 요청한다. 블라인드 면접을 실시하는 공기업이나 사기업 등이 그렇다. 이때 "S대 재학 시절에", "아버지께

서 A회사 임원이신데" 등 학력이나 집안 사정 등의 개인 정보를 말하지 않도록 신경 쓰자. 개인 신상을 말한다고 해서 무조건 불합격시키는 것은 아니지만 불합격 여부를 판단하는 데 변수가 된다. 즉, 하지 말라는 행동을 한 사람에게 좋은 점수를 주기는 어렵다는 의미다.

- 마무리 발언 기회를 활용하지 않았다. (1점)

▶ 보통 면접이 끝날 때쯤 "하고 싶은 말을 전달하거나 궁금한 것을 질문하라"고 한다. 이때 면접관이 선호하는 대답은 무엇일까? 자신의 입사 의지를 피력하거나 면접에서 아쉬웠던 점을 어필하는 것이다. 아무 말도 하지 않으면 상대적으로 입사 의지가 부족해 보인다. 마지막까지 최선을 다해 주어진 기회를 적극 활용하자.

✚ 면접 준비도

- 면접 때 지각하거나 대기 시간에 멀뚱거리며 앉아 있었다. (5점)

▶ 인사담당자는 지각하는 지원자를 매우 꺼린다. 보통 30분 정도 일찍 가는 것이 좋다. 1~2시간 전에 도착해서 주위를 돌아보는 것도 마음을 정리하는 데 도움이 된다. 대기 시간에도 적극적인 모습을 보여야 한다. 회사 홍보물이나 면접 자료를 읽으며 준비하는 것이 바람직하다. 대기장에서 큰 목소리로 전화 통화를 하거나 화장하거나 주위 사람들과 큰 소리로 이야기를 나누거나 과자를 먹거나 졸거나 하품하거나 하는 모습 등은 감점 요인이다. 곳곳에서 당신을 평가하고 있음을 잊지 마라.

- 단정한 옷차림이 아니었다. (4점)

▶ 옷차림은 인상에 많은 영향을 미친다. 광고나 패션 등 일부 회사를 제외하고 대부

분의 기업은 보수적인 정장 차림을 선호한다. 화려하고 개성이 넘치는 정장은 지양하고, 깔끔하고 단정한 이미지를 주는 것이 중요하다. 옷차림에 대해서는 뒤에서 자세히 소개하겠다.

- 면접 예상 질문을 미리 뽑아서 외웠다. (4점)

◎ 너무 꾸며진 모습은 거부감을 준다. 준비한 것을 그대로 외워서 말하면 말은 빨라지고 표정은 불안해진다. 한눈에 외운 티가 난다. 면접 흐름을 타고 대화하듯 자연스럽게 말하라. 면접 준비를 할 때는 말할 내용을 모두 글로 써서 외우지 말고 질문마다 답할 키워드 몇 개만 적어라. 그다음 키워드를 보면서 말하고, 그것을 녹음해서 들어보라. 어색한 부분을 찾으면 그 부분만 수정해서 다듬는 것이다. 글은 글로 연습하고, 말은 말로 연습해야 실력이 는다.

- 자기소개서를 다시 한 번 살펴보지 않고 면접 자리에 참석했다. (4점)

◎ 퀴즈나 시사, 전공 질문에 대답을 못하는 것은 면접관도 어느 정도 수긍한다. 하지만 이력서와 자기소개서에 적힌 내용을 제대로 답하지 못하면 신뢰성에 금이 간다. 면접 전 입사지원서를 꼼꼼하게 살펴보라. 어떤 내용을 적었는지, 어떤 활동을 했는지, 활동을 통해 무엇을 얻었는지, 그 경험을 실제 업무에 어떻게 접목시킬 것인지 등을 차근차근 정리하자.

- 전공 기본 지식을 갖추지 않았다. (4점)

◎ 전공 기본 지식은 말 그대로 '기본'이다. 경영학을 전공했다면 경영학원론에 나오는 4P에 대해 즉시 대답할 수 있어야 한다. 전공 성적이 좋든 안 좋든 전공 기초 지

식은 다시 한 번 살펴라. 갑작스럽게 생각이 나지 않는다면 "긴장해서 잘 떠오르지 않습니다. 혹시 B에 대해 말씀드려도 되겠습니까?"라는 방식으로 성의를 보이자.

- 과거의 경험이나 스펙을 입사 후 어떻게 적용할지에 대해서는 고민하지 않았다. (2점)

○ 면접장은 단순히 무용담을 늘어놓거나 스펙을 자랑하는 곳이 아니다. 입사 후 하고 싶은 일이 무엇이며, 그것을 위해 어떤 준비를 해왔는지를 강조하는 자리다. 이력서에 있는 다양한 성취 경험을 단순히 나열하는 것도 금물. 너무 많은 이야기를 꺼내면 불필요하게 말이 많다고 오해한다. 능력을 확실하게 보여주는 경험과 성과를 추려내되, 그것을 회사 업무에 어떻게 적용할지 강조하라. 가장 중요한 것은 지원 동기와 포부다.

- 지원 회사와 산업에 대해 제대로 공부할 겨를이 없었다. (4점)

○ 면접장에서는 입사 열의를 확실히 보여줘야 한다. 그러기 위해서는 회사의 비전, 제품, 사업 구조, 매출, 이익, 사업장 위치 등을 다각도로 살펴보고 경쟁사 대비 차별화 전략과 장단점을 정확히 이해해야 한다. 회사의 제품이나 서비스가 나아가야 할 방향, 해당 산업의 미래 발전 전략 등을 공부해두면 경쟁력 있는 모습을 보여줄 수 있다.

- 본사나 지점, 매장 등을 방문하지 않았다. (3점)

○ 미리 회사와 관련된 곳을 방문하거나 주요 제품과 서비스를 이용해보라. 차별화된 대답을 할 수 있고, 심리적 안정감도 얻을 수 있다. 요즘은 회사뿐만 아니라 경쟁사를 살펴서 주요 고객 불만 사항과 요구 사항을 파악하고 면접 때 가져오는 지원자

들도 많다. 홈페이지만 클릭하지 말고 발로 뛰어 입사 의지를 보여주자.

- 당일 신문을 살펴보지 않고 면접장에 갔다. (1점)

➡ "오늘 아침 신문을 보았는가? 무엇이 기억에 남는가?" 이 질문은 빈도수가 높은 면접 질문 중 하나다. 지원 회사와 관련된 뉴스를 점검하는 것은 물론 정치, 경제, 사회, 문화 등 각 분야별 이슈를 살펴보고, 그것이 회사와 산업에 어떤 영향을 미치는지 고민해보자. 가급적이면 인터넷보다 종이 신문 읽기를 권한다. 온라인을 통한 정보 습득은 휘발되기 쉬워서 머리에 적게 남는다.

- 면접은 혼자 준비했다. (2점)

➡ 교내취업캠프에 참가하고 상담을 받는 것은 기본이다. 동일한 목표를 갖고 있는 친구들과 함께 면접스터디를 결성하는 것도 좋다. 전공 지식과 시사 상식, 업계 현황, 기업 비전 등을 파악하고 퍼즐이나 압박 질문에 대비하려면 혼자 준비해서는 역부족이다. 스터디원들과 함께 예상 질문을 뽑아 대비하고, 입실부터 퇴실까지 전 과정을 녹화한 후 같이 모니터링하라. 자신의 부족한 점을 객관적으로 파악할 수 있다. 단, 교육을 통해 획일적인 모습을 보이는 것은 좋지 않다. 한 면접관은 "사전에 면접 교육을 받은 이들은 딱 티가 난다. 심지어는 제스처도 똑같고 대답도 비슷하다. 내용상 잘못된 부분은 없지만, 지나치게 형식적이고 자로 잰 것처럼 답변하면 좋은 점수를 주고 싶지 않다"고 말했다. 스터디와 교육을 통해 기본 예절을 익히되, 자신의 몸에 자연스럽게 녹아들도록 연습하라. 대답할 때는 모범 답안이나 가이드를 외워서 기계적으로 말하지 말고, 그때그때 상황에 맞게 유연하게 대처하는 현명함이 필요하다.

◈ 수진 씨와 민호 씨의 좌충우돌 면접 패션

이미지 메이킹을 알면 취업이 보인다

수진 씨와 민호 씨가 난생처음 면접을 보기 위해 면접관 앞에 섰다. 그런데 그들이 문을 열고 등장하자마자 면접관 3명의 얼굴이 동시에 찌푸려졌다. 과연 수진 씨와 민호 씨의 모습은 어떠한 걸까?

'블링블링' 수진 씨의 면접 이야기

수진 씨는 아침에 눈을 뜨자마자 거울을 보며 생각했다. '오늘은 면접 보는 날! 최대한 예쁘게 하고 가야지.' 그녀는 옷장에서 커다란 장미 무늬가 그려진 미니 원피스를 꺼내 입었다. 날씨가 더워서 스타킹은 생략하기로 했다. 허리까지 오는 긴 머리는 헤어 롤을 이용해 굵게 웨이브를 줬다. '메이크업은 어떻게 할까?' 잠시 고민하다가 블루 계열의 아이섀도를 발랐다. 아이라인을 두껍게 그리고 눈두덩에 반짝이 펄을 바르고 인조 속눈썹을 붙였다. 입술은 채도 높은 분홍 컬러 립스틱을 바른 다음, 그 위에 촉촉한 립글로스를 덧발랐다. 얼굴은 작게 보이기 위해 볼터치를 강조했다. 어떤 신발을 신을지 잠시 망설이다가 원피스에 어울리는 노란색 킬힐을 골랐다. 이대로 집을 나서자니 뭔가 아쉬웠다. 액세서리함에서 블링블링한 체인 목걸이와 귀고리를 꺼내 들었다. 그리고 얼마 전 생일 선물로 받은 빅백을 들었다. 수진 씨는 생각한다. '이쯤 되면 완벽하겠지?'

이 글을 읽고 있는 여성들은 쉽게 수진 씨의 잘못을 알아챌 것이다. 그리고 "에이, 이렇게 개념 없는 지원자가 어디 있겠어?"라고 반문할지 모르겠다. 하지만 수진 씨 같은 지원자는 생각보다 꽤 많다. 10명 중 1~2명 꼴이다. 인사담당자를 만나보거나 인터뷰를 읽거나 설문 조사를 보면 이러한 수치를 확인할 수 있다.

그런데 수진 씨만 이런 것이 아니다. 수진 씨는 '종합세트'라서 그렇지, 따로 떼어놓고 보면 다른 여성들도 몇 가지 실수를 한다. 예를 들어, 치마 길이가 너무 짧거나, 액세서리가 화려하거나, 스타킹을 안 신고 오거나, 메이크업을 너무 진하게 하거나, 혹은 안 하는 경우다.

자, 그렇다면 수진 씨는 어떤 실수를 한 것일까? 면접 복장은 첫인상을 결정하는 중요한 요소인 만큼 디테일하게 살펴야 한다. 한번 생각해보라. 우선 수진 씨의 마음이 실수다. 면접을 보러 가는 수진 씨는 '예쁘게'가 아니라 '프로처럼' 보여야 한다. 수진 씨가 꺼내 들어야 할 옷은 미니 원피스가 아니라 재킷과 블라우스, H라인 스커트다. 한마디로 '정장'이다.

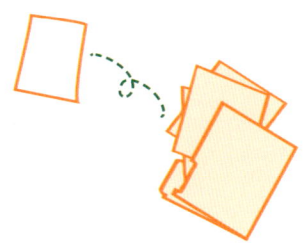

✚ 면접 이미지 메이킹 – 여성 편

수진 씨처럼 실수하지 않으려면 여성들은 면접 때 어떤 준비를 해야 할까? 지금부터 하나하나 알아보자. 이미지 메이킹을 알면 취업이 보인다.

헤어 단정한 단발머리나 묶은 머리가 좋다. 길고 풍성한 웨이브나 긴 생머리는 면접에는 적당하지 않다. 앞머리가 이마를 덮고 있으면 답답해 보이니 3분의 1 이상 이마가 드러나도록 드라이하자. 화려한 컬러 핀은 NO!

블라우스 리본이나 장식이 과하지 않은 기본형 디자인이 좋다. 재킷 색상이 어둡다면 밝은 톤을, 색상이 밝다면 어두운 톤을 선택하라.

자켓 디자인은 기본형을, 색상은 검은색, 감색, 베이지, 회색 등을 선택하라. 여름에도 반팔보다는 7부 길이를 고르거나 긴팔 여름 재킷을 입는 것을 권한다.

스커트 플레어, A라인보다는 H라인 스커트가 좋다. 길이는 무릎 위 5센티미터 정도가 적당하다. 너무 짧으면 앉을 때 불편하고, 너무 길면 답답해 보일 수 있다. 단정한 바지 정장을 선택하는 것도 괜찮다.

스타킹 여름에는 스킨색, 겨울에는 커피색이나 검정색이 무난하다.

구두 구두 굽은 5센티미터 내외가 적당하다. 화려하지 않은 기본형 펌프스 구두가 좋다. 오픈토는 NO!

액세서리 목걸이와 귀고리를 둘 다 착용하면 화려해 보이므로 둘 중 하나를 고르자. 알이 작은 진주나 큐빅이 적당하다. 귀고리는 링이나 드롭형보다는 부착형이 단정하다. 깔끔한 시계를 착용하면 시간 감각이 있어 보인다.

메이크업 피부 톤을 깔끔하게 정리하고 화려하지 않게 메이크업을 한다. 아이섀도는 베이지나 갈색 톤으로 은은하게, 입술은 튀지 않는 색이 좋다. 다크서클 커버는 필수! 눈가가 칙칙하면 인상이 어두워 보이기 때문이다. 너무 화려한 하이라이터와 볼터치, 반짝거리는 립글로스는 피하는 것이 좋다.

포인트 기본형 재킷과 블라우스를 고른 후 스카프나 코사지 등으로 포인트를 두면 깔끔하다.

손 손톱은 청결하고 짧게 유지한다. 매니큐어는 투명이나 연한 색을 사용한다.

가방 기본 토트백이 좋다. 클러치백은 너무 여성스럽고, 빅백은 부담스럽다.

'왕 털털' 민호 씨의 면접 이야기

다음은 민호 씨다. 민호 씨는 어떤 모습으로 면접장에 도착했을까?

민호 씨는 아침에 눈을 뜨자마자 거울을 보며 생각했다. '오늘은 면접 보는 날! 최대한 편하게 하고 가야지.' 그는 옷장에서 목이 늘어난 하얀색 면 티셔츠와 청바지를 꺼내 입었다. 머리가 덥수룩해서 앞머리는 눈을 찌를 것 같았지만 별로 개의치 않았다. 스킨을 바르는 것도 생략한 채 책상 위에 있는 두꺼운 검정색 뿔테 안경을 끼고 흰색 양말에 검은색 운동화를 신은 다음 집을 나섰다. 두 손에는 아무것도 들지 않았다. 민호 씨는 생각한다. '내가 편하면 면접관도 편하지 않겠어?'

이 글을 읽고 있는 남성들도 쉽게 민호 씨의 잘못을 알아챌 것이다. 민호 씨 같은 유형도 꽤 많다. 여성의 일부가 수진 씨처럼 '블링블링'하다면, 남성의 일부는 민호 씨처럼 과도하게 털털하다.

그런데 민호 씨만 이런 것이 아니다. 다른 남성들도 몇 가지 실수를 한다. 예를 들어 헤어가 덥수룩하거나, 검은색 넥타이를 매거나, 양말을 안 신거나, 두꺼운 뿔테 안경을 쓰거나 하는 것이다.

자, 그렇다면 민호 씨는 어떤 실수를 한 것일까? 우선 민호 씨의 마음가짐이 실수다. 면접을 보러 가는 민호 씨는 '편하게'가 아니라 '프로처럼' 보여야 한다. 민호 씨가 꺼내 들어야 할 옷은 면 티셔츠와 청바지가 아니라 재킷과 와이셔츠, 넥타이, 정장 바지다.

✚ 면접 이미지 메이킹 – 남성 편

민호 씨처럼 실수하지 않으려면 남성들은 면접 때 어떤 준비를 해야 할까? 지금부터 하나하나 알아보자. 이미지 메이킹을 알면 취업이 보인다.

메이크업 요즘은 남자들도 피부에 신경을 많이 쓴다. 얇게 비비크림을 펴 바르고 기름종이로 살짝 눌러 유분을 제거하면 피부가 한결 밝고 생기 있어 보인다.

안경 두꺼운 뿔테는 답답해 보이고, 색상이 있는 안경은 너무 트렌디해 보인다. 안경은 가는 금테나 검은 테가 무난하다. 면접 자리는 다소 보수적인 느낌이 좋다.

와이셔츠 색상은 흰색이나 하늘색 계열이 무난하고, 무늬가 없는 것이 코디하기 좋다. 날씨가 덥더라도 긴 소매 셔츠를 입는 것이 정석이다.

자켓 디자인은 기본형을, 색상은 검은색, 감색, 짙은 회색 등을 선택하라. '은갈치' 색상은 부담스럽다.

구두 자켓과 바지 색상을 고려해서 구두 색상을 선택한다. 보통 검은색 기본형 옥스퍼드화가 무난하다.

헤어 이마가 드러나는 깔끔한 스포츠형이 좋다. 구레나룻도 단정하게 정리하자.

넥타이 면접관들이 선호하는 넥타이 패턴은 스트라이프 또는 무늬 없는 단색이다. 푸른색 계열이 신뢰감을 주지만, 피부 톤에 따라 분홍색, 자주색 등도 괜찮다. 밝고 깔끔한 느낌을 주면 OK! 검은색이나 너무 튀는 디자인, 번쩍거리는 넥타이는 주의하자.

시계 너무 화려하거나 무겁지 않은, 깔끔한 시계를 착용하라.

가방 면접 때는 빈손으로 가지 말라. 입사지원서와 회사 관련 자료, 다이어리 등을 넣은 서류 가방은 기본적인 예의다.

◈ 오디션 프로그램에서 배우는 면접 실수 유형 베스트 12

오디션 프로그램은 취업 면접과 비슷한 점이 많다. 특히, 긴장감 속에서도 자신의 장점과 열정을 보여주어 심사위원들의 마음을 사로잡아야 한다는 면이 그렇다. 2009년 첫선을 보인 〈슈퍼스타K〉는 시즌 1에 72만 명, 시즌 2에 135만 명, 시즌 3에 197만 명, 시즌 4에 208만 명이 몰렸다. 경쟁률만 보더라도 오디션이 주는 압박감과 긴장감을 예상할 수 있다. 이곳에서 살아남아야 한다는 생각 때문인지, 참가자들은 자신도 모르게 여러 가지 실수를 한다. 심사위원과 시청자들의 눈살을 찌푸리게 했던 상황들을 모아봤다. 이들의 실수에 당신의 모습이 숨어 있지는 않은지 점검하라. 사례는 아래의 오디션 프로그램에서 찾았다.

〈신입사원〉 아나운서 공개 채용 프로그램
〈슈퍼스타K〉, 〈K팝스타〉, 〈위대한 탄생〉 가수 오디션 프로그램
〈마스터셰프 코리아〉 요리 오디션 프로그램
〈프로젝트 런웨이 코리아〉 패션디자이너 선발 대회

상황 1. "아나운서는 심하게 사랑했던 남자!"

아나운서를 꿈꾸며 〈신입사원〉에 출연했던 정다희가 가수를 뽑는 〈슈퍼스타K〉에 도전했다. 심사위원들 앞에 나선 정다희는 "원래 꿈은 토크쇼 진행자다. 아직은 아나운서가 더 되고 싶다"며 엉뚱한 참가 이유를 말했다. 심사

위원 호란이 "아나운서 자리와 가수 자리가 난다면 어느 쪽을 선택할 것인가?"라고 묻자 정다희는 "아나운서를 남자로 생각한다면 심하게 사랑했던 남자"라며 아나운서를 선택했다.

◉ 목적의식 없는 도전은 심사위원은 물론 다른 참가자들에게 실례다. 면접 때도 이처럼 민폐를 끼치는 지원자가 있다. 입사 의욕도 없으면서 경험을 쌓고 면접비를 받기 위해 무대에 오르기도 한다. 이들은 합격한 후 휴대폰을 꺼둔 채 사라진다. 당신이 별다른 생각 없이 참가한 그 자리가 누군가에게는 간절한 무대임을 기억하자.

상황 2. "심사위원이 뭐길래!"

〈슈퍼스타K〉 슈퍼위크에서 진성호는 불협화음과 독단적인 편곡으로 심사위원들에게 쓴소리를 들었다. 이후 진성호는 패자부활로 기회를 얻어 라이벌 데스 매치 무대에 섰다. 하지만 심사위원들의 눈치를 보며 소극적인 무대를 선보여 탈락했다. 싸이는 진성호에게 "우리가 뭔데 저번에 혼난 것 가지고 그렇게 눈치를 보냐"며 "딴따라는 그러면 안 된다"고 조언했다.

◉ 긴장되는 자리에서 지적을 받고도 좋은 컨디션을 유지하는 것은 쉬운 일이 아니다. 하지만 기회는 자주 오지 않는다. 초반에 나쁜 평을 듣더라도 평상심을 유지하면서 끝까지 최선을 다하자. 면접장의 주인공은 당신이다.

상황 3. "더 잘할 수 있었는데……."

〈K팝스타〉에서 〈Bound to you〉를 선곡한 김나윤은 긴장한 모습을 보이며 오디션에 참여했다. 김나윤은 울먹이며 "더 잘할 수 있었는데 떨렸다"라고 고백했다. 다음 곡을 부를 때도 연거푸 실수한 김나윤은 결국 노래 중간에 눈물을 흘렸다.

◆ 꼭 붙어야 한다는 생각은 큰 부담감과 강박관념을 안겨줄 수 있다. 미래를 걱정하지 말고 현재에 충실하라. 마음을 나누지 말고 100퍼센트 무대에 쏟은 사람이 결과도 좋은 법이다.

상황 4. "너무 감정 오버를……."

〈위대한 탄생〉 도전자 김태극은 나미의 〈슬픈 인연〉을 선곡했다. 그런데 갑자기 2달 전 헤어진 여자 친구의 실명을 거론하며 "○○○야, 듣고 있냐"고 외쳐 심사위원을 당황시켰다. 노래가 끝난 후에도 그의 실수는 이어졌다. 박정현이 평가하려는 순간 말을 끊고 "너무 감정 오버를……. 죄송합니다. 아니지, 죄송할 건 아니네요"라고 말했다. 이에 박정현은 "노래에 몰입해 있었는데 그런 말을 하니 갑자기 따귀를 맞은 기분"이라며 언짢은 표정을 지었고, 윤일상도 "음악을 할 때는 더 진지해져야 한다. 음악은 장난이 아니다"라며 그의 태도를 지적했다.

◆ 심사위원의 말을 자르는 것은 매우 위험한 행동이다. 누가 면접장에서 이런 행동을 할까 싶지만, 생각보다 쉽게 찾아볼 수 있다. 질문이 끝나지도 않았는데 말을 꺼내는 지원자가 있는가 하면, 면접관의 말을 반박하는 지원자도 있다. 질문에 숨 한 번 돌리지 않고 성급히 말하는 것 또한 경솔한 느낌을 준다. 주의하자.

상황 5. "아옹다옹과 갈무리의 뜻은?"

〈신입사원〉 오디션. 도전자들은 5개의 단어를 조합해 각자의 특성에 맞는 원고를 작성한 뒤 테스트를 받았다. 이 중 참가자 조행복은 "일본의 원자력발전소 폭발 사고로 게센누마 시에 아옹다옹 살고 있던 일본 시민들"이라고 브리핑을 마쳤다. 발표가 끝난 뒤 나경은 아나운서는 '아옹다옹'의 뜻을 물었다. 조행복은 "옥신각신하는 것으로 '아옹다옹'보다는 약한 뜻을 지니고 있는 게 아니냐"고 대답했다. 하지만 '아옹다옹'은 대수롭지 아니한 일로 서로 다투는 모양을 나타내는 단어다. 흔히 쓰는 '아옹다옹'은 잘못된 표현이다. 이시우 역시 독창성 있는 원고를 작성하고서도 자신에게 주어진 단어 '갈무리'의 뜻을 정확하게 해석하지 못했다. 외국어까지 남발하니 심사위원들의 반응은 냉담했다. 나경은은 "좋은 우리말이 있는데 왜 외국어를 사용하는지 모르겠다. 기본 자질이 안 됐다"라며 강한 일침을 가했다.

🔴 아나운서를 희망한다면 우리말에 대한 관심과 애정은 기본이다. 기본을 놓치는 지원자는 면접관이 가장 기피하는 유형이다.

상황 6. "믿어? 다들 이 사람 믿어?"

〈슈퍼스타K〉에 참가한 고등학생 이지혜는 조별 미션에 참가했을 때 "22살처럼 보인다"라는 정준영의 농담에 마음이 상했다. 이후 정준영에게 보여준 적대감은 도를 넘어섰다. "자기는 25살이라면서요. 참나"라며 어이없다는 표정을 짓는가 하면 "오버 싸지 마", "아, 미친"이라는 막말도 서슴지 않았다. 또 정준영이 조장을 하겠다고 하자 "믿어? 다들 이 사람 믿어?"라며 딴죽을 걸었다.

곡을 선정하고 연습에 들어간 후에도 다른 곡을 선택하는 것이 낫겠다며 투덜거리더니, 결국 팀을 이탈하는 돌발 행동을 했다.

◯ 막말이 위험 수위를 넘었다. 상대방의 농담에 마음이 상했더라도 이런 언행으로 응수하면 좋은 이미지를 얻을 수 없다. 대인배가 사랑받는 법이다.

상황 7. "지금 장난하냐?"

〈마스터셰프 코리아〉 팀 미션에서 오보아와 달라스의 신경전은 매우 아슬아슬했다. 오보아는 "지금 장난하냐"며 감정 섞인 말을 쏟아냈고, 달라스는 "안심 굽는 과정을 모르니 독촉만 하는 것"이라며 목소리를 높였다. 오보아의 독촉은 강도가 높아졌고, 마음이 급해진 달라스는 결국 손을 데고 말았다. 응급처치를 하는 동안에도 오보아는 주문을 재촉했다. 달라스는 "보아 씨는 너무 무례한 사람이다. 집중도 제대로 못하겠더라"라며 불만을 폭발시켰다.

〈프로젝트 런웨이 코리아〉에서도 갈등은 빚어졌다. 박소현은 디자인을 조율하는 과정에서 자신의 디자인 성향을 다른 구성원과 맞추지 못하며 팀 내 불화를 일으켰다. 이지승 역시 김혜란과의 의견 조절에 실패하고는 평가 때 서로를 탓하고 비난하여 갈등을 표면화시켰다.

◯ 팀 미션에서 갈등은 자주 발생한다. 자신의 주장만 내세우거나, 이기적인 모습을 보이거나, 감정을 앞세우다 보면 마찰이 생긴다. 토론면접이나 합숙면접에서 면접관이 체크하려는 것도 이런 점임을 기억하자.

상황 8. "제 생각과 달라요."

〈위대한 탄생〉에 출연한 안아리는 멘토스쿨 내내 불성실한 태도로 일관했다. 가사를 모르는 채 연습실에 오는 일이 반복되자, 멘토 김윤아는 "열심히 노력했다는 인상을 한 번도 받은 적 없다"고 지적했다. 이때 안아리의 대답. "제 생각과 달라요. 밥 먹는 시간 빼고 시간 나는 대로 많이 했어요."

⊙ 잘못을 하고도 변명하는 모습은 비겁한 인상을 준다. 면접관은 당신의 성향을 파악하기 위해 약점을 잡고 질문을 던질 수 있다. 이때 변명이나 반론을 펼치기보다는 일단 수긍한 다음 노력하겠다고 말하는 것이 현명하다.

상황 9. "1분 안에 정해."

〈슈퍼스타K〉 김그림. 그는 팀 미션에서 조장을 맡은 후 조원들을 통솔하지 못하고 다른 팀으로 옮겼다. 팀원들은 조장으로서 책임감 없는 행동에 아쉬움을 나타냈다. 이후 심사위원단 앞에서 다른 팀 멤버들과 무대에 선 김그림은 자신이 희생해 팀에서 나왔다는 식으로 말했다. 모든 상황을 지켜본 시청자들은 김그림을 질타했다.

〈슈퍼스타K〉 신지수. 자진해서 팀장이 된 신지수는 팀원들에게 "1분 안에 정해"라며 독촉했다. 이후 노래 파트를 나눌 때 자신의 의견을 고집하며 독단적으로 결정을 내렸다. 팀원들은 기분 나쁜 표정을 숨기지 않고 인터뷰를 통해 신지수에 대한 서운한 감정을 내비쳤다.

⊙ 강압적이고 이기적인 태도는 모두를 불편하게 한다. 면접관이 팀 미션에서 보고자 하는 것은 팀원들을 배려하며 화합하는 모습이다.

상황 10. "선배님들의 막힌 가슴을 뻥뻥 뚫어주겠다."

가수 길은 〈신입사원〉에서 다른 지원자들과 동일한 미션을 수행했다. 이날 과제는 '자신의 개성을 표현할 수 있는 사진이나 물건을 가져오라'는 것. 길은 화장실 청소도구인 '뚫어뻥'을 가져와 자신의 머리에 쓰며 "선배님들의 막힌 가슴을 뻥뻥 뚫어주겠다"고 말했다. 이에 방현주 아나운서는 "길 씨의 창의력은 90퍼센트이지만, 전달력은 10퍼센트"라며 혹평했다.

⊙ 인사담당자들은 최근 입사자들의 특징으로 개성이 강해서 관리하기가 힘들다는 점을 털어놓는다. 지나친 개성은 면접관들이 기피하는 모습 중 하나. 보수적인 기업 분위기를 감안해 강약을 조절하자.

상황 11. "말 시키지 마."

〈K팝스타〉의 배틀오디션. 참가자 이미쉘은 〈그대의 향기〉를 불렀으나 성대 결절 때문에 음 이탈을 했다. 보아는 심사평에서 "무대와 노래 실력을 떠나서 이미쉘에게 실망을 많이 했다. 일주일 전 녹음실에서 목이 안 좋다고 말했는데도 웃고 떠드는 모습을 자주 봤다. 자기관리도 실력이다"라고 정곡을 찔렀다. 이후 이미쉘은 대기실에서 반갑게 인사하는 동료 오태석을 보고 "말 시키지 마"라며 예민해진 모습을 보였다.

⬢ 오디션은 실력만큼 인성이 중요하다. 참가자의 일거수일투족이 카메라에 잡히기 때문에 매사 언행을 조심해야 한다. 면접도 마찬가지다. 면접장뿐만 아니라 대기실, 화장실, 엘리베이터 등 다양한 곳에서 평가가 이뤄진다. 무대 위는 물론 무대 아래도 신경 쓰자.

상황 12. "육수는 수돗물이에요."

사유리는 〈마스터셰프 코리아〉 예선에서 찌개를 선보였다. 음식을 맛본 심사위원은 "출품 음식을 어떻게 만들었느냐"고 물었다. 그 질문에 사유리는 "비밀"이라고 답했다. 이어 다른 심사위원이 "육수는 무슨 재료를 썼느냐"고 묻자 "육수는 수돗물이에요"라고 말했다. 심사위원들은 시종일관 장난스럽게 행동하는 사유리의 태도를 지적하며 "카메라를 의식하고 사람들에게 주목받는 걸 우선시하는데, 여기는 음식이 중요하다"고 말했다.

⬢ 오디션은 우승을 꿈꾸는 출연자들의 간절함과 진정성이 생명이다. 면접도 동일하다. 진정성 없는 말잔치로는 면접관의 마음을 사로잡을 수 없다. 말보다 마음이 먼저다.

[touch]
말솜씨를 업!시키는 7가지 방법

1. **진짜 자신의 목소리를 확인하자.** 목소리를 녹음해서 들어보면 자신이 생각하던 목소리와 다르다는 것을 알 수 있다. 내가 듣는 나의 목소리는 신체 내부에서 듣는 것이지만, 녹음해서 들을 때는 신체의 공명을 뺀 소리를 듣기 때문이다. 목소리를 녹음해서 들으면 타인이 듣는 내 목소리를 확인할 수 있다.

2. **복식호흡으로 힘과 에너지를 불어넣자.** 가장 듣기 좋은 목소리는 중저음의 안정적인 톤이다. 배로 숨 쉬는 복식호흡을 하면 힘 있는 목소리를 장시간 낼 수 있다. 먼저 거울 앞에서 다리를 어깨너비로 벌리고 손은 배 위에 가볍게 올려놓는다. 숨을 들이쉬면서 배가 나오도록 하고 내쉬면서 배가 들어가도록 한다. 호흡할 때 가슴을 사용하지 않으면 복식호흡이 된다. 누운 상태에서 배 위에 무거운 책을 올려놓고 숨을 쉬는 것(들이쉴 때는 배를 불룩하게, 내쉴 때는 배가 들어가게)도 복식호흡에 도움이 된다.

3. **몸을 곧게 펴고 턱을 당겨 말하자.** 자세를 바르게 하는 것은 목소리에 좋은 영향을 준다. 몸을 일직선으로 곧게 편 상태에서 턱을 당기고 어깨와 가슴을 활짝 펴라.

4. **알맞은 속도로 말하자.** 면접장에서 말을 하면 왜 말이 빨라질까? 평소보다 심장 박동수가 빨라지기 때문이다. 빠르게 뛰는 심장 소리에 맞춰 말을 하다 보니 자신도 모르게 말이 빨라진다. 말의 속도가 빠르면 발음이 뭉개지고 듣기에도 불

편하다. 적절한 속도로 말하기 위해서는 자신이 느끼는 것보다 약간 느린 속도로 말하는 것이 좋다. 입을 크게 벌려서 정확하게 발음하거나 제스처를 활용하면 말의 속도를 잡아준다.

5. 말하는 내용에 리듬감을 싣자. 중요한 부분을 말할 때 억양을 높이고, 포즈(pause)를 활용해 강조하라. 포즈는 말할 때 중간중간 들어가는 쉼표를 말한다. 중요한 문장이나 단어 앞에 포즈를 두면 면접관은 다음 단어에 집중한다.
 "제가 그동안 준비한 것은 ∨ 현장 경험과 어학 실력입니다."
 "이러한 경험을 통해 ∨ 고객을 섬기는 자세를 배웠습니다."

6. 수분을 자주 섭취하고 술과 담배를 멀리하자. 목이 건조해지면 소리가 잘 나오지 않는다. 하루 8~10잔 정도의 물을 조금씩 나눠 마시는 것이 좋다. 술과 담배는 후두와 성대를 건조하게 만드니 주의하라.

7. 말에 진심과 감정을 담자. 말과 마음이 따로따로 간다면 면접관을 설득할 수 없다. 무엇보다 중요한 것은 마음에 애사심과 직무 열정을 꽉 채우는 것이다. 면접 3요소 중 하나인 H(Heart, 마음을 울리는 것)에 신경 써라. 그것이 합격 비결이다.

03〉헬로! 합격 면접

◈ 매출 올리는 오프닝, 자기PR

방송을 잘하고 매출이 높은 쇼호스트와 그렇지 않은 쇼호스트는 오프닝부터 차이가 난다. 아마추어 쇼호스트는 다짜고짜 상품부터 꺼내지만, 프로 쇼호스트는 시청자들의 호기심부터 붙잡는다. 다음 사례를 보면 아마추어와 프로의 차이를 확연히 알 수 있다. 사례는 CJ오쇼핑 간판 쇼호스트 문석현 씨가 쓴 『스피치 메이크업』에서 발췌했다.

❶ "안녕하세요. ○○○입니다. 오늘은 여러분께서 좋아하시는 베이비 사진 촬영권

을 좋은 조건에 소개하겠습니다. 자동 주문 전화로 구매하시면 무려 ○원의 할인 혜택이 있습니다."

❷ "세상에서 제일 재미있는 영화도 2번, 3번 보면 지겹습니다. 제일 좋아하는 음악도 계속 듣다 보면 물리잖아요. 그런데 수십 년을 봐도 볼 때마다 감동스럽고 새로운 것이 있습니다. 내 아이의 얼굴이죠. 그거 담아놓으시라고 베이비 사진 촬영권을 준비했습니다. 더 예쁘게, 더 큰 감동으로 담아드립니다."

어떠한가? 한눈에 ①은 아마추어, ②는 프로의 오프닝임을 알 수 있지 않은가? 문석현 쇼호스트는 "시작이 반이라는 말이 있다. 상대에게 무언가를 이야기할 때 이 속담처럼 잘 들어맞는 말도 없을 것이다. 오프닝을 잡아야 성공 확률이 높아진다"고 강조했다. 홈쇼핑 매출을 좌우하는 것이 오프닝이라면, 면접 합격을 좌우하는 것은 자기PR이다. 그런데 많은 지원자들이 자기PR에 부담을 갖고 있어서 안타깝다.

"안녕하십니까? ○○○입니다. 저는 태양대학교 경영학과를 졸업했습니다. 저…… (말끝을 흐리며) 그동안 누구보다 성실하게 살아왔다고 자부합니다. (잠시 침묵이 흐른 뒤) 음…… 뽑아주시면 열심히 일하겠습니다."

이처럼 잔뜩 겁을 먹고 있으면 면접관도 불편하다. 얼굴 본 지 2분도 안 된 지원자에게 무슨 정이 들었겠는가? 당장 "불합격!"을 외칠지도 모른다. 호감을 주는 자기PR을 하고 싶다면 과도한 긴장감과 부담부터 버려

라. 그렇다면, 자기PR은 어떻게 준비해야 할까? 다음의 3가지 사례에서 힌트를 얻어보자.

〈사례 1〉
"12세기 고려청자는 당시 최고의 테크놀로지가 구현된 총체적 예술품이었습니다. 저는 21세기의 고려청자는 바로 자동차라고 생각합니다. 고려청자가 그 시대의 문화, 기술, 취향을 모두 보여주는 종합 예술품이라면, 자동차는 오늘날의 종합 예술품입니다. 1,000년 동안 살아남은 고려청자를 만든 도공처럼 저도 모든 고객에게 사랑받는 현대차 브랜드를 만드는 21세기 도공이 되고 싶습니다. 혹시 제가 공부한 ART에서 알파벳 한 글자만 바꾸면 CAR가 된다는 사실을 아시나요?"

위 예시는 현대차 공채 25기로 입사한 문혜욱 씨의 자기PR 중 일부다. 문 씨는 현대자동차가 마련한 '잡페어 5분 자기PR'을 통해 서류 전형을 면제받고 국내영업·마케팅 분야 입사에 성공했다. 28세라는 나이와 미술사학이라는 전공, 공인 영어 성적 부재라는 핸디캡에도 불구하고 문 씨는 자신감과 능력, 창의성에서 높은 점수를 받았다. 특히 '12세기 고려청자와 21세기 자동차'를 비교해 자동차 문화 마케팅을 제안한 자기PR은 면접관을 깜짝 놀라게 했다는 후문이다. 면접관은 문 씨의 창의성에 주목했고, 이후 면접에서도 좋은 평가를 받아서 국내영업·마케팅 분야 지원자 중 면접 점수 1위를 차지했다.

〈사례 2〉

200여 명의 수강생이 함께한 〈스타특강쇼〉에서 김태원 구글 코리아 글로벌 비즈니스 팀장은 자기소개를 할 때 창의적인 방법으로 경험을 담아내는 것이 중요하다고 전했다. 그는 자신이 20대로 돌아가 기업 면접을 본다면 다음과 같이 자기소개를 할 것이라고 말했다.

"제 삶을 간결한 수식으로 표현한다면 '2012-2006〉6'이라고 할 수 있습니다. 이 공식은 수학적으로는 잘못된 공식이지만, 2006년부터 2012년까지 삶이 변화된 양은 그 어떤 6년 동안의 변화보다 컸기 때문에 이렇게 표현한 것입니다. 저는 그동안 이러이러한 경험을 쌓아왔습니다."

〈사례 3〉

"[Red-열정] 끈기를 실험하기 위해 10킬로미터 마라톤을 완주했고 자전거로 국토대장정에 올랐습니다. [Green-창의] 창의적인 생각을 전공과 접목해 OLED(유기발광다이오드) 아이디어 공모전에서 최우수상을 받았습니다. [Blue-신뢰] 사람들에게 믿음을 주는 미래를 삼성디스플레이에서 만들고 싶습니다."

〈사례 3〉은 삼성디스플레이 신입사원으로 입사한 최마로 씨가 자기소개서에 적은 내용의 일부다. 색채전문가를 꿈꾸는 최 씨는 자기소개서도 빛의 3원색인 'RGB 컨셉트'로 작성했다. 면접관들은 그의 자기소개서를 보고 미소를 지었다.

현장에서 면접을 보거나 모의면접을 치르다 보면 성의 없이 자기PR을 하는 경우가 많다. "회사 생활은 혼자 하는 것이 아니라고 생각한다. 그동안 여러 가지 활동을 통해 다져진 커뮤니케이션 능력으로 열심히 일하겠다", "고등학교 때부터 봉사활동을 해오면서 남을 돕고 있는데 그동안 많은 것을 깨달았다. 그런 자세로 임하겠다"처럼 구체적인 사례나 포부 없이 무조건적으로 뽑아달라고 말한다.

자기PR은 꼼꼼한 준비가 필요하다. 준비 안 된 자기소개는 알맹이가 물러서 맛이 없다. 자기PR을 할 때는 12세기 고려청자와 21세기 자동차를 비교한 문혜욱 씨처럼 자신의 색깔을 담아야 한다. 김태원 강사의 자기PR은 얼마나 참신한가? 최마로 씨의 자기소개서는 한눈에 봐도 직무 열정이 느껴진다. 이처럼 오랜 고민이 녹아든 자기PR이 사랑받는다.

하지만 달달 외워서 하는 말은 소용이 없다. 많은 지원자들이 대본을 쓴 후 그것을 외워서 말할 때가 있는데, 이는 면접관이 원하는 바가 아니다. 면접관은 지나치게 꾸며진 모습에 거부감을 느낀다. 우리가 준비할 것은 대본이 아니라 콘셉트다. 생각 곱빼기를 통해 자신을 효과적으로 어필하자. 성장 과정에 대한 단순 소개는 피하고 차별화된 능력과 열정을 어필하는 것이다. 별 내용이 없다 싶으면 말허리가 잘릴 수도 있으니, 중요한 내용을 먼저 말하여 면접관의 관심을 붙들자. 첫 문장은 기억에 남을 만한 짧은 문장으로 시작하는 것이 좋다. 포부로 첫머리를 열면 면접관에게 강한 인상을 심어줄 수 있다. "치킨의 한류화에 기여하고 싶습니다"처럼 말이다.

콘셉트를 정한 다음에는 굵직한 키워드 몇 개를 메모해 자기PR을 해보자. 글로 써서 외우는 것이 아니라 메모를 보고 자연스럽게 풀어내는 것이다. 이를 녹음한 후 수정을 거쳐 완성하면 매끄러우면서도 자연스럽게 자기PR을 할 수 있다. 종이가 아닌 입에서 꺼낸 말이 면접관의 호감을 산다. 자, 이쯤에서 다른 지원자들의 자기PR을 살펴볼까? 다양한 사례를 통해 벤치마킹할 점과 주의할 점을 체크하자.

❶ "23개국 25개 공장 32개 물류센터, 해외 과장급 주재원 500여 명. 해외 근무가 많은 A사에는 글로벌 인재가 필요합니다. 저는 대학 시절 다양한 활동을 하면서 글로벌 마인드를 키웠습니다. 다음 신입사원 모집 때는 A사 포스터의 주인공이 되고 싶습니다."

❷ "(로봇을 보여주며) 제가 취미 삼아 만든 로봇입니다. 지금까지 10개의 로봇을 만들면서 큰 대회에 나가서 입상도 많이 했습니다. 로봇특성화고등학교를 다니며 지금까지 큰 대회에 나가서 입상을 많이 했습니다. 전국로봇올림피아드에서 금상을 수상하였고, 싱가포르에서 개최된 국제 로봇 올림피아드 세계대회에서 은상을 차지하며 뛰어난 기량을 선보였습니다. 방과 후에도, 토·일요일 없이 훈련을 하여 기량을 닦아 학교의 명예도 드높였고, 경쟁력도 보여주는 쾌거를 이룩했습니다. 이외에도 대학에 들어와서는 4년 동안 3회나 성적 장학금을 받았고, 자격증도 3개나 취득했습니다. 이상입니다."

❸ "안녕하십니까? 수원 못골시장 토박이 ○○○입니다. 순대국밥집을 운영하는 어머니를 따라 2,700제곱미터의 시장 골목을 누비며 자랐습니다. 못골시장에는 저의 또 다른 부모님이 90여 명이나 됩니다. 생선가게 아주머니, 철물가게 아저씨, 과일가

게 할머니는 어려서부터 봐온 저를 딸처럼 아껴주셨습니다. 시장에서 오랫동안 생활하다 보니 남보다 잘하는 것이 2가지가 있습니다. 바로 큰 목소리로 밝게 인사하기와 고객 마음 읽기입니다. 고객의 눈빛과 말투를 보면 물건을 살 사람인지, 아닌지도 쉽게 알 수 있습니다. 입사하면 몸에 배인 예절과 고객 마인드로 친절한 서비스를 실천하겠습니다."

❹ "안녕하십니까? 종신 MDRT를 꿈꾸는 지원자 ○○○입니다. 저는 주 3건 이상 계약을 체결하는 MDRT가 되고 싶습니다. MDRT에 가입된 설계사라고 하면 고객들도 안심하고 상품에 가입하는 측면이 많을 것이기 때문입니다. 대학교 때 보험회사에서 인턴을 하면서 동대문 상인들을 고객으로 만난 경험이 있습니다. 매일 새벽 5시에 직접 김밥을 만들어 동대문 시장에 출근했습니다. 새벽부터 활동하는 상인들에게 김밥을 건네며 일일이 인사를 했습니다. 상담도 많이 하고 정보도 많이 전한 덕에 동대문시장의 재테크 청년이라는 별명을 얻기도 했습니다. 이 경험을 통해 고객들과 마음을 나누는 방법을 배웠고, 재테크의 중요성을 실감했습니다. 입사 후 MDRT가 되어 머리가 백발이 될 때까지 라이프플래너로 일하고 싶습니다."

❺ "안녕하십니까? 밝고 건강하고 혁신적인 소식을 전하고픈 지원자 박건혁입니다. 저의 목표는 금융인들의 개인자산관리 상담사가 되는 것입니다. 의사라고 해서 모두 건강관리를 잘하지는 않는 것처럼, 금융회사를 다니는 사람들 중에도 월급 관리나 부동산 투자 등에 어려움을 겪는 분들이 많습니다. 금융인들의 개인자산을 관리하면 동기 부여가 되어 지속적으로 자기계발을 하며 실적을 낼 수 있습니다. 저는 이 목표를 위해 대학교 때 10회 이상 모의투자대회에 참가했으며, 증권사와 은행에서 2차례

인턴을 했습니다. CPA 자격증을 취득한 것도 목표를 향한 준비 과정이었습니다. 입사 후 하루 평균 5명 이상의 고객을 만나 5년 내 누적 개인자산 관리 상담 횟수 1만 건을 돌파하고, 고객들의 자산을 10퍼센트 이상 높이겠습니다. 제 이름처럼 밝고 건강한 소식만 전해드리겠습니다. 감사합니다."

①은 시작이 좋다. 처음부터 면접관의 귀를 쫑긋하게 만들었다. 그런데 계속 듣다 보니 실속이 없다. 변죽만 요란한 격이다. 어떻게 글로벌 마인드를 키웠는지 자신만의 경험과 스토리를 언급하지 않아서 허탈할 정도다. '포스터의 주인공이 되고 싶다'는 멘트도 지금처럼 빈 수레가 요란할 때는 반감을 준다. 내용물 없이 포장만 화려했을 때 얼마나 허무함을 주는지 단적으로 보여주는 예다. ②를 보자. 자신의 장점을 부각시킬 만한 로봇을 준비한 것은 좋다. 학창 시절도 성실하게 보냈음을 알 수 있다. 하지만 표현에서 크게 실수한 점이 있다. 지나치게 거만한 단어를 선택했다. '취미 삼아 만들었다'는 멘트는 로봇에 대한 애정이 부족해 보이고 '큰 대회', '뛰어난 기량을 선보였다', '기량을 닦아', '쾌거를 이룩하다' 등의 표현은 너무 거창하다. 자기PR은 자랑이 아니라 장점을 부각시키는 방식이어야 한다. 컨설턴트 카노우 히카루는 『상사 내 편으로 만들기』에서 "필요 이상의 자기PR은 상사를 적으로 만든다"고 꼬집었다.

③과 ④는 자신만의 스토리를 잘 살렸다. 화려한 경험 없이도 면접관의 마음을 사로잡는 노하우를 알고 있다. ③, ④의 무기는 진솔함이다. 감성형으로 접근하다 보니 자칫 물러질 수 있는 부분은 포부와 함께 버무려 중화시켰다. ③, ④가 감성형이라면 ⑤는 이성형에 가깝다. 구체적인 포

부와 근거를 통해 직무에 맞춰 한 우물을 파왔음을 강조했다. 논리적인 접근으로 건조해질 수 있는 느낌은 이름을 활용해서 농도를 맞췄다. 자신을 PR할 때는 사람 냄새를 풍기되, 회사가 뽑으려는 자질을 갖춘 지원자임을 강조하는 것이 좋다.

✚ 자기PR 최신 경향 5

1. 블라인드 면접에서는 자기소개의 영향력이 매우 크다. 블라인드 면접은 지원자에 대한 정보를 알지 못한 채 면접을 치르는 것을 말한다. 정보를 모르니 면접관은 단시간 내에 지원자의 자질과 특성, 역량 등을 파악하기 위해 자기PR을 요청한다. 그리고 지원자의 자기소개를 귀담아들은 후 내용에 따라 후속 질문을 할 가능성이 높다.

2. 자기PR 응용 버전이 늘고 있다. "준비한 자기소개 말고 우리 회사 준비 과정부터 지원 후 포부까지 1분 내로 말해보라"와 같은 질문을 던지거나, 면접장에서 다양한 제시어를 준 다음 자신과 연결지어 발표하라고 주문한다. 일반적인 자기소개는 지원자들이 발표할 내용을 사전에 완벽하게 준비하므로 변별력이 없다는 이유에서다. 평소 자신과 닮은 사물, 동물, 식물, 색깔 등을 찾아 준비해두자. 특히 지원 회사가 제조업이나 서비스업이라면 회사의 주력 제품과 자신의 공통점을 생각해둘 필요가 있다. 카페 프랜차이즈업체 카페베네는 자기소개서에서 "내가 만약 커피라면 어떤 맛과 향이 느껴지는 커피일까?"라는 질문을 던졌다. 이를 통해 커피에 대한 기초 지식과 더불어 센스와 열정을 평가하는 것이다. 이러한 질문은 면접에서도 자주 나오니 신경 쓰자.

3. 인성 면접 때 외국어 자기소개 요청도 늘었다. 제2외국어를 전공했거나, 해외 거

주 경험이 있거나, 자기소개서에 영어 실력에 대한 언급이 있을 경우, 외국어 자기소개를 주문하는 경우가 많다. 자기PR과 함께 해당 회사를 소개하거나 회사 상품을 판매하라는 요구도 할 수 있으니 함께 준비하자.

4. 자기PR 시간은 회사마다, 상황마다 다르다. 보통 1분가량을 제시하는 경우가 많지만, 상황에 따라 30~100초 등 다르게 요청할 수도 있다. 그런데도 지원자들은 자신이 준비한 것을 시간 제한에 관계없이 말할 때가 많다. '30초 이내로 짧게 하라'고 했는데도 1분 이상 길게 자기소개를 하는 경우가 그 예다. 이런 모습은 고집이나 주관이 세 보인다. 긴장해서 그런 것이라고 너그럽게 이해하는 면접관은 드물다. 면접 때는 멋진 답보다 소통하는 자세가 더욱 중요하다. 면접관이 요구한 질문에 맞게 답하도록 노력하자.

5. 3행시는 호불호가 갈린다. 과거에는 많은 기업들이 3행시 자기PR을 선호했다. 연대기적인 자기소개가 대부분인지라, 3행시라는 접근 자체가 신선했기 때문이다. 하지만 최근 들어 이렇게 준비하는 지원자들이 많다 보니 기업마다 호불호가 나뉘었다. 특히 상경계 지원자가 몰리는 업종과 그렇지 않은 업종의 편차가 크다. 지원 업종과 기업에 따라 반응이 다르니 채용설명회 등을 통해 정보를 구하라. 인사담당자의 목소리를 직접 들어보자.

"자기소개를 할 때 3행시로 하는 경우가 있는데, 특출하게 재치 있는 답변이 아니라면 하지 않는 것이 좋습니다."
패션회사 인사담당자

"3행시로 자기소개는 하지 마세요. 식상합니다."
은행 인사담당자

"회사명이나 제품명으로 3행시 자기소개를 하는 것은 좋습니다. 회사에 대한 관심을 반영하는 것이니까요."
중공업 인사담당자

"3행시 자기소개요? 저희 회사에서는 100명 중 1명의 지원자에게서 볼까 말까 하는 모습입니다. 이것도 정성인데, 당연히 환영하죠."
식품회사 인사담당자

커피믹스 VS 원두스틱커피

한 음료회사는 커피믹스 시장에 본격 진입하면서 원두커피가 함유된 새로운 개념의 커피믹스를 출시했다. 기존 커피믹스(프림믹스)와는 명확히 선을 긋기 위해 '커피믹스'라는 용어 대신 '원두스틱커피'라는 단어를 사용했다. 커피의 풍미를 생생하게 살리기 위해 원두 가루를 첨가한 경우는 있었지만, 커피믹스에 원두 분쇄 가루를 넣은 제품은 국내 최초라는 것이 회사의 설명이다. 면접 때에도 이처럼 자신만의 경쟁력과 고민이 담겨 있어야 면접관의 흥미를 끌 수 있다.

◈ 임원 DNA를 파악하라

53세 남자, 서울대 졸업, 학부 전공 분야 공학, 경영학 석사, 미국 유학. 누구의 발자취일까? 바로 우리나라 대기업 평균 임원의 모습이다. 《시사저널》이 매출액 상위 100대 기업에 근무하는 임원 6,307명을 살펴본 결과다. 매번 임원면접에서 고배를 마시고 있는가? 그렇다면 당신을 평가하는 임원들의 특징부터 살펴보자. 그들의 공통점을 알면 쉽게 면접을 준비할 수 있다. 서류 전형과 인·적성검사에 합격하고 임원면접을 앞두고 있는 당신을 위해 임원들의 DNA를 정리했다. 그룹별 임원 현황이 궁금하다면 『평사원 별을 달다』를 읽어보라. 매일경제 산업부가 펴낸 이 책에는 대기업 임원들의 특징과 20대 그룹 임원 승진자 1,500여 명의 프로필과 사진이 수록돼 있다.

✚ 임원 DNA 7가지

1. 자부심이 강하다. 임원이 될 확률은 몇 퍼센트일까? 한국경영자총협회가 전국 250여 개 기업을 조사한 자료에 따르면, 대졸 신입사원이 임원이 되는 데는 평균 21.2년이 걸리고, 임원이 될 확률은 0.8퍼센트인 것으로 나타났다. 이렇게 치열한 경쟁률을 뚫고 살아남은 임원들은 자부심이 강하다. 그들은 자신의 오랜 경험과 연륜, 사람 보는 눈을 믿는다.

2. 회사와 오너에 대한 충성심이 남다르다. 임원 자질 0순위는 충성심이다. 자발적이든, 비자발적이든 그렇다. 창업주 가문 역사를 꿰는 것은 물론, 노사문제를 일으킬

만한 사람은 찾아보기 어렵다. 임원들의 충성심을 보여주는 일화가 있다. 한 대기업 회장이 수천억대의 계열사 자금을 유용한 혐의로 공판을 받고 있는 가운데, 이 회사 주요 임원들이 주식을 사들였다. 회장이 최종 무죄판결을 받을 때까지는 주가가 크게 오르기 어렵다. 그런데도 임원들은 사재를 털어 주식을 매입함으로써 회사와 대주주에 대한 충성심을 표했던 것이다.

3. 워커홀릭이다. 낮이나 밤이나 평일이나, 휴일이나 쉬지 않고 회사 일에 몰두한다. 한 대기업 임원은 차장 시절부터 집에 제대로 들어간 기억이 거의 없고, 또 다른 임원은 10년 동안 가족들과 영화를 같이 본 적이 없다고 했다. 해마다 성과를 입증해야 하는 최전방에 섰으니 마음은 늘 조급하다. 임원들 대부분은 화려한 겉모습과 달리 불안한 임기, 업무 가중, 성과 스트레스 등 3중고에 시달린다. 전체 임원 가운데 재임 기간이 1~2년에 불과한 퇴직 임원이 30퍼센트를 넘는다. 한 건설사 임원은 "임원은 기업의 꽃이 맞다. 단, 화려해서가 아니라 꺾이기 쉽기 때문"이라고 말했다.

4. 부지런하다. 임원들의 아침은 직원들의 아침보다 빠르다. 보통 새벽 5시부터 아침 7시 사이에 출근한다. 일찍 출근해서 아침 회의 준비를 하거나, 회사 동정을 살피거나, 자기계발을 한다. 밤새 내린 폭설로 온 길이 마비되다시피 하는 날에도 지각 한 번 하지 않고, 전날 밤늦게까지 거래처 사람들과 회식해도 다음 날 아침이면 어김없이 자리를 지킨다. 그들이 아침 시간을 중시하는 이유가 있다. 솔선수범하기 위해서이며, 일과가 시작되면 자신만의 시간을 가질 틈이 없기 때문이다.

5. 대인관계가 좋다. 임원의 자질 가운데 하나는 대인관계에서 유연함과 친화력을

발휘하는 것이다. 성격이 외골수면 아무리 능력이 출중해도 임원이 되기 힘들다. 동료와 상사, 부하직원 등 다양한 구성원으로부터 능력과 인성, 자질에 대한 평판이 좋아야 임원이 될 수 있다. 팀워크도 중시한다. 조직을 살리는 부하 직원을 좋아하고, 조직을 해하는 부하 직원을 싫어한다.

6. 만능맨이다. 맡은 분야에 대한 전문성은 기본이요, 사생활과 건강을 비롯해 자기관리가 철저하다. 영어 외에 중국어나 일본어 등 외국어 2~3개를 해야 유능하다고 인정받는다. 상당한 수준의 골프 실력을 갖추고, 문화, 예술, 와인 등 다방면에 조예가 깊다. 사업상 협상 테이블에 앉아야 할 상황이 많기에 다양한 문화적 배경을 이해해야 한다. 신문도 빠짐없이 읽는다. 아침부터 영자 신문, 종합지, 경제지 등을 훑어보며 업계 흐름과 국내외 주요 이슈를 살핀다. 임직원 교육이 있을 때 일찌감치 자리 잡고 앉아서 열정적으로 수업에 임하는 사람은 대부분 임원이다. 다음은 《매경이코노미》가 소개한 그룹 임원 회식 자리에서 생긴 일화다.

A 회장 김 상무, 처칠이 좋아하던 샴페인 이름이 뭐더라?
김 상무 아, 예. 저…….
A 회장 아참, 이번에 승진한 박 이사가 와인 잘 알지?
박 이사 예, 폴로저라고 하는데요. 처칠이 생전에 워낙 좋아하다 보니 샴페인업체에서 아예 처칠의 이름을 딴 샴페인을 만들기도 했답니다.
A 회장 역시 박 이사야! 지난번 유럽 바이어가 인수합병 협상이 끝나고 저녁에 이 샴페인을 가져왔더라고. 내가 협상 테이블에서는 꼭 처칠 같았다고 말이야, 하하.

7. 기성세대다. 주요 기업 임원의 평균 연령은 50세 안팎이다. 2030세대와 5060세대는 의식 구조가 다르다. 기성세대는 자신이 살았고 경험했던 가치관과 기준으로 다음 세대를 바라보기 마련이다. 임원들을 이해하려면 기성세대가 살아온 정치적, 경제적, 사회적, 문화적 배경을 살펴보라. 당장 부모님과 커피 한잔 마시며 이야기를 나누는 것도 좋은 방법이다.

자, 여기까지. 임원들의 특징을 알아보았다. 그렇다면 이러한 면모를 지닌 임원들과 면접장에서 마주한다면 어떤 면에 신경 써야 할까?

1. 충성심을 강조하라. 충성심 강한 임원에게 '나 먼저, 그다음은 회사' 식의 마인드를 보여주는 것은 불합격으로 가는 지름길이다. 회사에 입사하면 제일 먼저 입문 교육을 받는다. 이 과정은 회사의 가치와 경영철학을 공유하는 것이다. 한마디로 정신 무장이라고 볼 수 있다. 입사 후 받을 입문 교육 내용을 스스로 챙겨보는 건 어떨까? 회사의 가치와 인재상을 파악한 다음, 조직을 위해 일하는 것을 의미 있는 일로 여겨라. 면접관 앞에 서기 전 충성심으로 마음을 가득 채우면 눈빛부터 달라질 것이다.

2. 성과 창출 방안을 고심하라. 임원들은 마음이 급하다. 매해 거둔 성과를 두고 계약을 맺기 때문에 성과에 대한 부담이 상당하다. 그런데 당신이 이런 것에는 관심이 없고 여유를 부린다면 한숨이 나오지 않겠는가? "능력은 부족하지만 뽑아만 주십시오. 열심히 배워서 어떤 일이든 잘하겠습니다." 제발 이런 말은 하지 말라. 인재와는 거리가 먼 천하태평한 사람으로 비춰진다. 회사는 교육 기관이 아니다. 입사 후 당장 밥값을 해낼 인재를 선호한다. 기업 환경과 시장 경쟁 구도를 파악하라. 그리고 과거

에 쌓은 성취 경험을 정리해서 입사 후 어떻게 기여할지 강조하라. 임원들은 성과와 수치에 관심이 많다.

3. 부지런함을 보여라. 저녁형 인간이라면 아침형 인간으로 다시 태어나야 한다. 아침 일찍 일어나서 생산성 있게 하루를 보내고 있음을 강조하라. 책과 신문을 읽고 여행을 다니고 사회 경험을 쌓으며 부지런히 세상과 소통해온 지원자를 선호한다.

4. 적극적이고 열정적인 모습으로 무장하라. 노래와 춤으로 상을 받은 경험이 있는데도 면접관 앞에서 노래 못 부르는 지원자, 매일 경제 신문을 꾸준히 읽는다고 하면서도 우리나라 기준 금리를 모르는 지원자, 영어 실력이 특기인데 면접관 앞에서 입도 벙긋하지 못하는 지원자는 사양한다. 적극적이고 열정적인 모습으로 면접관의 마음을 사로잡자.

5. 팀워크를 강조하라. 임원들은 혼자서는 멀리 갈 수 없음을 안다. 면접 때 리더십과 팀워크를 보여줄 수 있는 에피소드를 꺼내라. 혼자 도서관에서 공부만 했거나 자기만의 세계에 갇혀 있는 사람은 외면당한다.

6. 예의를 갖춰라. 오랜 경험과 연륜으로 삶에 대한 철학이 확고한 그들 앞에서 의견을 강하게 내세우거나 고집 센 모습을 보이지 말라. 당돌하다는 평이 돌아온다. 임원들이 무언가를 지적하거나 압박할 때 흥분하는 것도 금물! 수긍한 후 개선하겠다고 말하라. 임원들의 조언이 삶에 피가 되고 살이 될 것이다. 아니, 그렇다고 생각하는 편이 정신 건강에 좋다.

7. 기성세대들과 공통점을 찾아라.

"요즘 젊은 사람들은 풍요 속에 자라나서 어려움을 몰라. 나약하고 포기가 빨라."

"너무 자기만 잘났어. 똑똑하고 재능이 많지만 사회 참여 의식이나 애국심이 부족해."

"집안에서는 공주와 왕자처럼 자라서 게으르고 이기적이야."

위 내용은 2030세대에 대한 5060세대들의 편견 중 일부다. 물론 임원들 모두가 이런 생각을 하는 것은 아니다. 하지만 몇 명이라도 이런 시각으로 당신을 대한다면 그렇지 않다는 것을 보여주는 것이 현명하다. 이 생각이 맞고 틀리고는 취업한 후 따져 물어도 늦지 않다. 희생정신과 헝그리정신은 기성세대들이 가장 중시하는 마인드다. 임원들의 '아빠(엄마) 미소'를 보고 싶다면 삶의 발자취를 꼼꼼하게 살펴라. 그리고 희생과 헝그리정신을 찾아보라.

간단하게나마 임원들의 특징과 임원면접 대응 방법에 대해 알아보았다. 임원들이 0.8퍼센트의 인재이고 우리와 다른 삶의 배경을 가진 기성세대라고 해서 필요 이상으로 부담을 갖고 긴장할 필요는 없다. 한 자동차회사 인사담당자는 임원면접을 걱정하는 지원자들을 위해 트위터에 이렇게 격려의 메시지를 남겼다.

"면접 위원들은 어떤 분들? 해당 분야의 책임 임원이십니다. 그렇다고 쫄지 마세요! 어차피 입사해야 임원이지, 아직은 아저씨들! 당당하게!"

임원 DNA 체크 리스트

◆ 업무에 대한 목표의식이 명확한가?

◆ 일과 회사에 대한 열정이 넘쳐나는가?

◆ 자신의 분야에서 전문성을 갖고 있는가?

◆ 전략·재무 능력을 함양하고 있는가?

◆ 어떤 환경도 견뎌낼 수 있는가?

◆ 다른 사람과 소통을 잘하고 있는가?

◆ 다양한 인적 네트워크를 갖고 있는가?

◆ 도덕성을 갖추고 있는가?

◆ 직원들을 끌어줄 수 있는 마인드가 있는가?

◆ 국제적 마인드를 갖추고 있는가?

출처 : 《매경이코노미》 제1612호(2011. 6. 29일자)

◈ PT면접·토론면접 2마리 토끼 잡기

채용에는 2가지 오류가 있다. 하나는 뽑아야 할 인재를 놓치는 것이고, 다른 하나는 뽑지 않아야 할 인재를 채용하는 것이다. 이러한 오류를 막기 위해 기업은 다양한 면접 방식을 채택해 지원자를 다각도로 평가한다. PT면접, 토론면접, 시뮬레이션면접, 퍼즐면접, 압박면접, 스포츠면접, 술자리면접, 요리면접, 외국어면접, 합숙면접 등이 그렇다. 이 중에서 PT면접, 토론면접은 주요 기업이 채택하는 기본 면접 방식이다. 대표적인 2가지 면접 방식에 대해 자세히 살펴보자.

✚ PT면접 특징과 준비 요령

PT면접은 기업이 제시한 특정 주제에 맞춰 지원자가 준비한 다음, 짧게 프레젠테이션하고 질의응답하는 면접 방식이다. 과거에는 기획, 마케팅 등 특정 직무 지원자를 뽑을 때만 시행되었으나, 최근에는 전체 직무로 확대되는 추세다. PT면접 비중이 강화된 이유는 직장에서 업무를 수행할 때 프레젠테이션 능력이 중요해졌기 때문이다. 면접관은 PT면접을 통해 직무 능력, 논리성, 창의성, 문제 해결력, 발표력, 표현력 등 다양한 역량을 평가한다. 이는 크게 기획력(내용의 구성)과 설득력(발표·태도)으로 나눌 수 있다.

기업별로 PT면접 방식은 다르지만, 대체로 아래와 같다.

주제	1. 매출 향상 전략 방안 2. 업계 동향과 대처 방안 3. 시사 상식 4. 직장 생활 대처 방법 5. 전공 지식
방식	1. 2~5개의 주제 중 하나를 골라 발표하기 2. 제비뽑기로 주제 정하기
준비 시간	10~60분
준비 환경	1. 주제와 관련된 자료를 주거나 그렇지 않다. 2. 인터넷 검색이 가능하거나 그렇지 않다.
발표 도구	1. 전지 2. 노트북 3. 화이트보드 4. 태블릿 pc
발표 시간	5~10분
질의응답 시간	5~40분

한 은행은 PT면접 때 가상 은행인 A은행의 현황 자료(주 고객층, 매출, 주요 판매 상품, 위치, 실적 등)를 제시한 후 문제점을 파악하고 프로모션 전략을 꾀하라는 주제를 던졌다. 지원자는 정보를 활용해 30분 동안 전지에 개요를 작성한 다음, 면접장에 들어가 3명의 면접관 앞에서 5분 동안 발표를 하고 10분 동안 질의응답을 했다.

PT발표를 체계적으로 하기 위해서는 다음 단계를 거치는 것이 좋다.

주제 살피기 → 전체 개요 잡기 → 세부 목차 잡기
　　　　　　→ 제목 정하기 → 리허설 및 검증하기 → 전지에 옮겨 적기

발표 주제를 받으면 제일 먼저 주제에 담긴 의미를 파악해야 한다. 이후 어떻게 작성할 것인지 전체 개요를 잡자. 현황 및 문제 분석, 대응 방안, 기대 효과 등의 순서라면 무난하다. 다음에는 뼈대에 맞춰 세부 목차를 잡는다. 이후 제목을 고민하고 리허설한 후 수정 단계를 거쳐 전지에 옮겨 적는 것이 좋다.

자료가 제시되는 경우에는 데이터를 적절히 활용하라. 그래프나 도표, 수치가 있다면 이를 자신의 주장에 근거로 들자. "다음의 그래프에서 보듯 업계 이슈는 ○○이며, 따라서 이를 참고해야 한다"라는 식으로 발표하는 것이다. 발표할 때는 포인트를 간략히 말하되, 현실성에 근거한 대안을 제시하는 것이 좋다.

무엇보다 바른 자세와 큰 목소리로 자신감 있게 발표하는 것이 중요하다. 한자리에 서서 발표하다가 중요한 포인트에서 팔 동작을 하거나 살

짝 움직이면 집중을 유발한다. 면접관과 눈을 맞추고 질문함으로써 지속적으로 소통해야 한다.

PT면접은 시간을 잘 지켜야 한다. 제한 시간이 되면 "땡" 하고 종이 울리는 곳도 있다. 평소 알람을 맞춰놓고 연습하면 면접장에서 긴장하지 않을 수 있다. 발표 시간은 생각보다 금방 간다. 정보를 나열하는 데 발표 시간을 쓰기보다는 그것에 대한 의견과 이유를 전개하는 데 시간을 할애하는 것이 좋다.

주제는 보통 전공 지식과 시사 상식, 비즈니스 케이스로 나뉜다. 면접 전 전공별 기초 지식을 정리하고 신문을 통해 주요 이슈 사항을 점검하자. 회사 홈페이지에서 자신의 지원 분야와 관련된 내용을 찾아 공부하면 PT 발표 시 이를 적절히 응용할 수 있다. 회사, 산업과 관련된 비즈니스 케이스를 찾아보면 당황하지 않고 논리를 펴는 데 도움이 된다.

PT면접 주제 예시

▲ SNS로 회사를 PR하는 방법은 무엇이 있나?

▲ 상사에게 회사의 상황을 보고하라.

▲ 회사 이름으로 3행시를 지어라.

▲ 고객에게 우리 회사 상품 가입을 유도하라. 단, 고객의 재무 상태를 상, 중, 하로 나누어라.

▲ 쇼핑몰에서 우리 회사 카드 이용을 늘릴 수 있는 새로운 마케팅 방안을 제시하라.

▲ 노령화에 따른 우리나라 경제 문제를 분석하라.

▲ 업계 현황을 SWOT 분석 후 새로운 경영 방침을 제시하라.

▲ 해외 고객에게 우리 회사 제품의 이미지를 향상시킬 수 있는 방향을 제시하라.

▲ 아이폰의 성공을 우리 회사에 어떻게 활용할 계획인가?

▲ 유로존의 미래를 어떻게 보는가?

▲ 스마트폰을 활용한 마케팅 전략을 세워보라.

PT면접 TIP

▲ 주제 선정 시 발표하기 쉬운 것을 택하면 다른 지원자들과 차별화되지 않는다.

▲ 전지나 노트북 등에 쓰여 있는 내용을 그대로 읽지 말고 자기 것으로 소화해서 발표하라.

▲ 기초 자료나 근거가 부실하지는 않은지 점검하라.

▲ 오자가 나오지 않도록 표기에 신경 쓰자.

▲ 중간에 실수했다고 자포자기하는 것은 금물이다. 끝까지 최선을 다하자.

▲ 잘 모르는 주제가 나오더라도 창의성을 발휘해 접근하자. 전혀 감을 잡기 어렵다면 평소 공부한 내용을 차선책으로 발표하는 것도 방법이다.

▲ 자신감 있는 발표 태도는 기본이다.

▲ 화이트보드가 있다면 이를 활용해 판서하라.

▲ 최근 논란이 되고 있는 이슈를 자신의 말로 표현하는 연습을 하라.

PT면접 가점 요소 · 감점 요소

가점 요소	감점 요소
정확한 주제 이해	부정확한 주제 이해
명확하고 일관적인 논리 전개	미흡하고 산만한 논리 전개
창의적인 내용	평이한 내용
현실적이고 합리적인 대안	비현실적이고 비합리적인 대안
데이터, 사례 등 적절한 근거 제시	근거 없는 주장
깔끔한 마무리	엉성한 마무리
적극적인 태도	소극적인 태도
안정적인 제스처	과장된 제스처
적절한 시간 배치	부적절한 시간 배치
명확한 발음	부정확한 발음
크고 자신감 있는 목소리	작고 떨리는 목소리
자연스러운 시선 처리	불안한 시선 처리

PT면접 고수에게 유용한 Start 가이드

1. 질문으로 시작하라. 면접관이 대답을 하고 안 하고는 중요하지 않다. 면접관의 관심을 자연스럽게 유도하는 것으로 질문은 그 역할을 했기 때문이다.

   "평소 차의 성능 중에서 가장 중요한 게 뭐라고 느끼셨나요? 저는 엔진이라고 생각합니다. 그 이유는……."

2. 사적인 에피소드로 시작하면 친근감이 생긴다. 단, 초반에 사용하는 에피소드는 간단하고 상큼한 것이 좋다. 에피소드가 길면 '저 이야기를 왜 하는 거지?' 하며 의문을 품고, 내용이 무거우면 분위기가 가라앉기 때문이다.

   "사람마다 직업병이라는 것이 있습니다만, 제가 헤어 제품을 제조, 판매하다 보니 사람을 보면 머리부터 보는데요. 오늘 아침 지하철에서……."

3. 뜻밖의 멘트로 궁금증을 유발하라. 주제와 상관없는 말로 시작하면 듣는 이

들을 집중하게 만들 수 있다. 돌발적인 멘트로 관심을 모은 다음 자연스럽게 주제와 연결시키자.

"김태희와 송혜교 중 누가 더 이상형에 가까우신가요? 제가 여쭤본 이유는 사람들이 냉장고를 살 때 그 냉장고의 제조사보다 모델을 중시한다는 것입니다. 그만큼 제품 품질이 상향 평준화되었기 때문입니다. 저는 오늘 IT 기술의 상향 평준화에 대해 이야기하고자 합니다."

4. 시사적인 핫이슈로 시작해서 긴장감과 생동감을 줘라. 핫이슈는 누구나 관심을 갖기 때문에 집중력에 도움을 준다.

"얼마 전 세계적인 경영자인 스티브 잡스가 타계하여 사람들이 참 슬퍼했습니다. 저 역시 가슴이 아팠는데요. 타계하자마자 갑자기 스티브 잡스를 소개했던 예전의 책들이 날개 돋친 듯 팔리기 시작했습니다. 저는 출판사를 경영하는데……."

출처 : 『사람을 움직이는 리더의 말』(안미헌 저)

➕ 토론면접 특징과 준비 요령

토론면접은 여러 명의 구직자가 토론하며 진행하는 면접 방식이다. 자신의 입장을 피력하고 상대방을 설득해가는 과정을 보면 자연스럽게 지원자의 성향과 특징이 나오기 마련이다. 면접관은 토론하는 모습을 참관하면서 지원자의 커뮤니케이션 스킬과 협상력, 설득력, 주도성, 적극성, 공격성 등을 종합적으로 평가한다. 찬반 토론을 통해 업무를 수행하면서 직면할 수 있는 논쟁 상황에서 어떻게 대처하는지를 보기도 한다. 한 그룹은 의사소통 능력과 문제 해결 능력을 중점적으로 평가하기 위해 이름 표까지 떼어낸 블라인드 방식을 채택하기도 했다.

기업별로 토론면접 방식은 다르지만, 대체로 아래와 같다.

주제	1. 시사 이슈 찬반 토론 2. 직장 생활 해결 방안
방식	1. 대기실 혹은 면접장에서 주제를 준다. 2. 찬반 입장을 직접 정하거나 면접관이 임의로 정한다. 3. 사회자가 있거나 없다. 4. 결론을 내거나 그렇지 않다. 5. 자료를 제시하거나 그렇지 않다.
준비 시간	0~20분
토론 인원	4~8명
토론 시간	15~40분

한 대기업은 대기장에서 주제를 제시한 후 약 5분 동안 찬성과 반대를 정하도록 한 다음 15분간 생각할 시간을 주었다. 참가자는 총 6명이었다. 현황과 문제점 등을 간략하게 정리한 자료를 주므로 주제를 잘 알지 못해도 큰 부담은 없다. 찬성과 반대를 정한 후에는 대화가 금지된다. 면접이 시작되면 찬성 쪽부터 자기소개를 하고, 주제에 대한 의견을 순서대로 30초가량 이야기했다. 종합적 결론은 내지 않는 방식으로 진행됐으며, 토론이 끝나면 면접관의 질의응답이 이어졌다. 이처럼 토론면접은 기업에 따라 방식이 다양하기 때문에 채용설명회나 선배와의 만남을 통해 지원 기업의 면접 방식을 구체적으로 파악하는 것이 필요하다.

주제는 최근 논란이 되고 있는 시사 이슈가 많다. 면접 전에 신문과 전문지를 통해 다양한 이슈를 파악하고, 배경지식을 탄탄하게 쌓자. 형식은 찬반 토론인 경우가 많지만, 일부 기업은 의견을 모아 가장 좋은 아이디어를 내는 방식을 채택한다. 찬반 토론인가, 아이디어 제시인가에 따라 초점을 달리해야 한다. 주제가 찬반으로 나뉠 때는 상대편에 자신의 주장을 설득시켜야 하고, 토의일 때는 문제를 검토하고 협의해야 한다.

면접장에서 바로 주제가 주어지면 조원끼리 의견을 맞출 수가 없어서 토론장에서 전부 찬성 혹은 반대가 나올 수도 있다. 이때는 소수 의견 쪽으로 입장을 바꾸는 것도 검토해보자. 단, 상대 쪽 인원이 많으면 아무래도 의견이 밀리기 때문에 이를 감안해야 한다.

면접관들은 토론면접에서 듣기와 말하기를 동시에 살펴본다. 이때 가장 중요한 것은 잘 듣는 자세다. 자신의 주장만을 막무가내식으로 길게 내세우는 것은 금물이다. '나는 무조건 맞고 상대는 무조건 틀리다'는 식으로 접근하면 자칫 공격적인 모습으로 보일 수가 있다. 토론은 기본적으로 정답이 없다. 어떤 논리를 펴는지가 중요하다. 언쟁은 피하되, 상대의 의견을 존중하고 공감하면서 논리를 잘 전달해야 한다. 의견을 제시할 때는 일관성 있게 임해야 한다. 자신의 논리를 잃어버린 채 상대 의견에 도취되면 안 된다. 면접장에서 메모가 가능하다면 마인드맵으로 정리하는 것도 좋다. 종이에 논제 관련 단어를 도식 형태로 나열해두면 토론 도중에 논리를 잃고 헤매는 실수를 최대한 줄일 수 있다.

토론면접에서 좋은 점수를 받기 위해서는 사회자를 맡는 것도 괜찮다. 적극성을 보여줄 수 있기 때문이다. 그러나 토론을 매끄럽게 진행하지 못하면 오히려 쉽게 탈락하니 주의하자. 오랜 시간 토론하다 보면 긴장이 풀려서 면접관 눈치를 보는 경우가 있는데, 이는 좋지 않다. 면접관이 바로 앞에 있거나 옆에 있다고 해도 신경 쓰지 말고 토론 상황에만 집중하자.

토론면접 주제 예시

찬반	무상급식 인간 배아 복제 기업의 아웃소싱 사형제도 전자 소송 확대 스포츠 선수 병역 문제 정년퇴직 연장
아이디어	종업원이 일하기 좋은 기업 문화 만들기 우리 회사의 블루오션 파악하기 회사 내 영어 공용화를 위한 3가지 방안

토론면접 TIP

▲ 구체적인 통계와 자료로 상대방을 설득하라. 단, 출처를 분명하게 파악해야 한다.

▲ 상대방의 의견에 귀를 기울이는 것은 기본이다.

▲ 부분적으로 반론을 제시하면서 논리적으로 자신의 의견을 보충 설명한다.

▲ 자신만의 특화된 경험을 논거로 제시하는 것도 효과적이다.

▲ 상대방의 논리를 반박하기 위해 극단적인 예시를 드는 것은 좋지 않다.

▲ 질문을 통해 공감을 이끌어내면 설득력이 높아진다.

▲ 빠른 말, 부정확한 발음, 공격적인 말투는 토론의 감점 요인이다.

▲ 상대의 모순을 지적하는 것은 새로운 논거보다 효과적이다.

▲ 동일한 근거의 반복은 논리의 부족함을 드러낸다.

▲ 감정적 비난, 인격 비하 발언은 금물이다.

토론면접 때 활용하기 좋은 표현

▲ 네, 찬성 측에서 ~라고 말씀을 하셨는데요. 저도 그 부분은 일부 공감합니다. 하지만 ~ 면에서 다른 시각을 갖고 있습니다.

▲ 좋은 말씀 감사합니다. ~ 부분에 대해 답변드리겠습니다.

▲ 질문 하나 드리겠습니다. ~은 왜 이런 것일까요?

▲ 좋은 말씀 잘 들었습니다. 하지만 다시 한 번 되묻고 싶습니다. ~은 생각해 본 적 있습니까?

▲ 직접 현장에 가 보면 현실은 ~합니다. 이 점, 알고 계십니까?

▲ 공급자 측면에서 말하셨으니, 저는 수요자 측면에서 말하겠습니다.

▲ 네, 첨언을 하자면…….

이어령 전 문화부 장관의 토론 멘토링

▲ 논쟁점을 명확히 해야 한다.

▲ 서로 설명만 하다가 끝내지 말고 정확한 논점(Crucial issue)을 말하라.

▲ 최신 정보를 근거로 제시하는 것은 토론의 기본이다.

▲ 준비한 말보다 현장에서의 논점으로 토론하라.

▲ 토론할 때는 단어 선택 하나까지도 상대에게 허점을 보이지 않도록 신중해야 한다.

▲ 통계를 이용하여 설득력을 높여라.

- ▲ 상대방 논점의 허점을 잡아 역으로 반문하는 공격성 또한 필요하다.
- ▲ 외국 사례를 국내 사례와 비교하면 설득력을 높일 수 있다.
- ▲ 토론에 필요한 것은 심문이 아니라 질문이다.
- ▲ 논리만으로 설득할 수 없을 때 필요한 것은 위트다.
- ▲ 토론은 결론 부분에서 역전이 가능하다. 때로는 감정에 호소하여 공감을 얻는 것도 방법이다.
- ▲ 발전적인 토론의 기본은 지식이다. 더 많이 공부하고, 더 깊게 사고한다.

출처 : TVN 〈대학토론배틀〉

◈ 끌리는 말에 숨어 있는 말하기의 기술 15

말을 많이 한다고 해서 잘하는 것은 아니다. 정리되지 않은 말을 잔뜩 늘어놓거나 이미 했던 말을 반복하는 이들도 많다. 끌리는 말을 자세히 살펴보면 말하기의 기술이 숨어 있다. 말할 내용이 옷이라면, 화법은 액세서리다. 유용한 화법 몇 가지를 소개할 테니, 당신의 옷에 액세서리를 달아라. 단, 입에 익을 때까지 연습이 필요하다. 면접장에서 처음 화법을 꺼내면 남의 것인 양 어색하다. 15가지의 화법은 메뉴일 뿐이다. 맘에 드는 것을 골라 입에 넣어라.

✚ 리드로 포인트를 잡자

❶ "대학교 3학년 때 헌책방에서 아르바이트를 했는데……."

❷ "헌책방에서 꿈을 발견했습니다. 대학교 3학년 때 헌책방에서 아르바이트를 했는데……."

①과 ②중 무엇이 더 잘 들리는가? 답은 ②다. '리드'를 쓰면 포인트가 확실해져서 면접관의 주의를 끌기 쉽다. 리드는 내용을 한마디로 정리하는 표현을 고른다. 처음부터 설명 단계로 들어가지 말고 짧은 말로 이목을 끈 다음 내용을 풀어가자. 이렇게 하면 면접관이 말을 중단시키더라도 핵심 내용을 모두 전달할 수 있다.

✚ KISS하자

KISS는 'Keep It Short & Simple'의 축약어다. 진부한 표현, 과장된 표현, 전문용어, 미사여구 등을 사용하지 않고 핵심만 짧고 간단하게 말하는 것을 의미한다. 면접관이 가장 선호하는 화법 중 하나다.

✚ 결론부터 말하자

지금까지 입이 닳도록 강조한 두괄식 화법이다. 상대의 물음에 에둘러 말하지 않고 결론부터 말한 다음, 부가 설명을 하는 것이다. 이와 반대로 상황을 설명한 후 마지막에 결론을 말하면 이야기가 끝날 때까지 핵심이 무엇인지 알 수 없어서 지루하다. 두괄식 전개로 면접관의 답답한 가슴을 뻥 뚫자.

✚ 나열하지 말고 구조화하자

구조화하면 말하는 이는 물론 듣는 이도 편하다. 말하려는 내용이 여러 가지일 때 사용한다. 전체 알맹이를 2~3개로 구분한 후 그 안에 세부 내용을 넣는다. 이야기의 갈래는 보통 2~3개로 나누는 것이 좋다. 너무 많으면 집중력이 떨어지기 때문이다.

〈예시〉

1. 실무 경험
   1〉 인턴
   2〉 아르바이트

2. 해외 경험
   1〉 해외 봉사
   2〉 유럽 배낭여행

✚ PREP를 활용해 논리를 더하자

PREP는 하고 싶은 말을 Point(요점), Reason(이유), Example(사례), Point(결론)순으로 표현하는 화법이다. 오시마 도모히데가 쓴 책 『논리적으로 말하는 기술』을 보면 PREP의 다양한 활용 사례가 나온다. "좋아하는 동물은?"이란 질문을 받았을 때를 예로 들어보자.

나는 개를 좋아한다 (P)

개는 인간에게 도움이 되기 때문이다 (R)

안내견, 경찰견 등 다양한 분야에서 활약하는 개가 있다 (E)

이렇게 도움이 되므로 나는 개를 좋아한다 (P)

✚ 'Yes, but'으로 압박 질문에 대응하자

면접관은 지원자의 대처 능력을 보기 위해 약점을 지적하거나 계속해서 말꼬리를 잡으며 스트레스를 유도할 수 있다. 이때 유용한 것이 'Yes, but' 화법이다. 먼저 면접관의 의견에 수긍한 다음 자연스럽게 자신의 의견을 내세우는 것이다.

✚ 숫자를 활용해 설득하자

Mnet 〈슈퍼스타K 3〉가 화제를 뿌리며 막을 내렸다. 언론 매체들은 앞다퉈 오디션 접수 시작부터 우승자가 탄생하기까지 9개월간의 여정을 소개했다. 많은 기사 중에서 유독 눈길을 끈 것은 13부터 5,631,126까지 다양한 숫자를 통해 〈슈퍼스타K 3〉를 정리한 것. 숫자는 정성을 보여주고, 상대를 설득할 때도 좋다.

숫자로 알아본 〈슈퍼스타K 3〉

13	지역 예선 도시 수
17	심사위원 수
22	온라인 차트 상위권 진입 횟수
24,000	생방송 현장을 찾은 관람객 총 수
30,000	제작에 쓰인 촬영 테이프 개수
530,533	온라인 실시간 최고 동시 접속자 숫자를 모두 합산한 수
1,967,267	도전자들의 수
5,631,126	시청자 문자 투표를 모두 합산한 수

✚ 5단계 프로세스로 조리 있게 말하자

말을 체계적으로 잘하려면 머릿속부터 정리해야 한다. 다음은 강창진 아나운서가 소개하는 5단계 프로세스로, 조리 있게 말할 때 유용하다.

소개하기 → 전체 스케치 → 세부 스케치 → 나의 생각 → 마무리

말하기 전에 5가지 상자에 생각을 넣어 정리한 후, 순서대로 내용을 꺼내는 것이다. 그러면 흩어져 있는 생각들을 깔끔하게 정리할 수 있다. 말하기 프로세스 5단계를 적용해 이 책을 소개하면 아래와 같다.

소개하기   『뽑히는 면접』에 대해 말씀드리겠습니다.
전체 스케치   이 책은 크게 면접 가이드와 면접 질문 사례로 이뤄져 있습니다.
세부 스케치   특히 면접 질문 사례는 면접장에서 자주 나오는 대표 질문들과 다양한 명사들의 스토리가 어우러졌습니다.
나의 생각   책이 두꺼운 편이지만, 면접 사례가 생생해서 지루하지 않습니다.
마무리   『뽑히는 면접』이 독자들의 취업에 도움이 되기를 바랍니다.

✚ 1인칭 화법을 주로 쓰자

❶ "A는 무엇입니다. 직장인이라면 당연히 그런 자세를 가져야 합니다."
❷ "A는 무엇입니다. 저는 입사 후 그런 자세를 갖고 매출 성과에 기여하겠습니다."

①과 ② 중 면접관이 선호하는 화법은 무엇일까? ②다. 질문에 대답할

때는 3인칭 화법보다 자신의 각오와 입사 의지를 보여줄 수 있는 1인칭 화법을 즐겨 쓰자. 이건희 삼성전자 회장이 쓴 저서 『이건희 에세이 : 생각 좀 하며 세상을 보자』에는 1인칭 화법의 필요성이 담겨 있다.

"예스맨, 관료화한 인간, 화학 비료형(생색내기 좋아하는) 인간에게는 공통점이 있다. 능숙한 말솜씨로 여러 가지를 말하지만, 대개 1인칭이 아니라 3인칭 화법을 즐겨 쓴다는 점이다. '내가 하겠다'가 아니라 '사원이라면 이렇게 해야 한다'는 식이다. 이런 사람은 회사의 점(點)으로 머물러 있다. 그러나 '나라면 어떻게 할 것인가'라는 물음을 가진 사람은 회사를 이끌어가는 핵(核)이 된다."

✚ 과거형 언어에 미래형 언어를 더하자

스펙이 훌륭한데도 불합격하는 사람들에게는 공통점이 있다. 바로 과거의 성과만 구구절절 이야기한다는 점이다. 면접관이 알고 싶은 것은 미래의 모습이다. 그것을 예측하기 위해 당신의 과거 경험을 캐묻는 것이다. 대답할 때는 과거형 언어와 미래형 언어를 적절히 조화시켜라.

"~을 하고 싶습니다.(미래형) 언제, ~ 경험을 했습니다.(과거형) 이를 통해 ~을 배웠습니다.(과거형) 입사 후 ~ 활용하겠습니다.(미래형)"

✚ AREA로 체계적인 반론을 하자

AREA는 다음의 앞 문자를 모은 것이다.

Assertion   상대의 주장을 반복한다.

Refutation   내 주장을 피력한다.

Evidence   주장에 대한 증거를 제시한다.

Assertion   내 주장을 반복한다.

반론할 때 상대의 주장을 먼저 앞세우고 말을 시작하면 매우 유용하다. 상대의 주장을 충분히 들었고 존중한다는 의미가 있기 때문이다. 토론면접에서 활용하면 효과적이다.

✚ 공통점/차이점을 찾자

제자 정유진이 MBC 아나운서 〈신입사원〉 서바이벌에 도전하자, 교수는 수업 시간에 다음과 같이 이야기했다.

"지난주 MBC에 출연하는 정유진을 봤다. 내가 새로운 사실을 발견했다. MBC 아나운서들의 이름에는 유독 '진'이 많이 들어간다는 것이다. 신동진, 오상진, 배현진, 박혜진, 서현진, 이진처럼. 정유진 역시 '진 패밀리'에 합류하게 될 것이다"

제자를 응원하기 위해 아나운서들의 이름을 꼼꼼하게 살펴본 교수의 사랑이 느껴지지 않는가? 면접관이 "왜 경쟁사 B에 가지 않고 우리 회사 A에 지원했는가?"라고 질문할 때 이렇게 말하면 어떨까? "A사와는 ~ 공통점이 있고, B사와는 ~ 차이점이 있기 때문입니다."

✚ 생생하게 시각화하자

❶ 맛있는 커피

❷ 커피계의 나이키

둘 중 어떤 표현이 귀에 감기는가? 답은 ②다. 시각화해서 표현하면 감정이입이 쉽다. 메시지를 듣는 사람이 무슨 말인지 놓치지 않으려고 긴장하면서, 자신도 적극적으로 시각화하기 때문이다. "자신을 새롭게 정의한다면?", "직무나 회사를 한마디로 말하라"라는 질문이 나올 때 활용해보라.

✚ 기업이 정한 표준을 살펴보자

Q. "당신을 떨어뜨리면 어떻게 하겠습니까?"

A1. "그럴 리가 없다고 생각합니다. 저는 유능한 지원자이기 때문입니다."

A2. "그럴 리가 없다고 생각합니다. 회사 인사담당자님께서 채용설명회를 통해 적극적이고 열정적인 사람은 떨어뜨리지 않는다고 말씀하셨기 때문입니다."

A1과 A2 지원자는 자신의 생각을 주장하기 위해 근거를 덧붙였다. 한 가지 차이점이 있다면 A1은 자신의 기준을, A2는 기업의 표준을 적용했다는 점이다. 무엇을 주장할 때 상대가 정한 표준을 활용하면 설득력이 있다. 스튜어트 다이아몬드 교수의 협상 비밀을 담은 책 『어떻게 원하는 것을 얻는가』를 보면 표준의 중요성을 강조하는 에피소드가 적혀 있다.

한 학생이 밤 11시 5분 전에 맥도날드에 가서 감자튀김을 샀다. 그는 감자튀김이 눅눅한 것을 보고 새것으로 바꾸어달라고 말했다. 그러나 점원은 5분 뒤면 문을 닫는다며 거절했다. 학생은 말없이 카운터 한쪽 끝에 있는 광고지를 들고 다시 점원 앞에 섰다. 광고지에는 언제나 신선한 제품을 제공한다는 내용이 적혀 있었다.
"여기 맥도날드 맞죠? 이 광고지에 언제나 신선함을 보장한다고 적혀 있네요. 문 닫기 5분 전에는 신선함을 보장하지 않는다는 내용은 없는데요?"
결국 학생은 새 감자튀김을 먹을 수 있었다.

대부분의 사람들은 이 상황에서 눅눅한 감자튀김을 그냥 먹거나 직원에게 화를 내며 항의했을 것이다. 하지만 그 학생은 아주 침착하게 맥도날드가 스스로 정한 표준을 이용했다. 스튜어트 다이아몬드 교수는 "상대의 표준을 이용하는 법은 사람들이 잘 모르는 뛰어난 협상 도구다. 여기에서 말하는 표준은 객관적인 표준이 아니라 상대가 스스로 정한 표준이다. 사람들은 자신의 말을 어기는 모습을 다른 사람들에게 보이기 싫어한다. 그래서 과거에 한 말이나 약속, 즉 표준에 대해 물어보면 대부분 이를 따르고자 하는 경향이 있다"라고 강조했다.

✚ 맞춤형 화법으로 논리를 전개하자

논리적인 전개를 추구할 때 쓰는 화법은 이외에도 많다. 역삼각형법·시간적 전개·공간적 전개·병렬적 전개·인과적 전개·문제 해결 전개·경중 전개 등이 그 예다. 이 중 면접 때 도움이 되는 화법은 역삼각형법과 인과적 전개, 경중 전개 등이다. PT면접 때는 문제 해결 전개도 유용하게 쓰일 수 있다.

역삼각형법	먼저 결론부터 말한 다음, 그것을 증명하고 설명한다.
시간적 전개	시간적 경과에 따라 순서를 밟아서 이야기를 진전시켜 나간다.
공간적 전개	공간적인 장소 배치의 순서에 따라 설명한다.
병렬적 전개	여러 가지 사례를 항목별, 단위별로 나열하여 말한다.
인과적 전개	원인과 결과의 인과관계를 밝히는 방법이다. 원인→결과의 순서를 연역법, 결과→원인의 순서를 귀납법이라고 한다.
문제 해결 전개	몇 개의 문제를 제시하고 적절한 대책과 해결법을 말한다.
경중 전개	중요한 것부터 말하거나 반대로 중요하지 않은 것부터 밝힌다.

[touch]
틀리기 쉬운 직장 내 언어 예절

면접장에서는 말 한마디가 조심스럽다.

특히 지칭어와 경어법을 쓰는 데 어려움을 느끼는 지원자들이 많다. 면접관에게 인턴이나 아르바이트 경험담을 이야기하거나, 역할극을 수행하거나, 자신과 관계된 부분을 소개할 때도 그렇다. 이때 도움이 될 만한 경어법을 소개한다. 내용은 국립국어원 자료실 전자책 카테고리-표준 언어 예절에서 발췌했다.

직장 사회에서의 경어법

대부분 사람들은 직장에서 지칭어와 경어법을 쓰는 것에 많은 어려움을 느낀다. 지칭어는 대체로 호칭어를 그대로 쓰는데, 지칭하는 대상이 누구이며 어떤 상대에게 지칭하는가에 따라 그 지칭어가 달라지기도 한다. 지칭하는 대상이 동료이거나 아래 직원인 경우에는 "○○○ 씨가 이 일을 처리했습니다"처럼 주체를 높이는 '-시-'를 넣지 않는 경우가 흔한데, 직급이 높은 사람은 물론이고 직급이 낮은 사람에게도 직장 사람들에 관해 말할 때에는 '-시-'를 넣어 "김 대리, 거래처에 가셨습니까?"처럼 존대하는 것이 바람직하다.

지칭하는 대상이 말하는 사람보다 상급자인 경우, 듣는 사람의 직위와 나이를 고려하여 '총무과장이', '총무과장님이', '총무과장께서', '총무과장님께서' 가운데 어떤 것을 써야 할지, 또 '하시었'이라고 해야 할 것인지 '했'이라고 할 것인지 결정하기 어렵다. 듣는 사람이 지칭하는 대상보다 윗사람이거나 듣는 사람이 회사 밖의 사람인 경우에 "총무과장이 이 일을 했습니다"처럼 말해야 한다고 잘못 알고 있는 사람들이 있고, 또 사원들에게 이렇게 말하도록 교육하는 회사도 있다.

그러나 이러한 직장에서의 압존법은 우리의 전통 언어 예절과는 거리가 멀다. 윗사람 앞에서 그 사람보다 낮은 윗사람을 낮추는 것이 가족 간이나 사제 간처럼 사적인 관계에서는 적용될 수도 있지만, 직장에서 쓰는 것은 어색하다. 따라서 직장에서 윗사람을 그보다 윗사람에게 지칭하는 경우, '총무과장님께서'는 곤란하더라도 '총무과장님이'라고 하고, 주체를 높이는 '-시-'를 넣어 "총무과장님이 ~을 하셨습니다"처럼 높여 말하는 것이 언어 예절에 맞다.

윗사람이나 남에게 말할 때는 자신과 관계된 부분을 낮추어 '저희 가게', '저희 학교', '저희 회사' 등과 같이 '우리' 대신 '저희'를 쓰는 것이 바람직하다. 나라에 대해서는 '저희 나라'로 써서는 안 되고 항상 '우리나라'로 써야 한다. 말하는 사람, 듣는 사람 모두 같은 나라 사람이기 때문에 '저희 나라'라고 할 필요가 없는 것이다.

최근 "주문하신 커피 나오셨습니다", "문의하신 상품은 품절이십니다"처럼 서비스업이나 판매업 종사자들이 고객을 존대하려는 의도로 불필요한 '-시-'를 넣은 표현을 적지 않게 사용하고 있다. 이는 바른 경어법이 아니다. 높여야 할 대상의 신체 부분, 성품, 심리, 소유물과 같이 주어와 밀접한 관계를 맺고 있는 대상을 통해 주어를 간접적으로 높이는 '간접 존대'에는 '눈이 크시다', '걱정이 많으시다', "선생님, 넥타이가 멋있으시네요"처럼 '-시-'를 동반한다.

바르지 않은 표현	바른 표현
커피 나오셨습니다. 품절이십니다. 사이즈가 없으십니다. 포장이세요?	커피 나왔습니다. 품절입니다. 사이즈가 없습니다. 포장해드릴까요?

공손하지 않은 표현	공손한 표현
거래처에 전화했니? 거래처에 전화해라.	<u>공식적인 상황이거나 덜 친밀한 관계에서</u> 거래처에 전화하셨습니까? 거래처에 전화했습니까? 거래처에 전화하십시오. 거래처에 전화하시지요. <u>비공식적인 상황이거나 친밀한 관계에서</u> 거래처에 전화하셨어요? 거래처에 전화했어요? 거래처에 전화하세요. 거래처에 전화해요.

겸양의 표현
1. 과장님, 점심(저녁) 잡수셨습니까? 2. 과장님, 점심(저녁) 드셨습니까? 3. 과장님, 점심(저녁) 식사하셨습니까? <div align="right">*1〉2〉3 순으로 정중한 표현이다.</div>

04〉면접의 맥을 짚어라
– 인사담당자 Q&A

인사담당자의 조언만큼 중요한 것이 어디 있겠는가. 인사담당자의 목소리에 면접의 비밀이 녹아 있다. 아래 내용은 각 기업 채용설명회와 언론 인터뷰, 인사담당자가 쓴 책 등을 살펴 정리한 것이다. 인사담당자의 목소리에 귀를 기울이면 면접의 답이 보인다.

◈ 면접관은 어떨 때 호의적인가?

Q. 면접 전형 진행 방식은?

A. 직무, 영어, 인성에 걸쳐서 여러 가지 모듈을 시행한 후 지원자를 종합적으

로 평가합니다. 보통 직무 프레젠테이션, 그룹 토의, 전공면접, 영어면접 등을 시행합니다. 각 면접 형식은 지원 분야 및 직무에 따라 다릅니다.

전자회사 인사담당자

Q. 면접은 어떤 식으로 진행되나요?

A. 총 2차례에 걸쳐 진행됩니다. 1차 면접은 역량면접으로 다수의 면접관 대 1명의 지원자가 면접을 보게 됩니다. 여기에서는 자기소개서 내용을 중점적으로 묻습니다. 자기소개서 내용을 충분히 숙지하시고 면접에 임해주시기 바랍니다. 2차 면접은 계열사에 따라 토론면접 또는 PT면접을 시행합니다. 여기에서는 개인의 직무 수행 능력 및 개인의 다양한 능력을 평가합니다.

철강제조회사 인사담당자

Q. 면접 평가 항목은 무엇입니까?

A. 개별 직무 부문을 제외한 공통 부문의 평가 항목을 공개합니다. 태도, 열정 몰입, 직업관, 가치관, 학습 능력 및 호기심, 직무 연관성, 당사에 대한 관심과 이해 등 7가지를 A, B, C등급으로 나눠 체크합니다.

손해보험회사 인사담당자

Q. 면접관은 어떨 때 호의적인가요?

A. 면접관이 호의적일 때는 2가지입니다. 정말 마음에 들었거나, 더 이상 질문할 필요를 느끼지 못했을 때입니다. 면접관은 짧은 시간에 평가를 내려야 합니다. 뽑을 사람과 뽑지 않을 사람보다 더 어려운 사람은 바로 애매한 사람

입니다. 면접관은 애매한 사람을 검증하기 위해 많은 질문을 던집니다. 질문을 많이 받았다고 해서, 혹은 그렇지 않다고 해서 합격 여부를 예측하기는 어렵습니다.

증권회사 인사담당자

Q. 지난 면접에서 어떤 질문이 나왔나요?

A. 실무진 면접에서는 "희망하지 않은 직무에 배치된다면?", "전공이 직무와 맞지 않는데 지원한 이유는?" 등과 같이 직무와 지원자의 역량 매치를 확인하는 질문을 했습니다. 또한 "자신의 보유 IT 기술은?", "USN이란?" 등의 IT 지식에 대한 질문을 던졌습니다. 임원진 면접에서는 "우리 회사 홈페이지 가봤는가?", "여가 시간에는 주로 무엇을 하는가?" 등 회사에 대한 관심과 지원자의 인성을 주로 평가했습니다.

IT 인사담당자

Q. 면접 때 무엇을 검증하나요?

A. 직무 전문성보다 지원자의 성장 가능성과 태도를 검증합니다. 조직과 잘 융화하고 글로벌 마인드를 갖춘 사람에게 높은 점수를 줍니다. 단정하고 예의 바른 모습으로 면접에 임하세요.

영화사 인사담당자

Q. 면접에서 가장 중점적으로 보는 점은 무엇인가요?

A. 기본적으로 우리 회사에 적합한 인재인지를 봅니다. 능력이 아무리 뛰어나

도 회사와 맞지 않으면 힘들기 때문에 개개인이 가진 인성이 회사와 적합한지를 살펴보고, 그다음에 개개인의 직무 역량 등의 요소를 평가합니다.

철강제조회사 인사담당자

Q. 면접 때 주로 평가하는 것은?

A. 자기소개서를 통해 압박 질문을 하며 상황을 극복해가는 모습을 보고 있습니다. 자기소개서를 통해 예상 질문을 만든 다음 연습하세요.

조선회사 인사담당자

Q. 취미와 특기가 중요한가요?

A. 취미와 특기는 자신을 어필할 수 있는 최적의 무기입니다. 음악 감상이란 취미가 있다면 어떤 음악, 어떤 가수를 좋아하는지 세분화시켜서 강조하세요. 특히 요즘은 기업의 사회공헌이 많은 주목을 받고 있습니다. 'MC 보기, 벽화 그리기' 등 구체적인 취미와 특기를 통해 재능 기부를 할 수 있다는 점을 어필하는 것도 좋습니다.

식품회사 인사담당자

Q. 마지막 발언 기회 때 먼저 손을 들어 답변하는 것이 좋을까요?

A. 먼저 손을 들어서 자신 있게 입장을 말한다면 그 자신감을 좋게 평가합니다. 단, 질문을 위한 질문을 하는 것은 좋지 않습니다. 자신의 생각을 정리한 후에 질문이나 답변을 하는 것이 유리합니다.

은행 인사담당자

Q. 모르는 질문에 대해서는 모른다고 대답해야 합니까?

A. 열정이라는 부분과 연관된다고 생각합니다. 어떤 질문을 했을 때 고민을 하고 자신이 아는 부분까지 말하려 노력한다면 좋은 평가를 받을 수 있지만, 단칼에 모른다고 대답하는 지원자는 점수를 잃을 것입니다.

전자회사 인사담당자

Q. 나이가 좀 많은데, 연령에 대한 제한이 있나요?

A. 원칙적으로 연령에 따른 제한을 두지는 않으나, 지원자의 통상적인 연령대를 초과하는 경우, 전형에 다소 불리할 수 있습니다.

자동차부품회사 인사담당자

Q. 면접 때 성적증명서는 왜 제출하나요?

A. 2차 면접에서 전공 지식에 대해 질문하는데, 이때 활용합니다. 우리 회사는 전공에 대한 열정과 노력을 중시합니다. 그에 대한 증거가 성적증명서입니다. 회사의 장비에 대한 지식은 쉽게 알 수가 없으므로 장비 지식보다는 전공 수업에 대한 지식을 확인하는 것입니다.

반도체장비회사 인사담당자

Q. 면접 전형에서 고등학교 생활기록부를 제출해야 되는데 이유가 있나요?

A. 대학교와는 다른 생활이기에 성적보다는 전반적인 성장 과정을 평가하는 요소로 이용됩니다.

에너지회사 인사담당자

Q. 영어면접 팁을 주세요.

A. 질문은 유로존의 위기나 한국의 FTA와 관련하여 금융 시사 상식이 자주 나옵니다. 자신감 있는 모습을 보여주세요. 면접관들에게 확실히 각인된다면 합격 확률은 더 높아집니다. 영어 면접 들어갈 때 영어로 인사하는 것도 좋은 방법입니다.

금융회사 인사담당자

Q. 합숙면접 대비 방법을 알려주신다면?

A. 다양한 연령대, 배경을 가진 사람들과 함께 어울려 지내야 하므로 인간관계가 매우 중요합니다. 더욱이 은행은 서비스업이므로, 인간적인 매력을 보여주셔야 합니다. 자신이 어떤 역할을 했을 때 가장 빛날지 생각해보세요. 리더 외에도 참모, 서기 등 다양한 역할이 있습니다. 자신만의 색깔, 브랜드를 갖는 것이 필요합니다.

은행 인사담당자

◈ 면접 합격 비결은?

Q. 최근 입사자들의 특징이 있다면?

A. 에베레스트를 오르거나, 여행 경험을 책으로 냈거나, 헬스 트레이너 경험을 갖고, 있거나 역도 선수 출신 등 다양한 경험을 갖고 있습니다.

석유회사 인사담당자

Q. 신입사원의 평균 연령은 어떻습니까?

A. 여성은 24~25살, 남성은 27~28살이 보통입니다.

공기업 인사담당자

Q. 기억에 남는 지원자는 누구입니까?

A. 대기실에서도 준비한 자료를 보면서 공부하는 면접자입니다. 노력과 성실함이 최고의 지표입니다.

외식회사 인사담당자

Q. 면접 당락을 좌우하는 것이 있나요?

A. 입사하면 일이 바쁘고 수행해야 할 미션이 분명하기 때문에 힘든 때가 올 것입니다. 이때 다시 일어나는 힘은 의지와 사회적 소명에 있다고 생각합니다. 이러한 마음가짐과 꼭 입사하고 싶다는 강렬한 열망을 보여주세요. 손에 잡히지 않는 허상은 사양합니다. 지원자 가슴에서 열정이 불타고 있음을, 현실로 구현할 수 있음을 보여주세요. 그것이 당락을 좌우하는 열쇠입니다.

바이오기업 인사담당자

Q. 면접에서 좋은 점수를 받으려면?

A. 면접 전에 자기소개서를 리뷰하고 예상 질문을 만들어보세요. 홈페이지를 통해 정유산업의 확장, 석유화학산업으로의 진출, 신재생 에너지 등 현재 주력하는 사업 영역에 대해 알아보고, 직무에 대해서도 철저히 숙지하십시오.

정유회사 인사담당자

Q. 합격을 위해 꼭 갖춰야 할 덕목이 있다면 한 가지 알려주세요.

A. 신입사원에게 요구하는 것은 전문적인 지식이 아닙니다. 얼마나 일에 대한 열정과 열의가 있고 배우려 하는지가 매우 중요합니다. 자신감을 가지고 신입사원으로서의 발전 가능성을 보여주세요.

부품소재회사 인사담당자

Q. 신문을 읽으면 도움이 될까요?

A. 일단 세계 시장이 어떻게 돌아가고 있는지를 파악해야 합니다. 이를 위해 국내외 경제신문을 꾸준히 읽는 것이 도움이 될 것입니다.

컨설팅사 인사담당자

Q. 면접 때 지원자 입장에서 가장 중요한 것은 무엇입니까?

A. 당당함입니다. 모르는 문제가 나와도 당황하지 말고 솔직하게 자신의 의견을 제시해주세요. 나약한 모습보다는 자신감 있는 모습으로 자신을 어필하는 것이 좋은 평가를 받을 수 있습니다. 주눅 들지 않는 당당한 태도와 씩씩한 말투, 호감을 주는 첫인상이 포인트입니다.

석유화학 인사담당자

Q. 제가 만든 포트폴리오를 보여드리고 싶습니다. 따로 제출할 수 있나요?

A. 면접 시 본인의 프로젝트 수행이나 포트폴리오를 프린트하거나 전자 기기를 통해 보여주는 것을 권합니다.

B그룹 인사담당자

Q. 면접 때 좋은 평가를 받으려면 어떻게 해야 합니까?

A. 면접관이 되어 생각해보세요. 당신이 CEO라면 어떤 질문으로 인재를 뽑겠습니까? 역지사지의 자세로 생각하면 답이 보입니다. 또한 기업이 어떻게 성장했는지, 앞으로 어떻게 성장할 것인지 등 기업 조사를 탄탄히 해주세요. 이를 토대로 자신의 포부를 어필하면 좋은 평가를 받을 수 있습니다.

주방생활용품 전문회사 인사담당자

Q. 면접 잘 보는 팁을 알려주신다면?

A. 크게 4가지를 말씀드립니다. 우선 질문에 충실해주세요. 질문에 적합한 대답을 하고, 모르면 모른다고 솔직하게 말해주시면 됩니다. 둘째, 면접관 입장에서 생각하고 면접에 임해보세요. 셋째, 왜 자신을 뽑아야만 하는지, 면접관에게 자신의 가치를 강력하게 어필하시기 바랍니다. 마지막으로 면접 장소는 물론 대기 장소에서도 태도를 바르게 하고 겸손한 자세를 보여주세요.

철강제조회사 인사담당자

Q. 면접에 임할 때 가장 중요한 마음가짐은 무엇인가요?

A. 신입사원다운 패기와 진솔함입니다. 인위적이고 전형적인 답변이 아닌, 본인의 경험에 바탕을 둔 진정성 있는 대답을 해주세요.

건축장식자재회사 인사담당자

Q. 면접에서 중요한 것은?

A. 도덕적 관념과 첫인상입니다. 조직 생활에 수월하게 적응할 수 있고 성격

이 모나지 않은지를 평가합니다.

철강회사 인사담당자

Q. 면접에서 좋은 평가를 받으려면?

A. 면접에서는 자신감 있게 자신을 어필하는 것이 중요합니다. '나는 다른 사람과 다르다'가 아닌 '다른 시각으로 어떤 것을 볼 수 있다'라는 식이 좋습니다. 거짓말로 자신을 과대 포장하지 말고 솔직하게 임해주시기 바랍니다.

패션회사 인사담당자

Q. 면접 합격 비결은 무엇입니까?

A. 신뢰와 열정이 키워드입니다. 세계 최고가 되려는 열정 있는 인재를 원합니다. 요즘의 지원자들은 스펙은 좋지만 막상 회사가 추구하는 가치와 인성을 가진 인재는 드뭅니다. 수치화된 스펙은 최종 면접에서는 중요하지 않으니, 열정과 도전의식을 표현하기 바랍니다.

석유회사 인사담당자

Q. 회사에 대한 관심을 어떻게 어필하면 좋을까요?

A. 기업 정보를 많이 알아보세요. 수액이나 의약품 등은 광고를 할 수 없기 때문에 정보를 많이 알기는 어렵지만, 여러 가지 루트를 통해 최대한 정보를 모아보세요. 노력한 흔적이 열정으로 비춰집니다.

제약회사 인사담당자

Q. 면접 정보는 어디에서 얻을 수 있나요?

A. 회사가 운영하는 블로그를 활용하세요. 회사에 대한 기본 지식은 물론 먼저 입사한 선배들의 생생한 면접 경험담과 직무에 대한 설명이 나와 있습니다. 면접 전에 꼭 한 번 살펴보세요.

종합부동산서비스기업 인사담당자

◈ 지원자들이 자주 하는 실수는?

Q. 이것만은 절대 하지 말아야 할 것이 있다면?

A. 뚜렷한 목표 없이 면접에 오는 것은 사절입니다. 시키는 일은 무엇이든지 열심히 하겠다는 자세는 목표가 없기 때문에 공허한 메아리일 뿐이고, 회사에서 원하는 인재의 모습 또한 아닙니다. 면접 과정은 그 자리에 적합한 인재를 찾는 과정이므로 목표가 확고한 인재를 원합니다.

철강회사 인사담당자

Q. 면접 시 유의 사항을 알려주세요.

A. 긴장을 안 할 수는 없겠지만 최대한 자신을 다스려야 합니다. 핵심역량면접에서는 자기소개서를 바탕으로 꼬리 물기 식으로 질문합니다. 자기소개서의 허위 사실을 찾아내고, 지원자의 깊은 이야기를 듣기 위해서입니다. 우리 회사에 입사하려면 스펙보다는 스토리가 중요합니다. 스토리를 만들 때는 회사가 무엇을 하는 곳인지 정확히 알아두어야 합니다. 같은 마케팅 부서라도

자동차 마케팅은 다른 산업의 마케팅과 무엇이 다른지 생각해두길 바랍니다.

자동차회사 인사담당자

Q. 채용 전형 전체에서 주의할 것이 있다면?

A. 필기시험 감독관이 면접관이 될 수 있습니다. 따라서 필기시험을 볼 때 슬리퍼를 신거나 부적절한 인상을 보이면 좋지 않은 인상을 남기게 될 것입니다.

은행 인사담당자

Q. 학점이 부족합니다. 면접에서 좋은 평가를 받으려면 어떻게 해야 할까요?

A. 특정 부분을 중점적으로 보지 않습니다. 전체적인 내용을 평가하기 때문에 부족한 부분이 있더라도 이를 상쇄시킬 만한 것이 있다면 괜찮습니다.

자동차부품회사 인사담당자

Q. 과거에 지원했다가 불합격되었는데, 재지원 시 불이익이 있나요?

A. 과거 서류 전형에서 불합격하신 경우 불이익이 전혀 없습니다. 단, 면접 응시 후 불합격한 경우에는 동일 사업 본부로 1년간 지원이 불가합니다.

전자회사 인사담당자

Q. 최종 면접에서 떨어졌습니다. 재지원 시 불이익이 있습니까?

A. 없습니다. 하지만 최종 면접 전형까지 왔다는 기록은 남아 있기 때문에 그 부분을 일부러 숨기려고 한다면 불이익이 생깁니다. 다시 한 번 도전한다는 점은 오히려 면접에서 플러스 요인이 될 수 있습니다. 재지원 시에는 탈락한

이유를 심도 있게 생각해보고 지원해야 합니다. 다시 지원하기까지 어떤 노력을 했는가에 대한 답변을 미리 준비하기 바랍니다.

반도체 인사담당자

Q. 면접 때 솔직함이 중요합니까?

A. 과거와 현재의 팩트를 토대로 최대한 솔직하게 보여주세요. 자신만의 차별화된 포인트를 중심으로 현재의 역량과 이를 토대로 한 잠재력 수준을 어필하길 바랍니다. 학점 등 난처한 질문에 대해서도 솔직하고 의연하게 대처해주세요. 면접관의 돌발 질문에는 먼저 논지에 대해 인정하고 나서 자신의 생각을 덧붙이는 것이 바람직한 대응 방법입니다.

정보전자소재 인사담당자

Q. 지원자의 어떤 모습이 면접 때 역효과를 불러옵니까?

A. 면접에서 필수 덕목은 중용입니다. 과도한 자신감이나 지나친 소심함, 과장된 제스처는 역효과를 불러올 수 있습니다.

식품회사 인사담당자

Q. 잘 모르는 질문을 받았을 때는 어떻게 해야 하나요?

A. 자신감을 잃지 말고 솔직하게 대답해야 합니다. 정답을 말하지 않더라도 답을 구하려는 노력을 보여주기 바랍니다. 가장 중요한 점은 인상입니다. 심한 압박 질문은 하지 않으니 긴장하지 말고 밝은 표정을 유지해주세요.

건설회사 인사담당자

Q. 면접 때 지원자들이 자주하는 실수가 있다면?

A. 지원자들이 정말 준비를 많이 하다 보니 면접관의 질문에 대한 답보다 자신이 준비한 것을 이야기하는 실수를 할 때가 많습니다. 핵심 키워드를 기억했다가 질문에 대해 적절히 지혜롭게 답해야 합니다.

J그룹 인사담당자

Q. 졸업한 지 좀 됐는데 지원 시 불이익은 없습니까?

A. 졸업 후 1년 정도는 가뿐하고 3~4년 된 지원자도 있습니다. 그러나 그 기간 동안 무엇을 했는지 꼭 알려줘야 합니다. 아무것도 없는 공백은 좋은 인상을 주기엔 어려움이 있습니다.

C그룹 인사담당자

Q. 졸업하고 나서 짧게 회사 생활을 한 적이 있는데, 지원 직무와 관련이 없고 1년 미만입니다. 어필하는 것이 좋을까요?

A. 직장 생활을 해보았으니 어필하는 것을 권합니다. 아무것도 하지 않았다고 하면 공백에 대한 의문이 생깁니다. 물론 그만큼의 리스크를 안고 가는 선택이긴 합니다. 이 경험을 토대로 자신만의 경쟁력을 어떻게 보여줄 것인지 강하게 말해서 리스크를 커버하시기 바랍니다.

D그룹 인사담당자

Q. 학점이 낮다면 면접에서 불리한가요?

A. 학점이 낮은 이유를 잘 어필하세요. 학점 대신 대외 활동이나 기타 여러 경

험을 쌓았다는 식으로 강조하는 거죠.

인터넷회사 인사담당자

Q. 다대다 면접 때는 어떤 것을 신경 써야 합니까?

A. 다른 지원자가 대답할 때 집중력이 필요합니다. 자신의 차례가 아니라는 이유로 다른 지원자의 대답을 경청하지 않으면 갑작스러운 돌발 질문에 대처하기가 힘듭니다. 가끔 지원자 중 면접만 오면 너무 긴장을 하는 탓에 자신도 모르게 거짓말을 하는 경우가 있습니다. 거짓말은 용납될 수 없습니다. 부족하더라도 솔직하고 자신감 있는 모습이 보기 좋습니다.

반도체회사 인사담당자

Q. 면접 때 주의 사항을 말씀해주세요.

A. 과거 현재의 팩트를 토대로 있는 모습을 최대한 솔직하게 보여주세요. 면접은 임기응변이나 말솜씨를 평가하기 위한 자리가 아닙니다. 절대 앵무새처럼 외워서 대답하지 않도록 해야 합니다. 지나친 오버액션은 좋지 않습니다. 인사나 옷, 넥타이 색 등 사소한 것에 너무 신경 쓰지 마세요. 가장 중요한 것은 솔직함입니다. 대답하기 곤란한 질문에 대해 동문서답식으로 변명하거나 회피하기보다는 솔직하게 인정하고 그 약점을 극복하기 위해 자신이 투자한 노력과 강점을 집중적으로 어필하는 것이 좋습니다.

화학회사 인사담당자

Q. 요즘 지원자들은 어떤 점이 부족한가요?

A. 면접을 진행하면 피상적으로 준비한 지원자가 많다는 것을 느낍니다. "어디 지원하셨어요?" 하고 물으면 '마케팅'이라고 바로 답하는데, 두세 단계 더 들어가 질문하면 대답을 못합니다. 회사에 대해 최소한 2~3일 정도는 공부하고 왔으면 합니다. 대부분 인터넷 홈페이지만 살펴보고 오는데, 애뉴얼 리포트, 지속 가능성 리포트 등 다운받을 수 있는 자료가 많습니다.

항공사 인사담당자

Q. 지원자들에게 하고 싶은 말씀이 있다면?

A. 모든 채용 전형 과정에 솔직하게 임해주세요. 뻔하고 식상한 남의 것보다는 본인의 자질과 발전 가능성을 강하게 어필하는 것이 좋습니다. 긴장을 풀고 회사의 사업에 대한 관심을 바탕으로 준비된 인재임을 증명해주세요.

사무기기통합솔루션 전문기업 인사담당자

◈ 임원면접에서 무엇을 평가하는가?

Q. 임원면접 진행 방식을 알려주세요.

A. 임원 3~4명과 지원자 3~4명으로 구성되어 다대다 면접을 치릅니다. 질문은 공통으로 묻거나 개별적으로 합니다. 질문의 유형과 범위는 정하지 않았습니다. 이 면접에서 가장 중점적으로 평가하는 부분은 지원자의 기본 인성과 조직 적합성으로 회사에 대한 관심과 깊이 있는 이해가 매우 중요합니다.

보험회사 인사담당자

Q. 임원면접이 두렵습니다. 어떻게 준비해야 하나요?

A. 자기소개서를 바탕으로 지원자에 대한 기본적인 인성 테스트와 회사의 이슈를 물어봅니다. 단점에 대해서도 질문하므로 이를 커버할 답변을 준비하세요. 학점이나 어학 점수가 낮다면 동아리, 사회활동 등 다른 부분을 어필하는 것이 좋습니다. 자기소개서의 독특한 부분뿐만 아니라 시사에 대한 질문도 하고 있으니, 토론면접도 대비할 겸 스터디 활동을 하길 권합니다.

무기재료 전문기업 인사담당자

Q. 임원면접에서 무엇을 평가합니까?

A. 지원자의 가치관과 특별한 경험에 대한 질의응답을 통해 인성 부분을 중점으로 보고 있습니다. 예의 바르고 겸손한 자세를 바탕으로 회사에 꼭 입사하고 싶다는 의지와 열정을 보여주세요.

제과회사 인사담당자

Q. 임원면접 때 주로 무엇을 물어보나요?

A. 기술 개발 직군은 전공 지식에 대해 심도 있게 묻습니다. 임원진이 공학 관련 출신이 많아서 전공과 수강 과목 등에 대해 질문하고, 이를 통해 직무 역량을 얼마나 갖췄느냐를 중점적으로 평가합니다. 반면 마케팅이나 경영 지원 같은 경우는 인성에 집중하여 적합한 자질을 갖고 있는지 평가합니다.

반도체장비회사 인사담당자

Q. 임원면접에서 꼭 빠지지 않는 질문이 있다면?

A. "거제에서 살 수 있는가?"라는 것입니다. 우리 중공업 직무의 대부분은 거제에서 이뤄지고 있기에 그냥 넘길 수 없는 중요한 사안입니다. 이 질문에 대한 각오를 확실하게 보여주세요.

중공업 인사담당자

Q. 임원면접은 어떻게 준비해야 합니까?

A. 예의 바르고 진솔한 태도를 보여주세요. 간혹 사장님께서 본인의 경험이나 평소 생각에 대해 직접 영어로 질문을 던지기도 합니다. 너무 긴장하지 말고 편안하고 자신감 있게 답해주세요. 대답할 때는 지원 직무에 포커스를 맞추는 게 중요합니다. 일을 충분히 잘할 수 있음을 증명해주세요.

기계설비산업 인사담당자

Q. 임원면접을 위해 숙지할 것이 있다면?

A. 회사의 경영 원칙과 회사의 기본 정신을 숙지하고 있어야 합니다. 경험과 강점을 잘 연결시키면 도움이 됩니다.

건설사 인사담당자

Q. 임원면접 시 주의사항은?

A. 대답할 때 핵심 내용을 간결하고 명확하게 전해주세요. 가끔 지원자들 중 긴장한 탓에 의견 정리가 잘 안 되어 장황하게 답변을 늘어놓는 경우가 있습니다. 평소 면접을 준비할 때 질문의 의도를 파악한 다음, 핵심적인 근거를 제

시하여 명료하고 논리적으로 답변할 수 있는 연습을 하세요. 말끝을 습관적으로 흐린다거나 끝맺음을 제대로 하지 않아 마무리가 부족한 지원자들도 있는데, 이런 부분도 신경 써야 합니다.

서비스회사 인사담당자

Q. 임원면접 때 인재상은 어떻게 접목시켜야 합니까?

A. 인재상을 자신이 가진 콘텐츠와 잘 연결시켜서 어필해야 합니다. 각 회사의 인재상은 통상 3~4개 정도가 있는데, 모든 요소를 갖고 있다고 하는 것보다는 선택과 집중을 해야 합니다. 역량과 부합되는 인재상을 1~2개 정도 선택해서 포부나 지원 동기에 녹이는 것이 좋습니다.

식품회사 인사담당자

Q. 임원면접 때 불합격하는 사람들은 어떤 공통점이 있나요?

임원면접까지 올라오는 사람은 역량이 비슷합니다. 그런데 여기에서 탈락하는 사람들은 중언부언하고 말을 너무 많이 한다는 공통점이 있습니다. 더 잘 보이려다가 핵심을 놓치는 실수를 하는 거죠. 자신이 준비한 것의 70퍼센트만 이야기하시기 바랍니다.

자동차 인사담당자

Q. 면접 시 사회적 이슈를 물어보면 어떻게 답해야 합니까?

A. 사회적 이슈에 대한 생각과 가치관을 물어볼 때가 있습니다. 이때 어느 것이 옳다, 그르다 하는 정의를 내리기보다는 바르고 합리적인 방법으로 자신의

의견을 피력하는 것이 좋습니다.

통신사 인사담당자

◈ 실무면접을 위한 팁?

Q. 실무면접에서 가장 많이 나오는 질문은 무엇입니까?

A. 그 일을 하고 싶은 이유, 직무와 회사에 대해 아는 점을 기본적으로 묻습니다. 압박 질문을 던지기 때문에 사실대로 대답해야 합니다. 이외에도 직무 전문 지식을 살펴보고, 영업 관리 쪽은 롤플레잉을 진행하기도 합니다.

손해보험회사 인사담당자

Q. 실무면접을 위한 팁을 알려주세요.

A. 먼저 회사가 추구하는 핵심 가치와 인재상을 참고하세요. 그다음 물류에 대한 지식을 바탕으로 물류 전문용어를 주로 사용하면 좋은 인상을 줄 수 있습니다. 회사 관련 지식과 준비된 자세를 어필해주세요.

물류기업 인사담당자

Q. 실무면접 때 현장을 방문하면 도움이 될까요?

A. 네, 그렇습니다. 자신이 근무할 편의점이나 슈퍼마켓을 방문해서 꼼꼼하게 살펴보고 오세요. 이 경험을 면접 때 강조하면 좋은 평가를 받을 수 있습니다.

유통회사 인사담담당자

Q. 면접관으로 참여했을 때 무엇을 질문하셨습니까?

A. 저는 직무 열정을 중점적으로 평가했습니다. 우리 회사와 지원하는 직무에 대해 얼마나 알고 있는지가 주요 질문이었습니다. 예를 들어 우리 회사에 대한 최신 기사 내용을 묻거나, 현재 우리 제품의 문제점은 무엇이며 이를 어떻게 해결해나갈 것인가를 질문했습니다.

전자회사 인사담당자

Q. 역량면접의 진행 방식과 팁을 말씀해주세요.

A. 자기소개서를 기초로 하여 지원자의 역량에 대해 질문합니다. 이때 좋은 평가를 받기 위해서는 STAR 모델을 활용해 발표하는 것이 좋습니다. STAR 모델이란 어떠한 상황에서, 어떠한 과제를, 어떤 행동을 통해 수행하여, 어떤 결과를 냈는지 구조적 형식으로 말하는 것입니다.

은행 인사담당자

Q. 역량면접 때는 어떤 질문이 나오나요?

A. "주위에서 곤란한 요구를 한 적이 있는가? 그 요구 사항을 잘 만족시켰는가? 불가능한 것을 납득시킨 경험이 있는가?"라는 질문을 할 수 있습니다. 이는 상대방 입장에서 생각하는지, 상대방의 요구를 만족시키기 위해 어떤 노력을 했는지 판단하는 지표입니다. 답변은 인재상과 결부시켜 구체적인 사례를 이야기해주세요. "평소 본인의 아이디어로 일상생활에서 불편했던 것을 개선한 적이 있는가?"라는 질문을 통해 창의성도 점검합니다. 만약 그런 경험이 없다면 지금부터라도 일상에서 소소한 에피소드를 만들기 바랍니다.

백화점 인사담당자

Q. 역량면접을 본다고 들었는데, 준비는 어떻게 해야 합니까?

A. 관리자, 팀장급 등의 실무진이 면접관으로 참여합니다. 지원 직무에 대한 지식은 기본이요, 전공과의 연관성도 고려해야 합니다. 또한 이것을 회사 업무에 어떻게 적용시켜서 성과를 창출할지 고민해주세요.

건설사 인사담당자

Q. 세일즈면접 때는 무엇을 평가하나요?

A. 지원자들이 임의로 물건을 선택합니다. 선택이 끝나면 준비 절차 없이 그 물건을 5분 동안 면접관에게 판매합니다. 지원자의 고객 서비스 마인드, 영업 대처 능력, 성과 창출의 잠재적 역량 등을 평가하는 면접 방식입니다.

은행 인사담당자

Q. 지원자들에게 조언하신다면?

A. 자신의 적성과 관심이 무엇인지, 지원하는 회사가 어떤 곳인지 정확이 알고 면접장에 왔으면 좋겠습니다. 이를 통해 지원 동기와 목표가 확실해지고, 철저한 준비는 지원자의 말과 행동에서 자연스러운 자신감으로 나옵니다.

식품연구소 인사담당자

◈ PT면접 · 토론면접 대비 방법은?

Q. PT면접 진행 방식을 알려주세요.

A. 평가자 2명에 지원자 1명으로 구성되고 작성 시간 30분과 발표 시간 10분이 주어집니다. 지원자가 직접 주제를 분석하고 자료를 작성한 다음 문제 해결 방안 및 아이디어를 제시하여 발표합니다. 중요한 것은 정답이 아니라 결과를 도출하는 데 얼마나 논리적이고 합리적이며 독창적인 생각을 하는가 하는 점입니다. 효과적인 전달 능력과 발표 능력도 중시하고 있습니다.

보험회사 인사담당자

Q. PT면접 때 나오는 질문은 어떤 유형인가요?

A. 우리 회사의 근간은 전자입니다. 그러므로 전공 역량과 더불어 배움의 자세와 기초를 중시하고 있습니다. 업계 변동에 따른 제품과 전자 관련 시사가 문제로 출제되거나 전공 지식을 묻기도 합니다. 전공에 충실하되 자신의 의견을 논리적으로 펼치는 것이 중요합니다. 모르는 내용이라도 창의성을 발휘하여 접근하는 자세를 선호합니다.

전자회사 인사담당자

Q. PT면접을 잘 보는 노하우가 있다면 말씀해주세요.

A. PT면접은 난이도가 다른 3개의 문제가 나옵니다. 모두 아는 쉬운 문제보다는 자신이 독창적으로 풀 수 있는 문제를 선택해서 절차에 맞게 해결하는 것이 좋습니다. 화이트보드에 판서하는 방식으로 진행되는데, 핵심 키워드 추출

과 논리 정연한 발표는 좋은 평가를 받을 수 있습니다. PT면접 때도 인성은 중요한 요소이니, 이 부분도 챙겨주시기 바랍니다.

카메라회사 인사담당자

Q. 토론면접의 진행 방식은?

A. 조별로 25분간 자유 토론을 합니다. 찬반이 명확하게 갈리는 주제를 주며, 면접관들은 지원자들의 발표 태도, 경청 여부 등을 평가합니다. 주장에 대한 구체적이고 타당한 근거를 제시하는 것과 타협점을 찾는 자세가 중요합니다.

은행 인사담당자

Q. 토론면접은 어떻게 진행되고, 평가 요소는 무엇입니까?

A. 4~6명이 1조가 되어 준비 시간 5분을 포함하여 30분 동안 특정 주제에 대해 찬반 집단 토의 또는 자유 토의를 합니다. 그룹 토론은 단순히 지원자의 지적 수준이나 토론 능력만을 평가하는 것이 아니라, 토론에 임하는 자세와 의사소통 능력, 협동심, 논리성, 배려심을 평가합니다. 공통의 의견 도출을 위한 노력도 중요하니, 이를 신경 써주세요.

보험회사 인사담당자

Q. 토론면접 때 주의 사항이 있다면?

A. 말을 많이 한다고 능사는 아닙니다. 논리적으로 핵심을 짚는 것이 중요하죠. 주장을 할 때는 타당하고 실질적인 근거를 갖고 있어야 합니다. 논리성과 주도성, 배려의 모습을 중점적으로 보고 있습니다. 과하지 않게, 그러나 딱 부

러지게 자신의 의견을 말하고 상대방의 의견을 존중하는 자세가 필요합니다.

백화점 인사담당자

Q. 토론면접은 어떻게 대비하는 것이 좋을까요?

A. 평소 시사 상식에 꾸준한 관심을 가지고 각 이슈마다 자신의 입장과 생각을 정리해보세요. 매일 한 가지 이상의 주제를 정한 다음 스터디원들과 함께 모의 토론을 진행한다면 좋은 점수를 얻을 수 있을 겁니다.

서비스회사 인사담당자

[touch]
당신이 스티브 잡스라면

Q. 창조의 아이콘 스티브 잡스가 캘리포니아에서 남극으로 회사를 이전하려고 한다. 하지만 직원들의 반대가 심하다. 당신이 스티브 잡스라면 직원들을 설득할 수 있는 3가지 이유를 말하라.

위 질문은 대학생 대상 토너먼트 형식의 토론 프로그램인 tvN 〈대학토론배틀〉 브레인티저 질문 중 하나다. 질문이 제시되면 참가팀은 5분 동안 이에 대한 생각을 정리하고 발표해야 한다. 두 팀의 대표는 다음과 같이 발표했다.

① "서버를 운영하려면 많은 열을 처리해야 하는데, 이를 위해 지금은 냉각기를 돌리고 있습니다. 하지만 남극에서는 냉각기를 돌릴 필요가 없어서 열 처리 비용을 절약할 수 있습니다. 그 비용은 직원 복지에 쓸 수 있습니다. 두 번째 이유는 애플이 순백 이미지가 강한데, 남극에 애플이 있다면 마케팅 효과를 극대화할 수 있습니다. 세 번째 이유는 기존 캘리포니아와 남극의 기후, 사는 동물 등은 매우 다릅니다. 캘리포니아에서 남극으로 회사를 옮기면 환경 변화로 창의력이 높아질 수 있습니다."

② "첫 번째 이유로는 경제적으로 무궁한 가치가 있기 때문입니다. 남극은 지구상에 남은 마지막 자원의 보고로 미개척된 광물 자원을 이용할 수 있습니다. 과학 기지와 첨단 기술 업체들과 커뮤니케이션함으로써 더욱 발전할 수 있습니다. 두 번째는 남극은 현재 지구온난화로 인해 환경 피해가 심각합니다. 환경의 중요

성을 환기할 수 있습니다. 세 번째는 창조의 아이콘 스티브 잡스가 말도 안 되게 남극으로 이전하는 것 자체가 창의적으로 비춰진다고 생각합니다."

자, 두 팀의 발표를 듣고 심사위원들은 어떤 의견에 손을 들어줬을까? 답은 ①이다. 사실 ①과 ②는 질적 측면에서 별 차이가 나지 않는다. 그런데도 심사위원이 ①을 꼽은 이유가 있는데, 바로 질문이 요구하는 핵심 단어가 답변에 포함돼 있기 때문이다. 위 질문에서 설득 대상은 누구인가? 바로 직원이다. 직원을 배려한 단어인 '직원 복지'가 ①에 한 차례 나온다.

질문을 보면, '남극으로 회사를 이전한다'는 사건과 함께 '직원 설득'이라는 목적이 담겨 있다. 그런데 두 팀 다 회사 이전이라는 굵직한 이슈 때문에 중요한 목적을 놓치고 말았다.

①과 ② 둘 다 회사의 입장에서 답변을 전개했다. 회사 입장에서 이유를 대면, 직원을 설득하기 어렵다. 직원은 거창한 비전이나 회사의 이익보다 자신들에게 직접적으로 돌아올 혜택이 궁금하지 않겠는가? 토론 팀이 제시해야 할 3가지 이유에는 직원들의 이성과 감성을 터치하는 내용이 담겨 있어야 한다.

면접관이 흐뭇해할 만한 대답을 멋지게 하고 싶은가?
그렇다면 면접관의 말을 잘 듣고 질문의 요지부터 파악하라!

<u>퍼즐면접 대비에 유용한 책</u>

『케이스 인 포인트』

『이것은 질문입니까』

『후지산을 어떻게 옮길까』

『골드포인트』

『레오나르도 다빈치의 두뇌 사용법』

『당신은 구글에서 일할 만큼 똑똑한가?』

『누워서 읽는 퍼즐북』

PART: 02

뽑히는 면접 답변
... 실전편

01 〉 면접 인기 메뉴를 즐기자 – '기본형 질문' 답변법

02 〉 재산을 200퍼센트 활용하라 – '스펙형 질문' 답변법

03 〉 스펙보다 스토리에 집중하라 – '스토리형 질문' 답변법

04 〉 밥과 반찬도 어울리는 그릇이 있다 – '회사형 질문' 답변법

05 〉 열정과 직무 이해는 비례한다 – '직무형 질문' 답변법

06 〉 순발력과 창의력으로 승부하라 – '이색형 질문' 답변법

　　　　　합격한 면접은 무엇이 다를까?

회사가 궁금하다면 그냥 찾아가라.

인터넷에 떠도는 정보들도 좋지만

발로 뛰어서 얻는 정보가 몇 배 알차다.

가장 확실한 길은 고객(가고픈 회사)과 만나는 것이다.

01〉면접 인기 메뉴를 즐기자
—'기본형 질문' 답변법

◈ **예시로 배우는 '기본형 질문' 답변법**

Q. 취미를 소개해보라.

3편의 면접 답변 예시를 빠르게 읽고 상, 중, 하를 표시해보자.

〈예시 1〉   (상 / 중 / 하)

"토피어리 만들기가 취미입니다. 뉴에이지 음악을 들으며 토피어리를 만들다 보면 마음이 차분해지고 걱정거리가 사라집니다. 3년 전부터 토피어리를 만들어 주변 사람들에게 선물했는데 반응이 좋아서 동네 꽃집을 통해 판매도 했습니다. 기회가 된다면 면접관님들께도 드릴 수 있기를 바랍니다. 가습 효과가 뛰어난 토피어리는 여름에는 제습기 역할을, 겨울에는 가습기 역할을 합니다. 사계절 유용한 토피어리처럼 회사에 도움이 되는 신입사원이 되겠습니다."

〈예시 2〉 (상 / 중 / 하)

"제 취미는 재래시장 방문입니다. 특히 성남모란민속장에 자주 가고 있습니다. 평일에도 수천 명이 넘게 방문하는 성남모란민속장은 1,500명의 상인이 판매하고, 판매 품목도 수백 가지에 이릅니다. 재래시장을 자주 오가면서 싸고 좋은 물건을 고르는 눈을 길렀고, 다양한 사람들이 물건 값을 흥정하는 모습을 보며 협상력을 배웠습니다."

〈예시 3〉 (상 / 중 / 하)

"야구 응원을 즐깁니다. 4년 전부터 1달에 2번 이상 지인들과 함께 야구장을 찾아 응원을 하고 있습니다. 야구는 인생을 닮았습니다. 그 안에는 실패도 있고 희생도 있고, 선후배 간의 위계질서와 예절까지 담겨 있습니다. 야구를 보면서 힘든 일이 생겨도 좌절하지 않고 이겨내는 법을 배웠습니다. 입사 후 선배님들과 함께 야구를 응원하면서 강한 소속감을 다지고 싶습니다."

취미를 묻는 질문은 자주 등장한다. 지원자의 취미 생활을 통해 개인 성향과 적극성, 대인관계 등을 확인하기 위해서다. 〈예시 1〉은 자신의 취미를 소개하는 동시에 면접관과 자연스러운 대화를 유도한 점이 눈에 띈다. 〈예시 2〉는 평범한 취미를 구체화시켜서 답변의 신뢰도를 높였다. 취미를 포부로 연결시키지 않은 점이 2퍼센트 아쉽다. 〈예시 3〉은 함께 하는 취미 활동을 통해 사회성을 강조한 것이 돋보인다. 좋은 취미는 생활의 활력소가 되고 강력한 스트레스 해소책이자 재충전의 기회가 된다. 그렇다고 해서 업무에 방해를 줄 정도로 취미에 심취해 있는 모습을 보이는 것은 NG! 면접관의 날카로운 질문 공세를 받을 수 있으니 주의하자. 지원 분야와 연관된 취미를 갖고 있다면 유리하다. 한 외식 부문 채용 담당자는 맛집 탐방과 영화 감상 중 맛집 탐방에 더 호감이 간다고 이야기했다. 벼 베기, 흡연 등 너무 튀는 취미는 삼가야 한다. 지원자는 후속 질문에도 대비해야 한다. 산악자전거가 취미라면 언제부터 취미를 갖게 되었는지, 자전거는 무엇을 타는지, 엔진 능력은 어떤지, 주로 어느 코스를 가는지 등 세부적인 질문을 받을 수 있다. 취미가 바다낚시라면 낚시할 때 명당자리는 어떻게 찾는지, 월척을 낚는 비법은 있는지 등을 물을 수 있다. 호감을 얻기 위해 '거짓 취미'를 말하면 이 같은 질문에 우왕좌왕할 것이 뻔하다. 답변은 어디까지나 진실을 바탕으로 해야 한다.

◈ 이렇게 바뀌었어요 '3단계 기본형'

Q. 성격의 장·단점은 무엇인가?

"매우 꼼꼼해서 아르바이트를 할 때 칭찬을 많이 받았습니다. 하지만 할 말은 하는 스타일이기 때문에 껄끄러운 관계에 있는 사람들도 있습니다."

1단계 클리닉

◎ 지원자가 객관적으로 자신을 파악하는지, 부족한 점을 개선하기 위해 노력하고 있는지 파악하려는 질문이다. 장점은 근거를 명확히 들고, 단점은 보완책을 덧붙여라.

◎ 꼼꼼함을 장점으로 꼽는 지원자들이 많다. 이 경우 자신의 꼼꼼함이 돋보이는 예시를 구체적으로 제시해야 한다. 아르바이트를 할 때 어떤 에피소드가 있었는지 자세히 언급하자.

◎ 지나치게 솔직한 단점이 흠이다. '할 말은 하는 스타일'이란 표현을 들으면 지원자가 입사 후 동료나 고객에게 무슨 말을 할지 걱정스럽다. 자신의 단점이 면접관에게 거부감을 주지는 않는지, 예의에 어긋나는 표현은 아닌지 확인해야 한다.

"매우 꼼꼼합니다. 패밀리 레스토랑에서 아르바이트를 할 때 꼼꼼하게 일한 덕분에 일을 그만둔 후에도 점장으로부터 러브콜을 받았습니다. 하지만, 음, 한 가지 일에 집중하다 보면 주변을 잘 살피지 못하는 단점을 갖고 있습니다. 이 점은, 음……."

2단계 클리닉

◎ 장점의 근거가 무난하다. 무난하다는 것은 면접관의 관심을 끌기 어렵다는 의미다. 아르바이트를 하면서 대표적인 성과가 있다면 숫자를 넣어 생생하게 전달하라. 다른 근거가 있다면 이를 간단히 덧붙이는 것도 좋다.

◎ 긴장하면 자신도 모르게 습관적으로 되풀이하는 말이 나온다. 말문을 떼기 전에 뜸을 들이는 것은 자신의 생각을 정리하지 않았기 때문이다. 장·단점을 정확히 따져본 후에 답변하기 바란다.

"매우 꼼꼼합니다. 10년 동안 꾸준히 일기를 써왔으며, 일본 탐방을 갔을 때도 100페이지 분량의 메모를 남겼습니다. 특히 패밀리 레스토랑에서 아르바이트를 할 때 업무 개선 아이디어와 고객 성향을 5권의 노트에 빼곡히 적었는데, 이 노트를 보신 점장님께서 서비스 실천 목록에 제 아이디어를 추가하시고 방학마다 함께 일하자고 제안하셨습니다. 반면 지나치게 책임감이 강해서 주변 사람에게 부담을 줄 때가 있습니다. 제가 꼼꼼하고 책임감이 강한 만큼 남들도 그렇게 해주기를 바라기 때문입니다. 이 점은 고치도록 노력하겠습니다."

3단계 클리닉

◎ 장점은 구체적으로 잘 정리해서 말했다.

◎ 단점을 말할 때는 개선하기 위한 노력이 구체적으로 나타나야 한다. '고치도록 노력하겠다'는 표현으로는 충분하지 않다. 어떤 노력을 어떻게 기울이고 있는지 자세하게 말하자.

◎ 입사 후 성격의 장점을 어떻게 살리고 단점은 어떻게 보완할 계획인지 짧게 덧붙

이는 것도 좋다.
◎ 성격을 묻는 질문은 다양한 형태로 바뀌어 나올 수 있다. 장점이 단점이 된 적은 없는지, 그 반대의 경우는 없는지가 그 예다. 배우 신하균은 어릴 때 낯가림이 심하고 내성적이라 남들 앞에서는 의견이나 감정 표현을 거의 하지 않았다고 한다. 그런데 말을 적게 하는 만큼 보고 듣고 흡수하는 촉이 발달되어 연기에 도움이 되었다고 한다. 이처럼 자신의 성격을 다각도로 살펴보면 설득력 있는 답변을 할 수 있다.

"매우 꼼꼼합니다. 10년 동안 꾸준히 일기를 써왔으며, 일본 탐방을 갔을 때도 100페이지 분량의 메모를 남겼습니다. 특히 패밀리 레스토랑에서 아르바이트를 할 때 업무 개선 아이디어와 고객 성향을 5권의 노트에 빼곡히 적었는데, 이 노트를 보신 점장님께서 서비스 실천 목록에 제 아이디어를 추가하시고 방학마다 함께 일하자고 제안하셨습니다. 반면 지나치게 책임감이 강해서 주변 사람에게 부담을 줄 때가 있습니다. 제가 꼼꼼하고 책임감이 강한 만큼 남들도 그렇게 해주기를 바라기 때문입니다. 이 점은 집단 상담 프로그램과 봉사활동에 참여하면서 많이 개선되었습니다. 입사 후에도 저의 장점은 살리되, 다른 사람의 입장에서 생각하면서 화합을 꾀하겠습니다."

'성격의 장·단점'이 아닌 '장·단점'을 묻는 질문도 자주 나온다. 이 경우에는 역량 측면에서 살펴보는 것이 유용하다. 자신을 객관화해서 스스로 장·단점을 파악하는 것은 매우 어려운 일이다. 그러다 보니 많은 지원자들이 장점은 두루뭉술하게, 단점은 추상적으로 답한다. 이 질문에 답변을 잘할수록 면접관은 자기분석을 잘하고 부족한 점을 개선하기 위해 노력하고 있다고 판단한다. '단점이 때로는 장점이 된다'는 식의 대답은 현재의 문제 상황을 회피하는 것처럼 보일 수 있다.

독일 함부르크의 토르스텐 핑크 감독은 축구 선수 손흥민의 장·단점을 소개할 때 그의 플레이에 포커스를 두고 다음과 같이 말했다.

"손흥민의 장점은 다른 측면 공격수보다 깊숙이 뛰어들어가는 것입니다. 가운데 공격수와 자리를 바꾸면서 상대를 흔들 수 있습니다. 반면, 아직 몸싸움이 약합니다. 그래서 지난 비시즌 동안 상체 힘을 키우는 데 주력했습니다."

이처럼 자신의 역량을 객관적으로 진단하고 장·단점을 명확히 바라보자.

◈ '기본형 질문' 대표 20선

✚ 별명은 무엇인가?

❶ "제 별명은 '자넷 김'입니다. 당구장집 첫째 딸로 태어나 인생의 황금기인 10대 시절을 당구장에서 아르바이트하며 보냈습니다. 이 기간 동안 당구의 세부 종목을 두루 섭렵한 것은 물론, 당구대와 공 닦기 수준은 최고입니다. 10년 동안 배운 것은 이뿐만이 아닙니다. 주 고객이 20대 남자들이다 보니 이들의 성향을 파악하는 데 자신 있습니다. 입사 후에도 20대 남자 고객들의 마음을 잡아 판매에 열을 올리겠습니다."

❷ "제 별명은 '한국어 잘하는 일본인'입니다. 일본에서 생활할 때 사람들은 제가 한국인이라는 사실에 한 번, 유창하게 일본어를 잘한다고 또 한 번 놀라곤 했습니다. 일본어를 유창하게 구사하기 위해 일본어 공부를 게을리 하지 않았고, 일본인들로 구성된 배드민턴 동호회에서 활동했습니다."

❸ "제 별명은 '스포츠계의 오작교'입니다. 10대 시절에 알게 된 한 기업 대표가 지어준 별명입니다. 중학교 2학년 때 복싱에 관심이 많아서 홈페이지를 만들어 운영했는데, 당시 제가 중학생인 줄 모르고 한 스포츠 마케팅업체 대표가 '같이 사업을 하고 싶다'는 내용의 이메일을 보내왔습니다. 직접 사업에 참여하지는 않았지만, 홈페이지를 운영하면서 알게 된 사람들을 10여 명 소개해주었습니다. 그때부터 알게 된 스포츠 관계자들이 50여 명가량 되며, 지금도 그분들과 1년에 몇 차례씩 교류하며 지냅니다."

tip 누구에게나 별명이 1~2개쯤 있게 마련이다. 보통 별명은 개인의 겉모습이나 성격, 행동, 말씨, 경력 등의 특징을 바탕으로 지어진다. 면접관은 별명을 통해 지원자의 숨겨진 모습을 알아보고자 한다. 자신의 별명 중 긍정적인 면이 담긴 것을 말하자. ①과 ②는 별명과 직무 역량을 연관지어 자연스럽게 어필했고, ③은 구체적인 예시를 통해 적극성과 사교성을 강조했다. 위 예시처럼 별명을 통해 역량을 어필하는 것이 현명하다. 이 질문에 "잘 생각나지 않는다", "따로 없다"처럼 무성의하게 말하는 것은 금물! 별명이 없다는 것은 그만큼 특징이 없고 주변 사람들로부터 별 관심을 받지 못했다는 의미로 전달된다. 부정적인 단어(역마살, 사차원, 사오정 등)를 선택하면 단점을 고백하는 꼴이 되고, 장난스러운 단어(왕발, 돼지 등)를 선택하면 가벼워 보이니 주의하자.

✚ 좌우명은 무엇인가?

❶ "'인생은 길고 배울 것은 많다'입니다. 관심사와 관련된 분야를 다각도로 공부해 끊임없이 지식을 쌓고 이를 통해 새로운 목표와 성취를 창출하고 있습니다."

❷ "'실패를 즐기자'입니다. 어릴 적 아버지는 항상 '오늘은 무슨 실패를 했니?'라고 물으셨습니다. 그날 실패한 것이 없을 때는 매우 실망스러워하셨습니다. 반대로 실패한 것을 말하며 쭈뼛거리면 '아무것도 안 하는 것보다 훨씬 잘했다'며 칭찬해주셨습니다. 그 가르침 덕분에 저는 실패를 두려워하지 않고 도전하는 삶을 살았습니다. 중학교 때 혼자 중국 여행을 떠났고, 대학교 때는 아프리카에서 인턴을 했으며, 철인 3종 경기에 도전했습니다. 성공의 반대말은 실패가 아니라 하지 않음이라고 생각합니다. 이러한 도전정신으로 업무에 임하겠습니다."

> *tip* 좌우명은 액자에 써 붙여놓거나 말로 되새긴다고 의미가 있는 것은 아니다. 행동으로 옮겼을 때만 비로소 가치가 생긴다. ①처럼 추상적으로 말하거나 중언부언하면 신뢰성이 떨어진다. ②처럼 자신의 좌우명을 소개하고 이에 걸맞은 대표적인 경험을 구체적으로 덧붙여야 한다. '하면 된다', '웃으면 복이 온다'처럼 평이한 좌우명보다는 자신의 개성을 보여주면서도 직장 생활이나 업무를 수행하는 데 도움이 되는 측면을 강조하라.

✚ 존경하는 사람은 누구인가?

❶ "보험업계에서 '외다리 세일즈왕'으로 통하는 조용모 해피라이프 개발원장을 존경합니다. 이분은 서울대 대학원을 마친 후 공직 생활을 하던 중 갑작스러운 교통사고로 다리 하나를 잃었습니다. 그 후 109번의 도전 끝에 보험회사에 들어가 최고의 보험세일즈맨으로 거듭났습니다. 어떤 일을 성취하려면 불굴의 의지로 노력

해야 한다는 것을 새삼 깨달았습니다. 조 원장님의 자서전 『100만 번의 프러포즈』를 보면 "나는 나의 왼발을 믿는다. 피와 땀과 눈물로 이루지 못할 것은 없다"라는 말이 나옵니다. 저는 조 원장님의 가르침을 마음에 새겨 행동으로 옮기고자 노력하고 있습니다. 3년 전 혼자 힘으로 생활비를 마련해 어학 연수를 마친 것도 그 노력의 일환입니다."

❷ "저희 학교 컴퓨터공학과 ○○○ 교수님을 존경합니다. 교수님은 모바일 스마트 기기를 위한 저전력 GPU와 CPU 설계 분야의 전문가이십니다. 아시아인으로는 처음으로 반도체 설계 올림픽으로 불리는 국제반도체회로학회 연사로 초빙되어 강연하신 경험도 있습니다. 교수님께서는 우리나라가 미래 슈퍼컴퓨터 기술을 선점하고 산업화하기 위해서는 앞선 GPU 기술을 바탕으로 한국형 GPGPU를 개발해야 한다고 강조하셨습니다. 저 역시 교수님 뜻을 받들어 한국형 GPGPU의 상용화를 앞당기는 데 기여하고 싶습니다."

tip 지원자의 가치관과 목표의식 등을 알 수 있는 질문이다. 답변할 때는 ①, ②처럼 역할 모델의 어떤 모습이 자신의 인생관이나 직업관에 영향을 미쳤는지 구체적으로 말해야 한다. 가르침을 생활 속에서 실천해가고 있다면 더욱 호감을 살 수 있다. 이 질문에 부모님을 꼽는 이들이 많은데, 개인적으로는 다른 답변을 권한다. 자식이 부모님을 존경하는 것은 당연하고 그 이유도 비슷하기 때문이다. 일부 면접관들은 '부모님을 제외하고 말하라'며 제한을 두기도 한다. 존경하는 기업인이나 직장인, 역사적인 인물처럼 범위를 한정해서 묻는 경우도 있으니, 이에 대한 대답도 함께 준비하자.

✚ **자신을 과일에 비유해서 설명하라.**

"사과입니다. 사과 속에 씨가 몇 개 있는지는 사과를 쪼개보면 알 수 있지만, 씨 속에 사과가 몇 개 들어 있는지는 아무도 모릅니다. 제 안에는 실무 경험과 인맥, 어학 능력이라는 3개의 씨가 있습니다. 비록 씨는 3개뿐이지만, 이 씨를 A사에 심는다면 몇 년 후 수백 개의 사과가 열리는 큰 사과나무를 만나실 수 있을 것입니다."

> *tip* 면접관은 지원자의 개성과 성향을 한눈에 알아보기 위해 무언가에 빗대어 설명하라는 질문을 던진다. 평소 자신의 이미지와 닮은 사물, 동물, 색 등을 파악해놓으면 당황하지 않을 수 있다. 답변을 할 때는 위 예시처럼 긍정적이면서도 패기 있게 장점을 강조하라. 만약 답변이 떠오르지 않는다면 즉흥적으로 말하지 말고 양해를 구하라. 그리고 잠시 생각을 정리한 후 말하는 것이 바람직하다.

✚ 주위에서 자신을 어떻게 평가하는가?

❶ "친구들은 제 성격이 시원시원하다고 박하맛 사탕이라고 합니다."

❷ "팔랑귀라고 하는데요. 그만큼 다른 사람의 말을 잘 귀담아 듣는 유연한 사고를 갖고 있기 때문이라고 생각합니다."

❸ "주변에서 성실하고 긍정적이며 남을 배려하는 성격을 갖고 있다고 말합니다."

❹ "호기심이 많다고 인터러뱅이라고 부릅니다. 인터러뱅은 물음표와 느낌표를 합친 부호로 대학교 때 동기들이 붙여준 별명입니다."

❺ "친구들과 주변 사람들은 저를 열정적이라고 평가합니다. 특히 전공 교수님께서는 제가 동시에 여러 가지 성과를 낸다고 삼바 퀸이라고 부르십니다. 저는 지난해 학과에서 근로 봉사를 하고 성적 장학금을 받으면서 삼바 경연대회에 참가해 입상한 경험이 있습니다."

tip 지원자의 성격과 대인관계를 파악하기 위한 질문이다. "잘 모르겠다" 혹은 "사람마다 다르게 평가한다" 등의 애매한 답변은 하지 말고 긍정적인 면을 부각할 수 있도록 답변하라. ①은 너무 가벼워 보여서 성의가 없고, ②는 엉뚱한 주장으로 자신만의 세계에 갇혀 있는 느낌이다. 단어가 갖고 있는 어감을 파악해서 표현과 주장이 일치하도록 신경 쓰자. ③처럼 좋은 점만 나열해서 전달하는 것은 좋지 않다. 객관성이 떨어져 보이기 때문이다. ④는 내용은 좋으나 구체적인 예시가 없어서 2퍼센트 아쉽다. ⑤처럼 구체적으로 예를 들어 면접관을 사로잡자.

✚ 주량은 얼마나 되는가?

❶ "보통 소주 반병입니다. 하지만 1년에 1~2번쯤 기분 좋은 일이 있는 날에는 1병 이상 마셔도 흐트러지지 않고 분위기를 즐기곤 합니다."

❷ "주량은 소주 3잔으로 약한 편이지만, 회식 자리를 매우 즐깁니다. 동아리 활동을 할 때도 술에 취한 동기들을 챙기는 것은 제 몫이었습니다."

tip 면접관들은 회식 자리나 모임 같은 술자리가 조직의 단합에 기여한다고 본다. 이 때문에 술을 아예 마시지 못하는 지원자보다 술을 적당히 마시거나 자리를 즐긴다고 답하는 지원자를 선호한다. 주량은 보통 소주 반병에서 1병 정도가 적당하다. 거래처 고객과 술자리가 많은 영업직이라면 1~2병 정도도 괜찮다. "아무리 많이 마셔도 취하지 않는다"며 무한 주량을 과시했다가는 오히려 감점 요인이 될 수 있다. ①처럼 말하면 면접관은 기분 좋은 날이 언제냐고 물어볼 가능성이 있다. 이때 "입사 후 신입사원 환영회를 하면 기분이 좋아서 2병도 마실 수 있을 것 같다"처럼 재치 있게 말하면 어떨까?

✚ 담배를 피우는가?

"현재 담배는 피우지 않고 있습니다. 3년 전에 건강을 위해 금연을 시도했고, 시행착오 끝에 성공했습니다."

> *tip* 주량과 함께 자주 나오는 질문이다. 일반적으로 기업은 술자리는 선호하지만 흡연은 권장하지 않는다. 사옥에서 담배를 피우지 못하게 하거나, 금연 펀드를 만들거나, 금연 서약서를 받거나, 피검사를 하는 기업도 있다. 이유는 간단하다. 직원들의 건강을 위해서다. 건강하면 업무 효율성과 생산성이 오르고, 근무 환경이 개선되며, 쾌적한 고객 서비스를 할 수 있기 때문이다. 금연 운동을 펼치는 기업이 해마다 늘고 있는 상황에서 애연가임을 강조하는 것은 합격과 멀어지는 길이다. 흡연자라면 담배를 끊기 위해 어떤 노력을 기울이는지, 금연 계획을 밝히는 것이 좋다.

✚ 군대 생활은 어떠했나?

❶ "○○부대에서 공병으로 근무했습니다. 집 짓기, 다리 만들기, 군대 막사 수리하기처럼 각종 공사 작업에 많이 투입되다 보니 육체적으로 힘들었습니다. 특히 한겨울에 언 땅을 작은 삽과 손을 이용해 30센티미터 이상 파면서 동상에 걸렸던 것이 가장 기억에 남는 일 중 하나입니다."

❷ "제가 근무했던 기갑여단은 팀워크가 매우 중요했습니다. 당시 전차 승무원은 모두 4명으로 각자 다른 역할을 수행하고 있었는데, 팀워크를 가지고 일사불란하게 움직이지 않으면 사소한 실수가 큰 불상사로 이어질 수 있었습니다. 따라서 항상 긴장감을 유지한 채 서로에게 의지했습니다. 저는 군대에서 여럿이 협력하면 어떤 어려움도 극복할 수 있다는 절전지훈(折箭之訓)의 정신을 배웠습니다. 입사 후에도 절전지훈의 정신으로 직장 생활에 임하겠습니다."

❸ "저는 특기를 살려 S/W관리병에 지원했습니다. S/W관리병은 실전에 바로 투입

되어 필요한 프로그램을 만들어야 하기 때문에 준비된 병사여야 했습니다. 병무청 홈페이지에서 모집 계획을 확인한 다음 학점 관리와 자격증 취득, 경시대회 참가 등을 준비했습니다. 그 결과 합격하고 ○○부대에 배치를 받아 70대의 PC를 관리하고 전산 프로그램을 개발했습니다. 군 생활 동안에도 꾸준히 IT 분야를 공부하고 부대 내에 있는 실제 장비를 다뤄본 것은 물론, IT 분야 실력자들과 함께 일하면서 많은 자극을 받을 수 있었습니다."

> *tip* 이 질문에 ①처럼 고생만 잔뜩 이야기하는 지원자들이 꽤 많다. 물론 힘들고 어려운 점이 많았겠지만 불평불만을 말하는 것은 좋지 않다. ②와 같이 군대에서 배운 점을 말하면서 이를 직장 생활에 어떻게 접목시킬 것인지를 강조하는 것이 현명하다. ③은 특기나 전공을 살려 특기병에 지원한 내용을 말했는데, 이는 면접관에게 호감을 줄 수 있다. 만일 군대에 가지 않았거나 공익근무를 했다면 그 이유를 정확히 설명하라. 면접관은 군 면제 사유가 직장 생활에 영향을 미치지 않을까 우려한다. 건강상의 이유로 군대를 가지 않았다면 지금은 모두 회복됐음을 확실하게 밝혀라. 건강 검진표나 의사 추천서 등을 준비하여 면접관에게 제출하는 것도 방법이다.

✚ 나이가 많은데…….

"다른 지원자에 비해 나이가 많은 것이 사실입니다. 부족한 부분은 더욱 노력하겠습니다. 나이 어린 선배가 있으면 배우는 자세로 깍듯하게 대할 것입니다. 저는 2년 늦게 대학에 들어가는 바람에 인턴과 기업 체험 프로그램에서 연하의 선배·동료들과 함께 업무를 수행한 경험이 있습니다. 개개인의 경험과 생각을 존중하면서 생활했더니 지금까지도 좋은 관계를 유지하고 있습니다. 입사 후에도 대인관계는 물론 업무에서 모범을 보이는 사원이 되겠습니다."

tip 다른 지원자들보다 나이가 많다면 이 질문은 꼭 대비해야 한다. 나이가 많은 경우 면접관은 지원자가 신입사원으로 들어와서 잘 적응할 수 있을지 우려한다. "자신보다 먼저 들어왔지만 나이가 어린 선배 직원들과 어떻게 지낼 것인가?", "나이가 다소 많은데 젊은 사원들과 원만한 관계 유지가 가능한가?"라는 질문도 같은 맥락에서 물어본다. 단순히 "잘 지낼 수 있다"라는 답변은 의심의 눈초리를 거두기에 부족하다. 과거 연하의 동료나 선배와 팀워크를 이뤄 성과를 낸 경험이 있다면 이를 사례로 들어 설명하라. 참고로 한 대기업 신입사원 평균 나이는 남자 27~28세, 여자 25~26세다. 하지만 인성을 갖춘 지원자라면 나이는 문제되지 않는다. 그 회사의 최고령 신입사원은 당시 33세였다.

✚ 체력이 약해 보이는데, 힘든 일도 잘할 수 있나?

❶ "실제로는 약하지 않습니다. 맡겨만 주시면 힘든 일도 척척 해낼 수 있습니다."

❷ "저는 매우 건강하고 힘이 셉니다. 특히 팔 근육은 여전사급입니다. 백화점에서 아르바이트를 할 때 하루에도 몇 번씩 20킬로그램짜리 마네킹을 옮긴 경험이 있습니다. 매장 리뉴얼 공사를 할 때는 VMD와 함께 밤새 현장을 지켜보며 현장 인부를 돕기도 했습니다. 1년 전부터 꾸준히 수영을 하며 체력 관리를 하고 있으니, 야근이나 철야도 문제없습니다."

tip 체력이 약해 보인다는 질문은 여성 지원자들이 주로 받는 질문이다. 외소한 데다 목소리까지 작다면 이 질문을 피해 가기 어렵다. ①은 주장만 있어서 면접관을 설득하기 어렵다. ②처럼 사례와 함께 당찬 포부를 말하자.

✚ 최근에 읽은 책은 무엇인가?

"협상력을 키우기 위해 스튜어트 다이아몬드 교수의 『어떻게 원하는 것을 얻는가』를 읽었습니다. 몇 가지 궁금한 점이 있어서 저자에게 이메일을 보내 문의했는데, 바로 답변을 받아서 더 인상 깊게 생각하는 책입니다. 이 책을 통해 협상을 위한 기본적인 개념과 이론, 12가지 협상 전략과 협상 모델 등을 배웠습니다. 결국 협상에서 중요한 것은 논리적인 설득보다 사람의 마음을 움직일 수 있는 노력임을 알았습니다. 입사 후 업무를 수행하다 보면 공급업체와 파트너사, 그리고 고객들까지 협상 테이블에 앉을 때가 많을 것입니다. 이때 상대방의 성격과 그날의 기분, 상황 등 감성에 최대한 집중해서 회사가 원하는 것을 얻도록 노력하겠습니다."

tip 지원자의 가치관과 관심사 등을 파악하고자 묻는 질문이다. 가십이나 오락성 책보다는 직무 능력을 높이고 교양, 시사 상식 등을 넓힐 수 있는 책을 선정하는 것이 좋다. 특히 취미를 독서로 쓴 경우 해당 질문이 나올 확률이 더 높기 때문에 미리 최근에 읽은 책과 가장 감명 깊게 읽은 책 등을 요약해두자. 책 제목만 언급하는 것은 무성의해 보인다. 책의 개요와 인상적인 부분, 책 선정 이유, 책을 통해 얻은 가치 등을 이야기하되, 지원 분야나 직장 생활, 직업관 등과 연결시키는 것이 중요하다. 『불멸의 이순신』을 읽었다면 이순신의 리더십을 본받아 어떻게 솔선수범하고 조직을 리드할 것인지, 조직 성장에 어떻게 기여할 것인지 말해야 한다. 이와 비슷한 질문으로 "어떤 영화 장르를 좋아하는가?", "최근에 즐겨 보는 TV 프로그램은?"과 같은 질문이 나올 수 있다.

✚ 좋아하는 운동은 무엇인가?

❶ "수영, 스키, 탁구, 테니스, 축구 등 못하는 운동이 없고, 어떤 성격의 사람들과도 잘 어울립니다. 그동안 익힌 다양한 취미를 활용해서 입사 후에도 잘 적응하겠습니다."

❷ "축구를 좋아합니다. 주말에 동호회에서 축구를 하며 체력을 다집니다. 제 포지션은 섀도 스트라이커입니다. 중거리 슈팅의 정확도가 높아서 경기마다 1골 이상을

넣으면서 팀 승리에 기여하고 있습니다. 입사 후에도 스트라이커를 받쳐주는 협업의 자세는 물론, 경쟁사와의 몸싸움에서 밀리지 않는 중거리 슈팅을 보여드리겠습니다."

> *tip* 면접관은 좋아하는 운동을 통해 지원자의 성향을 엿보고자 한다. 적극적인지 소극적인지, 목표를 향해 팀원들과 함께 땀 흘려 노력한 경험이 있는지 없는지 등을 알 수 있다. 이때 ①처럼 이것저것 이야기하는 것은 좋지 않다. 만능은 무능으로 비춰질 수 있다. ②와 같이 대표적인 운동을 정해서 전달하는 것이 효과적이다. 좋아하는 운동이 있다면 왜 그것을 좋아하는지, 누구와 어떻게 운동을 즐기는지, 자신의 포지션은 무엇인지, 운동을 통해 무엇을 얻었는지 등을 정리하라. 대답할 때는 직접 몸으로 뛰는 운동이 좋지만, 즐기는 운동이 없다면 관람이나 응원 등을 예로 드는 것도 괜찮다.

✚ 대인관계는 어떠한가?

❶ "사교적인 성격과 활발한 대외 활동으로 대인관계가 넓은 편입니다. 지금까지 성사시킨 커플도 많아 중매 제조기라는 별명으로 불릴 때도 있습니다. 사교성과 넓은 대인관계를 바탕으로 입사 후에도 업무를 잘해나가겠습니다."

❷ "저는 남에게 쓰임을 받는 삶을 즐기므로 누군가 저에게 도움을 요청할 때 행복을 느낍니다. 그들이 100을 원하면 120~130을 해주기 때문에 자연스럽게 좋은 인맥을 유지하고 있습니다. 2대의 휴대폰으로 매일 문자와 카톡 400~500여 건을 주고받고, 잠자는 시간 외에는 가능하면 메일 답장도 5분 이내에 보내려고 노력합니다. 현재 페이스북 친구는 4,800여 명, 휴대폰에 저장된 번호는 4,000여 개입니다."

tip 대인관계는 조직의 건강을 좌우하는 혈관과도 같다. 직장 생활을 하다 보면 다양한 연령대, 배경을 가진 사람들과 함께 어울려 지내야 한다. 합숙면접을 통해 인간적인 매력을 직접 점검하는 회사도 늘고 있다. "당신에게 친구란 어떤 의미인가?", "주변에 본인을 진심으로 도와줄 수 있는 친구는 몇 명이나 되는가?", "본인 친구들을 분류해서 표현해보라", "카카오톡 친구는 몇 명인가?", "휴대폰에 등록되어 있는 사람 수는?" 등도 인성과 대인관계를 파악하기 위해 묻는 질문이다. 대답할 때는 구체적인 예를 들어 설득하자. ①과 ②를 보면 차이점이 명확하다. ①은 말만 그럴듯한데, ②는 자신의 확고한 신념과 함께 이를 뒷받침하는 예시가 뚜렷하다. ②는 『칠전팔기 내 인생』의 저자이자 현재 삼성전자에서 일하고 있는 김준형 씨의 실제 사례다. 그가 얼마나 인맥 관리를 잘하는지, 대인관계가 폭넓은지 한눈에 알 수 있다.

✚ 주말이나 휴일에 주로 무엇을 하는가?

❶ "밀린 잠을 자거나 친구가 부르면 만나러 갑니다."

❷ "여가 시간에 주로 아이스하키와 독서를 합니다. 아이스하키는 운동량이 많기 때문에 체력 관리에 좋고, 동료애와 협동심을 기르는 데 도움이 됩니다. 또한 독서를 즐기는데, 그중에서도 역사책을 많이 봅니다. 역사를 알면 흐름을 알고 통찰력이 생기기 때문입니다. 최근에는 『한국 산업사 연구』처럼 우리 전통 산업과 문화에 관한 책을 보고 있습니다."

❸ "아침에는 여의도공원을 2바퀴씩 돕니다. 5킬로미터를 걸으면서 스트레스도 풀고 아이디어도 떠올리곤 합니다. 오후에는 중국어 교육을 수강 중입니다. 중국인 교사에게 부탁해 교재를 MP3로 녹음해두었는데, 덕분에 회화 실력이 빠르게 늘고 있습니다. 입사 후에도 걷기 운동과 중국어 공부를 게을리 하지 않을 계획입니다."

tip 여가 시간을 생산적으로 잘 활용하는지 체크하기 위해 묻는 질문이다. "친구들과 만나면 무엇을 하며 시간을 보내는가?", "스트레스 관리는 어떻게 하는가?" 등도 비슷하다. ①과 같은 답변은 자기 무덤을 파는 꼴이다. 주말이나 휴일은 온전히 자신이 경영할 수 있는 자유 시간이다. 답변을 보면 능동적인지, 수동적인지 쉽게 파악할 수 있다. ②, ③처럼 자기계발이나 운동, 취미 활동 등을 이야기하는 것이 바람직하다.

✚ 아침에 일어나면 제일 먼저 무엇을 하는가?

❶ "아침마다 거울을 보며 웃는 연습을 합니다. 오늘 하루 저를 만나는 사람들에게 쾌활한 모습을 보여주기 위해서입니다. 사람들은 피곤해하는 모습을 보면 호감을 느끼지 못하기 때문입니다."

❷ "커튼과 창문을 열고 아침 햇살을 받으며 심호흡을 합니다. 일어나자마자 5분 이상 햇볕을 쬐면 뇌가 활성화되어 행복 호르몬으로 불리는 세로토닌 분비량이 늘어난다고 합니다. 이런 사소한 습관이 하루를 활기차게 보내는 데 많은 도움이 됩니다."

❸ "아침 6시부터 남산을 1바퀴 달리는 것으로 하루를 시작합니다. 입사 후에도 꾸준히 아침 운동을 해서 생기 넘치는 모습을 보여드리겠습니다."

❹ "일주일에 2~3차례 집 앞의 골목길을 청소합니다. 3년 전 아버지께서 주민들에게 아침마다 청소를 하자고 제안하셨는데, 저도 좋은 모습을 보여드리고 싶어서 참여하였습니다. 조그만 봉사로 쾌적한 동네를 만든다는 생각에 보람을 느끼고 있습니다."

> *tip* 시간 관리는 물론이고 삶의 자세까지 엿볼 수 있다. '세수를 하거나 물을 마신다', '화장실에 간다'처럼 무성의하게 답변하면 면접관이 귀를 막고 싶어질 것이다. ①, ②는 해석이 좋고 ③, ④는 시간 관리 능력이 눈에 띈다. 행동이 살아 있다면 좋겠지만, 풀이만으로도 성의 표현을 할 수 있다. 위 예시처럼 의미 있는 대답을 할 수 있도록 노력하라.

✚ 첫 월급을 타면 무엇을 하고 싶은가?

❶ "친구들에게 취직 턱을 쏜 다음 여행 가서 놀고 싶습니다."

❷ "지금까지 제 취업을 위해 응원해주신 부모님께 식사를 대접하고 싶습니다. 또한 절반 이상 적립식 펀드나 적금 통장으로 자동이체하도록 하겠습니다."

❸ "먼저 제 취업을 위해 응원해주신 부모님께 8자 편지가 담긴 통장을 선물로 드리겠습니다. 출근 첫날부터 하루에 1만 원씩 저축하며 8자의 입금 내역에 부모님에 대한 감사의 인사말을 담아보겠습니다. 또한 제가 후원하고 있는 아이 3명과 함께 놀이공원을 같이 가고 싶습니다. 입사하면 상처받은 아이들을 더 많이 돌볼 수 있을 것 같아 기쁩니다."

❹ "제 고향은 전통이 하나 있습니다. 한 가정의 첫째 아이가 취업을 하면 돼지를 잡아 마을 잔치를 여는 것입니다. 저는 강정마을에서 태어나 자랐는데, 마을 어르신들은 모두 제 부모님이자 친척 같은 존재입니다. 늘 제가 잘되길 바라시는 그분들을 위해 풍성한 마을 잔치를 열겠습니다."

❺ "어학 실력 향상을 위해 쓰겠습니다. 구매는 내자뿐만 아니라 외자 업무가 많기 때문에 글로벌 역량이 필수입니다. 선진국 벤치마킹을 위해 영어와 일본어를 잘해야 하고, 효율적인 원료 발굴과 소싱을 위해 중국어 실력도 키워야 합니다. 따

라서 첫 월급을 타면 부족한 일본어와 중국어 공부를 위해 투자하겠습니다."

> *tip* 지원자가 입사 후 무엇을 하고 싶은지, 최근 관심사는 무엇인지 등을 확인할 수 있다. 이 질문에 ①처럼 가볍게 말하는 것은 금물이다. ②처럼 말하는 지원자가 많은데, 내용이 무난한 데다 개인주의적인 느낌을 풍겨 점수를 높게 받기는 어렵다. ③은 ②와 유사하게 부모님에 대한 감사함을 표현했지만 진솔한 마음이 듬뿍 담겨 있다. ④는 주위를 돌아보는 모습에 따뜻한 인간미가 흐른다. 다른 대답에서도 일관적인 모습을 보이는 것이 관건이다. ⑤처럼 자신의 경쟁력과 가치를 높일 수 있는 자기계발 계획을 말하는 것도 괜찮다. 특히 토익 성적이 낮거나 자격증이 없거나 이력서상의 약점이 있다면 이를 극복하는 데 월급을 쓰겠다고 말하는 것이 좋다.

✚ 가장 큰 경쟁력은 무엇인가?

❶ "의사소통 능력입니다. 재무는 업무 특성상 사내 모든 부서와 의견을 교환할 일이 많고 회계법인, 세무당국, 거래처, 금융기관, 주주 등과 커뮤니케이션할 일이 많습니다. 저는 경영학회와 토론 동아리 활동을 하면서 유연한 의사소통 능력을 키웠습니다. 재무담당자는 어떤 직원보다 유연함이 필요하다고 생각합니다. 기준에 어긋나지 않는 한도 내에서 회사에 실익을 가져다줄 수 있는 방법을 끊임없이 찾는 것이 재무담당자가 회사에 이바지할 수 있는 길이기 때문입니다."

❷ "열정과 끈기입니다. 연구를 하다 보면 진행이 더디거나 결과가 예상보다 잘 안 나오는 경우가 있는데, 이때 포기하지 않고 연구에 매진하는 것이 매우 중요합니다. 저는 고 2 때 도내 공모전 출품작을 학교 기숙사 주차장에서 만든 경험이 있습니다. 당시 기숙사 생활을 하고 있었는데, 오후 10시가 되면 기숙사 불을 껐습니다. 겨울에도 지하 주차장 바닥에 돗자리를 깔고 밤새 출품작을 만들면서 H/W 개발에 대한 열정을 키웠습니다. 또한 대학 때는 3년 동안 끈기 있게 노력한 결과

대학생 탁구 대회에서 개인전 준우승을 수상했습니다. 또한 열정과 끈기는 교수님 연구실에서 각종 프로젝트를 도와드리며 밤샘할 때 유용했습니다."

❸ "습득이 빠른 편입니다. 저는 대학 생활 동안 모르는 분야에 뛰어들어 빨리 배우는 능력을 길렀습니다. 공대생이지만 제가 모르는 마케팅 공모전에 도전해보았고, 스킨스쿠버와 패러글라이딩을 배웠으며, 노점상에서 액세서리를 판매한 적도 있습니다. 이렇게 다양한 경험을 하다 보니 무언가를 배울 때 습득 속도가 빨라졌습니다. 저의 장점이 급변하는 비즈니스 환경에 민첩하게 대응하는 데 도움이 될 거라고 생각합니다."

> *tip* 경쟁력을 묻는 질문에는 ①, ②처럼 지원 직무를 수행하는 데 필요한 능력을 강조하는 것이 좋다. 예를 들어 영업은 인간관계와 협상력, 마케팅은 시장 분석 능력과 프레젠테이션 능력, 연구 개발은 끈기와 전공 지식 등이 그것이다. 경쟁력을 통해 입사 후 일을 잘할 것이라는 인상을 주는 게 중요하다. 직무와 직접적인 연관성이 낮더라도 ③처럼 패기와 열정이 돋보이도록 답하면 환영받을 수 있다. "자신의 장점과 단점에 대해 1분 동안 10가지를 이야기하라"는 질문이 나온 적도 있으니 경쟁력과 함께 장·단점을 조목조목 살펴보자.

✚ **면접관이라면 어떤 질문을 하겠는가?**

"우리 회사가 당신을 뽑아야 하는 이유 3가지를 묻겠습니다. 채용은 회사와 구직자의 니즈가 서로 맞아야 성사될 수 있으므로 지원자의 입사 의지만큼이나 회사가 그 지원자를 뽑아야 하는 이유가 타당해야 합니다."

> *tip* 처음 이 질문을 접한 지원자들은 당황스러워하며 머뭇거렸지만, 요즘은 일반화된 질문이니 미리 대비하자. 대답할 때는 자신의 경쟁력과 입사 의지 등을 부각시킬 수 있는 내용을 선택하는 것이 좋다. 보통 이 질문 다음에는 후속 질문이 이어지게 마련이다. 방금 이야기한 질문에 답해보라는 것이다. 답변을 잘 준비하면 후속 질문까지 덤으로 챙길 수 있다.

✚ 지금까지 취업하지 않은 이유는 무엇인가?

❶ "8개월 전 어머니께서 뇌졸중으로 쓰러지셔서 간병하느라 취업하기가 어려운 상황이었습니다. 아버지께서는 주야 교대 근무를 하시고 동생은 군대에 가 있어서 제가 어머니를 돌봐드려야 했습니다. 저는 어머니 돌보면서 틈틈이 시사 상식을 쌓는 것을 게을리 하지 않았습니다. 지난달에는 업무에 필요한 ○○ 자격증도 취득했습니다. 현재는 어머니께서 완쾌하셔서 원하던 회사인 ○○에 입사 지원을 했습니다. 빨리 취업하지 못한 것은 아쉽지만, 8개월 동안 간병과 취업 준비를 병행하면서 시간을 효율적으로 쓰는 법을 익힐 수 있었습니다."

❷ "졸업 후 다른 회사 몇 곳에 입사 지원을 했으나 불합격했습니다. 부족한 제 모습에 실망도 했지만, 좌절하기보다는 이를 계기로 더욱 경쟁력을 키워야겠다고 다짐했습니다. 먼저 2박 3일 지리산 종주와 하프마라톤대회 출전을 통해 취업 의지를 다졌습니다. 이후 제가 가장 목표했던 ○○회사 입사를 위해 스터디를 꾸렸습니다. 최근에는 리서치 회사에서 통계 조사 아르바이트를 하고 새벽에는 비즈니스 영어회화를 수강하며 부족한 실무 경험과 영어 능력을 키우고 있습니다. 더욱 발전된 모습과 옹골진 각오로 이 자리에 왔습니다. 저의 가능성을 긍정적으로 평가해주십시오."

❸ "졸업 후 6개월 정도 다른 회사에서 일을 했습니다. ○○회사 취업을 희망했지만 서류 전형에 불합격한 후 관련 경험을 쌓아 다시 도전하는 것이 좋겠다고 판단했습니다. 그 회사에서는 온라인 마케팅과 홈페이지 관리를 담당했습니다. 기업문화도 좋고 많은 것을 배울 수 있는 환경이었지만, 제가 평소 1순위로 희망했던 ○○ 입사 준비를 위해 과감하게 퇴사를 결심했습니다. 퇴사할 때는 업무에 차질을 주지 않기 위해 2주가량 인수인계를 하고 마무리를 잘하려고 노력했습니다."

tip 졸업한 지 6개월 이상 되었다면 면접 시 이 질문을 받을 가능성이 높다. 면접관은 지원자가 어떤 이유에서 취업하지 않았는지 궁금하다. 그동안 취업에 무심했을 수도 있고, 취업을 원했지만 어쩔 수 없는 상황에 놓였을 수도 있고, 입사 지원한 회사에 모두 떨어졌을 수도 있다. 취업에 무심한 채 허송세월한 경우를 제외하면 당시 상황을 설명한 다음 입사를 위해 노력한 점을 강조하면 된다.

취업하기 어려운 상황이었다면 ①처럼 그 이유를 설명하고 입사 의지를 밝혀라. 여기서 주의할 점은 해당 기간에도 취업 준비를 등한시하지 않았고 과거 상황이 현재는 모두 해결되었음을 강조해야 한다. 다른 회사에 지원하여 불합격했다면 ②처럼 솔직히 인정하고 그동안 깨달은 점과 더욱 노력한 점을 설명하라. 취업에 실패했던 상황을 구구절절 읊기보다는 실패 경험을 자극제로 삼아 더욱 노력했다는 점을 어필하는 것이 좋다. 입사 후 퇴사한 경험이 있을 때도 사실대로 말하는 것을 권한다. 이를 숨기느라 답변을 억지로 지어내면 앞뒤가 안 맞아서 신뢰도에 문제가 생긴다. 조기 퇴사 경험은 선호할 만한 이력은 아니지만 졸업 후의 긴 공백보다는 유리하다. 답변할 때는 ③처럼 왜 퇴사했는지, 그동안 무엇을 배웠는지 등을 설득력 있게 설명하라. 단, 전 회사에 대한 불만을 털어놓는 것은 금물이다. 면접관이 편안한 분위기를 조성하고 퇴사 이유를 캐물을 때도 긴장을 놓치지 말고 일관성 있게 답해야 한다. 별다른 노력 없이 시간을 낭비한 경우라면 곧이곧대로 말하기보다는 그 기간 동안 자신이 했던 대표적인 경험을 정리하는 것이 좋다. 막연히 취업 준비를 했다고 말하거나 진실성이 의심되면 면접관의 예리한 후속 질문이 날아온다. 면접관이 추가 질문을 하지 않아도 될 만큼 구체적인 예시를 들어 명쾌하게 답변하라.

✚ 마지막으로 하고 싶은 말이 있다면?

❶ "010-○○○○-○○○○, 제 휴대폰 번호입니다. 이 번호가 A사 ○○팀 선배님들 휴대폰에 회사 후배로 저장되길 바랍니다."

❷ "좋은 씨앗은 좋은 토양에 심어졌을 때 좋은 나무가 됩니다. 저는 다양한 실무 경험과 글로벌 경험을 갖춘 좋은 씨앗입니다. 최고의 토양인 A사에 뿌리를 내려서 좋은 나무로 성장하고 싶습니다. 이상입니다."

❸ "저는 항상 동전지갑을 갖고 다닙니다. 누구에게나 한 잔의 따뜻한 커피를 먼저 사줌으로써 열려 있는 마음과 자세를 가지려고 했습니다. 스펙도 없고 남들은 다 간다는 해외여행도 못 가봤지만, 항상 겸손하고 소통하는 마음가짐으로 살아왔습니다. 이런 자세로 국내 영업에 임하겠습니다."

> *tip* 면접관이 입사 의지를 피력할 수 있는 기회를 한 번 더 줬다. 그런데 이 질문에 "면접을 잘 치르지 못해 아쉽다"처럼 후회성 발언을 하는 것은 NG다. 입사 의지를 밝히고 마지막 PR 기회로 활용하는 것이 좋다. 면접을 보는 동안 답변을 잘하지 못했다면 보충 답변을 하는 기회로 삼아도 괜찮다. 중언부언하거나 길게 말하거나 변명을 늘어놓으면 부정적인 인상을 주므로 핵심만 간단하게 말하자. ❸은 한 대기업 인사담당자가 면접 때 들었던 이야기 중 기억에 남은 대답을 전한 것이다. 그 지원자는 합격해서 회사에 잘 다니고 있다고 한다. 누구에게나 스펙을 이길 수 있는 스토리가 있다. 삶의 여정을 되새겨보면 자신만의 보물을 찾을 수 있다.
>
> 면접관이 '궁금한 것을 물어보라'는 질문을 할 때는 회사의 비전이나 이슈 등을 언급하여 관심과 애정을 보여주자. 캠페인, 사회 공헌 활동, 기술 혁신, 신제품 개발, 영업적 성과 등에서 질문거리를 찾는 것이 좋다. 단, 지인으로부터 들은 사내 기밀이나 비공개 정보, 부정적인 이슈 사항 등은 언급하지 않아야 한다. 정보 수집력은 인정할 만하지만 입이 가벼워 보인다. 연봉이나 근무 시간, 면접 발표일, 채용 경쟁률 등은 질문의 소재로 적당하지 않으니 유의하자.

워런 버핏과 잭 웰치가 〈기본형 질문〉에 답한다면?

◈ 명사들의 스토리에서 배우는 '기본형 질문' 답변법

✚ 자기소개를 해보라.

삼성테크윈 창원사업장 인사팀 대리 이지영 편

"어딜 가든지 한 번 저를 본 사람은 절대 잊지 않습니다. 그래서 항상 죄송합니다. 반갑게 인사하는데, 저는 상대방을 기억하지 못할 때가 많기 때문입니다. 누구나 기억해주는 사람, 110센티미터의 작은 키가 저에게 준 선물입니다. 어릴 때는 제 모습이 미웠지만, 중학교 때부터 남과 다르다는 것을 받아들이고 더 열심히 살기로 다짐했습니다. 성적을 올려 한양대 신문방송학과에 입학했고, 방송학회 활동과 호주 어학연수 등 적극적인 대학 생활을 보냈습니다. 운전을 배워 베스트 드라이버가 됐고, 희귀질환자 돕기 마라톤에 참가해 5킬로미터를 완주했습니다. 제 키는 110센티미터지만, 열정의 키는 180센티미터 이상입니다. 열정의 키로 교육 기획 업무에 도전해 회사 임직원들과 함께 긍정의 기운을 나누겠습니다."

> *tip* 이지영 대리는 키가 110센티미터밖에 되지 않는다. 희귀병인 가연골무형성증을 앓은 뒤부터 자라지 않았다. 그는 취업을 앞두고 60개 회사에 원서를 넣었지만 모두 떨어졌다. 그래도 포기하지 않았다. 삼성테크윈의 문을 두드렸다. 면접에서는 이렇게 호소했다. "제가 가진 장애는 불가능이 아니라 불편함입니다. 열심히 일하겠습니다." 진심이 담긴 말은 면접관의 마음을 움직였다. 현재 그는 삼성테크윈 인사팀에서 교육 업무를 담당하며 동료와 후배들의 멘토로 활약 중이다. 많은 회사들이 당신의 열정을 몰라본다고 속상해하고 있는가? 아직 당신의 진가를 알아보지 못했을 뿐이다. 삼성테크윈이 이지영 대리의 열정과 도전정신을 높이 산 것처럼, 당신의 가치를 알아봐줄 회사가 곧 나타날 것이다. 그때까지 당신은 2가지를 준비하라. 삶에 대한 열정과 포기하지 않는 자세 말이다.

뽑히는 면접 답변

✚ 별명은 무엇인가?

롯데 감독 양승호 편

"양승호호호, 양승호입니다. 저는 별명이 12개가 넘습니다. 지난 2010년 10월 롯데 감독 자리에 올랐는데, 이듬해 팀 성적 부진으로 팬들에게 양승호구라는 별명을 얻었습니다. 하지만 경기에서 이기는 날이 많아지며 양승호굿, 양승호쾌로 진화했습니다. 친화력이 좋다고 양승호형호제라는 별명도 생겼으며, 잘 웃는다고 양승호호호라는 별명도 탄생했습니다. 이 중에서 가장 좋아하는 별명은 양승호굿입니다. 팬들이 자주 이 별명을 부를 수 있도록 모든 경기에 최선을 다하겠습니다."

가수 김범수 편

"제 별명은 10시 10분입니다. 10시 10분을 가리키는 시곗바늘과 똑같은 각도로 눈꼬리가 올라갔기 때문입니다. 이로 인해 첫인상을 날카롭다고 여기는 분들이 많지만, 조금만 대화를 나누고 나면 저의 유머 감각에 오래된 사이처럼 편하다고 호감을 보입니다. 입사를 하면 업무에서는 10시 10분의 날카로운 판단력을, 대인관계에서는 유머 감각을 발휘해 좋은 성과를 내겠습니다."

> *tip* 면접관들이 가장 선호하는 답변 중 하나는 지원자 개인의 스토리가 담긴 것이다. 양승호 감독처럼 재치 있게, 김범수처럼 진솔하게 자신만의 이야기를 풀어가자. 고만고만한 답변에 지친 면접관의 귀를 확 붙들 것이다.

✚ 성장 과정은 어떠했는가?

주식 투자가 워런 버핏 편

"부모님께서는 어릴 때부터 재정적인 독립심을 강조하셨습니다. 그래서 용돈을 주지 않고 스스로 벌어서 쓰도록 하셨습니다. 6살 때부터 콜라 상자를 판매했고, 10대 때는 컨트리클럽에서 캐디로 아르바이트를 하며 손님들이 버리고 간 골프공을 모아 팔았습니다. 그 결과 10대 중반에 월 평균 175달러를 벌었는데, 이는 당시 정규직 신입사원의 월급 정도였습니다. 이러한 경험을 통해 노력이 따르지 않는 대가는 없다는 것을 알았습니다. 입사 후에도 공짜 점심은 없다는 마음가짐으로 열심히 노력하겠습니다."

골프 선수 최나연 편

"1997년 12월 23일을 생생하게 기억합니다. 아버지가 친 하얀 공이 하늘 높이 날아가는 모습을 보며 골프의 매력에 빠졌습니다. 골프를 시작하고 나서는 크리스마스를 잘 모르고 자랐습니다. 겨울 방학에는 항상 동남아시아로 전지훈련을 떠났기 때문입니다. 하지만 노력하는 만큼 LPGA라는 꿈은 가까워졌습니다. 전지훈련에서 돌아오면 아버지가 운영하는 시골 주유소에서 웨지샷 연습을 했습니다. 아버지께서는 야구 글러브로 공을 받아주셨습니다. 제가 쇼트 게임을 잘하고 롱 아이언을 높이 잘 띄우는 것은 모두 이런 연습 덕분입니다."

> *tip* 워런 버핏과 최나연의 성장 과정은 에피소드가 하나의 주제에 맞춰져 있다. 워런 버핏은 '재정적인 독립심', 최나연은 '골프 열정'이 그것이다. 성장 과정을 소개할 때는 이처럼 주제를 정한 뒤 그에 맞는 소재를 덧붙이는 것이 효과적이다.

✚ 아버지는 어떤 일을 하시는가?

경영자 잭 웰치 편

"보스턴과 근교를 오가는 열차의 차장이십니다. 새벽 5시면 어김없이 출근하셔서 하루 종일 열차의 좁은 통로를 다니시며 승객들의 차표를 검사하십니다. 아버지께서는 퇴근 후 꼭 일기예보를 챙기십니다. 다음 날 날씨가 나쁠 것이라는 예보가 나오면 늦은 밤 어머니께 부탁하여 역까지 태워달라고 하셨습니다. 그리고 통근 열차 한쪽 구석에서 잠을 청하셨습니다. 그런 아버지의 모습에서 성실한 자세와 일벌레 근성을 배웠습니다. 저도 입사하면 아버지처럼 성실한 모습으로 업무에 임할 것을 약속드립니다."

tip 부모님 직업을 묻거나 가족을 소개하라는 질문은 자주 나온다. 지원자가 어떤 환경에서 어떻게 자랐는지 알고 싶기 때문이다. 부모님 직업에 대해 답할 때는 잭 웰치처럼 부모님의 일하는 모습을 통해 무엇을 느끼고 배웠는지 언급하는 것이 좋다. 부모님 직업에 대해 창피해하거나 불만을 표하는 것은 금물이다. '평범한 월급쟁이다', '집에서 노신다', '무직이다', '건물 월세 받아서 사신다'처럼 조심성 없이 말하지 말고 '어떤 직장 생활을 하시다 은퇴하셔서 현재 어떤 소일거리를 하신다', '은퇴 후 임대업을 하신다'처럼 예의 바른 표현을 쓰자. 부모님이 사업을 하는 경우 "가업을 이어 받지 않아도 되는가?"와 같은 질문이 후속으로 나올 수 있다. 자신의 경력 목표와 입사 의지를 명확하게 밝혀 면접관에게 믿음을 주자. 가족 소개가 질문으로 나올 때는 가족 관계를 짧게 말한 다음, 직업관이나 인생관 측면에서 가족으로부터 어떤 영향을 받았는지 긍정적으로 전달하는 것이 중요하다.

✚ 좌우명은 무엇인가?

야구 선수 박찬호 편

"'It's OK'입니다. 그동안 저의 가장 큰 약점은 마운드에 올랐을 때 생각이 너무 많다는 것이었습니다. 이를 보완하기 위해 'It's OK'를 좌우명으로 삼고 마운드에서의 여러 상황을 그려보았습니다. 제가 마무리로 나가 불론세이브를 하고 중간 계투로 나가 역전당하더라도 'It's OK'로 무장함으로써 긴장을 줄이고 순간 집중력을 높이자고 다짐했습니다. 이렇게 심리 훈련을 하다 보니 올 시즌 38경기에서 2승 2패 평균 자책점 2.52로 좋은 성적을 올리며 팀의 포스트시즌 진출에 힘을 보탰습니다. 앞으로도 'It's OK'의 자세로 롱런하는 모습을 보여드리겠습니다."

한국무역협회장 한덕수 편

"'우문현답'입니다. 어리석은 질문에 현명하게 답한다는 사자성어, 우문현답(愚問賢答)이 아니라, '(우)리의 (문)제는 (현)장에 (답)이 있다'를 줄인 말입니다. 수출 기업들의 애로 사항을 살피기 위해 전국 곳곳을 누비다 보니 현장의 중요성을 더욱 절감하게 되어 이렇게 좌우명을 정했습니다."

> *tip* 한때 박찬호의 'It's OK' 정신이 많은 언론으로부터 주목을 받았다. 박찬호가 힘든 상황에서 포기하지 않고 재기한 비결로 'It's OK'를 꼽았기 때문이다. 좌우명은 단순히 말만 그럴듯한 것이 아니라 행동과 성과가 뒷받침되었을 때 신뢰를 준다. 한덕수 회장처럼 자신만의 가치관이 돋보이는 좌우명도 면접관의 눈길을 끌 수 있다. 질문에 답할 때는 자신의 좌우명을 간단하게 설명한 후 좌우명을 삼은 이유와 실천 사례, 이로 인해 얻은 성과 등을 차례로 소개하는 것이 좋다.

✚ 인생의 멘토는 누구인가?

아모레퍼시픽 대표 서경배 편

"아버님을 가장 존경합니다. 아모레퍼시픽 창업주인 아버님은 신용을 최고의 가치로 여기셨습니다. 최고의 제품과 서비스를 드리겠다는 고객과의 약속, 장기적인 관계를 이어가기 위한 거래처와의 약속, 일하기 좋은 일터를 제공하겠다는 직원들과의 약속을 반드시 지키려고 노력하셨습니다. 또 항상 남과 달라야 한다고 강조하셨습니다. 원료와 성분, 판매 방식이나 기술 등에서 한발 앞서 생각하고, 우리만의 차별화된 경쟁력을 지녀야 한다고 말씀하셨습니다. 아버님의 가르침은 경영을 하는 내내 저에게 방향키가 되고 있습니다. 신용과 차별화를 가슴속에 새기며 세계인의 마음속에 아시안 뷰티 크리에이터로 자리 잡기 위해 정진해가겠습니다."

tip 이 질문에 답할 때는 인물 선정과 함께 이유가 중요하다. 멘토를 선정한 이유에 지원자의 인생관과 직업관, 삶의 태도, 발전 가능성 등이 종합적으로 담겨 있기 때문이다. 아직 자신만의 포부나 비전이 서 있지 않다면 진출 분야에서 멘토를 찾고 그의 행보를 살펴보자. 답을 구할 수 있을 것이다.

✚ 내 인생 최고의 영화는 무엇인가?

정신과 전문의 박종호 편

"도리스 되리 감독의 〈사랑 후에 남겨진 것들〉입니다. 저는 이 영화가 기계적인 일상 속에서 자신이 사랑하는 작은 것들이 얼마나 소중한지를 일깨우는 명작이라고 생각합니다. 이 영화를 볼 때마다 잊었던 가치를 다시 깨닫게 됩니다. 특히 웅장한 후지산의 풍경을 앞에 두고 아내를 그리며 어설프게 부토를 추는 남편 루디의 모습을 담은 장면은 볼 때마다 가슴이 울컥해집니다."

부산국제영화제 집행위원장 이용관 편

"최인호의 소설을 영화화한 하길종 감독의 〈바보들의 행진〉입니다. 이 영화는 1970년대 젊은이들의 우울한 자화상을 풍자적으로 그린 작품입니다. 장발 단속을 비롯해 미팅, 휴강, 입대 등 당시 대학생의 풍속도를 제 젊은 날의 모습과 흡사하게 묘사하고 있다는 점이 인상적입니다. 훗날 영화를 전공하면서 다시 〈바보들의 행진〉을 보게 됐는데, 이 영화가 영화 형식이나 스타일 면에서 매우 뛰어난 작품이라는 것을 알았습니다. 한국 영화의 내러티브와 스타일, 이데올로기의 함수 관계를 이론적으로 정립하는 데 초석이 된 작품이라 할 수 있습니다."

> *tip* 최고의 영화, 책 등을 묻는 질문은 지원자의 성향이 잘 묻어난다. 이 질문에 답할 때는 왜 그것을 최고라고 생각하는지 그 이유를 정감 있게 잘 설명해야 한다.

✚ 지금까지 살면서 슬럼프가 있었나?

배우 이세은 편

"배우로서 고민이 많던 시기가 있었습니다. 2010년 즈음 2년 반 정도 공백기가 있었는데, 준비했던 작품마다 무산되는 아픔을 겪었습니다. 이때 저는 새롭게 연극 무대에 도전하면서 슬럼프를 극복했습니다. 입사 후에도 새로운 일에 적극 도전하면서 슬럼프를 이겨내겠습니다."

배우 류승룡 편

"사실 지금까지 슬럼프에 빠질 겨를이 없었습니다. 촬영 현장에서 재미와 쾌감을 느끼다 보니 슬럼프를 겪지 못한 것 같습니다. 만약 슬럼프에 빠진다면 더 많은 고민을 하지 말고 가만히 마음을 비우는 것이 가장 중요하다고 생각합니다. 늪에 빠졌을 때 허우적대면 더 깊이 빠지기 때문입니다."

메이크업 아티스트 박태윤 편

"슬럼프는 없었습니다. 세상은 슬럼프에 빠져 있는 사람을 기다려주지 않는다는 것이 지론입니다. 패션은 생선과 같아서 3일이 지나면 썩는 냄새가 납니다. 메이크업 아티스트는 슬럼프에 빠져 있을 새 없이 빠르게 트렌드를 읽어내야 한다고 생각합니다."

> *tip* 이 질문에 답할 때는 이세은처럼 슬럼프 상황이 타당하고, 극복 방법에 열정이 담길수록 좋다. 슬럼프를 겪지 않았다면 류승룡처럼 그 이유를 잘 설명하자. 너무 당찬 답변은 보수적인 면접관의 눈살을 찌푸리게 할 수 있기 때문이다. 경쟁이 치열하거나 진취적인 업종이라면 박태윤처럼 소신 있는 답변도 괜찮다.

✚ 콤플렉스가 있다면 무엇인가?

발레리나 김주원 편

"상체 콤플렉스가 있습니다. 목과 팔다리가 길긴 하지만, 팔뒤꿈치가 뾰족하고 팔목도 튀어나왔습니다. 춤추다가 제 팔꿈치에 찔리면 너무 아프다며 파트너들이 몸이 무기라고 놀릴 정도입니다. 이러한 단점을 잘 알기에 더욱 노력했습니다. 한 동작을 제대로 표현하려고 5시간 연습하다가 귀가한 적도 있습니다. 이렇게 노력하다 보니 많은 분들이 상체의 선이 아름답다고 평해주셨습니다. 신체의 장점과 단점도 노력 여하에 따라 바뀔 수 있다는 것을 깨달았습니다."

개그맨 박지선 편

"피부 트러블이 심해서 개그맨에게 매우 중요한 분장을 할 수가 없습니다. 분장을 안 하면 게으르고 나태한 모습으로 비춰질 수 있기에 분장하지 않고도 웃길 수 있는 저만의 매력을 찾기 위해 노력했습니다. 시트콤 출연 제의가 들어왔을 때도 피부 트러블 때문에 출연을 망설였지만, 감독님께서 햇볕 알레르기를 가진 캐릭터로 만들어주셨습니다. 20대의 여자로서 화장을 못해서 더 예뻐 보일 수 없는 것보다, 20대의 개그맨으로서 분장을 못해서 더 웃길 수 없는 것에 대해 슬픔을 느끼는 진정한 개그맨이 되겠습니다."

> *tip* 면접관은 자신의 콤플렉스를 제대로 인식하고 이를 극복하기 위해 노력하는 지원자를 선호한다. 콤플렉스를 부정하면 매사 불만이 많고 쉽게 마찰이 생기기 때문이다. 콤플렉스를 긍정적 과제로 받아들이고 발전을 위한 에너지로 삼자. 면접 합격은 덤이다.

✚ 버킷리스트는 무엇인가?

화가 겸 가수 조영남 편

"시인 이상의 시 해설서가 내 유일한 버킷리스트였습니다. 하지만 세시봉 후배들과 방송 출연을 하면서 2가지의 버킷리스트가 더 생겼습니다. 먼저 윤형주, 송창식, 김세환, 이장희, 김민기가 함께하는 무대를 1년 이내에 꾸며보고 싶습니다. 1986년에 한인교포들이 많이 사는 LA의 슈라인오라토리움에서 함께 공연해서 큰 갈채를 받았습니다. 그 무대를 재연했으면 합니다. 또 다른 하나는 제가 작사·작곡한 앨범을 내는 것입니다. 이번에 김희갑·양인자 선생의 노래를 받아 부르면서 제 작품을 한번 만들어야겠다는 생각이 들었습니다."

> *tip* 버킷리스트(bucket list)는 'Kick the Bucket'에서 유래된 말로, 중세시대에 자살할 때 목에 밧줄을 감고 양동이를 발로 차버리는 행위에서 전해졌다고 한다. 즉, 우리가 죽기 전에 꼭 해야 할 일이나 하고 싶은 일을 말한다. 죽음을 며칠 앞둔 환자들의 버킷리스트를 보면 '산보하기', '사과 1개 먹어보기' 등이 있다. 우리가 인생의 마지막에 간절히 원하는 것들은 흔히 일상에서 누릴 수 있는 평범한 일이다. 마지막 버킷리스트를 이루기 위해서는 돈과 시간이 불필요하고 근사한 의미가 부여되지 않아도 된다. 하지만 이 질문이 나온 장소가 면접장이라면 의미 있는 답변을 하는 것이 좋을 것이다. 조영남의 버킷리스트를 보면 그의 관심 분야가 무엇인지 한눈에 알 수 있다.

[touch]
임형주가 신문을 15개 보는 이유!

세계적인 팝페라 테너 임형주. 그는 매일 15종의 신문을 읽는다. 기내에서도 읽고 집에서도 밀린 신문을 죄다 빼놓지 않고 읽는다.

그가 신문을 읽는 이유는 무엇일까?

한번은 스튜어디스가 왜 쉬지 않고 신문을 읽느냐고 물었다. 그는 이렇게 말했다.

"며칠이라도 신문을 안 보면 뒤처지는 것 같거든요. 문화적으로 소외되는 느낌이 들어요."

그가 존경하는 음악가는 2명이다. 20세기 최고의 소프라노 마리아 칼라스와 신이 내린 목소리 조수미가 주인공이다. 신문을 통해 롤 모델인 조수미의 소식을 접하고 스크랩한다. 신문은 살아 있는 자서전이다. 자서전은 이후의 이야기를 알 수 없어 아쉽지만, 신문은 ing다. 신문은 그에게 꿈을 주고 지침서가 되어주었다.

대부분의 지원자들이 온라인 뉴스에 의존하는 요즘, 임형주처럼 신문 사랑을 외치면 면접관들의 호감을 얻을 수 있다. 온라인 뉴스는 편리하지만 종이 신문에 비해 몇 가지 단점이 있다. 정보의 불균형에 빠질 수 있고, 깊이 있는 생각을 하는 습관을 잃기 쉽다. 음식을 골고루 먹지 않으면 건강을 해치듯, 정보의 편향적

흡수는 사고의 편향성으로 이어진다. 신문은 국내외 정세, 경기 흐름, 업계 경향, 소비자의 라이프스타일, 여론 동향 등 다양하고 폭넓은 정보를 검증해서 전달한다. 명사들이 신문 읽기를 권하는 이유도 이 때문이다. 경영인들은 바쁜 시간을 쪼개 신문을 꼼꼼하게 챙겨 읽는다. 이들은 신문을 통해 제품 개발과 마케팅 활동에 필요한 아이디어를 얻는다.

그동안 포털 사이트 뉴스 서비스에만 의존했다면 지금이라도 종이 신문을 챙겨 보는 것은 어떨까? 하루 800원(신문 가격)이면 충분하다.

02〉재산을 200퍼센트 활용하라
—'스펙형 질문' 답변법

◈ 예시로 배우는 '스펙형 질문' 답변법

Q. 학창 시절에 주로 무엇을 했나?

3편의 면접 답변 예시를 빠르게 읽고 상, 중, 하를 표시해보자.

〈예시 1〉   (상 / 중 / 하)

"저는 특출나게 잘난 것은 없지만 다양한 대외 활동 하나만큼은 자신 있습니다. 각종 국제행사에서 안내와 통역을 맡았고 교내 글로벌 리더 프로그램과 학회 활동, 봉사활동 등에 참여했습니다. 아르바이트도 많이 해서 지금까지 과외와 학원 강의, 판매 등의 경험을 쌓았습니다. 하루 24시간을 열심히 살다 보니 터득한 것이 많습니다."

〈예시 2〉 (상 / 중 / 하)

"대학생 특허전략대회에 3년 연속 참가했습니다. 전 세계적으로 특허 분쟁이 빈번히 발생하는 상황에서 기업이 필요로 하는 특허에 강한 엔지니어가 되고 싶었습니다. 1회 대회는 특허에 대한 안목을 다지는 데 의의를 두었고, 2회 대회에서는 가능성을 인정받았습니다. 3회 대회에서는 플랜트 엔지니어링 업체에 대한 미래 기술 발전 방안을 발표해 우수상을 받았습니다. 처음에는 많은 시행착오를 거쳤지만, 계속해서 도전한 결과 좋은 성과를 낼 수 있었습니다. 대회 참가를 통해 얻은 노하우를 활용해 ○○회사의 기술 특허 발전 전략을 제시하겠습니다."

〈예시 3〉 (상 / 중 / 하)

"온라인 PR 전문가가 되기 위해 콘텐츠 생산 능력과 가공 능력을 키웠습니다. 대학 시절에 학생 기자를 하면서 하루에도 10여 차례 전화를 하며 취재했고, 주 1회 오프라인 인터뷰를 실시했습니다. 또한 외주 제작사에서 조연출 경험을 쌓으며 촬영 및 편집 실력을 길렀습니다. 프리미어와 애프터이펙트라는 프로그램을 배워 신입 가수의 앨범 홍보 UCC를 만들었는데, 1주일 동안 유튜브 조회수 1만 회를 기록해 큰 성취감을 맛보았습니다. 이러한 경험을 활용해 입사 후 온

> 라인 PR 전문가가 되고 싶습니다. 블로그를 통해 콘텐츠를 쌓아가며 고정적인 마니아층을 확보하고, 커뮤니티 체험단, 샘플링 이벤트 등을 실시해 소비자들의 즉각적인 반응을 체크하겠습니다."

학창 시절 동안 조직 적응력과 직무 경쟁력을 키웠는지 파악하려는 질문이다. 너무 짧게 말하거나 두루뭉술하게 말하거나 지원 분야와 관련 없는 내용을 장황하게 늘어놓는 것은 좋지 않다. 〈예시 1〉은 말이 쏙쏙 들리지 않고 튕겨 나간다. 서로 관련 없는 경험을 무작정 나열만 해서 그렇다. 이 경우 무슨 일이든 금방 싫증내는 성향으로 오해받을 수 있다. 여러 활동을 하면서 터득한 것이 많다고 했는데, 무엇을 터득했는지 알 수 없다. 대표적인 활동을 예로 들어 소개하는 것이 바람직하다. 부정적인 시작도 거슬린다. 자신을 비하하듯 낮추면 자신감과 패기가 없어 보인다. 〈예시 2〉와 〈예시 3〉은 질문에 맞춰 두괄식으로 답변을 잘했다. 직무에 맞는 구체적인 에피소드를 넣어서 끈기와 열정을 강조했으며, 포부를 덧붙여 입사 의지를 전달한 점도 돋보인다.

◈ 이렇게 바뀌었어요 '3단계 스펙형'

Q. 대학 전공을 선택한 이유는 무엇인가?

"솔직히 말씀드려서 많은 고민을 하지 못했습니다. 평소 관심 있는 전공 중에서 커트라인에 맞춰 골랐습니다."

1단계 클리닉

◎ 이 질문은 생각보다 매우 중요하다. 전공을 선택했던 과정을 통해 당시의 상황은 물론이고 지원 회사와 직무를 선택한 속내를 유추해볼 수 있기 때문이다.

◎ 지나치게 솔직하고 순진한 답변이다. "점수에 맞춰 골랐다"고 답하면 회사와 직무를 선택할 때도 큰 고민 없이 대충 지원한 것으로 오해받을 수 있다. 설사 커트라인에 맞춰 선택했더라도 부정적인 측면을 언급하지 말고, 좀 더 긍정적인 측면에서 해석해보자.

◎ '솔직히'라는 표현은 불필요하다. 지금까지의 답변을 모두 거짓말로 만들 수 있는 위험한 단어다.

"영어 성적이 좋았고, 글로벌 인재가 되고 싶었습니다. 그런 제 모습을 보시고 고3 담임선생님께서 국제무역학과를 추천해주셔서 진학하게 되었습니다."

2단계 클리닉

◎ 소극적인 인상을 풍기는 답변이다. 회사와 직무를 선택할 때도 자기분석을 거치지 않고 주변 사람들의 목소리에 휩쓸릴 것 같은 느낌을 준다.

◎ 글로벌 인재가 되고 싶었다고 했는데, 구체적으로 어떤 진로를 희망했는가? 자신의 진로목표에 맞춰 장기적인 관점에서 전공을 선택했음을 강조하자.

"고등학교 때부터 글로벌 인재가 되어 무역업에 종사하는 것을 꿈꿨습니다. 국제무역학과는 무역과 관련된 실무를 배울 수 있을 것이라고 판단해서 신중하게 선택했습니다. 고 3 담임선생님께서도 제 적성이 해당 학과에 잘 맞는다고 추천해주셔서 확신을 갖고 진학했습니다."

3단계 클리닉

◎ 소극적인 인상에서 탈피해 주도적인 이미지가 생겼다. 그러나 아직까지는 2퍼센트 부족한 상태다.
◎ '글로벌 인재'라는 단어가 추상적이다. 좀 더 구체화하라.
◎ 전공 선택의 동기가 다소 느슨한 감이 있다. 말을 줄여 스피드 있게 전개하자.
◎ 전공을 살려 직무를 선택했으니 직무에 도움이 될 만한 교과목을 쉽게 찾을 수 있을 것이다. 무엇을 배우고 익혔는지 간단하게 덧붙이자.

"고등학교 때부터 국제적 감각과 언어 능력을 겸비한 무역 전문가가 되는 것을 꿈꿨습니다. 신중한 판단 끝에 국제무역학과를 선택했고, 고 3 담임선생님께서도 추천해주셔서 확신을 갖고 진학했습니다. 입학 후 무역 계약, 대금 결제, 보험, 운송 등 국제무역의 이론과 실무를 배웠고, 지식경제부 주관의 산학 협력 사업인 GTEP에 참여해 현장 중심형 무역 인재가 되기 위해 노력했습니다."

◈ '스펙형 질문' 대표 20선

✚ 자신의 전공을 소개해보라.

❶ "금융공학은 금융경제학과 수학의 융합 학문입니다. 4년 동안 금융 자산과 금융 파생 상품을 설계하고 가치를 평가하며 금융기관의 위험을 관리하는 등 다양한 금융 문제를 해결하는 방법을 배웠습니다. 전공 교수님들께서는 늘 금융위기의 해법은 금융공학이라고 강조하셨습니다. 저는 금융공학 전공자로서 경제 현상을 이해하고 수학적으로 분석하는 능력뿐만 아니라 모델링에 필요한 창의성 등을 키웠습니다. 저의 지식을 활용해 파생상품팀에서 업무 성과를 내고 싶습니다."

❷ "조선해양IT공학과는 조선업계 전문가를 꿈꾸는 학생들이 모인 학과입니다. 조선해양 분야에 IT 기술을 접목한 수업 방식이 특징입니다. IT 관련 수업이 많아서 졸업 전까지 이수해야 하는 강의 수가 다른 대학 유사 계열에 비해 최대 8개가량 많습니다. 특히 학교 내에 마련된 항해시뮬레이션실에서 모의 항해 실습을 함으로써 스마트 선박에 필요한 기술을 배웠습니다. 전공 지식을 활용해 A사의 스마트십 건조에 이바지하고 싶습니다."

❸ "예술학과를 소개하겠습니다. 예술학은 조형 예술 분야의 전문가 양성을 목표로 한국과 동양, 서양 미술의 과거와 현재를 공부하는 학문입니다. 문화, 역사, 사회, 경제 등 다양한 맥락에서 미술 현상을 이해하다 보니 사고가 유연해졌고 통찰력도 기를 수 있었습니다. 특히 제가 대학 생활 동안 가장 열정을 쏟은 것은 전국 방방곡곡을 다니며 미술 · 문화유산을 답사한 일입니다. 중요한 것은 실견(實見)이었습니다. 도판이나 책으로만 보던 유물을 직접 보고 엄청난 아우라에 놀란 적이 한두 번이 아니었습니다. 입사 후에도 발로 뛰며 고객의 목소리를 직접 경청하겠습니다."

tip 전공을 소개할 때는 전공 지식과 경험이 지원 직무에 어떻게 활용 가능한지, 어떠한 성과를 내는 데 도움을 줄 수 있는지 강조해야 한다. 지원 분야 비전공자도 이러한 측면을 고려해서 답하자. ①, ②는 직무 지식으로 연결했고 ③은 직장 생활에 필요한 인성과 역량으로 연결했다. 둘 다 괜찮다. 면접 전에 자신이 수강한 과목 중 지원 분야와 관련된 것들을 살펴보면 당황하지 않고 자신 있게 말할 수 있다. 일반적인 전공 소개 외에도 가장 좋아했거나 어려웠던 과목을 묻기도 한다. 해당 과목의 지식과 연관된 후속 질문이 나올 수 있으니 함께 대비하자.

면접관은 소속감을 확인하기 위해 학교, 고향, 거주지 등을 소개하라는 질문을 던지기도 한다. 이때 재치 있게 답하면 좋은 점수를 얻을 수 있다. 『지구가 100명의 마을이라면』에서는 지구를 100명이 사는 마을이라 가정하고 내용을 전개한다. 이처럼 당신이 소속돼 있는 공간을 색다르게 정의하면 창의성까지 보여줄 수 있다.

✚ 해당 전공을 복수전공(부전공)한 이유는?

"영화기획자에게 필요한 지식과 경험을 쌓고자 신문방송학을 복수전공했습니다. 영상콘텐츠기획제작, 3DTV제작, 디지털영상론 등 영화 관련 수업은 빠짐없이 수강했습니다. 또한 같은 과 친구들과 영화제작동아리를 만들어 박스오피스, 관객 성향, 영화 산업의 트렌드를 공부하고 직접 단편영화를 제작했습니다. 복수전공을 하느라 학업 부담이 크긴 했지만, 이를 통해 영화기획에 대한 열정을 재확인하고 추진력과 시간 관리 능력도 키웠습니다."

tip 복수전공이 지원 분야와 관련된다면 이야기 전개가 쉬울 것이다. 지원 분야에 대한 목표와 열의를 살리고 복수전공을 통해 배운 점을 전달하라. 수업뿐만 아니라 교수님과의 친분, 동아리 참여 등을 강조하면 적극성에서 좋은 점수를 받을 수 있다.

✚ 전공이 지원 직무와 맞지 않는데, 지원한 이유는 무엇인가?

❶ "전공과 직무가 맞지 않지만, 저는 누구보다 열정적인 사람이기에 주전공자보다 일을 잘할 자신이 있습니다."

❷ "저의 전공 지식이 지원 분야에 도움이 된다고 생각하여 지원했습니다. 전자제품 세일즈 마케팅은 공학적 지식을 가지고 있으면서 그를 바탕으로 제품을 잘 설명하고 파는 직업입니다. 핸드폰과 같은 복잡한 전자제품을 판매하기 위해서는 제품에 대한 이해가 수반되어야 합니다. 따라서 제가 배운 전자공학이 세일즈 마케팅 업무에 도움이 되고 업무 성과를 낼 것이라고 확신합니다. 부족한 세일즈 마케팅 지식은 입사 후 교육을 통해 보충하고 업무 외 시간에 직무 선배님들을 찾아뵈며 노하우를 구하겠습니다."

❸ "비전공자라서 부족한 점이 많습니다. 하지만 호주의 한 호텔 연회부에서 9개월 동안 일하면서 실무 경험을 쌓았습니다. 연회부는 호텔 업계에서 가장 힘든 부서로 알고 있습니다. 이곳에서 일하면서 서비스에 흡족해하는 고객들의 피드백을 통해 호텔리어의 꿈을 다졌습니다. 저의 가능성을 평가해주십시오."

❹ "언뜻 사회복지학은 제약회사 영업과 어울리지 않는다고 보실 수 있습니다. 하지만 제약회사도 국민 건강을 증진시킨다는 점에서 복지와 관련이 있다고 생각합니다. 특히 ○○회사는 인류의 건강한 삶을 위한 가치를 중시하고 있어서 대학에서 공부하며 느낀 바를 행동으로 실천할 수 있는 곳이라고 판단했습니다. 기회를 주시면 면접관님께서 아주 잘 뽑았다고 생각하실 수 있도록 노력하겠습니다."

tip 면접관의 이런 질문에 당황하지 말라. 서류 전형에 통과했다는 것은 당신의 능력이 해당 분야에 필요하다는 뜻이다. 그러나 면접관은 지원자의 소신을 확인하기 위해 이런 질문을 던진다. ①처럼 무조건적으로 잘할 수 있다고 말하면 신뢰를 얻기 어렵다. ②, ③, ④처럼 자신만의 생각과 경쟁력을 어필하라. 직무에 필요한 역량을 미리 조사하면 면접관을 설득하는 데 유리하다.

✚ 학점이 낮은 이유가 있는가?

❶ "군대 가기 전에는 그냥 놀았고, 제대 후에는 편입 준비를 하느라 학점 관리를 하지 못했습니다."

❷ "저학년 때 집안 사정이 여의치 않아 수업을 제쳐놓고 일을 해야 하는 날이 많았습니다. 이 때문에 전체 평점이 낮은 것이 사실입니다. 하지만 10여 곳의 아르바이트 경험으로 입사 후 더 빨리 조직에 적응할 수 있다는 장점이 생겼습니다. 3학년 때부터는 집안 사정이 좋아져서 공부에 매진할 수 있었습니다. 그 결과 장학금도 받고 3, 4학년 평균 학점을 3.8 이상으로 끌어올렸습니다. 부디 저의 부족한 학점보다 다양한 사회 경험을 평가해주시기 바랍니다."

❸ "저학년 때부터 공모전 참가 준비에 관심이 많았고 공부에 대해서는 큰 목표를 갖지 못했습니다. 학생의 본분에 충실하지 못했던 것이 아쉽고 후회가 되기도 합니다. 하지만 공모전 준비를 하면서 원활하게 팀 프로젝트를 꾸려가는 노하우를 터득했고, 3회 수상이라는 성과도 얻을 수 있었습니다."

tip 지원자들이 보편적으로 몰리는 학점대는 3.6에서 3.8 정도다. 하지만 최종 합격자들의 학점대를 보면 2점대에서 4점대로 다양하다. 학점이 낮다고 해서 너무 걱정하지 말라. 자신의 다른 매력으로 보완하면 된다. 단, ①처럼 무책임한 자세는 곤란하다. 학점이 낮은 것이 자랑은 아니지 않는가? 주눅 들 필요는 없지만 공손한 어투로 이야기를 풀어가야 한다. ②와 ③처럼 성적 하락의 배경을 정확하게 설명하고 그 대신 무엇을 배웠는지 어필하라. 전체 평균 학점이 낮더라도 전공이나 지원 분야와 관련된 과목의 성적이 좋다면 이를 요약해서 전달하는 것도 좋은 방법이다.

✚ 학점이 높은데, 너무 공부만 한 것 아닌가?

"네, 제 학점은 4.4로 과 수석입니다. 대학교에 입학하자마자 집안 사정이 어려워지면서 제가 할 수 있는 최선이 무엇일까 고민했습니다. 열심히 공부해서 부모님께 좋은 모습을 보여드려야겠다고 다짐했습니다. 다행히 여러 차례 성적 우수 장학금을 받아 집안 사정이 어려운 상황에서도 학업을 이어갈 수 있었습니다. 그렇다고 공부만 한 것은 아닙니다. 저학년 때부터 등산 동아리에 가입해 활동했고, 방학 때는 아르바이트와 봉사활동을 통해 사회성을 길렀습니다."

tip 학점이 높아도 면접관은 그 이유가 궁금하다. 면접관은 학점이 높은 지원자를 보면 대인관계 능력이 부족하지는 않은지, 이론에만 능한 것은 아닌지 우려한다. 공부뿐만 아니라 조직 적응력을 쌓을 수 있는 경험을 활발히 했음을 강조할 필요가 있다.

✚ 다양한 아르바이트를 했는데, 가장 힘든 일은?

"피자 가게에서 아르바이트를 할 때의 일입니다. 처음 주방 업무를 담당했는데, 갑자기 배달 업무가 주어졌습니다. 오토바이를 타고 피자 배달을 해야 하는데, 오토바이를 어떻게 타는지 몰랐습니다. 업무 외 시간에 오토바이를 배워 배달 업무를 맡을 수 있었습니다. 배달을 하다 보니 주방 업무와 다른 환경에 놓였습니다. 고객에게 무시나 질책을 받을 때가 많았습니다. 하지만 참고 견뎠습니다. 이 정도 어려움을 이겨 내지 못하면 사회에서 더 큰 일을 해내지 못할 거란 생각이 들었기 때문입니다. 저는 배달을 하면서 2가지를 배웠습니다. 고객에게 물어봐야 한다는 것, 그리고 고객은 모두 다 안다는 점입니다. 그때 배운 노하우를 활용해 업무에서 성과를 내겠습니다."

tip 질문은 부정적이지만 답변은 긍정적이다. 어떤 질문이 나오든 마무리는 긍정적인 것이 좋다. 질문의 핵심을 벗어나지 않는 범위에서 말이다. 이 질문에 자신이 희생양인 것처럼 한숨을 쉬고 신세타령을 늘어놓는 지원자가 있는데, 이러한 모습은 지워라. 최대한 감정을 배제하고 담백하게 말해야 한다.

✚ 아르바이트를 하면서 새롭게 시도하거나 배운 것이 있다면?

❶ "편의점에서 아르바이트를 하며 동반 진열로 매출을 올린 적이 있습니다. 햇반과 같은 즉석식품 옆에 숟가락을 배열하면 고객들의 구매를 더 이끌어낼 수 있을 것이라고 생각했습니다. 배열을 달리 해본 결과, 동반 구매를 유발해 매출을 10퍼센트 이상 올릴 수 있었습니다."

❷ "일본에서 아르바이트를 하면서 정답은 현장에 있다는 것을 알았습니다. 그곳은 24시간 슈퍼마켓이었는데, 제가 일했던 지방 도시 아쿠네 시는 어촌이라서 사람들이 빨리 잠자리에 드는 것이 상식이었습니다. 심야 고객은 기대하지도 않았습니다. 하지만 실제로 일을 해보니 달랐습니다. 저녁 7시부터 아침 8시까지 발생하는 매출이 전체 매출의 40퍼센트에 달했고, 대형 상품의 구매와 1인당 구매액도 낮보다 밤이 높았

습니다. 그 이유를 살펴보니 아버지가 귀가한 뒤 가족과 함께 매장을 방문해서 고가 상품을 구매했기 때문이었습니다. 이 경험을 통해 미리부터 결과를 예측하지 말고 현장에서 발로 뛰며 답을 얻어야 한다는 것을 깨달았습니다."

> *tip* 알찬 아르바이트 경험은 효자 노릇을 한다. 남과 다른 방법으로 무언가를 새롭게 시도해 성과를 냈거나 새로운 환경에서 배운 점이 있다면 꼭 어필하라.

✚ 자격증이 없는데 학교 다닐 때 무엇을 했는가?

❶ "죄송합니다. 자격증의 중요성을 미처 인식하지 못해 공부하지 않았습니다. 대신 아르바이트를 많이 하며 실무 경험을 쌓았습니다."

❷ "주로 실무 경험을 쌓는 데 주력했습니다. 대학교 2학년 때부터 방학마다 아르바이트와 인턴을 했습니다. 특히 지난해 한 사회적 기업에서 3개월 동안 인턴을 하면서 아이디어 기획력과 적극성을 키웠습니다. 이 기업은 버려지는 가구와 폐목재를 수거해 새로운 가구로 만드는 곳이었습니다. 저는 폐목재를 수거한 곳과 폐기된 이유를 빠짐없이 기록하는 업무를 담당했습니다. 근무한 지 2주 후부터는 직원들의 아이디어 회의에 참관할 수 있는 기회를 달라고 요청드렸습니다. 그때 종이컵 수거함에 대한 아이디어를 내서 채택되었고, 고객들의 반응이 좋아서 인기 상품으로 선정되었습니다. 적극적인 태도로 일하면 더 많은 것을 얻을 수 있다는 사실을 깨달았습니다. 업무에 필요한 자격증은 현재 공부 중입니다. 입사 후 1년 내에 해당 자격증을 취득하겠습니다. 지켜봐주십시오."

tip 대부분의 회사에서 자격증은 필수보다는 우대 사항인 경우가 많다. 자격증이 없다고 ①처럼 주눅 들 필요는 없다. 자격증을 취득하는 대신 자신이 기울인 노력을 ②처럼 구체적으로 어필하면 된다. 만약 해당 직무에 자격증이 필요한 상황이라면 언제까지 자격증을 취득할 계획인지 구체적으로 밝히는 것이 좋다. 현재 자격증을 준비 중이거나 발표 예정인 자격증이 있다면 이를 전달해 성의를 표현하자.

✚ 자격증이 무려 19개인데, 왜 그렇게 많이 취득했는가?

"입사 후 업무에 빠르게 적응하기 위해서입니다. 제가 다닌 고등학교는 산업체 현장 적응력을 높이기 위해 다기능 교육을 중점적으로 추진하고 있습니다. 학교의 교육 방침과 선생님들의 열정적인 지도 덕분에 저희 학교 졸업생이면 평균 7종의 자격증을 갖고 있습니다. 저는 회사 업무에 도움이 되길 바라는 마음에서 방과 후와 방학 중에 쉬지 않고 노력했습니다. 그 결과 전공인 컴퓨터 분야에서 10종, 사무자동화 분야에서 4종, 그래픽 분야에서 5종의 자격증을 취득했습니다. 입사 후에도 성실한 자세로 일해서 프로그래밍 분야의 전문가가 되는 것이 꿈입니다."

tip 자격증 취득은 지원자의 적성과 성실성, 능동적인 자기계발 노력을 반영한다. 하지만 너무 많은 자격증을 갖고 있는 지원자를 보면 면접관은 물음표 3개를 던진다. 지원자가 과시욕이 있는 것은 아닌가 의심하기도 한다. 보통 이런 질문에 많은 이들이 자신의 성과를 자랑하기 바쁘다. 그런 대답을 들은 면접관은 즉시 물음표를 느낌표로 바꾼다. '역시 과시욕이 강하군!' 하지만 위 답변은 다르다. 자신의 공을 학교와 선생님에게 돌리며, 적성은 물론 성품까지 챙겼다.

✚ 고등학교를 다닐 때 공부 외에 어떤 활동을 했는가?

❶ "3년 동안 로봇 동아리에서 활동했습니다. 고등학교 3학년 때는 미국의 한 대학이 주최한 세계 로봇 게임대회에 참가해 1위를 차지했습니다. 기존에 만든 메인보드를 쓰지 않고 직접 프로그래밍을 해서 제 스타일을 살린 것이 수상의 이유였습니다. 대회에 참가하여 전 세계 고등학생들과 경합하면서 시야가 더욱 넓어졌습니다. 저는 센서가 무조건 고정돼야 한다고 생각했는데, 미국 팀은 센서를 움직일 수 있게 설치했습니다. 입사하면 창의성과 적극성을 발휘해서 스타일이 살아 있는 로봇을 만들고 싶습니다. 일본에서 제작한 지능형 2족 보행 휴머노이드 로봇인 아시모를 능가하는 로봇을 만드는 것이 목표입니다."

❷ "아카펠라 동아리에서 테너로 활동했습니다. 매일 점심시간마다 15명의 부원들이 음악실에 모여 노래 연습을 했습니다. 아카펠라는 화음 조정이 어렵다 보니 연습을 통해 자연스럽게 끈기와 팀워크를 키울 수 있었습니다. 학교 축제에서 〈Under the Sea〉나 〈So Sick〉과 같은 노래를 불렀고, 춘천 아카펠라 페스티벌에 나가 우수상을 받기도 했습니다. 특히 방학 때마다 병원과 새터민 교육 시설을 찾아 봉사활동을 했는데, 아카펠라를 통해 기쁨과 안정을 찾는 사람들을 보며 보람을 느꼈습니다."

> *tip* 보통 고등학생 때는 학업에만 열중하는 학생들이 많다. 그래서 오히려 이때의 활동은 지원자의 관심과 적극성을 더욱 명확하게 보여준다. ①은 로봇 분야에 대한 관심과 전문성은 물론 겸손함까지 잡았다. 자신이 1위를 했으면서도 다른 참가자에게 배울 점이 있다고 말하는 것에서 면접자의 바른 인성을 찾아볼 수 있다. 구체적인 포부를 덧붙여 말한 것도 좋다. ②는 동아리 활동을 통해 팀워크를 익힌 점을 강조했다. 취미에서 그치지 않고 봉사로 활동 폭을 넓힌 점은 더욱 인상적이다.

✚ **자신의 해외 경험에 대해 말해보라.**

❶ "뉴질랜드에서 어학연수를 하면서 외국인들에게 적극적으로 다가갔습니다. 파티에도 참여하고 여행도 다녔습니다. 이렇게 노력하다 보니 그들도 마음의 문을 열었습니다. 어디에서든 오픈 마인드가 중요하다는 것을 깨달았습니다."

❷ "어려서부터 글로벌 마인드를 키워주시려고 하신 부모님 덕에 지금껏 20개 나라, 30개 도시를 여행했습니다. 선진국부터 후진국까지 다양한 나라를 여행하면서 전 세계인과 소통하는 법을 배웠습니다. 특히 몇몇 선진국의 경우 우리나라와 달리 여유롭고 복지가 잘된 점이 부러웠습니다."

❸ "대학교 3학년 때 식품업체가 주최한 마케팅 서바이벌 프로그램에 참가해서 해외 탐방의 기회를 얻었습니다. 지역과 주제는 자유롭게 정하는 방식이었는데, 저는 평소 유럽의 QSR(Quick Service Restaurant)에 관심이 많아서 스페인과 이탈리아, 영국을 탐방했습니다. 3주 동안 각 나라 사람들의 음식 선호도, 식재료, 요리색, 식사 시간 등을 조사했고, 브랜드별로 현지화 전략도 파악했습니다. 향후 A사가 유럽 지역에 진출한다면 이 경험이 도움이 될 것입니다."

tip 요즘은 지원자 절반가량이 어학연수나 배낭여행을 다녀올 정도로 해외 경험자가 많다. 이제 면접관이 궁금한 것은 해외 경험 여부가 아니다. 어떠한 목적을 가지고 떠났는지, 해외에서 무엇을 배우고 느꼈는지, 비용은 어떻게 마련했는지 등과 같은 세부적인 내용이다. 이 질문에 ①처럼 평이하게 답하면 면접관의 눈길을 사로잡기 어렵다. 면접관은 지원자가 분명한 목적을 갖고 해외에 가서 적극적인 행동을 함으로써 특별한 성과와 감상을 얻었기를 바란다. ②는 해외 경험을 과시하듯 풀어냈다. 게다가 다른 나라를 여행하면서 여유와 복지를 부러운 점으로 꼽은 것은 나약한 업무 의지를 보여준다. 이 경우 면접관은 "외국에서 계속 살고 싶은 것 아니냐?"며 날선 질문을 던질 수 있다. 해외 경험이 많은 것은 장점이지만 어떻게 푸느냐는 것이 과제다. ③은 해외 경험을 한 이유와 활동이 명확하다. 일방적으로 부모님께 부담을 지우지 않고 비용을 마련한 점도 돋보인다. 이 질문에 대답할 때는 면접관이 직무에 적합한 인재인지 판단할 수 있도록 관련 경험을 추가하거나 부각시키는 것이 좋다.

✚ 해외 경험이 없는데, 어학 공부는 어떻게 하고 있나?

❶ "집안 사정이 여의치 않아 해외 경험을 쌓지 못했습니다. 하지만 교내에서 열리는 어학 프로그램에 적극 참여해 900점 이상의 토익 점수를 갖추었습니다. 또한 매년 국내에서 열리는 국제컨퍼런스 행사를 찾아다니며 통역과 안내 봉사를 하면서 의사소통의 기회를 만들었습니다. 해외 경험은 부족하지만 저의 적극성과 성실함을 평가해주십시오."

❷ "영어연극동아리 활동과 교내 글로벌 빌리지 외국인 룸메이트와 친하게 지내며 영어 공부를 하고 있습니다. 영어 연극을 준비하면서 대화에 적합한 단어를 배웠고, 배역과 연습 시간을 조정하는 과정에서 사회성을 키웠습니다. 룸메이트의 안내로 인근 유적지와 관광명소를 함께 다니면서 상황에 맞는 적절한 미국식 영어를 배웠습니다."

> *tip* 해외 경험자가 많다 보니 '국내파'가 오히려 눈에 띌 정도다. 해외 경험을 하지 않았다면 그 이유를 분명하게 밝히고, 이를 대신할 만한 국제 감각과 어학 실력을 보여주자.

✚ 어학연수도 다녀왔는데 어학 성적이 좋지 않은 이유는?

❶ "어학 성적은 진정한 영어 실력이 아니라고 생각합니다. 시험 요령을 잘 익히면 높은 점수를 받을 수 있기 때문입니다."

❷ "이 정도면 무난한 성적이라고 알고 있습니다. 얼마 전 채용설명회에 참가했을 때 토익 성적은 ○○점 정도면 충분하다고 들었습니다."

❸ "어학 성적의 필요성을 뒤늦게 깨달아서 공부를 다소 소홀히 했습니다. 부족한

성적을 보완하기 위해 현재 토익과 영어 회화 공부를 병행하고 있습니다. 입사 후 6개월 내에 토익 성적을 200점 이상 올리고, 비즈니스 회화를 유창하게 구사할 수 있도록 노력하겠습니다."

❹ "어학 성적의 중요성은 알지만 선배들의 조언을 들어보니 실무 경험이 더 필요하다고 생각해서 잠시 뒤로 미뤘습니다. 그동안 서울통상지원센터에서 마련한 무역 실무 교육 과정에 참가해 수출입 업무에 대한 지식을 쌓았고, 무역회사에서 인턴을 하면서 업무 노하우를 배웠습니다. 최근 들어 부족한 어학 공부에 매진하고 있습니다. 12월까지 900점대로 올리겠습니다."

> *tip* 어학 성적이 영어 실력과 비례하는 것은 아니지만, 검증된 어학 성적이 없거나 낮은 것은 약점이 될 수 있다. 어학 성적은 성실성의 척도 중 하나이므로 높은 점수를 받은 지원자가 호감을 주는 것은 사실이다. 점수가 낮은 경우에는 영어 면접에서 자신의 실력을 입증하라. 영어 면접 자리가 따로 없다면 인성 면접 현장에서 영어 실력을 보여주는 것도 괜찮다. 영어로 매끄럽게 자기소개나 포부를 말한다면 면접관은 그 성의를 인정해줄 것이다. 때로 면접관은 어학 성적이 좋은 지원자에게 대처 능력을 보기 위해 부정적인 질문을 할 수 있다.
> 어학 성적에 대한 질문에 답할 때는 면접관의 질문을 예민하게 받아들여서 ①, ②처럼 궁색한 변명을 늘어놓거나 반박하는 것은 좋지 않다. ③처럼 부족한 점을 인정하고 앞으로 어떻게 노력할 것인지 자기계발 계획을 덧붙이거나 ④처럼 어학 성적 대신 자신의 다른 강점을 어필하는 편이 낫다.

✚ 컴퓨터 활용 능력은 어떠한가?

"워드와 엑셀, 파워포인트 등 MS 오피스는 능숙하게 잘 다룹니다. 6개월 전 사무직 아르바이트를 하면서 MS 오피스를 활용해 업무에 필요한 문서를 작성해보았습니다. 특히 제가 소속되어 일했던 부서 팀장님께서 발표 자료 디자인을 맡기실 정도로 파워포인트 실력을 인정받았습니다. 이외에도 포토샵과 프리미어 프로그램을 잘 다루는 편입니다."

> *tip* 기업은 채용 시 MS 오피스 활용 가능자를 우대한다. 컴퓨터 활용 능력은 사무 능률에 직접적인 영향을 미치므로 입사 전에 프로그램을 익혀두자. 답변할 때는 지나친 겸손보다 적당한 PR을 권한다. "아직 많이 배워야 한다"는 식으로 답하면 면접관은 지원자가 프로그램을 다룰 줄 모른다고 인식할 수 있다. 컴퓨터 프로그램을 활용해 업무를 수행했거나 성과를 냈던 경험이 있다면 이를 예로 들어 설명하는 것이 좋다. 업무에 자주 쓰이는 프로그램이 있다면 구체적인 질문이 나올 수도 있다. "엑셀에서 가장 자주 사용하는 함수는 무엇인가?", "캐드 · 프로이 · 카티아 · 트라이본을 사용할 줄 아는가?" 등이 그렇다.

✚ 봉사활동은?

❶ "2년 전부터 매주 무료 급식 봉사활동을 했습니다. 꾸준히 할 수 있었던 것은 잘했기 때문입니다. (웃음) 봉사활동을 하면 밥을 짓고 설거지도 하고 그릇도 나르는데, 제가 힘이 세서 칭찬을 많이 들었습니다. (웃음) 그 덕에 힘이 났고 꾸준히 할 수 있었습니다.

❷ "1학년 때 봉사 동아리에 가입하면서 교육, 시설 정비, 도배, 수해 복구 등 다양한 봉사활동을 해왔습니다. 특히 해비타트 운동에 참여해서 소년소녀 가장과 다문화 가정의 주거 환경 문제를 해결한 것이 가장 큰 보람이었습니다. 베트남 출신 다문화 가정을 방문해 도배와 장판 교체 등의 작업을 맡았는데, 구석구석 곰팡이가 난 벽지를 깔끔한 벽지로 교체하자 4살 아이가 좋아서 방을 떠날 줄 몰라 하는 모습을 보니 감동이 밀려왔습니다. 입사 후에도 A회사에서 실시하는 사회 공헌 활동에 적극 참여할 계획입니다."

❸ "봉사활동을 꾸준히 하지는 않았지만, 고등학교 때부터 헌혈을 시작해 지금까지 70회 이상 참여했습니다. 아버지와 형도 헌혈을 100회 이상 한 헌혈 가족입니다. 아버지께서는 15년 전부터 집에서 회사까지 20킬로미터 거리를 매일 새벽에 뛰어서 출근하셨습니다. 건강한 몸을 유지해서 건강하고 질 좋은 혈소판을 환자들에게 나누어주기 위해서입니다. 그런 아버지의 모습에 감동을 받아 저도 꾸준히 헌혈을 했고, 헌혈 유공 은장과 금장도 수상했습니다. 헌혈을 하다 보니 자연스럽게 건강관리를 하게 되고 다른 사람을 도울 수 있다는 생각에 보람도 많이 느끼고 있습니다."

tip 면접관은 봉사활동을 통해 지원자의 인성과 품성을 확인하려 한다. 봉사활동을 경험한 사람은 그렇지 않은 사람보다 좋은 이미지를 얻기 마련이다. 하지만 일부 지원자들은 봉사하려는 기본적인 마음가짐이 갖춰져 있지 않은 채 봉사를 그저 스펙으로 생각하거나 남들이 하니까 무작정 따라 하기도 한다. 면접관이 선호하는 경험은 1회성 봉사가 아니라 지속적인 활동이다. 봉사활동을 소개할 때는 거창하게 의미 부여를 하기보다는 봉사에 임했던 자세와 활동, 보람 위주로 담백하게 전달하라. ①은 답변 태도가 부적절하다. 답하면서 민망하다는 이유로 혼자 웃는 것은 진지하지 못하다는 인상을 준다. ②는 다양한 봉사 경험을 하나하나 열거하지 않고 대표적인 예를 들어 집중도를 높였다. 봉사활동을 묻는 질문에 입사 의지를 덧붙인 점도 잘했다. ③은 가족들과 함께 꾸준히 헌혈을 해왔다는 점에서 면접관에게 긍정적인 인상을 줄 수 있다. 답변할 때는 봉사활동 시기와 대상, 동기, 느낀 점을 함께 설명하는 것이 좋다. 요즘은 헌혈도 봉사 시간으로 인정되는데, 2010년 7월부터 헌혈하면 1회당 4시간의 봉사 시간이 인정되고, 사회복지 봉사활동 인증관리시스템을 통해 인증서도 발급받을 수 있다.

✚ 동아리 활동은?

"교내 산악부인 '히말라야'에서 활동했습니다. 20살이 되었을 때 20대에 히말라야를 직접 보고 싶다는 꿈을 꾸었습니다. 이를 위해 대학에 입학하자마자 산악부를 찾아보았는데, 마침 동아리명이 히말라야인 것을 보고 주저하지 않고 가입했습니다. 1년 후 히말라야 원정 목표를 세우고 동아리 대원 15명과 함께 1년 동안 준비 기간을 거쳤습니다. 북한산에서 매주 빠짐없이 훈련하고, 히말라야 등산 규정집을 꼼꼼히 살펴보았습니다. 각종 아르바이트와 선배들의 후원으로 원정 경비를 마련해 설레는 마음으로 히말라야에 갔습니다. 하지만 생각보다 많은 어려움이 기다리고 있었습니다. 섭씨 영하 30도의 매서운 추위와 싸운 것은 물론, 식량과 장비를 조절하지 못해 체력 소모를 겪기도 했습니다. 20일 동안 히말라야를 오르면서 많은 것을 배웠습니다. 무엇보다 고통과 어려움이 많을수록 완주 후의 성취감이 크다는 것을 알았습니다. 히말라야 등반으로 키워진 강인한 체력과 굳센 의지는 앞으로 직장 생활을 하는 데 큰 도움이 될 것이라고 생각합니다."

tip 지원자의 학창 시절 관심사와 단체 생활 경험, 적극성 등을 알고자 하는 질문이다. 장황한 동아리 소개보다는 대표적인 활동과 성과, 얻은 점 등을 전달하는 것이 좋다. 만약 동아리 활동 경험이 없다면 이를 대신할 수 있는 경험(인턴, 공모전 참가 등)을 이야기하라. 위 답변은 적극성과 끈기가 돋보여서 인상적이다.

✚ 자신이 수행한 팀 프로젝트 중 가장 기억에 남는 것은?

"모의세계평화총회에 2회 연속 참가한 경험입니다. 이는 새로운 세계 평화 통합 국제기구를 제안하고 정치경제적인 비전을 영어로 제시하는 대회입니다. 저는 3명의 팀원과 함께 대회에 참가했습니다. 처음에는 세계 통합에 대한 근거가 부족하고 영어 발표력이 약해서 수상하지 못했습니다. 저는 멤버들에게 이듬해에 다시 도전하자고 제안했습니다. 4명이 역할을 나눠 열심히 준비했습니다. 영어 발표를 맡은 저는 설득력과 발표력을 키우기 위해 영어토론동아리에 가입해 활동했고, 다른 동료들은 세계 평화, 국제기구와 연관된 자료를 모았습니다. 이렇게 노력한 결과, 이듬해 대회에서 국내외 대학 15개 팀이 경합한 끝에 3위를 차지했습니다. 실패에 좌절하지 않고 다시 도전함으로써 논리력과 설득력, 발표력 등 업무에 필요한 역량을 키울 수 있었습니다."

> *tip* 기업은 개인의 능력만큼 동료에 대한 배려와 협업 정신을 중시한다. 직장 생활을 하다 보면 예측하지 못한 문제가 자주 생기는데, 구성원 상호 간의 배려와 팀워크가 문제 해결의 원동력이 될 때가 많다. 면접관은 지원자가 팀 프로젝트 경험을 통해 조직에 필요한 리더십과 팀워크를 키웠는지 확인하고자 한다. 질문에 답할 때는 어떤 팀 프로젝트에 참가했는지, 자신의 역할은 무엇인지, 어떤 성과를 이루고 무엇을 배웠는지, 팀에 무엇을 기여했는지 등을 전달해야 한다. 다른 팀원이 낸 아이디어를 자신이 낸 것처럼 말한다든지, 팀 성과를 개인 성과인 양 과대 포장해서 말하는 것은 금물이다. 후속 질문에서 금방 들통날 수 있으니 주의해야 한다.

✚ 공모전 입상 경력이 있는데, 수상 과정을 말해보라.

"평소 플렉서블 디스플레이에 관심이 많던 차에 삼성디스플레이 공모전에 참가했습니다. 구부러지는 디스플레이를 어디에 응용할 수 있을까 고민하다가 자동차에서 적용 분야를 찾았습니다. 운전자 시야를 가리는 필러에 플렉서블 디스플레이를 적용하면 사고를 예방하고 시장성도 있을 것이라고 판단했습니다. 공모전 자료 제출 때는 그래픽 디자인이 필요하므로 미대생과 공대생이 팀으로 나가는 것이 일반적이지만, 저는 혼자 기획하고 디자인해서 응모했습니다. 취미가 사진 찍기라서 평소에 포토샵을 공부해둔 것이 유용했습니다. 이 아이디어는 다행히 실용성과 시장성 부분에서 좋은 평을 얻었고, 기술 활용 부문 최우수상을 받았습니다. 공모전을 준비하면서 플렉서블 디스플레이에 대한 애정이 더 커졌습니다. 입사 후 플렉서블 디스플레이 기술 분야에서 좋은 성과를 내고 싶습니다."

> *tip* 삼성 미래 디스플레이 공모전에서 최우수상을 받은 최마로 씨의 스토리다. 공모전 참가나 수상 경험이 있다면 이 질문에 대비해 답변을 일목요연하게 준비하자. 내용은 다음과 같다. 어떤 계기로 공모전에 참가했는지, 어떤 아이디어를 냈고 어떻게 노력했는지, 팀원들과는 어떻게 협력했는지, 그 과정을 통해 무엇을 배웠는지 등이다.

✚ 인턴을 하면서 이룬 성취 경험을 소개하라.

❶ "종이 뉴스레터를 제작해 구성원들의 소통을 도왔습니다. 인턴 기간 동안 몸담고 있었던 사업부 세미나에 참가했는데, 그때 구성원들 간에 소통을 잘하자는 의견이 나왔습니다. 세미나 후 소통 방법을 고민해보았습니다. 그 결과 '종이 뉴스레터' 아이디어가 떠올랐고 즉시 실행에 옮겼습니다. 회식 자리에서 나온 이야기며 동료의 고민 등 사소한 것도 적었습니다. 밤을 지새우며 만든 6쪽 분량의 작은 소식지를 보고 선배 직원들이 고맙다며 칭찬을 해주었습니다. 이후 뉴스레터 제작을 회사 직원들이 도와주었고, 4회까지 만들었습니다. 인턴 기간이 끝난 후에는 마케팅팀에서 뉴스레터 업무를 전담하고 있습니다."

❷ "인턴 기간 동안 금융 상품 홍보와 영업을 담당했습니다. 특히 학교 내 어학원을 방문해서 외국인에게 체크카드와 통장을 소개하는 일을 했습니다. 그동안 공부했던 일어 실력을 바탕으로 외국인 학생 중에서도 일본인 고객을 타깃으로 삼았습니다. 상품 설명서를 일어로 제작한 다음 유학생들에게 다가가 일어로 금융 상품

을 소개했습니다. 이렇게 노력한 결과 다른 인턴보다 신규 고객을 2배 이상 유치할 수 있었습니다. 입사 후에도 적극적인 아웃바운딩 영업 활동으로 회사의 발전에 기여하겠습니다."

> *tip* ①과 ②는 모두 적극성이 돋보이는 성취 사례다. 특히 ①은 GE코리아 신입사원 전재환 씨가 GE코리아 인턴십 프로그램 'URP(University Relations Program)'에 참가했을 때 보였던 모습이다. 전 씨는 매사 열정과 창의력을 보였고, 회사는 그의 모습에 감동해 신입사원으로 선발했다. 채용을 전제로 하는 프로그램이 아니었는데, 없던 기회를 만든 것이다. 인턴 합격은 곧 새로운 시작이다. 인턴 기간 동안 적극성을 발휘해서 좋은 평을 얻는 지원자가 있는가 하면, 주어진 일만 수동적으로 하다가 성과 없이 시간을 허비하는 지원자도 있다. 면접관은 인턴 경험자를 보면 그 기간 동안 무엇을 배웠는지, 그 활동이 지원 분야에 도움이 되는지 궁금하다. 이것저것 장황하게 말하기보다는 지원 분야에 도움이 되는 성취 경험에 초점을 두고 말하는 것이 유리하다. 때로 면접관은 "그 회사에 입사하지 않고 우리 회사에 지원한 이유가 무엇인지" 물어볼 수 있다. 이 경우에는 "지원 회사에서 인턴을 하려 했지만 기회가 닿지 않았다. 지원 회사와 직무 분야에 필요한 실무 경험을 쌓기 위해 다른 회사에서 인턴을 했다"고 말하면 무난하다.

✚ 휴학 기간 동안 무엇을 했는가?

❶ "다양한 아르바이트를 했습니다. 외국인 게스트하우스 프론트 서비스와 베이비시터, 다문화가정 멘토링 등을 하면서 서비스 업무에 필요한 노하우를 익혔습니다. 특히 야구장에서 배트걸 아르바이트를 한 것이 가장 기억에 남습니다. 당시 일할 때 폭염 특보가 내려졌는데, 이런 상황에서 일을 하다 보니 무더위 속에서도 얼굴을 찡그리지 않고 웃으며 표정 관리를 하는 법을 배웠습니다. 서비스 업무를 수행하다 보면 고객이나 업무 환경으로 인해 어려움이 생길 때가 있을 것입니다. 아르

바이트를 통해 배운 끈기와 표정 관리 노하우로 늘 밝게 웃으며 일하겠습니다."

❷ "동남아시아로 어학연수를 떠났습니다. 회사가 원가 절감을 위해 해외 공장을 신설하거나 증설하는 일이 늘어날 것이라고 판단해서 언어는 물론 동남아시아의 문화를 공부했습니다. 비용은 2년간 아르바이트를 해서 모은 돈으로 마련했습니다. 어학연수를 하면서 목표가 생겼습니다. 입사 후 5년차가 되면 휴대전화 주력 생산 라인이 있는 베트남 공장에서 다품종 스마트폰의 생산 관리를 담당하는 것입니다."

❸ "A기업에서 6개월 동안 인턴을 했습니다. 대학에서 배우는 것이 현실에서 어떻게 적용되는지 알고 싶었고, 제가 희망하는 분야를 미리 체험하고 싶었습니다. 인턴 기간 동안 마케팅, 상품 개발, 영업 지원 등의 업무를 경험해보니 영업 지원이 저의 적성이나 성격과 잘 맞는다는 것을 알았습니다. 이것이 가장 큰 수확입니다."

> *tip* 인사담당자 상당수는 휴학하거나 졸업을 유예한 지원자를 그리 선호하지 않는다. 인사담당자 339명 중 45퍼센트가 휴학·졸업 유예 경험자를 부정적으로 생각할 정도다(사람인 조사 결과). 그 이유는 직장을 다니다가도 그만둘 것 같아서, 일부러 졸업을 늦추려고 한 것 같아서, 시간을 낭비한 것 같아서, 대학 생활을 성실하게 하지 않은 것 같아서 등이다. 응답자의 13퍼센트는 휴학·졸업 유예 경험 때문에 불합격시킨 경험이 있다고 답했는데, 목적 없는 공백 기간과 그 기간 동안의 경험이 직무와 관련이 없다는 것이 가장 큰 이유였다. 면접관도 비슷한 시각을 갖고 지원자를 대한다. 휴학 경험이 있다면 그 기간에 무엇을 했는지 논리적으로 설명해야 한다. 위 예시처럼 진로에 맞는 자기계발 경험을 강조해 시간을 알차게 활용했음을 전달하자.

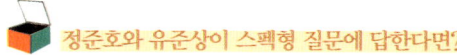 정준호와 유준상이 스펙형 질문에 답한다면?

◈ 명사들의 스토리에서 배우는 '스펙형 질문' 답변법

✚ 어학연수를 가지 않고도 영어를 잘하게 된 비결은?

개그맨 김영철 편

"저에게 맞는 영어 공부 방법을 찾은 다음 꾸준히 공부한 덕분입니다. 영어를 공부한 지 10년이 다 되어가지만, 지금도 매일 아침 20분씩 꼬박꼬박 전화 영어를 하고 일주일에 3번씩 영어 학원에 다니면서 공부합니다. 저는 미국 드라마를 보면서 전체 50분을 전부 외우겠다는 불가능한 목표보다는 1회에 꼭 하나의 표현을 외우겠다는 현실적인 목표를 갖고 영어 공부를 했습니다. 하루 20분씩 하는 전화 영어도 영어 실력 향상에 큰 도움이 됐습니다. 전화 영어로는 보디랭귀지가 통하지 않아서 발음과 문장에 더욱 신경을 쓰다 보니 자연스럽게 회화 실력이 늘었습니다."

> *tip* 김영철은 국제적인 개그맨이 되겠다는 목표를 세운 후 2003년부터 영어 공부를 시작했다. 유학을 가지 않고도 유창하게 영어를 구사하는 그의 모습은 많은 이들에게 자극을 준다. 인터넷에 김영철을 검색하면 '영어', '김영철 영어 공부법' 등이 부차적으로 따라온다. 그만큼 그의 공부 방법이 궁금하다는 증거. 면접관은 당신의 이력서를 보고 무엇이 궁금할까? 다른 사람의 이력서를 보듯 자신의 이력서를 객관적으로 살펴보자.

✚ 전공이 다른데, 일을 잘할 수 있는가?

구글 사업 제휴 상무 김현유 편

"역사 전공은 해외 영업에 도움이 된다고 생각합니다. 한 나라의 역사를 알면 그 나라 사람들과 일을 할 때 훨씬 수월하게 잘할 수 있기 때문입니다. 한번은 터키 회사와 제휴를 맺게 되었습니다. 첫 만남을 갖는 자리에서 저는 그들의 독립 영웅인 무스타파 케말 아타튀르크와 오스만제국에 대한 이야기로 대화를 시작했습니다. 자연스럽게 분위기는 무르익었고, 시작부터 호감을 갖고 본격적인 비즈니스 협상에 들어갔습니다. 전략적 제휴나 해외 영업이나 기본적으로 사람과의 관계가 좋을 때 멋진 작품을 만들 수 있습니다. 다른 문화를 이해하기 위해서는 그 나라의 역사를 아는 것이 중요하다고 생각합니다."

구글 미디어&모바일 팀장 김태원 편

"제가 전공한 사회학과 구글이라는 IT 디지털은 거리가 먼 것 같지만, 저는 가까이 있다고 생각합니다. 디지털 IT처럼 빨리 변하는 산업에서는 우리가 이미 쌓아놓은 지식보다는 새로운 지식을 빨리 배우는 능력이 필요합니다. 변화를 읽어내는 능력에는 관점이 필요합니다. 저는 대학교 때 인문학이라는 틀 안에서 학문만 했던 것이 아니라, 끊임없이 책을 읽고 토론하면서 세상을 이해하는 관점을 형성하는 시간을 보냈습니다."

> *tip* 김현유 상무는 대학교 시절부터 "왜 사학과 전공자가 해외 업무를 하고 싶어 하는가"라는 질문을 많이 받았다고 한다. 그때마다 그는 "나의 전공은 하고 싶은 일에 충분히 도움이 되며, 이를 긍정적으로 활용할 수 있다"고 답했다. 이들의 사례는 비전공자에게는 단비와 같다. 자신의 전공에 자부심을 갖고 면접에서 당당히 어필하자.

✚ 중국 연수를 간 이유는 무엇이고, 공부 외에 무엇을 했는가?

아나운서 한석준 편

"2008 베이징올림픽과 2010 광저우아시안게임을 중계하면서 중국과 중국인의 성장에 충격을 받았습니다. 무엇이 그토록 중국과 중국인들을 단숨에 탈바꿈시킨 것인지 궁금해서 광저우아시안게임 중계를 마치고 돌아오자마자 중국 유학을 준비했습니다. 등록금을 비롯한 모든 생활비를 자비로 충당하면서 공부하겠다고 마음먹고 2011년 2월부터 베이징 칭화대학교에서 연수를 시작했습니다. 특히 어릴 적부터 즐겨 읽었던 『삼국지』에 등장하는 장소에 직접 가보고 싶어서 인구 1천만 명이 넘는 대도시부터 소수 민족만이 살고 있는 작은 현까지 기차와 버스를 타고 하나하나 찾아다녔습니다. 중국인들은 자신들의 역사를 무척 잘 알고 있었으며, 자부심 또한 대단했습니다. 저는 중국에서의 값진 추억을 더 많은 사람들과 나누고 싶어서 『유비에게 묻고 조조에게 배우다』라는 책을 냈습니다. 이 경험을 바탕으로 한국과 중국의 방송 교류나 프로그램 공동 제작 등에 참여하면서 한중 관계의 발전에 기여하고 싶습니다."

> *tip* 아나운서 한석준이 면접을 본다면 위 답변은 4가지 면에서 면접관으로부터 칭찬받을 것이다. 첫째, 중국 연수를 간 목적이 뚜렷하다. 둘째, 중국에서 한 행동이 적극적이다. 셋째, 배우고 느낀 것이 생생하며 이를 입사 후 포부로 연결했다. 넷째, 연수 경험을 단순히 추억으로만 삼지 않고 책 출간이라는 성과로 이었다. 답변할 때는 이처럼 뚜렷한 목적의식과 적극적인 행동, 생생한 소감, 가시적 성과 등이 잘 나타나도록 경험을 정리하라.

✚ 책을 펴냈는데?

배우 유준상 편

"20년 동안 써온 배우 일지를 모아 『행복의 발명』이라는 에세이집을 냈습니다. 대학교 1학년 때 기초 연기 첫 수업 시간에 안민수 교수님께서 '배우는 배우 일지를 써야 한다. 그날의 몸 상태를 적어보고, 시도 쓰고 그림도 그려야 한다'고 조언하셨습니다. 그 말씀에 감동을 받아 지금까지 하루도 거르지 않고 일기를 썼습니다. 그중 일부를 발췌해 책으로 펴냈는데, 연기를 하면서 느낀 점, 새로 떠오른 아이디어, 배우의 시선으로 바라본 일상에 대한 소소한 기록들이 담겨 있습니다. 책 판매 수익금은 전액을 어린이들을 위한 자선 단체에 기부할 계획입니다. 책을 쓰면서 많은 것을 깨달았습니다. 제가 어떤 사람인지 객관적으로 보게 되었고, 그동안의 생각을 정리하면서 앞으로도 잘해보자는 희망의 기운을 느꼈습니다."

---

tip 요즘에는 책 쓰기의 문턱이 낮아졌다. 연예인뿐만 아니라 대학생들도 자신들의 관심사를 묶어 책을 펴낸다. 우송대학교 외식조리영양학부에 재학 중인 고상진 씨는 『천연 발효빵』이라는 요리책을 냈고, 동아대학교 독서 모임 '책 읽는 청춘'은 독서에세이집 『산책 : 길 위의 청춘 책 속을 걷다』를 펴냈다. 『도전 땅끝! 망할여행기』는 서원대학교 영문학과 김정욱 씨가 자전거 여행 경험을 책으로 묶은 것이다. 책 쓰기는 여러 가지 장점이 있으므로 면접관들도 호감을 갖는 자기계발 경험이다. 글을 쓰고 다듬는 과정에서 끈기가 생기고 창의력을 키우는 데 도움이 된다. 질문에 답할 때는 유준상처럼 책 제목은 무엇인지, 어떤 계기로 책을 썼는지, 책의 주요 내용은 어떠한지, 책을 쓰면서 무엇을 배웠는지 등을 차례로 말하는 것이 좋다.

✚ 제2외국어는 무엇을 하는가?

배우 이다해 편

"중국 진출을 위해 7년간 중국어를 공부했습니다. 그동안 한국 배우들은 중국 드라마에 출연할 때 한국어로 연기한 후 중국 성우가 더빙하는 방식으로 활동해왔습니다. 하지만 저는 연기의 완성도를 높이고 현지 스태프와 원활하게 의사소통하기 위해 대본을 중국어로 외웠습니다. 휴식 시간에도 중국어 공부에 매진하는 등 열심히 공부했더니, 중국 현지에서 좋은 평가를 얻고 있습니다."

tip 많은 기업들이 해외로 사업 영역을 넓히면서 제2외국어가 취업의 주요한 요건으로 떠올랐다. 신입 구직자 가운데 제2외국어를 별도로 공부하는 구직자들은 39퍼센트나 된다(인크루트 조사 결과). 최근에는 중국에 진출했거나 계획하는 기업이 많아서 중국어 우수자를 더욱 반기는 추세다. 다만 놓치지 말아야 할 것은 모든 직무에서 기본은 외국어가 아니라 비즈니스라는 점이다. 단순히 외국어 실력을 강조하기보다는 외국어 능력을 직무에 어떻게 활용할 계획인지 어필하라.

✚ **다양한 활동을 했는데, 가장 큰 소속감을 느낀 조직은 무엇인가?**

배우 정준호 편

"연예인 봉사단체 '따사모(따뜻한 사람들의 모임)'에 애정을 갖고 있습니다. 2002년 설립된 따사모는 연예계 스타 30명이 모여 소년소녀 가장에게 장학금을 주고, 장애인 시설을 방문하는 등 다양한 봉사활동을 펼치고 있습니다. 저는 초창기부터 따사모 멤버로 꾸준히 활동하고 있습니다. 몇 년 전 따사모의 부회장을 맡았을 때는 장애인 희망 기금 마련을 위해 24시간 휠체어 마라톤에 도전하기도 했습니다. 평소 배우는 관객들에게 많은 사랑을 받는 직업이기에 받은 만큼 돌려드려야 한다는 생각을 하고 있었습니다. 입사 후에는 따사모 활동과 더불어 회사에서 진행하는 사회 공헌 프로그램에 적극적으로 참여하겠습니다."

> *tip* 많은 지원자들은 면접장에서 충성심을 외치지만 안타깝게도 한국 직장인들이 회사에 대해 느끼는 소속감은 세계 주요국 가운데 가장 낮다(컨설팅업체 'ISR' 조사 결과). 직장인 2명 중 1명만이 직장에 대한 소속감이 있는 상황에서 면접관은 당신을 의심의 눈초리로 바라볼 수밖에 없다. 면접관을 안심시키고 싶은가? 그렇다면 미래가 아닌 과거에서 답을 찾자. 막연히 입사 후의 충성심을 강조하지 말고, 정준호처럼 오랫동안 한 조직에 몸담으며 애썼던 사례를 찾아라. 기간이 짧다면 희생 강도가 높을수록 유리하다.

✚ **세계 여행은 어떻게 하게 되었는가?**

『청춘의 지도를 그리다』의 저자 마크 세레나 편

"동시대를 살고 있는 다른 나라 젊은이들의 생각과 삶이 궁금했습니다. 이를 위해 그동안 모은 돈으로 1년간 전 세계를 일주하겠다는 계획을 세웠습니다. 남아프리카공화국을 시작으로 358일간 5대륙 25개국을 방문했습니다. 그리고 무에타이 선수, 패션디자이너, 청년 사업가 등 동갑 친구 25명을 만나 인터뷰했습니다. 내용은 연애와 결혼, 직업, 미래 계획, 정치적 담론 등에 이르기까지 다양했습니다. 이를 통해 그 나라의 전통과 관습, 풍물, 사회문제의 핵심을 살펴볼 수 있었습니다."

『칠전팔기 내 인생』의 저자 김준형 편

"스물두 살 때 교통사고가 났습니다. 3달간의 병원 생활을 마치고 퇴원했는데 10달 동안의 통원 치료가 남아 있었습니다. 그 시간들이 너무 아깝게 느껴져 스스로 재활 치료를 하겠다고 결심했습니다. 11개월간 50여 개국을 돌며 재활 여행을 하는 동안 모든 어려움을 극복하고 재활에 성공했습니다. 이집트 다합에서는 다이빙 구조사 자격증을 취득하기도 했습니다. 저는 여행을 통해 도전과 용기를 배웠습니다. 기존의 틀을 깨고 성장할 수 있었으며, 세계 곳곳의 글로벌 문화를 확실하게 받아들이는 기회가 되었습니다."

> *tip* 단순한 '관광·레저용 여행'은 면접에서 큰 의미를 갖지 못한다. 자신만의 생각과 발자취가 담겨 있을 때 면접관의 마음을 사로잡을 수 있다.

✚ 세계 시장에 진출하는 데 가장 큰 어려움은 무엇이었고, 이를 어떻게 극복했는가?

PMC프로덕션 대표 송승환 편

"가장 큰 어려움은 언어와 자본이었습니다. 유럽, 미국과 같은 선진 문화 국가에서는 관객들이 자막을 보는 경우가 드문 데다 한국어로 된 공연을 외국인들이 이해하는 것도 어렵습니다. 또한 자본의 격차가 상당했습니다. 제가 제작했던 뮤지컬 〈고래사냥〉의 제작비는 7억이었고, 디즈니에서 제작했던 뮤지컬 〈라이온킹〉은 사전 제작비만 240억 정도였습니다. 이 문제들을 해결하기 위해 2가지 아이디어를 냈습니다. 언어가 없는 공연을 만들고 한국적인 소재로 자본 문제를 돌파하는 것입니다. 이러한 고민 끝에 나온 공연이 〈난타〉입니다. 〈난타〉는 주방에서 벌어지는 요리 대결을 신명나는 타악 퍼포먼스로 풀어낸 작품입니다. 수출용 공연을 만들어서 노하우가 많은 에이전트를 활용했습니다. 다행히 긍정적인 반응을 얻어서 업무 협약을 체결했습니다. 난타는 현재 37개국, 232개 도시에서 공연되고 있습니다. 저는 이 경험을 통해 장벽을 넘기 위해서는 아이디어, 창의력, 낙관적인 사고방식이 중요하다는 것을 깨달았습니다. 입사 후에도 제가 맡은 일을 미친 듯이 열심히 하겠습니다."

> *tip* 무에서 유를 창조한 경험은 면접관이 선호하는 대표적 답변 중 하나다. 송승환 대표가 지원자라면 면접관이 서로 데려가려고 했을 것이다. 답변의 전개 방식을 참고하라. 두괄식으로 핵심을 요약한 다음, 질문에 따라 역경과 극복한 사연을 생생하게 전달했다. 여기에 성과와 배운 점, 포부를 간결하게 덧붙여 입사 의지를 더했다.

✚ 할리우드에서 영화를 찍었는데, 무엇이 달랐는가?

영화감독 박찬욱 편

"일이 신속하게 돌아가고 감독의 의사가 쉽게 관철되는 부분은 장점이었습니다. 촬영 횟수가 적고 현장이 바쁘다 보니 감독이 꼭 와서 체크하라고 하기 까지는 배우들이 모니터를 보러 오지 않았습니다. 한국에선 배우들이 화면에 자신의 모습이 어떻게 나오는지 예민하게 반응하는 경우가 있는데, 할리우드에선 그런 일이 없었습니다. 감독이 '컷'을 외쳐도 그 감정 그대로 자리에 서서 기다렸다가 다음 테이크를 찍으니 배우가 들락날락할 필요가 없다는 점도 좋았습니다. 다만 현장 편집이 없는 것은 아쉬웠습니다. 한국에서처럼 테이크를 찍을 때마다 되풀이해서 재생하고, 현장 편집을 그 자리에서 해서 무엇이 더 필요한지 등을 토론해가며 찍는 방식과는 큰 차이가 있었습니다. 서로 도란도란 의논해가며 공동으로 창작하는 과정과 느낌을 좋아하는데, 할리우드에선 현장 편집이라는 개념 자체가 없었습니다."

> *tip* "그 나라와 한국은 어떤 차이가 있는가?" 우리나라 운동선수나 연예인이 다른 나라에서 활동할 때마다 나오는 단골 질문이다. 박찬욱 감독이 할리우드 데뷔작 〈스토커(Stoker)〉를 촬영했을 때도 이 질문을 받았다. "할리우드와 한국의 영화 제작 시스템은 어떤 차이가 있는가?" 당신이 글로벌 경험을 했다면 면접관도 이 질문을 던질 확률이 높다. 대답할 때는 일방적으로 한쪽을 좋게 말하기보다는 장점과 단점을 고루 말하라. 균형 잡힌 시각을 보여주는 방법이다.

➕ 시각장애인 최초의 승마 선수로서 승마마라톤대회에 출전했는데?

시각장애인 기수 이병하 편

"경기도 양주에서 체험 승마 기회를 얻어 처음 말을 타보았습니다. 부딪힐 걱정 없이 앞으로 내달리는 기분은 정말 최고였습니다. '계속 말을 타고 싶다'는 생각이 들어서 거주지인 광주 근처의 10여 개 승마 클럽에 문의했지만 번번이 거절당했습니다. 일반인들도 낙마 사고가 잦은데 시각장애인은 어떻겠느냐는 이유에서였습니다. 그때 광주첨단승마클럽의 김병훈 원장이 기회를 주었습니다. 김원장은 '승마는 말의 눈에 30퍼센트 정도 의존하고, 나머지는 각고의 훈련으로 극복할 수 있는 운동'이라고 했습니다. 그날부터 저는 매일 말을 탔습니다. 원장의 지도를 받아 실력도 크게 늘었습니다. 전국지구력승마대회가 열린다는 소식에 주위에서 출전을 권유했습니다. 생활체육승마연합회에 선수로 등록을 한 후 훈련에 매진했습니다. 매일 저녁 7시부터 아침 7시까지 승마장에서 연습했습니다. 대회 당일 저는 28분 4초 만에 도착했습니다. 성적은 이날 참가한 66명 중 25위였습니다. 10킬로미터를 달릴 수 있던 힘은 신뢰였습니다. 말과 끌어주는 사람 모두를 믿으니 눈이 보이지 않아도 달릴 수 있었습니다. 이번 대회 출전을 계기로 목표가 생겼습니다. 2016년 브라질 장애인올림픽에 출전해서 1호 금메달리스트가 되고 싶습니다."

> *tip* 세상에는 불가능을 가능하게 하는 이들이 참으로 많다. 그래서 부끄럽다. 눈이 보이지 않는데도 누구보다 치열하게 살고 있는 이병하 씨. 그가 장애인올림픽에 출전해서 환하게 웃을 수 있기를 기대한다.

[touch]
합격을 불러온 케이크 이력서

샘포드 대학에서 언론학을 전공하는 3학년생 에린 베이싱어는 미국 앨라배마 주에 위치한 침례교 라디오 방송 〈릭 앤 바바 쇼〉의 인턴직에 지원하기로 마음먹었다. 그는 남다른 방식으로 입사 지원을 해서 담당자들에게 감동을 주고 싶었다.

고심 끝에 나온 아이디어는 다름 아닌 케이크 이력서!

베이싱어는 하얀 크림을 덮은 케이크 위에 파란색을 섞은 초콜릿 글씨로 이름과 학력, 경력 등을 자세하게 적었다. 그리고 방송국을 직접 방문해 전달했다.
결과는 어땠을까?
케이크 이력서를 전달받은 담당자들은 베이싱어를 '마케팅의 천재'라고 칭하며 만족감을 나타냈다. 케이크 이력서는 그렇게 합격을 가져왔다.

03〉스펙보다 스토리에 **집중하라**
—'스토리형 질문' 답변법

◈ **예시로 배우는 '스토리형 질문' 답변법**

Q. 리더십을 발휘한 경험을 소개하라.

3편의 면접 답변 예시를 빠르게 읽고 상, 중, 하를 표시해보자.

〈예시 1〉　　　　　　　　　　　　　　　　　　　　(상 / 중 / 하)

"저는 학창 시절 반장을 한 번도 못했습니다. 하지만 총무는 제가 최고라고 자신합니다. 리더를 도와 조직의 화합을 위해 힘썼습니다."

〈예시 2〉   (상 / 중 / 하)

"사람들과 소통하는 것을 좋아합니다. 대학 시절 1년에 300일 이상 술자리를 하면서 폭넓은 인간관계를 쌓았습니다. 그렇게 쌓은 인간관계 덕분에 선배와 후배의 지지로 공대 학생회장을 지냈고, 이제까지 가장 내부 단합이 잘된 기수로 뽑혔습니다."

〈예시 3〉   (상 / 중 / 하)

"대학 3학년 때 영상 제작 동아리를 만들었습니다. 총 11명이 회원으로 가입했습니다. 어느 정도 실력이 쌓이자 공모전 5곳에 참여했고, 이 중 3곳에서 수상했습니다. 공모전 수상이 알려지면서 여러 곳에서 무료 홍보 영상 의뢰가 들어왔는데, 이때 가중된 업무로 팀 내에 마찰이 생겼습니다. 저는 회의를 통해 우리가 제작할 영상을 고르기로 했습니다. 가장 큰 기준은 공익성이었습니다. 또한 역할 분배를 다시 하고 저부터 솔선수범하기로 했습니다. 팀원들보다 1시간 일찍 동아리방에 나와 청소를 한 뒤 작업 분위기를 조성했으며, 가장 늦게까지 남아서 마무리를 했습니다. 점점 불평이 줄고 팀 내 분위기가 좋아졌습니다. 그 결과 성과도 높아져서 2달 동안 학교와 봉사 단체 등 7곳의 무료 홍보 영상을 만들 수 있었습니다. 이 경험을 통해 조직이 단합하기 위해서는 리더의 모범과 헌신하는 자세가 중요하다는 것을 깨달았습니다."

흔히 리더십이라면 반장·대표를 이야기한다. 이때 〈예시 1〉처럼 리더를 도와 조직의 화합을 위해 힘쓴 지원자가 있다면 차별화와 함께 진정성이 보인다. 다만 〈예시 1〉은 실타래를 풀다가 말아서 서운하다. 어떤 상황에서 총무의 역할을 잘 수행했는지 구체적인 예시를 들어야 한다. 그렇다고 너무 어린 시절의 이야기를 꺼내면 모두가 하품한다. 근거는 10대보다 20대에서 찾는 것이 효과적이다. 〈예시 2〉는 미괄식으로 전개해서 핵심 파악이 어렵다. 이렇게 이야기를 하면 자칫 질문을 이해하지 못한 것처럼 여겨진다. 면접관이 인내심을 발휘해서 끝까지 들어준다면 좋겠지만, 만약 앞부분에서 "그만!"을 외치면 어떻게 될까? "사람들과 소통하는 것을 좋아합니다. 대학 시절 1년에 300일 이상 술자리를 하면서 폭넓은 인간관계를 쌓았습니다"라는 대목은 질문과 전혀 상관없는 엉뚱한 대답이다. 뒤에 나온 이야기(선배와 후배의 지지로 공대 학생회장을 지냈고, 이제까지 가장 내부 단합이 잘된 기수로 뽑혔다)를 앞에 배치해야 한다. 이것이 면접관이 좋아하는 두괄식 전개 방식이다. 〈예시 3〉은 제대로 대답했다. 동아리를 만들었고, 그때 생긴 갈등을 어떻게 풀었고, 어떤 성과를 얻었으며, 그 경험을 통해 무엇을 배웠는지 조목조목 정리를 잘했다. 지원자들이여! 부디 〈예시 3〉처럼 질문에 맞게 대답하라. 〈예시 2〉와 같이 리더였다고 자랑만 하지 말고 리더십을 발휘한 경험을 설명하라.

기업이 최종 합격자 결정에서 가장 중요하게 고려하는 인재상은 무엇일까? 100대 기업은 '리더십'을 가장 비중 있게 꼽았다(한국고용정보원 조사 결과). 리더십은 집단의 공동 목표를 향해 비전을 가지고 조직을 이끌어갈 수 있는 능력을 말한다. 아무리 좋은 시스템과 솔루션을 갖고 있더라도 조직원들의 참여를 이끌어내지 못하면 성과를 내기 어렵다. 리더는 미래의 비전을 제시하고 명확한 방향과 전략을 공유함으로써 팀원들의 구체적인 동기를 유발할 수 있어야 한다.

기업은 지원자가 다양한 사회 경험을 통해 리더십을 쌓길 기대한다. 신입사원에게 기대하는 리더십은 자신을 스스로 리드하는 셀프 리더십(self leadership)과 업무와 역할에 책임을 다하는 팔로우십(followship)이다. 리더십의 근본은 팔로우십에서 출발한다. 리더가 아무리 리더십을 발휘해도 이를 따르는 구성원이 제대로 된 팔로우십을 갖추지 못하면 조직은 크게 성장하기 어렵다. 리더십이 회사를 이끄는 강력한 구심점이라면, 직원들이 보여주는 팔로우십은 회사를 하나로 똘똘 뭉치게 하는 구심력을 제공한다. 조직의 성장과 성공을 위해서는 리더십과 함께 팔로우십의 조화가 필요하다.

◈ 이렇게 바뀌었어요 '3단계 스토리형'

Q. 창의성을 발휘한 경험은 무엇인가?

"대학 축제 때 용돈을 벌기 위해 파인애플을 판매했습니다. 하지만 반응은 썰렁했습니다. 어떻게 하면 잘 팔릴 수 있을까 고민했습니다. 그때 아이디어가 떠올랐습니다. 파인애플을 무섭게 꾸며 판매대 앞에 놓아 시선을 끄는 방법이었습니다. 그 결과 파인애플을 모두 팔 수 있었습니다."

1단계 클리닉

- 면접장에서는 어휘 선택을 잘해야 한다. '썰렁하다'처럼 평소 친구들과 대화를 나눌 때 쓰는 표현을 면접장에서 꺼내면 예의에 어긋난 느낌을 준다.
- 같은 경험도 구체적으로 말하느냐, 추상적으로 말하느냐에 따라 전달 효과가 다르다. 위 대답은 너무 추상적이라서 평이하다는 느낌을 준다. 왜 잘 팔리지 않았는지, 어떤 아이디어를 내놓았는지, 얼마나 많이 팔렸는지 좀 더 생생하게 말해야 한다.

"대학 축제 때 용돈을 벌기 위해 파인애플을 판매했습니다. 하지만 주변 5곳에서 수박과 멜론을 싸게 팔고 있어서 학생들의 관심을 끌기 어려웠습니다. 저는 판매율을 높이기 위해 새로운 아이디어를 떠올렸습니다. 파인애플을 무섭게 꾸며 판매대 앞에 놓아 시선을 끄는 방법이었습니다. 그 결과 파인애플 50개를 2시간 만에 모두 팔 수 있었습니다.

2단계 클리닉

◎ 창의성을 묻는 질문은 말 그대로 창의성이 중요하다. 그런데 위 내용을 들으면 '파인애플을 무섭게 꾸몄다'는 것이 어떤 면에서 창의적인지 알기 어렵다. 파인애플을 어떻게 꾸미면 무서운지도 와 닿지 않는다. 그림처럼 생생하게 묘사해보라.

"대학 축제 때 용돈을 벌기 위해 파인애플을 판매했습니다. 하지만 주변 5곳에서 수박과 멜론을 싸게 팔고 있어서 학생들의 관심을 끌기 어려웠습니다. 판매율을 높이기 위해 새로운 아이디어를 고민했습니다. 당시 날씨가 매우 더워서 무더위를 날려버릴 만한 이색적인 파인애플에 만들기로 했습니다. 이른바 좀비 파인애플이었습니다. 파인애플과 젤리, 블랙 라즈베리 잼, 꽃을 꽂아서 호러 영화에 나올 법한 파인애플을 만들고 판매대 앞에 놓았습니다. 지나가던 학생들이 좀비 파인애플을 보고 저희 부스로 몰려왔고, 파인애플 50개를 2시간 만에 모두 팔 수 있었습니다."

3단계 클리닉

◎ 구체적으로 전달을 잘했다.
◎ 과거의 경험을 말하는 데서 그치지 말고 포부를 덧붙이자. 경험을 통해 무엇을 배웠고, 입사 후 어떻게 응용할 계획인지 짧게 말하라.

"대학 축제 때 용돈을 벌기 위해 파인애플을 판매했습니다. 하지만 주변 5곳에서 수박과 멜론을 싸게 팔고 있어서 학생들의 관심을 끌기 어려웠습니다. 판매율을 높이기 위해 새로운 아이디어를 고민했습니다. 당시 날씨가 매우 더워서 무더위를 날려버릴 만한 이색 파인애플을 만들기로 했습니다. 이른바 좀비 파인애플이었습니다. 파인애플에 젤리, 블랙 라즈베리 잼, 꽃을 꽂아서 호러 영화에 나올 법한 파인애플을 만들고 판매대 앞에 놓았습니다. 지나가던 학생들이 좀비 파인애플을 보고 저희 부스로 몰려왔고, 파인애플 50개를 2시간 만에 모두 팔 수 있었습니다. 시장에서의 경쟁이 치열할수록 제품은 물론 프로모션의 힘이 중요하다는 것을 알게 되었습니다. 입사 후에도 A제품의 기술력과 내구성을 소비자에게 전달하기 위해 다양한 마케팅 전략을 계획하고 실행하겠습니다."

◈ '스토리형 질문' 대표 20선

✚ 목표를 세우고 도전해본 경험이 있는가?

❶ "아프리카에서 사진관을 운영한 경험이 있습니다. 저는 21살 때까지 서울도 한 번 못 가본 대구 토박이입니다. 2005년 이라크로 파병을 간 것이 첫 해외 경험이었습니다. 이라크에 간 이후 '제가 못 보던 세계가 있구나!'라고 생각했고, 결심했습니다. 앞으로 더 다양하게 경험하고 도전하기로 한 것입니다. 제대 후 저는 아프리카로 봉사활동을 떠났고, 남아공 한인협회장의 소개로 한 흑인 마을에서 사진관 운영을 맡았습니다. 낯선 땅에서 일하는 과정이 쉽지만은 않았습니다. 이따금 거리 사진사와 마찰도 있었고, 사진관에서 돈이나 물건이 사라지는 일도 종종 생겼습니다. 하지만 포기하지 않았습니다. 힘들수록 종업원들에게 모르는 것을 물어가며 부족한 부분을 채워갔습니다. 아프리카에 다녀와서도 스리랑카 국제 자원

활동, 킬리만자로 등정, 플래시몹 기획 등 다양한 경험을 계속했습니다. 이러한 도전을 통해 저의 특성과 장점을 알게 되었습니다."

❷ "입대 전에 추억을 만들기 위해 친구와 함께 장사에 도전했습니다. 학기 중엔 사업을 구상하고, 여름 방학 때는 틈틈이 과외와 막노동을 하며 포장마차 자본금 300만 원을 모았습니다. 그리고 부산에 내려가 자갈치 시장, 남포동 시장, 서면 일대를 발로 뛰며 사업 아이템과 요리법을 찾아다녔습니다. 결국 부산 서면의 씨앗 호떡 사장님을 어렵게 설득해 호떡 기술을 전수받았습니다. 드디어 장사를 개시했습니다. 놀랍게도 호떡은 입소문에, 매스컴까지 타면서 유명해졌습니다. 이 경험은 저에게 서슴없이 도전할 수 있는 자신감을 주었습니다. 이후 저는 4개월간의 호떡 장사를 마치고 입대했습니다. 제대 후에는 포스코 비욘드 2기로 활동하고, 포스코 사회 공헌팀을 통해 6개월간 베트남 장애인 재활센터 봉사활동에도 참여했습니다."

> *tip* 한 대학교에서 열린 유한킴벌리 채용설명회. 회사 인사담당자가 띄운 프레젠테이션 첫 화면은 바람개비 그림이었다. 인사담당자는 이렇게 말했다. "바람개비는 당연히 바람이 불어야 움직입니다. 그러나 우리 회사는 바람이 멈췄을 때 앞으로 뛰어나가 바람을 만드는 혁신적인 인재를 원합니다."
> 회사는 생명체다. 끊임없이 사업 영역을 확장하고 사업 다각화에 박차를 가한다. 면접관은 지원자의 도전 경험을 통해 한계를 어디에 두는지를 확인한다. 적당한 목표를 정해놓고 적당히 일하는 것은 성장과 발전에 도움이 되지 않기 때문이다. 위 사례는 포스코에 입사한 신입사원 이현동 씨와 이주웅 씨가 주인공이다. 그들의 남다른 도전 스토리는 면접관의 마음을 사로잡았다. 두 사람의 이야기는 포스코 블로그인 Hello POSCO(blog.posco.com)에서 직접 들을 수 있다.

✚ 지금까지 살면서 성취한 경험은?

❶ "학내 도서관 최다 대출 3인으로 선정된 것입니다. 대학 시절 500여 권의 책을 읽고 감명 깊은 구절을 모아 400페이지에 이르는 한 권의 책으로 정리했습니다. 읽은 책의 대부분은 경제나 재무, 재테크 분야의 베스트셀러들입니다. 이 책을 읽으며 개인은 물론 기업이 가진 돈을 어디에 얼마나 투자해 수익을 극대화할 것인가에 대해 많이 고민했습니다. 저의 오랜 고민이 입사 후 재무 관리 업무에 도움을 줄 수 있을 것이라고 생각합니다."

❷ "6개월 동안 30킬로그램 감량에 성공한 일입니다. 저는 2년 전 갑작스레 살이 쪄서 100킬로그램이 넘었습니다. 살이 찌다 보니 건강이 나빠졌고 너무 게으른 자신의 모습에 자극을 받았습니다. 6개월 동안 식이요법과 운동을 병행해 목표한 수치만큼 다이어트에 성공했습니다. 그 후 제 삶은 매우 달라졌습니다. 성격도 긍정적으로 바뀌었고 자신감도 생겼습니다. 다이어트를 하면서 블로그에 다이어트 일지를 올렸는데, 특히 저만의 식이요법에 많은 이들이 관심을 가져주었습니다. 한때 하루 평균 접속자수가 3,000명에 이르기도 했습니다. 다이어트를 통해 배운 끈기와 자신감으로 업무에 임하겠습니다."

tip 이 질문에 지원자들이 가장 많이 하는 실수는 자신에게만 의미 있는 경험을 말하는 것이다. '영어를 못하다가 잘했다', '편입에 성공했다'처럼 말이다. 조직 안에서 성과를 낸 사례나 직장 생활에 도움이 될 만한 성취 경험을 통해 목표 의지와 실행 계획을 강조하는 것이 좋다. ①은 많은 분량의 책을 읽고 요약한 것을 예로 들었는데, 현재 대학생들의 평균 독서량이 연간 10권 내외인 점을 감안하면 소재 선택을 잘했다. 지원 분야를 고려해 대답한 것도 훌륭하다. "최근 읽은 재무 관련 책은 무엇인가? 그 책의 어떤 점이 기억나는가?" 등의 후속 질문에 대비하면 더 좋은 점수를 얻을 수 있다. ②는 목표를 세우고 노력한 후 성과를 낸 경험을 예로 들었다. 강한 의지가 돋보이는 사례다.

✚ 지금까지 한 일 중 가장 열정적으로 했던 일은?

❶ "2가지 애플리케이션을 만든 일입니다. 한번 프로젝트를 시작하면 1주일에 5시간 밖에 못 잤습니다. 머릿속에 온통 그 생각이 가득해서 잠을 자는 게 손해라는 느낌이 들었습니다. 처음 만든 앱은 '쉐이크 콜'로 휴대폰을 흔들어서 통화하고 끄는 것입니다. 사용하면서 불편한 점을 생각해서 만들었는데, '고맙다'는 댓글에 자신감을 얻었습니다. 이 앱은 현재 다운로드 100만 건을 돌파했습니다. 두 번째 앱은 애플리케이션의 슈퍼스타K를 찾는 '슈퍼 앱 코리아'에 참가했을 때 만들었습니다. 2달간 진행된 이 대회는 지방 예선대회를 거쳐 서울 본선만 20여 개 팀이 경쟁했습니다. 저는 이 대회를 통해 '소셜 데이팅, 1 대 1 강의 마켓, 웃음소리 성격 분석 어플'을 개발해서 우수상을 받았습니다. 전국 각지의 쟁쟁한 SW개발자들과 합숙하면서 아이디어 경쟁을 하는 것이 매우 즐거웠습니다."

❷ "1년 전부터 팟캐스트에서 한 주의 시사 이슈를 소개하는 프로를 진행하고 있습니다. 시사 상식을 늘리고 세상과 소통하기 위해 시작했는데, 이를 위해 매일 5개의 일간지와 주간지를 꼼꼼하게 읽고 있습니다. 그동안 읽은 신문과 잡지가 사과박스 6개 분량입니다. 어렵게 첫 방송을 마친 후에는 성대결절을 앓기도 했습니다. 20분으로 녹음은 짧은데 30번 이상 녹음하느라 하루 종일 말을 한 탓이었습니다. 이러한 노력의 결과 하루 다운로드 수가 1,000건을 넘어선 적도 있었습니다. 그동안 팟캐스트에 쏟았던 열정을 마케팅 업무로 옮기겠습니다."

tip 면접관은 ①, ②처럼 열정적인 지원자를 선호한다. ①의 주인공은 현재 LG전자에 입사한 노영수 씨다. 그는 초등학교 5학년 때부터 SW개발자를 꿈꿨다. 6학년 때 홈페이지를 만들었고, 중학교 때는 컴퓨터 프로그래밍 언어인 BASIC과 C언어를 독학했다. 고등학교 때는 정보기술 분야 광주기능대회에서 2등을 하고 광주 정보올림피아드에서 동상을 받았다. 이런 경력을 인정받아 컴퓨터공학과에 합격했다. 취업 성공기도 특별하다. 그의 탁월함을 눈여겨본 대학교 교수가 회사에 추천해서 특별 채용됐다. 인사팀은 물론 현업에서도 열정적인 그의 모습을 칭찬한다. 얼마 전 그는 신입 SW 교육 때 1등을 했다. 공고와 지방대를 나온 그가 서울의 유명 대학교 출신들과 경쟁해서 얻은 성과라서 더욱 눈길을 끈다. 노 씨의 모습에서 성공한 사람들의 공통점 하나를 쉽게 찾을 수 있다. 바로 관심 있는 분야를 끈질기게 파고들며 열정을 쏟아내는 것이다. 면접관은 당신에게도 이러한 열정 DNA가 있는지 궁금하다.

✚ 책임감을 갖고 일했던 경험은 무엇인가?

"대학교 2학년 때 한 중소기업에서 개발팀 인턴을 했을 때의 일입니다. 당시 회사에는 중요한 프로젝트가 진행되고 있어서 직원들이 저에게 신경을 쓸 겨를이 없었습니다. 며칠씩 이어지는 철야 근무로 다들 예민해 있었고, 제 존재는 미미했습니다. 코딩 업무가 주어졌을 때 실수하자 한 상사가 크게 화를 내셨고, 한동안 말도 걸지 않으셨습니다. 저의 무능함 때문에 힘이 들었고 인턴을 그만두고 싶었습니다. 하지만 당초 약속했던 3개월간은 책임감 있게 일해야 한다고 생각했습니다. 그 후 저는 장비가 배달되면 먼저 가서 상자를 옮기고 화장실을 청소하고 탕비실을 정리했습니다. 그렇게 1달 동안 제 역할을 묵묵히 수행하자, 회사 직원들이 저를 반겨주었고 바쁜 가운데서도 일을 가르쳐주셨습니다. 책임감을 갖고 일을 하는 것이 얼마나 중요한지 깨달았던 경험이었습니다."

tip 프랑스의 소설가 로맹 롤랑은 "이 세상에서 가장 미약한 사람이든, 가장 위대한 사람이든 간에 사람들은 저마다 책임이 있다"라고 말했다. 직장인에게 책임감은 인성적인 부분과 업무적인 부분으로 나뉜다. 위 예시는 약속을 지키는 모습을 통해 인성적인 부분을 잘 보여줬다. 업무적인 부분의 책임감으로는 자신이 맡은 역할을 충실히 이행하는 것을 말한다. 업무의 비중을 떠나 자신이 해야 할 일을 잊지 않고 제때 처리하는 것이 중요하다.

✚ 어려운 상황을 이겨낸 경험은 무엇인가?

❶ "고된 새우잡이 경험을 통해 환경의 주인이 되는 방법을 알았습니다. 대학 시절 무작정 떠난 호주에서 짧은 영어 실력 때문에 새우잡이 배를 타게 됐습니다. 한 번 배를 타고 나가면 1달은 말도 통하지 않는 외국인과 함께 스테이크, 새우를 먹으며 버텨야 했습니다. 새우 가시에 찔린 양손은 피투성이가 되기 일쑤였고, 배 안의 작업대에 깔려 목숨을 잃을 뻔한 아찔한 순간도 있었습니다. 죽을 것처럼 힘든 날이 계속되자, 주어진 상황에 불평만 하지 말고 한번 해보자라고 다짐했습니다. 그때부터 크레인 작업, 엔진 수리, 항해법까지 모두 배웠습니다. 9개월이 지났을 때는 주변 선주들로부터 스카우트 제의를 받을 정도로 실력이 늘었습니다. 그렇게 새우잡이 배에서 1년을 보낸 후 한국에 돌아온 제 삶은 180도 변했습니다. 불평불만은 사라지고 무엇이든 할 수 있다는 자신감으로 무장했습니다."

❷ "3년 전 공부방을 운영하시던 어머니께서 갑작스럽게 눈 수술을 받으셨습니다. 기체망막 유착술을 받으셨는데 기체를 빼내기 위해 1달 동안 누워 계셔야 했습니다. 저는 어머니 역할을 대신하기로 했습니다. 아침 5시에 일어나 토익 수업을 듣고, 학교를 다녀온 후에는 어머니를 보살피고 청소를 하거나 반찬을 만들었습니

다. 저녁에는 공부방 선생님이 되어 학생들을 지도했습니다. 과외 아르바이트를 계속 해왔기 때문에 학생들과 학부모의 불만 사항 없이 공부방을 운영할 수 있었습니다. 모든 일과를 마친 후에는 학생의 본분으로 돌아와 과제를 했습니다. 1달 동안 4~5시간씩 자면서 학생, 주부, 공부방 선생님 등 3중 생활을 하는 것은 쉽지 않았습니다. 하지만 어머니의 빠른 치유를 위하여 더욱 부지런해져야겠다고 생각했습니다. 그 기간 동안 가족들끼리 더욱 돈독해졌고, 새삼 어머니의 고충을 알 수 있었습니다. 다행히 어학 성적도 올라 목표 점수를 받을 수 있었습니다."

tip 어려운 상황에 자신을 던지고 부딪쳤던 사람은 성장하고 발전한다. ①은 제일모직에서 품질공정관리 업무를 맡고 있는 차재승 대리의 스토리다. 그는 삼성이 대학생을 대상으로 진행하는 열정樂 시즌 3에서 이 경험담을 소개했다. 새우잡이 경험은 면접에서도 큰 도움이 되었다. 어려운 상황을 이겨낸 긍정적인 마인드에 면접관들이 높은 점수를 준 것이다. 면접관은 지원자가 어려움을 만났을 때 취한 행동으로 잠재력을 읽는다. 대답할 때는 자신이 부딪쳤던 어려움에 어떤 태도로 대처했는지에 초점을 맞추자.

✚ 창의적인 방법으로 문제를 해결한 경험이 있는가?

❶ "작은 아이디어로 부족한 체육대회 비용을 마련했습니다. 단과대 체육대회를 1달 앞두고 총무담당자가 100만 원의 비용을 분실하는 일이 생겼습니다. 대책 회의 때 저는 프로포즈 이벤트를 통해 비용을 마련하자고 제안했습니다. 제 아이디어가 선후배들에게 지지를 얻어 실행에 옮겼습니다. 먼저 홍보물을 만들어서 화장실 벽과 교내식당에 붙이고, 양재동 화훼공판장을 찾아 저렴하게 장미꽃을 구입했습니다. 그다음 강의실을 빌려 풍선과 꽃으로 꽃길을 꾸미고 프러포즈에 필요

한 꽃바구니와 꽃목걸이를 만들었습니다. 레크리에이션 자격증을 갖고 있던 저는 사회를 보며 분위기를 살렸습니다. 그렇게 10명의 선후배가 힘을 합친 결과 당초 목표 금액인 100만 원보다 50만 원 많은 금액을 모을 수 있었습니다."

❷ "보험회사 인턴을 하면서 역발상으로 보험 상품 판매율을 높인 경험이 있습니다. 보험 상품 판매 미션을 수행할 때, 처음에는 고객들을 찾아가서 무작정 '좋은 보험 있으니 하나 가입하라'고 했습니다. 하지만 반응이 좋지 않았습니다. 어떻게 하면 고객에게 부담을 주지 않으면서도 관심을 끌 수 있을까를 고민하던 중, 질문을 바꿔보기로 했습니다. 가입한 보험이 있다면 그 보험에 왜 가입했는지 이유를 묻는 것이었습니다. 색다른 질문은 효과를 발휘했습니다. 고객들이 호기심을 가졌고, 제 이야기에 귀를 기울여주었습니다. 저는 재무 설계가 필요한 이유를 꼼꼼히 소개하며 보험의 역할을 강조했습니다. 또한 인턴 기간 동안 배운 지식을 활용해 고객의 스타일에 맞는 보험 상품을 소개했습니다. 그 결과 10명의 동기들 중 가장 많은 상품을 판매해 미션에서 1위를 차지했습니다."

tip 한 대기업 정문에는 '자원 유한, 창의 무한'이라는 문구가 새겨져 있다고 한다. 기업이 창의성을 얼마나 중시하는지 알 수 있는 대목이다. 주위에서 흔히 "그 아이디어는 내가 먼저 생각했는데"라며 아쉬워하는 소리를 들을 수 있다. 하늘 아래 새로운 아이디어란 없다. 아이디어 자체보다는 그것을 실천하고 성과를 내는 것이 중요하다. 위 예시는 아이디어가 크게 이색적이지는 않지만 이를 위한 행동과 성과가 명확해서 눈에 띈다. 질문에 대답할 때는 팀 프로젝트나 단체 활동 등에서 소재를 찾고, 배경과 과제, 아이디어, 행동, 성과, 결과 등을 구체적으로 설명하라.

✚ 변화를 추구했던 경험을 소개하라.

❶ "문화유산답사동아리에서 활동하며 망우리 공동묘지 답사 프로그램을 만들었습니다. 그전까지 동아리는 고장의 문화유산들을 찾아다니며 전통문화의 우수성을 발견했습니다. 저는 새롭게 동아리 회장으로 선발되면서 변화를 추구하고 싶었습니다. 그 일환으로 망우리 답사 프로그램을 제안했습니다. 망우리 공동묘지는 격동의 근현대사를 살다 간 다양한 인물의 삶을 엿볼 수 있는 역사 공간이자 오늘의 축소판입니다. 일제강점기부터 1960년대까지 그 어느 때보다 파란만장한 우리 역사가 그곳 비석에 숨 쉬고 있다고 설득했습니다. 평소 역사의식이 부족하고 삶의 철학이 빈약한 저는 그곳에서 삶과 역사를 만날 수 있었습니다. 함께 망우리 공동묘지 답사를 다녀왔던 회원들도 감동을 받아 현재 이 프로그램은 매년 2회 정기 코스로 시행되고 있습니다."

❷ "초등학생들을 대상으로 언어문화 개선 봉사활동에 참가했을 때의 일입니다. 학생들의 습관화된 비속어나 욕설이 그들의 심성을 해치고 폭력성을 키우고 있어서 바른 말, 좋은 말을 쓰도록 권해야 했습니다. 기존 담당자의 진행 방법을 살펴보니 직접적으로 강의하는 식이었습니다. 하지만 학생들의 언어 습관은 개선되지 않았습니다. 저는 우회적으로 언어 수업을 하기로 했습니다. 식물도 사랑한다는 말을 많이 하며 물을 줘야 튼튼하게 자란다는 내용의 UCC를 보여주고 텃밭 가꾸기 수업을 진행했습니다. 저학년에게는 캐릭터 인형, 마패로 바른 말 어린이를 인증해주고, 고학년의 경우 UCC 제작 등을 하며 스스로 깨우칠 수 있도록 접근했습니다. 이렇게 노력한 결과, 2달 후 하루에 욕을 10번 이상 한다는 학생의 비율이 20퍼센트가량 줄어서 학교 선생님으로부터 칭찬을 받았습니다."

> *tip* 창의성을 묻는 것과 유사한 질문이다. 기존과 어떤 차이가 있는지 비교해서 전달하는 것이 관건이다.

✚ 적극성을 발휘해 다른 사람을 도운 적이 있는가?

"버스 방향 표시로 시민들의 불편을 해소한 경험이 있습니다. 어렸을 때 버스를 역방향으로 탄 적이 많아서 항상 노선도를 유심히 살펴보는 습관이 있습니다. 그러다 보니 방향 표시가 없는 버스 노선도가 눈에 많이 띄었고, 어르신들이 불편해하는 모습을 보게 되었습니다. 이를 개선하고자 다산콜센터에 전화해서 버스 방향을 표시해달라고 했습니다. 하지만 처리하는 데 2~3주가 걸렸고, 방향 표시가 누락된 노선도를 찾을 때마다 일일이 전화해서 신고하는 것도 한계가 있었습니다. 그래서 적극적인 방법으로 문제를 해결하기로 했습니다. 제가 직접 자전거를 타고 서울 시내 버스정류장을 돌며 빨간 화살표로 버스 진행 방향을 표시한 것입니다. 비가 올 때는 우의를 입고, 눈이 올 땐 낭만적인 기분을 느끼며 자전거를 탔습니다. 이런 제 모습이 SNS와 네티즌들 사이에 알려지면서 얼마 전 서울시장으로부터 표창도 받았습니다. 저의 작은 행동이 천만 서울 시민의 시간과 에너지를 절약했다는 평가를 받아서 매우 보람을 느꼈습니다."

> *tip* '화살표 청년' 이민호 씨의 이야기다. 모두가 불편함을 느끼고 있었지만 아무도 먼저 나서지 않은 일이었다. 비가 오고 눈이 오는 날에도 아랑곳하지 않고 화살표 붙이기 봉사에 나섰다. 기업은 이렇게 적극적인 인재를 기다리고 있다.

✚ 주인의식을 갖고 일했던 경험을 말해보라.

❶ "대학 시절 3년 동안 제과 브랜드에서 판매 아르바이트를 했습니다. 아르바이트생이지만 늘 제 가게라고 생각하며 열심히 일했습니다. 고객들에게 제대로 지식을 전달하기 위해 제빵 자격증을 취득했고, 카페형 매장에 도움이 되고자 라떼 아트를 배웠습니다. 이렇게 일했더니 고객들조차 제가 가게 주인인 줄 알고 칭찬해 주었습니다."

❷ "백화점에서 스타킹 판매 아르바이트를 했을 때의 일입니다. 한 여성 고객이 지인들에게 선물할 스타킹 50점을 구매한다고 했습니다. 보통 다른 고객들이 1~2개를 구매하는 것에 비해 50점은 매우 많은 물량이었습니다. 저는 고객의 마음을 꼭 사로잡고 싶었습니다. 제품의 디자인과 품질도 자신 있었습니다. 하지만 고객은 물건을 보고 시큰둥했습니다. 이래서는 고객을 놓치겠다는 생각이 들었습니다. 함께 물건을 판매하던 직원에게 귀띔한 뒤 고객과 함께 화장실로 직행했습니다. 거기에서 제가 가져온 스타킹을 직접 갈아 신고 시연해 보였습니다. 그러자 고객이 태도가 바뀌어 바로 제품을 구매하셨습니다."

> *tip* 기업 CEO들 대부분이 자신이 대표이사의 자리에 오른 비결로 주인의식을 꼽는다. 입사 초기부터 그 회사를 대표한다는 마음가짐과 사명감을 갖고 일하면서 성장했다는 것이다. 기업은 주인의식이 있는 지원자의 성공 가능성을 점친다. 위 예시처럼 주인의식을 갖고 행동했던 경험을 정리하라. 구체적이고 적극적일수록 유리하다.

✚ **이문화에 적응하기 위해 노력했던 경험은?**

❶ "만국 공통어 중 하나인 스포츠를 통해 외국인들과 친분을 쌓았습니다. 대학 시절 중국과 인도에서 태권도를 가르친 경험이 있습니다. 어학연수로 갔던 두 나라에서 빨리 적응하려고 특기인 태권도를 활용했습니다. 도복을 입고 태권도장을 찾아간 후 무료로 태권도를 가르치고 싶다고 했더니, 흔쾌히 허락을 받았습니다. 일단 사범님으로 인정받자, 저에 대한 인식은 호감으로 바뀌었고 인맥도 넓어졌습니다. 학생들은 물론이고 유명 영화배우, 사업가를 만날 기회도 있었는데, 그때 받은 명함이 100장이 넘습니다. 이러한 경험을 활용해서 빠르게 성장하고 있는 중국과 인도에서 좋은 성과를 내고 싶습니다."

❷ "호주에서 워킹홀리데이를 하면서 많은 외국인 친구들을 사귀려고 노력했습니다. 첫 번째는 제가 일하고 있던 서비스센터의 단골고객을 친구로 만드는 것이었습니다. 호주 사람들은 대화하는 것을 좋아하고 친절해서 남녀노소 관계없이 쉽게 친해질 수 있었습니다. 두 번째는 Language Exchange를 할 친구를 찾기 위해 현지 사이트에 글을 올렸습니다. 저는 외국인 친구에게 한국어를 알려주었고, 그 친구는 저에게 실생활에서 많이 쓰는 영어 표현을 알려주곤 하였습니다. 마지막으로 귀국 2주 전에는 호주 동부 여행을 하면서 각 지역 특색의 문화를 접하는 값진 경험을 했습니다."

> *tip* 삼성전자 인재개발센터 김종헌 상무가 생각하는 글로벌 역량은 글로벌 커뮤니케이션 능력과 개방적 자세, 글로벌 경험이다. 글로벌 기업에서 일하기 위해서는 세계 어디에서든 자신의 생각을 표현하고 타인과 의사소통할 수 있는 글로벌 커뮤니케이션 능력이 기본이다. 또한 세계인들을 위한 제품과 서비스를 지속적으로 창출하기 위해 그 나라 사람들의 문화와 성향을 이해해야 한다. 이를 위해 필요한 것이 다양성의 수용이다. 면접관의 눈길을 끌려면 ①, ②처럼 노력이 이색적이고 구체적이어야 한다. 자신의 경험을 잘 정리해 면접관의 마음을 사로잡자.

✚ 고객 만족을 위해 적극적으로 노력했던 경험이 있다면?

"캐나다의 모바일 액세서리 매장에서 판매했을 때의 일입니다. 당시 일한 곳은 캐나다 내 25개 매장 중 매출이 가장 저조했고, 근처에는 경쟁 매장이 2개나 있었습니다. 적극적으로 노력해 매출을 올려야겠다고 다짐했습니다. 처음 2주일 동안은 고객의 성향을 파악했습니다. 예전 매출 장부를 살펴보았고, 모바일 폰 매장에서 어느 브랜드의 모델이 잘 팔리는지 조사했습니다. 그다음에는 진열장을 대폭 바꾸고 고객 대응 방법에 변화를 주었습니다. 여성 고객들이 많은 것을 감안해서 화려한 보석 디자인과 캐릭터 제품들을 제일 좋은 위치에 진열했고, 직접 새로운 케이스를 여러 개 만들어 판매했습니다. 용도와 주의 사항, 보증 기간 등도 꼼꼼하게 설명했더니 고객들은 'Amazing'이라고 말하며 매우 만족해했습니다. 이렇게 노력한 결과 하루가 다르게 매출이 올랐습니다. 단골 고객이 늘더니 2달 만에 주간 매출이 2배 이상 뛰었습니다. 매니저님께서 25개 매장 중 매출 1위를 달성했다고 말씀하셨을 때는 제 매장인 양 기뻐서 펄쩍펄쩍 뛰기도 했습니다. 꼼꼼한 시장 조사와 고객들에 대한 배려가 매출로 정직하게 나타난다는 것을 깨달은 경험이었습니다."

> *tip* 기업은 '고객'이라는 두 글자를 최우선시한다. 기업이 나무라면 토양은 고객이다. 면접관은 지원자가 고객으로만 머물러 있지 않고 고객을 응대하면서 만족을 이끌어냈던 경험이 있기를 기대한다. 이러한 경험이 업무에 밑거름이 되기 때문이다. 요즘은 서비스와 영업뿐만 아니라 마케팅, 인사, 연구 개발 등 모든 부서에서 소비자들의 욕구를 파악하고 고객의 니즈를 만족시키기 위해 노력한다. 소비자들이 기업과의 관계에서 주인공으로 대접받기를 원하기 때문이다. IBM의 보고서를 보면 오늘날 스마트 컨슈머들은 "단순히 물건만 팔 것이 아니라, 나를 제대로 대접해줄 것(Serve me, don't sell to me)"을 요구한다. 이런 상황에서 학창 시절에 고객의 신용과 호감을 얻기 위해 적극적으로 노력한 경험이 있다면 매우 유리하다. 대답을 할 때는 문제 발견, 해결안 제시, 실행, 성과 등으로 전개하는 것이 좋다.

✚ 가장 큰 보람을 느낀 경험은 무엇인가?

❶ "방과 후 학습 지원 프로그램 드림클래스의 대학생 강사로 참여한 일입니다. 왕복 4시간이 넘는 거리를 오가며 10명의 학생들을 모아놓고 가르치는 일은 그리 녹록치가 않았습니다. 이전에 일대일 과외 지도를 한 적이 있는데, 10명의 중학생들을 대상으로 수업하는 것은 과외와 많이 달랐습니다. 때로는 심하게 떠들고 저를 무시하는 듯한 행동을 보이는 학생들 때문에 힘들었지만 좋은 방향으로 이끌기 위해 노력했습니다. 그 결과 분위기가 많이 바뀌었습니다. 공부하는 습관이 매우 중요하다고 생각하는 제게 학생들의 변화된 모습은 매우 큰 보람이었습니다. 진심과 관심은 상대를 바꿀 수 있는 가장 큰 무기임을 알았습니다."

❷ "디지털카메라를 통해 봉사활동을 한 점입니다. 저는 1학년 때부터 디지털카메라 동호회에서 활동하고 있었습니다. 제대하고 나서는 출사를 다니며 아름다운 풍경을 찍는 것도 좋지만 좀 더 의미 있는 일을 하고 싶어졌습니다. 그래서 어르신들께 영정 사진을 촬영해드리는 것이 어떻겠느냐고 제안했습니다. 하지만 회원들 중 많은 이들이 반대했습니다. 먼저 제가 행동으로 옮겨보기로 했습니다. 친한 친구와 함께 무의탁 노인의 집을 찾아가서 20여 명의 어르신들께 영정 사진 촬영을 해드렸습니다. 카메라로 사진을 촬영하고 포토샵으로 어르신들의 모습을 곱게 다듬어드렸습니다. 액자까지 만들어 선물해드렸더니 어르신들이 매우 좋아하셨습니다. 그 후 제 뜻에 동참해준 회원들이 점점 늘어났습니다. 2년이 지난 지금은 동호회의 전통이 되어, 회원 30명 모두 다문화가정의 결혼식과 돌잔치, 고아원 생일 잔치 등을 찾아 주기적으로 봉사활동을 하고 있습니다."

tip ①과 ②는 둘 다 보람을 이야기한다. 하지만 내용 전개에서 큰 차이를 보이고 있다. ①은 그때의 상황이 얼마나 어려웠는지에 초점을 두고 감정 중심으로 풀어간다. 반면 ②는 동호회 회원들을 설득하기 위해 어떤 노력을 기울였는지 행동에 초점을 두고 말한다. 면접관이 선호하는 답변 전개 방식은 무엇일까? 바로 ②다. 면접장에서는 최대한 자신의 감정을 배제하고 행동 위주로 말하라. 행동이 구체적이면 감정도 담을 수 있다.

✚ 다른 사람과 협력하여 좋은 결과를 이끌어낸 적이 있는가?

"미디어커뮤니케이션 수업을 들으며 팀원 5명과 잡지를 만들었습니다. 회의를 통해 20대들의 고민과 문화를 반영한 잡지를 만들기로 하고 취재, 사진, 편집 등의 역할을 나눴습니다. 저는 취재를 담당해서 20대 100명에게 설문 조사를 하고 10명의 대학생을 인터뷰했습니다. 다른 팀원들은 20대들이 즐겨 찾는 공간을 다니며 사진 촬영을 했고, 잡지 디자인을 기획했습니다. 콘텐츠를 모은 후에는 다 같이 편집 아이디어를 냈습니다. 저는 중간에 쉬어가는 페이지를 45도, 90도, 180도 비틀어서 싣자는 의견을 냈고, 다른 팀원은 QR코드를 삽입해서 잡지 뒷이야기를 넣자고 제안했습니다. 그렇게 1달 동안 6명이 열심히 뛰어다닌 끝에 30쪽 분량의 잡지를 만들 수 있었습니다. 교수님께서는 대학생들의 살아 있는 이야기와 현장감, 아이디어가 돋보인다며 좋은 성적을 주셨습니다. 처음 과제를 받았을 때는 다소 막막했지만, 팀원들과 협력하니 쉽고 즐겁게 과제를 해결할 수 있었습니다."

tip 팀워크를 엿볼 수 있는 질문이다. 팀 업무에서 주도적으로 참여하는지, 무임승차 하지는 않는지, 불평불만은 없는지 등을 확인할 수 있다. 대답할 때는 자신의 역할과 기여도를 구분해 설명하는 것이 바람직하다.

✚ 다른 사람들과 갈등한 경험이 있는가?

❶ "대학교 저학년 때 기숙사 생활을 했는데, 하필 이슬람교도인 외국인 유학생과 룸메이트가 되었습니다. 룸메이트와 말도 안 통하고 종교와 문화도 안 맞아 기숙사에 잘 안 들어간 적이 있습니다."

❷ "대학교 3학년 때 동기 5명과 함께 창업을 하면서 갈등이 생겼습니다. 저희는 기획력과 영업력을 키우기 위해 기업을 홍보해주는 '마케팅 대행업'을 차렸습니다. 열심히 노력한 결과 2달 만에 월 매출 300만 원의 성과를 냈습니다. 하지만 끝없는 영업과 밤샘 작업, 예상치 못한 상황을 겪으면서 동기들과 마찰이 생겼습니다. 동기 3명은 경험 삼아 하는 것이니 대학 생활을 즐기며 쉬엄쉬엄 하자고 제안했고, 저를 포함한 다른 동기는 이왕 시작한 일이니 모든 역량을 쏟아야 한다고 강조했습니다. 이러한 의견 충돌로 서로 힘들어할 때 북한산 등반을 제안했습니다. 땀을 쏟으며 정상에 오른 후 허심탄회하게 이야기를 나누었습니다. 그 결과, 남은 3개월 동안 우리의 역량을 모두 쏟아 매진한 후 회사를 후배들에게 맡겨 명맥을 유지하기로 했습니다. 기한을 정하고 나니 다시금 초심의 자세로 열심히 일할 수 있었습니다. 현재 회사는 2~3학년 후배들의 아이디어 창구로 활용되고 있습니다."

> *tip* 회사는 갈등에 매우 민감하다. 이런 문제로 퇴사하는 사람들이 많기 때문이다. 면접관이 이 질문을 통해 알고 싶어 하는 것은 갈등의 내용이 아니라 갈등에 대처한 방법이다. 갈등에 직면했을 때 사람들이 보이는 나쁜 반응은 크게 2가지다. 맞서 싸워서 일을 크게 만들거나, 도망치며 문제 해결을 미룬다. 면접관은 지원자가 어떤 성향을 갖고 있는지 주의 깊게 살핀다. 상황을 유연하게 해결하고 구성원들 간의 마찰을 최소화한 경험을 내세워야 한다. 이 질문에 일부 지원자들은 갈등의 원인을 상대방에게만 돌리는 경우가 있는데, 이는 오히려 편협한 시각을 드러내는 꼴이다. 갈등의 원인과 대안을 제시할 때는 대화와 이해를 통해 양방향적인 원인과 변화를 찾아야 한다. "가장 싫은 사람 유형은?", "직장 동료와 트러블이 발생한다면?", "경험 많은 현장 인부가 당신이 설계한 것에 불만을 갖고 있다면 어떻게 대처할 것인가?" 등의 질문은 갈등 대처 능력을 파악하기 위한 것이다.
>
> 갈등은 크게 과업 갈등과 관계 갈등으로 나뉘는데, 대답의 소재는 가급적 과업 갈등(업무에 관한 의견 차이 때문에 생기는 갈등)에서 찾는 것이 좋다. 과업 갈등을 통해 당신의 아이디어와 열정을 보여주는 것이 무난하다. ②의 예시처럼 말이다. ①과 같은 관계 갈등은 감정적인 면이 부각되어 자칫 얼마나 잘 토라지는지, 얼마나 속이 좁은지 등을 들킬 수 있으니 주의하자.

✚ **이제까지 가장 강하게 소속감을 느꼈던 조직은 무엇이었으며, 그 조직의 발전을 위해 어떤 노력을 했는가?**

"호주 시드니에 있는 A모바일 서비스 센터에서 인턴을 했을 때 가장 큰 소속감을 느꼈습니다. 인턴을 한 지 얼마 안 되었을 때 예상치 못한 전산 시스템의 문제로 많은 양의 데이터가 지워졌습니다. 이전의 데이터가 없어졌기에 전체 작업이 마비된 상태였습니다. 모든 직원들이 열흘 동안 함께 야근하면서 복구하고 데이터 업로드 작업에 힘썼습니다. 힘은 들었지만 회사를 위해 무언가를 했다는 생각에 보람이 컸습니다. 당시 제가 했던 업무 중 가장 많은 노력을 기울인 것은 Q.C.였습니다. 제품의 완성도를 결정짓는 중요한 작업이기에 꼼꼼히 체크했고, 자주 들어오는 제품의 결함을 모두 암기했습니다. 직원들은 저를 'Q.C.의 달인'이라고 부르며 더욱 살갑게 대해주셨습니다. 인턴 생활을 하면서 특히 수요일이 기다려졌습니다. 수요일은 퇴근 후 직원들과 함께 골프를 치러 가는 날이었습니다. 골프를 마친 후에는 회식하면서 직원분들과 많은 이야기를 나누었고, 덕분에 조직문화를 빠르게 익힐 수 있었습니다."

> *tip* 위 예시는 3가지 근거를 들어서 주장을 펼쳤다. 야근과 Q.C. 업무, 골프가 그것이다. 면접관은 답변을 들으며 지원자의 성품과 성격, 조직 적응력 등에 후한 점수를 줄 수 있다. 하나의 예를 들더라도 다양한 장점을 보여줄 수 있도록 사례 선정에 신경 쓰자.

✚ 조직을 위해 희생했던 경험이 있다면 말해보라.

❶ "1년 전, 친분이 있는 지인 3명과 함께 공모전 준비를 할 때였습니다. 3번이나 수상하지 못한 터라 다들 지쳤지만, 네 번째 UCC 공모전에서는 더욱 노력하자고 다짐했습니다. 기획과 촬영은 모두 함께 했지만 마지막 편집은 제 몫이었습니다. 그런데 하필 공모전 마감일을 3일 앞두고 장염에 걸려 몸 상태가 최악이었습니다. 팀원들은 다음 기회를 노리자며 포기하기를 권했지만, 저로 인해 팀원들의 노고가 수포로 돌아가는 것을 볼 수 없었습니다. 병원에 가서 링거를 맞고 작업을 했습니다. 몸은 아팠지만 집중력을 발휘한 결과, 다행히 마감 하루 전날 작품을 완성할 수 있었습니다. 결국 수상은 못했지만, 멤버들의 단합을 다지는 계기가 되었습니다. 더욱 팀워크가 돈독해진 저희는 그다음 공모전에 도전해서 우수상을 받았습니다."

❷ "같은 과 친구 6명과 함께 밴드를 조직했습니다. 밴드는 7년이 지난 지금 회원 200명에 연 2회 정기 공연을 펼치는 규모로 성장했습니다. 창단 멤버인 저는 밴

드 활동을 위해 휴학을 한 적이 있습니다. 후배들에게 밥과 술을 사주기 위해 건설 현장과 노점상 아르바이트를 뛰었습니다. 밴드 활동을 하느라 학점 관리는 제대로 못했지만, 그 시간들을 후회하지는 않습니다. 졸업할 때 후배들이 특별 공연을 열어줄 만큼 든든한 인맥이 생겼기 때문입니다."

> *tip* 면접관은 리더십을 갖춘 예비 리더를 뽑고자 한다. 리더십이 있는 지원자가 팔로우십을 보여주며 조직 내 리더로 성장할 가능성이 높기 때문이다. 희생정신은 리더로 성장하기 위해 꼭 필요한 요건 중 하나다. 존 맥스웰은 "뛰어난 리더는 최고를 위해 많은 좋은 것을 희생한 사람"이라고 했다. 팀에 최선이 되는 선택을 하다 보면 누군가 희생을 감수해야 할 때가 생긴다. 위 예시는 구체적인 경험을 통해 면접관이 확인하려는 예비 리더의 자질을 보여줬다.

✚ 팀 내 불화를 극복한 경험을 소개해보라.

"대학 때 동기 6명과 함께 밴드를 결성했습니다. 저학년 때는 주 1회씩 만나 열심히 준비했습니다. 하지만 학년이 올라갈수록 전공 공부와 취업 준비, 바쁜 일상으로 2~3달에 1번 만나기도 힘들었습니다. 밴드 활동을 포기하자는 의견까지 나와서 큰 위기에 놓였습니다. 저는 리더는 아니었지만, 창단 멤버로서 이런 상황이 마음 아팠습니다. 그래서 대학생 아마추어 밴드 대회 참가를 목표로 4개월 동안 토요일 아침에 모여 합주 연습을 하자고 제안했습니다. 평소 늦잠을 자는 시간이기 때문에 일찍 모여 연습하면 주말을 활용하는 데 무리가 없을 것이라고 강조했습니다. 다행히 팀원들이 제 의견에 동의했고, 매주 연습을 이어간 끝에 장려상을 수상했습니다. 저는 이 경험을 통해 팀워크에 가장 방해가 되는 것은 개인주의이고, 이를 극복하기 위해서는 새로운 목표와 대안이 필요하다는 것을 깨달았습니다."

> *tip* 갈등의 발생은 문제의 시작이 아니라 해결을 위한 첫걸음이다. 갈등을 인정하고 이를 해결하면 조직은 오히려 한 단계 발전할 수 있다. 이 질문은 갈등의 원인보다 이를 극복한 해결 과정에 더 초점을 두고 말해야 한다. 문제 해결 과정에는 두 가지 유형이 등장하는데, 바로 갈등 방관자와 갈등 해결자다. 면접관은 이 질문을 통해 지원자가 어떤 유형인지 알고 싶어 한다. 위 예시는 리더가 아닌데도 팀에 대한 소속감을 느끼고 문제를 해결하고자 노력했던 지원자의 모습이 담겨 있다. 이렇듯, 갈등 방관자가 아닌 해결자가 되어 노력했던 경험을 찾아보자.

✚ 살면서 가장 후회하는 일은 무엇인가?

❶ "어릴 때부터 체계적으로 독서하지 못한 것이 가장 아쉽고 후회스럽습니다. 사람이 성장하는 데 독서만 한 경험이 없다는 것을 대학교 3학년 때 깨달았습니다. 그때부터 매주 1~2권씩 책을 꼬박꼬박 챙겨 읽고 있습니다. 앞으로도 회사 업무와 직장 생활에 도움이 될 수 있도록 독서 습관을 지속적으로 유지하겠습니다."

❷ "마이클 잭슨의 무대를 거절한 것입니다. 고교 시절 마이클 잭슨이 동양 문화에 관심이 많아서 태권도 유단자였던 저에게 일본 공연 오프닝 무대를 의뢰한 적이 있었습니다. 저에게 태권도를 배워 안무에 응용하고 싶어 한다는 이야기를 듣고 '나는 랩퍼이지, 댄서가 아니다'라는 생각에 거절했습니다. 바로 이 일이 제 인생에서 가장 후회하는 일입니다." - 가수 타이거JK

❸ "(고개를 떨구며) 후회하는 일이 하나 있습니다. 고시 준비를 오래 했지만 결국 실패한 일입니다. 그 결과 심한 우울증을 앓았습니다. 대학 졸업이 늦어진 것도 그때문입니다."

> *tip* 놓쳐버린 기회, 잘못 사용한 시간은 아쉬움과 후회를 남긴다. 그렇다고 해서 너무 무겁거나 가볍게 접근하는 것은 금물이다. 답변으로 '허송세월로 보낸 중고생 시절', '대학 진학', '연애 못한 것', 'SNS에 잘못된 정보를 올린 것', '성형수술한 것'과 같은 내용을 꼽는 것은 NG! ①, ②처럼 무난하게 답하는 것이 좋다. 이력서에 눈에 띄는 약점(낮은 학점이나 어학 성적 등)이 있다면 이를 설명하는 기회로 활용하는 것도 괜찮다. 이 질문에 ③처럼 각종 시험을 준비하다가 실패한 경험을 예로 드는 경우도 많은데, 너무 우울한 분위기는 안 된다. 부정적인 느낌을 주는 데다가 해당 시험에 미련이 남아서 입사하더라도 곧 퇴사할 것처럼 보이기 때문이다. 결과를 인정하되 시험 공부를 하면서 배운 점을 입사 후 어떻게 활용할 것인지, 부족한 업무 역량은 어떻게 보완하고 있는지 등을 어필하는 것이 중요하다. 대답할 때는 ③처럼 후회되는 일만 말하기보다는 ①처럼 개선 방안과 노력, 포부 등을 덧붙여 긍정적으로 마무리하자.

✚ 인생에서 실패한 경험을 말하라.

❶ "딱히 실패한 경험이 없었습니다. 낙천적인 성격이다 보니 그런 것 같습니다."

❷ "케이블TV 채널 tvN의 〈대학 토론 배틀〉에 참가했다가 16강에서 탈락한 경험이 있습니다. 대학 토론 배틀은 국내외 200여 개 대학에서 참가한 대학생 700여 명이 불꽃 튀는 설전을 통해 진검 승부를 벌이는 방식입니다. 저는 5명의 친구들과 함께 이 토론에 참가했습니다. 밤새 토론 논거를 만들고 열심히 준비했지만 8강에 오르지 못했습니다. 하지만 이 경험을 통해 경쟁력 있는 토론자가 되려면 읽고 쓰고 말하고 듣는 연습이 필요하다는 것을 깨달았습니다. 입사 후에도 이런 노력으로 거래처 담당자와 고객을 설득하겠습니다."

❸ "미국에서 생활하면서 현지 구직 사이트를 통해 신입 사무직을 채용하는 여러 회사에 영문 이력서를 메일로 보냈습니다. 유학 비자라는 이유로 아예 접수조차 되지 않는 곳이 다수였습니다. 결국 스스로의 힘으로 현지 회사에서 사회 경험을 쌓

는 것은 실패했지만, 지인이 운영하는 가게에서 아르바이트를 하면서 값진 경험을 할 수 있었습니다."

> *tip* 기업은 인재를 뽑을 때 성공한 경력만큼이나 실패 경력을 중시한다. 실패는 도전의 다른 이름이기 때문이다. 면접관은 이 질문을 통해 지원자가 무엇을 실패라고 생각하는지, 인생의 굴곡 없이 나약하게 자란 것은 아닌지 확인하고자 한다. 이 질문에 ①처럼 말하면 합격과 '안녕~' 하는 길이다. 소극적이며 무성의하게 느껴진다. 실패 경험을 물을 때 서류 전형이나 면접 불합격을 예로 드는 것도 안 좋다. 이 말은 면접관을 기운 빠지게 만든다. 너무 거창하지 않아도 괜찮다. 자신의 인생을 되돌아보고 ②, ③처럼 목표를 위해 노력했으나 실패했던 경험을 떠올려보자.

✚ 인생을 살면서 가장 힘들었던 일은 무엇인가?

❶ "어린 시절 어머니가 가출하고 어부인 아버지는 주로 바다에서 생활하면서, 투병 중인 할아버지와 단둘이 살았습니다. 어려운 가정 형편 속에서 가장 역할을 하며 아르바이트와 학업을 병행했지만 면접 이틀 전에 할아버지께서 돌아가셨습니다. 상중이었지만 면접에 온 것은 A회사에 희망이 있다고 생각했기 때문입니다. 입사 후 열심히 일해서 저보다 더 어려운 사람을 돕고 싶습니다."

❷ "중학교 때 어머니를 암으로 잃었습니다. 어머니가 수년간 암 치료를 받느라 병원비 부담으로 인해 가정이 경제적으로 어려워졌습니다. 결국 대학 진학을 포기하고 공업고등학교에 진학했습니다. 저는 투병 중에도 강한 인내심으로 평정심을 유지한 어머니를 떠올리며 열심히 공부했습니다. 그 결과 고교 우수 학생으로 선발되어 기계과 대표로 일본 연수에 참여할 수 있었습니다."

❸ "초등학교 때 3년 동안 영국으로 조기 유학을 떠났습니다. 외국에 혼자 떨어져 살

면서 언어를 배우는 것이 매우 어려웠습니다. 기숙학교는 동양인이 저 혼자였는데, 알파벳 정도만 아는 상태라서 너무 힘들었습니다. 성격도 내성적이어서 혼자 다녔습니다. 음식이 안 맞는 것도 힘들었습니다. 김치찌개, 된장찌개 같은 음식을 좋아하는데 갑자기 양고기와 블루치즈 등만 먹어야 해서 영양실조에 걸린 적도 있었습니다."

❹ "자취하면서 돈 없이 삶에 쪼들려가며 생활할 때가 제일 힘들었습니다. 하지만 '나만 힘든 게 아니잖아? 다 힘들잖아. 나보다 힘든 사람들이 얼마나 많은데 힘들어하기도 부끄럽다'라고 생각하고부터는 삶의 작은 고통도 즐기기 시작했습니다. 힘들어봤기에 지금 제가 있는 자리가 소중한 것을 알 수 있습니다."

❺ "대학 시절 학보사 기자로 활동했습니다. 처음 기자가 되었을 때 편집 회의가 매우 신랄했습니다. '이런 것도 기사라고 써 왔냐', '이 기획은 쓰레기다'라는 이야기를 3개월 동안 들었습니다. 자존심이 상하기도 했지만, 제 능력이 부족하고 적성에 맞지 않는 건 아닐까 하는 의문이 들었습니다. 하지만 이 과정을 이겨내지 못하면 다른 일을 할 때도 쉽게 포기하겠다는 생각이 들었습니다. 고비를 이겨내기로 했습니다. 부족하다는 지적을 받으면 무엇이 부족한지 고민하고 2배 더 노력했습니다. 그 과정에서 실력이 늘고 더욱 단단해졌습니다. 6개월 후에는 능력을 인정받아서 1면 기획 기사를 쓰기도 했습니다. 학보사 기자로 활동하면서 기획력과 글쓰기 실력 말고도 얻은 것이 있습니다. 비판에서 배워야 할 것은 분노가 아니라 반성이라는 사실을 말입니다."

tip ①, ②는 삼성의 고졸 공채에 합격한 지원자들의 실제 사례다. 당시 면접을 진행했던 면접 위원들은 어려움 속에서도 강한 의지로 자신의 환경을 극복한 지원자들의 모습에 많은 감동을 받았다고 한다. 이 질문에 대답할 때는 진솔하되 ③처럼 감정에 치우쳐 과거를 구구절절 고백하는 것은 좋지 않다. ④처럼 감상에 빠져 있는 모습도 NG다. 면접은 고백이 아니라 PR의 장임을 기억해야 한다. 이 질문의 핵심은 얼마나 힘들었느냐가 아니라 그것을 어떻게 극복하고 무엇을 느꼈는지다. ⑤의 전개를 참고해 설득력 있게 말하자.

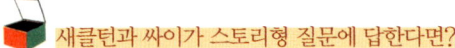 새클턴과 싸이가 스토리형 질문에 답한다면?

◈ 명사들의 스토리에서 배우는 '스토리형 질문' 답변법

✚ 어려움을 헤쳐나가 전화위복이 된 사례가 있다면?

가수 싸이 편

"군 위문 공연이 저에게 가장 큰 위로가 되었습니다. 저는 부실 근무 논란으로 2007년 재입대했습니다. 군 문제가 이슈가 된 상황이라 앞으로 위문 공연은 절대 하지 않기로 마음먹었습니다. 하지만 유명 가수를 섭외하는 데 비용 부담이 커서 제가 다시 무대에 서게 되었습니다. 무대 오르기 전에 두려움이 몰려왔습니다. 반응이 예전보다 못하면 다시는 가수를 못할 것이라는 걱정 때문이었습니다. 다행히 병사들은 뜨거운 환호성을 보내주었고, 저는 1시간 20분 동안 최선을 다해 공연을 했습니다. 공연이 끝난 후 굉장히 많이 울었습니다. 이 공연은 제 인생에 큰 전환점이 되었습니다. 다시 가수로서 무대에 설 수 있다는 자신감이 생겼습니다. 이후 제대 전까지 100회 위문 공연을 했고, 출연료는 회식비로 내놓았습니다. 앞으로도 위문 공연을 최우선으로 챙겨 군장병의 사기 진작에 힘쓰고 전우애를 나누고 싶습니다."

tip 싸이는 군번이 2개다. 재판까지 받고 훈련소에 2번 입소했다. 하지만 지금은 고난의 기억조차 유머로 승화시키는 그에게 전 세계 팬들이 열광하고 있다. 최고의 복은 전화위복임을 싸이는 몸소 보여주었다.

✚ 불가능한 일에 도전한 경험이 있는가?

대한수영연맹회장 이기흥 편

"우리나라 대표팀 수영 선수가 런던 올림픽 남자 400미터 자유형 예선 경기에서 부정 출발로 실격하는 일이 발생했습니다. 청천벽력 같은 실격 소식이었지만 수영 감독, 전담 코치 등과 함께 최선을 다해 판정 번복을 위해 노력했습니다. 지난 25년간 국제수영연맹에서 공식 대회에 판정을 번복한 사례가 전무했기에 기적을 바랄 수밖에 없었습니다. 그동안 수영연맹은 부당한 판정에 항의하는 매뉴얼을 만들어 연습했습니다. 이의 제기 프로세스를 사전에 숙지하고 있었고, 영어 의사소통에도 문제가 없도록 했습니다. 규정상 판정 30분 이내에 이의를 제기해야 했는데, 사건 발생 22분 만에 이의를 제기했습니다. 우리가 제기한 첫 번째 이의 신청은 기각됐지만, 저희는 즉시 비디오 판정을 요구하는 영문 서신을 제출했습니다. 판정에 승복할 수 없다며 항소하고, 비디오 판독을 요구했습니다. 아쿠아틱센터에서 FINA 제소위원회가 소집되었고, 심의위원들은 3개의 비디오를 정밀하게 보며 1시간 30분을 숙고한 결과 '선수가 움직이기는 했으나, 습관일 뿐 고의성은 없다'는 기적 같은 결론을 도출했습니다. 끝까지 포기하지 않고 심의위원들의 현명한 판단을 기다린 덕분이었습니다."

tip 런던올림픽에서 박태환의 실격 소식은 매우 충격적이었다. 그런데 곧이어 실격이 번복되며 박태환이 결선 올림픽 2연패에 도전하자 국민들은 환호했다. 실격 번복은 매우 놀라운 일이었다. 세계수영연맹(FINA)의 판정이 제소위원회를 통해 번복된 것은 25년 만에 처음 있는 일이기 때문이다. 판정이 신속하게 번복된 데는 우리 측의 위기 대처 능력이 큰 역할을 했다. 사전에 발생 가능한 위기 대응 매뉴얼을 만들고 현장에서 신속하게 대응한 점 등은 모두가 배울 만하다.

✚ 리더십을 발휘한 경험을 소개하라.

영국의 탐험가 어네스트 새클턴 편

"1914년 27명의 대원들과 함께 남극 탐험에 나섰을 때 난파로 인해 생사가 갈리는 상황이 생겼습니다. 비록 앞이 보이지 않는 절망의 순간이었지만 낙담하거나 동요하지 않고 희망을 가진 결과, 635일 만에 28명 모두 생환할 수 있었습니다. 당시엔 일단 탐험에 나서면 전 대원이 살아서 돌아오는 경우가 거의 없었습니다. 저는 남극의 부빙에 배가 난파되자마자 목표를 남극 탐험에서 전 대원들의 귀환으로 수정했습니다. 그리고 대원들이 '당장 내일 구조될 수 있다'는 희망을 잃지 않도록 했습니다. 불만을 가진 사람을 곁에 두고 끊임없이 대화했고, 게임도 하면서 분위기가 침체되지 않도록 조치했습니다. 저를 포함해서 모든 대원이 공평하게 일하고 입고 먹도록 하여 차별로 인한 불만의 여지를 사전에 예방했습니다. 또한 저의 부재에 대비하여 상황에 따라 대원 중 한 사람을 지도자로 지명하여 위계질서를 바로하고 난관을 극복하게 했습니다. 영하 40~50도의 혹한과 굶주림에 시달리고 배까지 난파되어 죽음의 공포와 사투를 벌였지만, 이렇게 희망의 끈을 놓지 않고 서로에 대한 믿음과 존중으로 똘똘 뭉친 결과 28명 모두 살아서 돌아올 수 있었습니다."

> *tip* 새클턴은 남극대륙 횡단에 실패하고도 더 큰 명성을 얻었다. 신뢰와 희생, 확고한 목적의식으로 28명 대원들의 목숨을 구했기 때문이다. 『새클턴의 위대한 항해』는 헌신과 솔선수범으로 모두를 살려낸 새클턴의 리더십이 잘 나타나 있다. 저성장의 늪에 빠진 우리 경제는 부빙에 갇힌 새클턴의 배와 같다. 지금 기업은 새클턴처럼 리더십을 갖춘 인재를 필요로 한다. 리더십은 100대 기업이 최종 합격자 결정에서 가장 중요하게 고려하는 인재상이다(한국고용정보원 조사 결과).

✚ 지원 분야 외에 몰두한 경험을 소개하라.

영화배우 레오나르도 디카프리오 편

"환경 보호입니다. 98년 환경 단체인 '레오나르도 디카프리오 재단'을 설립해 환경 보호 및 자선 활동을 펼치고 있습니다. 얼마 전에는 지구온난화를 경고하는 환경 다큐멘터리 〈11번째 시간〉을 제작해 칸 영화제 비경쟁 부문에서 특별 상영을 하기도 했습니다. 최근 가장 관심을 갖고 있는 문제는 야생 호랑이의 멸종을 막는 일입니다. 야자수 오일이나 목재가 필요한 기업들이 세계 각국의 숲을 사들이면서 야생 호랑이가 갈 곳을 잃어가고 있습니다. 텍사스 주 동물원 우리에 갇힌 호랑이 수가 야생에서 살고 있는 호랑이 수보다도 많을 것입니다. 생태계가 파괴되는 것을 막기 위해 사람들의 관심을 불러일으키는 것이 영화배우로서 저의 역할 중 하나라고 생각합니다."

tip 배우 디카프리오는 환경 보호 운동가로도 유명하다. 배우 외에도 이처럼 몰두하는 다른 영역이 있다는 것은 참으로 매력적으로 느껴진다. 특히 공익적인 부분이기에 인성까지 좋아 보인다. 몰두한 경험을 묻는 질문에는 디카프리오처럼 구체적인 활동을 함께 언급함으로써 신뢰를 높여라. 면접 상황임을 감안해서 개인적으로 소중한 것만을 언급하지 말고 지원 분야와 산업을 고려해 답하는 것이 현명하다.

✚ **꾸준히 노력해서 성취한 것이 있다면?**

방송인 박경림 편

"미국 유학 중 뮤지컬 〈헤어스프레이〉를 보고 감동을 받았습니다. 여주인공 역할을 해야겠다고 마음먹은 뒤 라이선스를 따기 위해 노력했습니다. 결국 라이선스는 대형 기획사가 따냈고, 제 열정에 기획사 사장은 오디션을 보게 해 주었지만 아쉽게도 떨어졌습니다. 하지만 저는 포기하지 않았습니다. 〈헤어스프레이〉가 다시 무대에 오르는 2년여의 시간 동안 전문 트레이너의 도움을 받아 노래 연습을 하고 오디션에 합격했습니다. 단지 유명해서가 아니라 피나는 노력이 있어야만 원하는 것을 성취할 수 있음을 새삼 깨달았습니다. 입사 후 업무를 맡았을 때도 이 경험과 열정을 살려 성공적으로 해내겠습니다."

> *tip* 목표를 향해 꾸준히 노력하고 성취하는 것, 이것만큼 감동적인 이야기가 또 있을까? 입사하게 되면 이처럼 오랫동안 노력해서 결과물을 얻어야 하는 프로젝트가 많다. 3개월 미만의 단기간이 아니라 적어도 1년 이상의 노력을 들여 성취한 경험이 있다면 배경과 노력, 성과를 정리하라. 면접관의 흥미를 사로잡을 수 있을 것이다.

✚ 계획을 세워 노력한 일은 무엇인가?

골프 선수 타이거 우즈 편

"계속해서 새로운 스윙을 연마한 것입니다. 농구 황제 마이클 조던은 자신의 치명적인 단점을 슛 동작을 바꾸어 극복했습니다. 저는 조던을 보면서 지속적으로 좋은 성과를 내려면 새로운 스윙을 연마해야겠다고 다짐했습니다. 이후 몸통 회전 스윙을 바꾸었고, 무릎 부상을 겪은 후에는 원 플레인 스윙으로 변화를 줬습니다. 심각한 슬럼프에 빠졌을 때도 포기하지 않고 투 플레인 스윙과 원 플레인 스윙의 장점을 적절하게 적용함으로써 슬럼프를 극복하고 세계 랭킹을 끌어올렸습니다."

> *tip* 면접관은 즉흥적으로 의사결정을 하고 노력하는 지원자보다 계획을 세워 노력하는 인재를 선호한다. 계획을 세울 때는 시장조사가 중요하다. 타이거 우즈처럼 자신의 분야를 넘어서 농구 황제까지 벤치마킹하는 모습은 면접관에게 신선함을 줄 수 있다.

✚ 지금껏 가장 힘들었던 일은 무엇이었는가?

가수 인순이 편

"2008년 9월 3일, 어떤 기자에게서 전화가 왔습니다. 제가 고등학교에 진학하지 못한 것을 알고 기사를 써도 되겠느냐는 내용이었습니다. 저는 기사를 내는 것은 괜찮지만, 웃고 있는 사진을 써달라고 부탁했습니다. 다음 날이 어머니 기일이라서 울고 있는 사진을 쓰면 하늘에 계신 어머니께서 슬퍼하실 것 같았기 때문입니다. 그 후로 검정 고시학원을 알아봤으나 공부는 때가 있음을 알았습니다. 저는 공부에 대한 열망만큼 더 열심히 노래를 하자고 다짐했고, 그 결과 대한민국문화예술상 대중예술부문상을 수상할 수 있었습니다."

개그맨 김준호 편

"SBS 〈웃찾사〉에서 다시 KBS2TV 〈개그콘서트〉로 옮기려고 할 때 준비 과정에서 소속사 문제가 발생해 공백 기간이 길어졌습니다. 그때가 데뷔 후 가장 힘든 시기였습니다. 하지만 동료 김대희 씨가 같이 있어주어서 힘을 낼 수 있었습니다. 동료의 도움으로 여러 가지 아이템이 나왔고, 그 아이디어를 토대로 〈개그콘서트〉 무대에 다시 설 수 있었습니다."

> *tip* 누구에게나 삶에서 힘든 순간은 있다. 그 기억은 정말 힘들고 속상하지만 인순이처럼 진솔한 이야기를 전한다면 면접관의 마음을 두드릴 수 있다. 김준호는 힘든 기간을 이겨낸 요인으로 동료의 격려와 아이디어를 꼽았다. 원만한 대인관계와 긍정적 성향을 엿볼 수 있는 점이다. 힘든 일을 물어볼 때도 힘든 일만 이야기하기보다는 이를 어떻게 극복했는지를 덧붙이면 좋은 인상을 줄 수 있다.

✚ **살아오면서 가장 감동적이었던 순간을 말해보라.**

서산시장 이완섭 편

"가장 감동적이었던 순간이라면 아무래도 서산시장 재선거에서 313표의 근소한 표차로 당선된 순간입니다. 당시 저는 막판까지 지고 있었는데, 최종 순간에 극적인 반전을 통해 당선됐습니다. 그 기쁨은 지금도 말로 표현할 수 없을 정도입니다. 16만 5,000명의 서산 시민들의 사랑에 보답하기 위해 '해 뜨는 서산'을 건설하도록 노력하겠습니다. 또 한 가지를 더 떠올린다면, 부이사관 승진과 함께 서산시 부시장으로 발령을 받은 일입니다. 고향에서 부단체장으로 근무할 수 있게 되었다는 사실에 가슴 벅찼습니다."

개그맨 정찬우 편

"5월 15일 스승의 날이었습니다. 후배들의 공연 연습을 모니터링하고 있는데, 난데없이 〈스승의 은혜〉 노래를 부르며 후배들이 트로피를 줬습니다. 함께 살을 맞대고 살았던 세월이 집약된 트로피 앞에서 눈물이 흘렀습니다. 그 순간, 앞으로도 후배들과 성실하게 좋은 공연을 올리겠다고 다짐했습니다."

> *tip* 이완섭 시장은 살아오면서 가장 감동적인 순간을 모두 서산과 관련된 것을 꼽았다. 서산에 대한 열정이 느껴지는 대목이다. 개그맨 정찬우는 후배들과의 에피소드를 꼽으며 품성 좋은 모습을 보여준다. 그런데 일부 지원자들은 자신의 신변잡기적인 소재를 꺼내기도 한다. 그러면 면접관은 지원자의 마음 깊은 곳을 의심할 수밖에 없다. 지원 분야나 회사, 산업과 연관된 일로 마음을 모았을 때 면접관의 고개를 끄덕이게 할 수 있다.

✚ 지금까지 살면서 가장 열정을 다 바쳐서 경험한 것이 있다면 무엇인가?

커피문화원 원장 최성일 편

"해외 커피 산지 농장을 돌며 커피를 공부한 것입니다. 진정으로 커피를 제대로 느끼고 즐기기 위해서는 원산지별 생두의 특징부터 가공, 맛의 변화, 추출법 등을 종합적으로 이해해야 한다고 생각했습니다. 2005년에 처음으로 산지에서 커피를 마셔봤습니다. 제가 그때까지 생각해왔던 커피 맛과는 전혀 달랐습니다. 그 뒤로 콜롬비아, 코스타리카, 엘살바도르 등 커피 농장이 있는 곳은 다 찾아다녔습니다. 공식적인 기관을 거쳐 수월하게 진행할 수도 있었지만 직접 부딪치며 익히는 것이 더 도움이 될 것이라고 판단해서 좋은 품질의 커피를 생산하는 농장들을 찾아다녔습니다. 이렇게 2년간 노력한 결과 촉감과 풍미는 물론 미세한 맛의 차이를 어느 정도 익히고 구별할 수 있습니다. 모두 바삐 움직인 덕분이라고 생각합니다."

> *tip* 열정은 한마디로 실행력이다. 얻고자 하는 결과를 바라기만 하는 것이 아니라 행동으로 옮기는 의지다. 최성일 원장처럼 무언가에 푹 빠졌던 경험을 이야기하라. 그 경험이 회사, 직무와 연계성이 부족하다면 연결고리를 만들라. 열정은 또 다른 열정을 낳을 수 있으니 말이다.

✚ 약속과 원칙을 지켜 신뢰를 형성/유지했던 경험이 있다면?

영화배우 하정우 편

"영화제 시상식에서 제가 했던 공약을 지킨 경험이 있습니다. 2011년 백상예술대상 시상식에서 저는 영화부문 남자 최우수연기상 시상자로 등장했습니다. 2010년에 이 상을 받았는데 이날 〈황해〉로 또다시 후보에 올랐습니다. 함께 시상자로 나선 배우가 '이번에 또 상을 타면 국민 앞에서 공약을 하나 해달라'고 제안했습니다. 저는 '또 상을 받으면 트로피를 들고 국토대장정을 하겠다'고 말했습니다. 수상자 명단을 펼쳐보니 제 이름 석자가 적혀 있었습니다. 저는 약속을 지켜야 한다고 생각했습니다. 먼저 국토대장정에 나설 사람들을 찾았습니다. 당시 영화 〈러브 픽션〉을 함께 촬영하던 배우가 참여해주었고, 배우 지망생들을 대상으로 오디션을 열어 16명의 대원을 모집했습니다. 이후 서울에서 해남 땅끝마을까지 577킬로미터의 국토대장정에 나섰습니다. 20박 21일의 완주 기간에 벌어진 일은 다큐멘터리 영화 〈577 프로젝트〉로 만들어 영화관에 걸었습니다."

> *tip* 하정우는 영화계에서 신뢰감 있는 배우로 정평이 나 있다. 그런 그가 시청자들과의 약속도 지켰다. 〈577 프로젝트〉는 하정우의 성품과 근성을 한꺼번에 보여주는 사례다. 신뢰와 원칙은 많은 기업의 인재상에서 쉽게 찾아볼 수 있는 단어다. 한 대기업 회장은 이라크에서 연쇄 폭탄 테러가 터지는 상황에서도 출장을 강행했다. 이유는 단 하나, 약속을 지키기 위해서다. 약속은 경중을 떠나 모두 소중하지만, 이처럼 어려운 상황에서 지킨 약속은 그 가치가 더욱 빛난다.

[touch]
"다시 태어난다면 누구로 태어나고 싶은가?"

이 질문에 어떤 답을 하느냐를 보면 자신의 삶과 인생에 대해 진정으로 만족하고 있는지 알 수 있다. 보통 "자신의 삶에 대해 만족하느냐?"라는 질문을 던지면 많은 사람들이 대체로 삶에 대해 만족스럽다고 답한다. 하지만 다시 태어나도 지금 자신의 모습으로 살고 싶다는 비율은 크게 떨어진다. 연예인들과 운동선수들의 목소리를 모아보았으니 자신의 생각과 비교해보라. 부정적인 답변에는 실명을 넣지 않았다.

당신은 다시 태어난다면 누구로 태어나고 싶은가?

"여자로, 배우로 살아가는 것이 힘듭니다. 다음 생에는 남자이자 일반인으로 다시 태어나고 싶습니다." — 여배우 K씨

"환생한다면 소녀시대 멤버로 들어가고 싶습니다. 지금 소녀시대나 에프엑스는 좋은 건물에서 연습하지만, 과거엔 지하 연습실을 썼습니다. 비가 오면 H.O.T.가 연습할 수 있게 물을 퍼내는 것이 일이었습니다." — 가수 B씨

"다시 태어난다면 장래희망은 백수입니다. 그냥 쭉 자고 싶습니다."
 — 유도 선수 J씨

"다시 태어나면 연예인을 하지 않을 것입니다. 무대에 서는 일 이외에는 연예인이랑 잘 안 맞기 때문입니다." — 개그맨 J씨

"다시 태어난다면 연기는 안 하고 싶습니다. 제 딸도 절대 안 시킬 것입니다. 정말 때려치우고 싶다는 생각을 한 적이 한두 번이 아닙니다. 연기보다는 외부적인 일 때문에 그렇습니다. 이렇게 해도 욕먹고, 저렇게 해도 욕먹고, 대체 어떻게 하라는 것인지 모르겠습니다."
– 배우 S씨

"다시 태어난다면 금발머리의 서양 여자로 태어나고 싶습니다. 여성스러운 원피스를 입고 높은 하이힐을 신어보고 싶기 때문입니다."
– 가수 L씨

"돌고래로 태어나 멋진 쇼를 보여드리겠습니다."
– 가수 조권

"다시 태어난다면 양현석, 박진영, 이수만이고 싶습니다. 인기 걸그룹들이 소속된 연예 기획사의 대표가 되고 싶습니다."
– 배우 이정진

"다시 태어나도 연기자가 되고 싶습니다. 어떤 어려움이 와도 배우로 살 것입니다."
– 배우 신은경

"다시 태어나도 야구 선수가 되고 싶습니다. 저는 누구보다 야구를 사랑할 뿐만 아니라, 야구 없는 삶은 상상도 하기 어렵습니다."
– 뉴욕 메츠 3루수 데이비드 라이트

"다시 태어난다면 오페라를 만들고 싶습니다. 무대가 만들어지는 과정은 보는 것만으로도 아름답고, 거기에 배우들의 연기와 노래가 합쳐지는 예술이기에 욕심이 납니다."
– 세계적 지휘자 마리스 얀손스

04〉밥과 반찬도 어울리는 그릇이 있다
– '회사형 질문' 답변법

◈ 예시로 배우는 '회사형 질문' 답변법

Q. 우리 회사에 지원한 동기는 무엇인가?

3편의 면접 답변 예시를 빠르게 읽고 상, 중, 하를 표시해보자.

〈예시 1〉   (상 / 중 / 하)

"어릴 적부터 어머니가 A사에 만든 제품을 사용하는 것을 보며 회사에 대한 관심이 커졌습니다. 해외여행 중 우연히 회사 광고를 마주치고는 자부심도 느꼈습니다. 1년 전 A사 홍보대사를 하며 꿈에 그리던 A사를 3차례 방문했습니다. 저를 따뜻하게 대해주시는 직원들의 가족 같은 모습에 한 치도 망설이지 않고 지원하게 되었습니다."

〈예시 2〉   (상 / 중 / 하)

"최대 고객 가치를 창출하는 소프트웨어 엔지니어가 되고 싶어 지원했습니다. B사의 하청 기업에서 관리자로 일하셨던 아버지를 통해 B사 제품의 우수한 기술력과 미래 전망에 대해 자주 들어왔습니다. B사의 셋톱박스는 국내뿐만 아니라 해외 고객들의 니즈에도 맞게 설계되어 수출되고 있습니다. 소프트웨어 엔지니어를 꿈꾸는 제게 B사가 갖추고 있는 체계화된 개발 프로세스는 매우 매력적으로 다가왔습니다. 저는 대학교 때 고객의 성향을 분석해서 전자기기를 판매한 경험이 있으며, 일본 전자회사 인턴 경험과 유럽 여행을 통해 글로벌 문화를 접했습니다. 이런 경험을 토대로 B사에 입사해 국내는 물론 해외 고객이 원하는 셋톱박스를 개발하고 싶습니다."

〈예시 3〉   (상 / 중 / 하)

"크게 2가지 이유에서 C사를 선택했습니다. 첫째, 투명 플렉서블 디스플레이의 대중화에 기여하고 싶어서 지원했습니다. C사는 다른 회사보다 차세대 디스플레이 시장에 30퍼센트 이상 많은 투자를 하고 있습니다. 저는 대학원에서 전자전기공학을 전공하며 지도교수님으로부터 차세대 반도체 원천 기술에 대한 비전을 많이 들었고, 해당 분야에 관심을 갖고 연구를 해왔습니다. 졸업 논문도 투명 플렉서블 디스플레이와 관련된 주제를 정했습니다. 입사 후 차세대 반도체 원천 기술을 개발함으로써 큰 비용 절감 효과를 가져오겠습니다. 둘째, 윤리적인 기업이기 때문입니다. 얼마 전

> C사에 다니는 선배로부터 이런 이야기를 들었습니다. 회장님께서 직원들과의 만남에서 '월급이 많지는 않지만, 프라이드를 가지세요. 이 돈은 아주 깨끗한 돈입니다'라고 말씀하셨다고 말입니다. 그 이야기를 듣고 매우 감동받았습니다. 저 또한 C사의 일원이 되어 프라이드를 갖고 싶습니다."

〈예시 1〉은 진부하다. 많은 구직자들이 지원 회사가 훌륭하기 때문에 그 일원이 되고자 한다는 것을 강조한다. 그 회사의 브랜드 이미지와 높은 연봉, 화려한 광고 등을 보고 지원하면 면접관을 설득하기 어렵다. 면접관은 앵무새처럼 비슷한 칭찬에 하품이 나올 지경이다. 지원 동기를 효과적으로 말하기 위해서는 먼저 자신이 그 회사에서 어떠한 일을 하고 싶은지 목표를 수립해야 한다. 이러한 과정에서 애사심과 직업관이 생긴다. 〈예시 2〉와 〈예시 3〉은 〈예시 1〉에 비해 지원 동기가 적극적이다. 입사 후 해당 회사에서 펼치고 싶은 포부가 명확하고, 그것을 위해 어떤 노력을 했는지 잘 나타나 있다. 회사에 대한 관심도 너무 뻔하지 않게 잘 표현했다.

'지원 동기'는 출제 빈도 0순위 질문이기 때문에 철저히 준비해야 한다. 면접관이 듣고 싶어 하는 핵심을 요약하면 크게 3가지다.

첫째, 다른 회사가 아닌 우리 회사를 선택한 이유는 무엇인가?
둘째, 지원자의 장점이 회사의 어떤 점에 부합되고 회사 발전에 기여할 수 있는가?
셋째, 우리 회사 입사를 위해 무엇을 준비했는가?

대기업이나 공기업에 지원할 때는 높은 인지도와 연봉, 고용 안정성 등을 이유로 선택한 느낌이 들지 않도록 주의해야 한다. 중소기업은 대기업으로 가는 징검다리로 활용하려는 것은 아닌지 의심하므로 확고하게 입사 의지를 전달하는 것이 중요하다.

◈ 이렇게 바뀌었어요 '3단계 회사형'

Q. 다른 회사는 어느 곳에 지원했는가?

"입사 지원은 이곳이 처음입니다. 오직 이 회사만 바라보고 기다렸습니다."

1단계 클리닉

◎ 면접관은 지원자가 우리 회사 말고 어떤 회사에 지원했는지 알고 싶다. 이유는 크게 2가지다. 지원한 회사를 통해 방향성과 목표의식을 알 수 있고, 다른 기업과 동시에 합격했을 때 지원자가 과연 어떤 선택을 할지 의심스럽기 때문이다. "이 회사에 붙은 다음에 정말 다니고 싶었던 회사에서 합격 전화가 오면 어떻게 할 것인가?"처럼 구체적으로 묻는다면 조심스레 합격 가능성을 점쳐봐도 좋다.

◎ 면접관들도 취업이 힘든 상황에서 우리 회사만 지원했으리라고 생각하지 않는다. 위 답변처럼 입사 지원한 곳이 이곳뿐이라면 오히려 왜 그런지 질문할 수 있다. 이때 "구직 활동을 한 지 얼마 안 돼서 그렇다"처럼 생각 없이 말하면 불합격 열차를 타게 될 것이다.

◎ 만약 여러 곳에 입사 지원을 했다면 이곳에만 지원했다고 거짓말을 하지 말라. 솔

직하게 답하되 자신의 목적의식과 입사 의지를 확실히 밝히는 것이 좋다.

"네, 20여 개 기업에 지원했습니다. 10곳은 서류 전형에서 떨어졌고, 5곳은 인성·적성 검사에서 떨어졌습니다. 나머지 기업은 결과 발표가 나지 않은 상태입니다."

2단계 클리닉
- 솔직하게 답하라고 했더니 너무 솔직했다. 눈치껏 솔직해져라.
- 자신의 불합격 사실을 널리 알릴 필요는 없다. 여러 곳에 지원했다면 그중 면접 보는 회사와 규모가 비슷한 기업이나 동종업계 2~3곳을 언급하는 것이 좋다. 백화점, 건설, 은행 등 업종을 막론하고 '묻지 마' 지원한 것을 알리면 해당 산업에 관심이 있다는 것을 입증하기 어렵다.

"네, B와 C 기업에 지원했습니다. 일부는 서류 전형에 합격했고, 일부는 결과 발표가 나지 않은 상태입니다."

3단계 클리닉
- 부정적인 느낌은 사라졌지만, 위 답변은 입사 의지가 부족해 보인다. 면접 보는 회사에 들어올 것이라는 의지를 전달하는 것이 가장 중요하다. 만약 떨어진 경험이 있다면, "A와 B에 지원해서 떨어진 경험이 있다. 이를 통해 부족한 점을 깨달을 수 있었고 그동안 어떤 노력을 통해 보완했다. 더욱 발전된 모습으로 이곳에 지원했다"처럼 말하는 것도 괜찮다.

"네, B, C 기업에 지원해서 발표를 기다리고 있습니다. 하지만 A사가 입사 희망 1위입니다. A사에 합격되면 다른 회사는 포기하고 반드시 A사에 입사할 것입니다."

◈ '회사형 질문' 대표 20선

✚ 우리 회사에 대해 아는 것을 말해보라.

❶ "친환경 경영을 위해 다양한 노력을 하고 있는 것으로 알고 있습니다. F사는 항공기 탄소 배출 감소 목표량을 기존보다 50퍼센트 늘려 2020년까지 30퍼센트 감축을 목표로 달성률을 상향 수정했습니다. 탄소 중립 서류 특송 서비스 등의 친환경 프로그램은 연간 217만 그루의 묘목을 심고 10년 동안 기르는 것과 동일한 효과를 내고 있습니다. 또한 지난해 지진과 쓰나미 피해를 입은 일본에는 국내외 NGO 단체들과 협력해 100만 달러 상당의 음식과 주거 용품, 의료 용품, 식수 정화 장비, 담요, 위생 장비 등을 제공하면서 글로벌 공헌에도 앞장서고 있습니다."

❷ "물류에 통신을 접목해서 물류산업 선진화에 앞장서고 있습니다. S사는 스마트 디지털 운행 기록계 보급, 컨테이너 화물 안전 수송 기술 개발 등에 역량을 집중하여 통신을 활용한 물류 선진화에 다양한 노력을 기울이고 있습니다. 최근 교통사고 감소와 안전 운전 문화 정착, 화물 운송 시장 선진화라는 목표 아래 무선 통신형 스마트 디지털 운행 기록계 서비스를 선보여 물류업계 관계자들로부터 큰 호응을 얻고 있습니다. 스마트 DTG 사업 개발에 관심을 갖고 있는 저는 S사의 이런 행보가 자랑스럽습니다."

> *tip* 범위가 넓어서 대답하는 데 고민스러울 수 있다. 연혁부터 쭉 읊자니 시간 제한이 따른다. 이 경우에는 해묵은 정보보다 회사의 최신 이슈를 중심으로 풀어가는 것이 좋다. 채용설명회를 방문하거나 선배 사원을 만나면 그 회사가 관심 있는 부분에 대한 정보를 얻을 수 있다.

✚ 포항에 제철소가 들어선 까닭은?

"종합제철소는 다른 산업과 달리 입지가 무척 중요합니다. 무엇보다 제철소를 세울 충분한 땅이 있어야 하고, 철도나 도로 같은 교통 시설은 물론 전기나 물처럼 필요한 재료도 넉넉해야 합니다. 하지만 그중에서 가장 중요한 요건을 꼽으라면 항구라고 할 수 있습니다. 종합제철은 우리나라에서 나지 않는 원료를 대형 선박으로 수입하고 완제품을 수출해야 하므로 항구가 꼭 필요합니다. 아무리 잘 만들어도 팔 곳으로 옮길 수 없다면 아무 의미가 없을 테니까요. 포항에 제철소가 들어선 것은 부지가 넉넉하고 공업 용수가 풍부한 데다 천혜의 항구를 이루고 있기 때문입니다."

> *tip* 이런 질문에 제대로 답하려면 지원 회사에 대해 폭넓게 알아야 한다. 회사의 역사와 연혁, 지리적 위치는 물론 상품과 서비스, 브랜드, 채용 슬로건까지 다양한 부분을 꼼꼼하게 체크하자.

✚ 우리 회사를 어떻게 평가하는가?

❶ "회사가 가진 많은 장점에도 노조를 탄압하고 하청 기업에 일방적인 희생을 요구하는 등 개선해야 할 기업 문화를 가지고 있다고 생각합니다."

❷ "보석 같은 회사라고 생각합니다. 이는 매출액과 관련이 있습니다. A그룹 전체 매

출인 약 160조 중에서 이 회사의 연간 매출은 약 3조이기 때문에 그룹 내에서 큰 매출 비중을 차지하는 것은 아닙니다. 하지만 창립 이래 한 번도 적자를 낸 적이 없습니다."

❸ "타 은행이 양산이라면 A은행은 비 올 때 우산을 씌워주는 은행입니다. A은행은 IMF와 같은 경제 위기 때마다 타 은행과 달리 오히려 대출을 확대했습니다. 국가 신용 등급과 동일한 신용 등급을 가지고 있기에 우리나라에서 가장 안전한 은행이며, 국내 은행 중에서 유일하게 고용 창출 100대 우수 기업에 선정되는 등 기업의 사회적 책임을 완수하는 은행이라고 생각합니다."

> *tip* ①은 실제로 대기업 면접장에서 지원자가 한 말이다. 그는 평소 소신을 밝혔지만 답변을 들은 면접관들의 얼굴은 벌겋게 상기됐고, 이후 분위기는 매우 험악했다고 한다. 대답하기 전에 이 자리가 면접장임을 인식하자. ②와 ③은 회사에 대한 장점을 근거와 함께 잘 전달했다. 근거 없이 칭찬만 하면 입에 발린 말로 오해할 수 있다. 회사에 대한 장점과 단점을 함께 이야기하라는 주문도 자주 한다. 단점을 말할 때는 예의 바르게 접근하자. 경쟁사와의 비교를 통해 데이터를 바탕으로 말하는 것이 가장 안전하다.

✚ 우리 회사에 아는 사람이 있는가?

"네, 경영기획팀 ○○○ 대리를 알고 있습니다. 저희 학교 선배인데, 그 선배는 평소 회사에 대한 애정과 열정으로 똘똘 뭉쳐 있습니다. 특히 미얀마에 대한 관심이 생소했던 2006년 현지에 진출해서 성공 일지를 써 내려가는 것에 매우 큰 자부심을 갖고 있습니다. 그런 선배의 모습을 보면서 입사 열의가 더 강해졌습니다. 저는 대학교 때 미얀마로 봉사활동을 떠난 경험이 있는데, A사와 공통분모가 있다는 점이 인상적이었습니다."

> **tip** 회사에 대한 이해도가 어떤지를 보는 질문이다. 지인이 회사에 근무하고 있다면 정보를 얻기 쉬워서 다른 지원자보다 더 준비를 잘했을 것이라고 예측한다. 또한 회사의 장단점을 잘 알기 때문에 입사 후 퇴사율이 낮을 것이라는 기대감도 있다. 또한 지원자가 어떤 사람인지 지인에게 확인하는 용도로도 활용할 수 있다. 면접은 비교적 짧은 시간 동안 이뤄져서 지원자를 정확히 파악하는 데 어려움이 있기 때문이다.

✚ 현대·기아차와 도요타의 차이를 말해보라.

"해외 시장 공략에서 2가지 차이가 있습니다. 첫째, 현대·기아차는 해외 공장을 지을 때 연산 30만 대 생산 체제가 기본입니다. 최신 설비를 갖춰 품질의 균일화를 이루고 5만 대, 10만 대 생산 체제에 비해 원가 경쟁력을 높일 수 있습니다. 그러다 보니 현대·기아차는 2011년 전 세계 9개국의 16개 생산 거점에서 660만 대를 만들었는데, 도요타는 27개국 50개 생산기지에서 800~900만 대를 생산했습니다. 또한 도요타는 해외 시장을 공략할 때 현지 공장을 인수·합병(M&A)하는 안전한 전략을 주로 사용하지만, 현대·기아차는 리스크가 높은 그린필드 전략을 택하고 있습니다. 허허벌판에 최신 설비의 공장을 짓고, 협력 업체와 함께 운명을 걸고 진출하는 식입니다. 이는 현대·기아차의 도전과 뚝심이 있기에 가능한 일이라고 생각합니다."

> **tip** 경쟁사와의 비교는 자주 출제되는 질문 중 하나다. 기업 문화, 시스템, 상품, 서비스, 해외 전략 등 다양한 면을 살펴보면 유리하다. 감정적으로 경쟁 업체를 비난하는 것은 좋지 않다. 데이터를 통해 지원 회사의 우수성을 강조하자.

✚ **우리 회사가 자동차 외에 다른 산업에 뛰어든다면 어떤 시장을 추천하겠는가?**

"전기자전거 시장입니다. 지금까지 프리미엄 전기자전거 시장의 주 타깃은 50대 이상의 중장년층이었지만, 앞으로 고객층은 30~40대가 주력이 될 가능성이 큽니다. 전기자전거는 친환경·건강·이동성 등 3가지의 메가트렌드에 정확히 부합한다는 점에서 발전 가능성이 높은 사업군입니다. 프리미엄 전기자전거의 가격이 최소 200만 원이 넘는다는 점을 감안하면 매출도 안전하게 확보할 수 있습니다. 30~40대가 전기자전거의 주 타깃층이 되면 자동차 시장의 주 타깃과 정확하게 맞아서 기존 사업과 시너지가 날 것입니다. 시장 타깃은 프리미엄 전기자전거에 대한 관심이 높은 유럽과 세계 인구 2위의 인도를 공략하고 싶습니다."

tip 시장 흐름을 정확히 꿰뚫고 있어야 한다. 새로운 사업에 대한 아이디어는 물론 시장 진출 비용과 기간 등을 구체적으로 묻는 경우도 있으니 철저히 준비하자.

✚ **은행 지점이 포화 상태인데, 앞으로 은행 점포는 어떻게 변해야 할까?**

"틈새시장을 공략해 효율성을 높여야 합니다. 크게 2가지 아이디어를 제안하고 싶습니다. 첫째, 컨테이너 점포입니다. 대규모 신도시 건설 현장에는 편의 시설이 부족해서 많은 고객들이 어려움을 겪고 있습니다. 하지만 입주율이 20~30퍼센트로 낮은 데다 주변 상권이 확보되지 않은 상황에서 점포를 내는 것은 모험에 가깝습니다. 이때 컨테이너 박스를 활용해 점포를 개설하면 점포 임대료를 아끼고 신도시 입주 초기 고객을 선점할 수 있습니다. 정식 지점을 연 후에는 다른 신도시로 옮겨 재활용도

가능합니다. 둘째, 공중전화 점포입니다. 휴대전화 등장과 함께 공중전화 박스는 퇴물이 되었습니다. 이 공간에 자동입출금 기기를 설치하면 고객 확보와 비용 절감을 동시에 노릴 수 있습니다. 대부분의 공중전화는 유동 인구가 많은 요지에 설치되어 있어서 고객 편의성을 높이고 수신 기반을 확대하는 데 유용합니다. 이외에도 고객들의 니즈를 분석하고 반영한 이색 점포로 변화하는 시장 상황에 대비해야 합니다."

> *tip* 불과 몇 년 전만 해도 시중 은행들의 점포 전략은 좋은 장소 선점(where)이었다. 하지만 현재 은행 점포 전략의 초점은 누구(who)에 맞춰져 있다. 은행 지점이 포화 상태인 데다 인터넷·모바일 뱅킹 등의 활성화로 지점 창구를 찾는 고객들이 현저히 줄어들었기 때문이다. 위에서 예를 든 컨테이너 점포와 공중전화 점포는 KB국민은행과 IBK기업은행의 이색 점포 사례다. 은행 지원자라면 이러한 흐름을 꿰뚫는 것은 기본이고, 새로운 시장을 확보하기 위해 은행이 어떻게 변화해야 하는지 고민해야 한다.

✚ 백화점이 계속 성장하려면 어떻게 해야 하는가?

"지금까지의 시장 점유율(MS) 경쟁에서 나아가 가치 점유율(LS) 경쟁으로 바뀌어야 합니다. 앞으로는 고객 만족을 최우선으로 했던 마켓2.0 시대가 저물고 고객이 원하는 가치를 제공하는 마켓3.0 시대가 열릴 것입니다. 이러한 상황에서 고객에게 단순히 물건만 팔고 가치를 주지 못하면 미래 성장이 불투명하다고 생각합니다. 마켓3.0 시대에 핵심은 상품과 시설입니다. 먼저 다른 백화점과 차별화된 새로운 상품 구성(MD)을 끊임없이 선보여야 합니다. 요즘 고객들은 유행하는 브랜드와 상품 디자인에 민감합니다. 이런 고객의 요구를 충족시켜야 합니다. 또한 시설 측면에서는 고객이 편안하게 쉬었다 간다는 느낌을 줄 수 있어야 합니다."

> *tip* 지원 회사와 그 회사가 속한 산업이 어떤 과제를 갖고 있는지 면밀하게 공부해야 한다. CEO나 협회 수장의 인터뷰, 칼럼 등을 통해 정보를 사냥하자.

✚ 패션 시장에서 나타나는 불안 요인을 2가지 꼽고 이에 대한 대안을 제시하라.

"패션 시장에서 나타나는 불안 요인은 크게 매출 둔화, 고물가 등으로 말씀드릴 수 있습니다. 먼저 매출 둔화입니다. 현재 패션 시장은 장기간 매출이 오르지 않고 있습니다. 특히 지구온난화로 계절 균형이 깨져서 매출 성장에 장애가 되고 있습니다. 이에 대응하기 위해서는 시장을 세분화해 새로운 수요를 발굴하고, 스포츠·레저 시장의 다양화를 모색하는 등 신성장 동력을 확충해야 합니다. 또한 품질이나 디자인과 같은 비가격 경쟁력을 강화시키고, 이상기후에 대한 심도 높은 연구를 통해 날씨 파생 상품을 적극 개발해야 합니다. 두 번째, 고물가입니다. 우리 패션 제품의 가격이 국가 소득력 대비 글로벌 럭셔리 브랜드 수준으로 높아졌습니다. 심지어 할인점이나 인터넷 쇼핑몰은 물론 보세점에서 판매되는 제품조차 글로벌 SPA형 브랜드들보다 가격이 더 높은 실정입니다. 이에 대응하기 위해서는 기업의 운영 방식을 혁신하여 비용 절감을 도모해야 합니다. 총체적 공급망 전략(SCM)을 도입해 생산비·물류비의 감소와 적기 공급의 증대가 필요하고, 위탁 형식이나 입점 테넌트 형식의 유통 거래 구조에서 사입 형태를 확대하고 직거래를 강화해야 합니다."

> *tip* 해당 시장을 다각도로 분석하는 것은 쉬운 일이 아니다. 전문지를 정독하고 세미나 등에 참가하면 트렌드를 파악하는 데 도움이 될 수 있다.

✚ 서류 전형 통과 후 입사를 위해 어떤 노력을 했는가?

❶ "면접 스터디를 결성하고 예상 질문을 뽑아 모의 면접을 하면서 대비했습니다."

❷ "○○브랜드 매장을 차례 찾아가서 고객 20여 명을 만났습니다. 그들이 겪은 좋은 서비스와 불편에 대해 이야기를 나누며 입사 후 어떤 자세로 일하는 것이 좋을지 고민했습니다."

❸ "건설 현장을 방문해 선배님들께 조언을 구했습니다. A건설 시공 현장을 13번 찾아간 끝에 견학을 허락받고 이틀 동안 공사 현장을 관찰했습니다. 또한 현장에 계신 선배님들과 점심 식사를 하면서 현장 관리에 필요한 업무 자세와 노하우를 배울 수 있었습니다."

> *tip* 지원자의 입사 열의를 확인하려 한다. ①처럼 면접 스킬을 올리기 위해 노력했다고 답하는 것은 NG! ②, ③처럼 발로 뛰며 준비한 경험이 면접관의 마음에 와 닿는다.

✚ 예전 회사는 왜 그만두었는가?

"제가 그 회사를 그만둔 것은 적성에 맞지 않는 업무를 장기간 맡게 되어서입니다. 당초 회계직으로 입사 지원을 했는데, 함께 일하던 직원이 갑작스럽게 퇴사하면서 총무 업무가 추가로 주어졌습니다. 직원을 뽑을 때까지 1달만 일하기로 한 것이 시간이 흐르면서 제 업무 영역으로 인식되었고, 회계보다 총무 업무에 더 많은 시간을 할애하게 되었습니다. 이 부분을 상사와 몇 차례 이야기하다가 방침에 변화가 생기지 않아서 퇴사를 결심했습니다. 이 일을 겪으며 저의 적성과 비전에 맞는 업무 수행이 매우 중요하다는 것을 깨달았습니다. 저는 회계 업무에 적성이 잘 맞는다고 자부합니다. 이전 회사를 다닐 때도 업무 외 시간에 관련 교육을 꾸준히 받으며 자기계발을 해왔습니다. 입사 후 회계부서에서 더 좋은 모습과 성과를 보여드릴 테니 증명할 수 있는 기회를 주십시오."

> *tip* 회사를 떠날 수밖에 없는 속사정은 다양하다. 상사와 사이가 나빠서, 회사 분위기가 맞지 않아서, 업무가 너무 단순해서, 적성과 상관없는 일을 하기 싫어서, 회사가 멀어서, 왕따를 당해서 등 이유가 많다. 사실 직장 생활을 해본 사람이라면 어느 정도 이해할 수 있다. 하지만 면접 자리에서는 다르다. 미주알고주알 속내를 털어놓다 보면 면접관은 당신을 불합격 명단에 올려놓을 것이다. 그렇다면 퇴직 사유는 어떻게 말해야 할까? 가장 무난한 이유는 '적성과 비전을 찾아서'다. 위 예시처럼 퇴사 배경을 담담하게 설명하되, 입사 의지를 부각시켜 말하자. 대답할 때는 회사의 조직문화가 어떻게 안 맞았는지, 업무에서 필요한 역량 대비 자신이 갖춘 역량은 어떻게 달랐는지 등을 구체적으로 제시하는 것이 좋다. 더불어 이러한 경험을 통해 무엇을 깨달았고 이번에 지원할 때는 어떤 기준을 갖고 신중하게 임했는지, 입사 후에는 어떠한 각오로 오랫동안 일할 것인지 등을 덧붙이자. 불만 섞인 목소리로 자신이 희생자인 것처럼 행동하거나 남의 탓으로 돌리는 것은 매우 위험하다. 이전 직장에서 갈등이 있었더라도 부정적인 뉘앙스를 풍겨서는 안 된다. 특히 상사에 대한 험담은 금물이다. 면접관도 조직의 상사임을 잊지 말라.

✚ 다른 회사와 동시에 합격한다면 어떻게 하겠는가?

"당연히 A사에 입사할 생각입니다. A사는 제가 오래전부터 관심을 갖고 입사 준비를 해온 1지망입니다. 채용설명회에서 선배들의 이야기를 듣고 회사 안내 팸플릿을 보면서 인재를 매우 소중하게 생각하는 회사라고 생각했습니다. 특히 오늘 이 자리에서 면접관님들을 뵈면서 이런 마음이 더욱 확고해졌습니다."

tip 우수 인재라고 판단했을 때 주로 묻는 질문이다. 면접관은 우수한 인재가 다른 회사에 입사할까 봐 불안감을 갖고 있다. 애사심 담긴 대답으로 면접관을 안심시키자. "회사는 어디에 붙었고 진행 상황은 어떤가?", "입사 후 다른 회사에서 스카우트 제의가 온다면 어떻게 하겠는가?"도 유사한 질문이다. 또한 "채용되지 않을 시 어떻게 할 생각인가?"라는 질문도 던질 수 있는데, 입사 의지를 강하게 보여주는 것이 관건이다.

✚ 출·퇴근 거리가 꽤 먼데, 어떻게 할 것인가?

"가까운 곳에 사는 직원들보다 30분 일찍 출근하고 30분 늦게 퇴근하겠습니다. 대학교를 다닐 때도 왕복 4시간이 걸렸지만 한 번도 아침 수업에 지각하지 않았습니다. 이동 시간에 독서를 하거나 영어 공부를 하며 유용하게 보냈습니다. 입사 후 야근과 철야 업무가 필요하다면 가까운 지인이나 친척 집에서 다니며 업무를 무리 없이 소화하겠습니다. 기회를 주십시오."

tip 생각보다 자주 나오는 질문 중 하나가 출퇴근 거리다. 회사와 집의 거리가 멀어서 업무를 수행하는 데 부담을 느끼거나 퇴사하는 직원이 많기 때문이다. 출근 시간이 1시간 이상 걸린다면 이에 대한 답변을 준비하자. 위 예시처럼 과거에 먼 거리를 오랫동안 다녔던 경험이 있다면 예로 들어 설명하는 것이 좋다.

✚ 야근이 많은데, 할 수 있나?

"물론 할 수 있습니다. 저는 인턴 사원으로 근무할 때 6개월 동안 평균 9시에 퇴근했으며, 철야를 한 적도 많습니다. 제 적성에 맞는 일을 선택했기에 한 번도 피곤한 줄 모르고 생활했습니다. 만약 제가 일처리 속도가 늦어 야근하게 되는 것이라면 업무 능력을 향상시키기 위해 노력할 것이고, 업무량이 많은 것이라면 기쁜 마음으로 저의 발전을 위해 야근 업무를 수행하겠습니다."

> *tip* 업무 특성상 야근이 많다면 이 질문은 빠짐없이 나온다. 실제로는 업무량이 많지 않은데도 업무 의지를 확인하기 위해 묻는 경우도 있다. "회사에서 휴무날 비상연락망으로 출근을 요구한다면 어떻게 하겠는가?", "명절을 제외한 공휴일에도 근무를 해야 하는데 가능한가?", "주말에 갑자기 일이 생겨서 나오라고 하면 어떻게 할 것인가?" 등도 비슷하다. 이때 "열심히 일하겠다"며 추상적인 답변을 늘어놓으면 면접관을 안심시킬 수 없다. 위 예시처럼 좀 더 구체적인 사례를 들어 강한 의지를 보여줘야 한다. 인턴이나 아르바이트, 공모전 등에 참가하면서 밤을 샌 경험이나 희생했던 경험, 몸이 힘들어도 성취했던 경험 등을 근거로 이야기하면 면접관을 설득하는 데 유용하다.

✚ 원하지 않는 부서에 배치받으면 어떻게 할 것인가?

"우선 회사의 방침에 따라 업무를 수행하겠습니다. 회사가 저를 다른 부서에 배치하는 것은 제가 갖고 있는 역량과 그 부서에서 필요한 역량이 맞기 때문이라고 생각합니다. 경험과 배움의 기회로 삼아 열심히 일하겠습니다. 하지만 업무 외적인 시간에 제가 희망하는 직무에 필요한 역량을 키우기 위해 지속적으로 자기계발을 할 것입니다. 저는 희망 업무가 적성에 맞다고 판단해서 학창 시절부터 줄곧 이 분야만 바라보고 왔습니다. 향후 제가 바라는 부서에 TO가 생기면 제일 먼저 기회를 주십시오. 그동안의 관심과 열정을 업무에 쏟아 성과를 내고 싶습니다."

tip "지원한 분야에 갈 수 없다면 어떻게 할 것인가?", "경영 지원을 원하는데 영업에 배치하면 어떻게 할 생각인가?" 등도 유사한 질문이다. 면접관이 이러한 질문을 던지는 이유는 크게 2가지다. 하나는 희망 직무에 대한 열의를 살펴보기 위해서다. 면접관의 기세에 눌려 "이 회사에 입사한다면 어떤 일이든 괜찮다"는 식의 대답은 금물이다. 어정쩡하고 자신감이 없어 보인다. 또 하나는 충성심과 융통성을 엿보기 위함이다. 때로는 하기 싫은 일도 해야 하는 것이 회사다. "무조건 가지 않겠다"며 자신의 생각만 고집하는 것은 융통성이 부족해 보인다. 이 질문에 대답할 때는 예시처럼 회사에 대한 충성심과 직무에 대한 열정, 2마리 토끼를 놓치지 않고 잡아야 한다.

✚ 희망 근무지가 아닌 지방이나 해외 지사로 발령이 난다면?

❶ "근무지는 중요하지 않습니다. 제가 희망하는 업무를 할 수 있다면 어디든 가겠습니다. 지방이나 해외 지사에서 일하는 것은 또 하나의 기회라고 생각합니다."

❷ "죄송합니다. 곧 결혼을 할 계획이고 행복한 가정을 꾸리기 위해 본사에서 근무하고 싶습니다."

❸ "서울에서 근무하는 것 아닌가요? 그렇게 알고 지원했는데요."

❹ (머뭇거리며) "회사의 지시에 따르겠습니다."

tip 입사 의지를 확인하기 위한 질문이다. "아프리카 오지로 발령을 내면 갈 수 있는가?"처럼 구체적인 지역을 제시하거나 "결혼을 앞두고 해외 주재원에 가야 한다면 어떻게 하겠는가?"처럼 난처한 질문을 던질 수도 있다. 실제 근무 배치를 하는 것이 아니므로 ①과 같이 충성심을 보이는 것이 현명하다. ②처럼 안 되는 이유를 늘어놓거나 ③처럼 고지식한 모습을 보이는 것은 NG! ④처럼 답변은 긍정적이더라도 내키지 않는 표정을 짓거나 머뭇거리면 점수를 잃으니 주의하자.

✚ 상사가 과도한 업무를 주거나 부당한 요구를 했을 시 어떻게 하겠는가?

❶ "상사의 말에 무조건 따르고 명령에 복종하겠습니다."

❷ "갈등의 종류에 따라 다르게 대처하겠습니다. 예를 들어 성과 향상을 위해 상사가 과도한 업무를 할당한 것이라면 회사 이익을 위해 열심히 일하겠습니다. 평탄한 길에서는 사이클 선수의 실력을 알 수 없습니다. 오르막에 진입해야 얼마나 페달을 열심히 밟았는지 알 수 있습니다. 저 역시 페달을 열심히 밟아서 제 실력을 입증하고 싶습니다. 하지만 비윤리적이거나 법에 준하지 않은 것을 지시한 것이라면 회사의 윤리 강령을 찾아보거나 법률팀의 상사에게 조언을 구해 판단하겠습니다."

> *tip* 입사 후 발생할 확률이 높은 일이다. 이러한 문제로 퇴사를 고려하는 직장인도 많다. 이때 ①처럼 말하기보다는 ②처럼 갈등의 상황을 몇 가지로 구분한 후 각각에 맞는 대응책을 제시하는 것이 좋다. 면접관은 이 질문을 통해 지원자가 지시 수행과 도덕 준수 양쪽을 모두 만족시킬 만큼 합리적으로 사고하는지 체크한다. 도덕이나 사회 규범을 거스르지 않는다는 선에서 따르겠다고 하는 것이 무난하다. 상황을 역전해서 "본인이 상사인데 부하 직원이 일을 잘 못한다면 어떻게 할 것인지?"와 같은 질문도 나올 수 있으니 함께 대비하자.

✚ 직속 상사가 매우 지독한 성향으로 소문이 자자하다. 그와 계속해서 일해야 한다면?

❶ "선배들의 조언을 통해 직장 생활을 하는 동안 조직 개편 등을 겪으며 직속 상사가 여러 차례 바뀐다고 알고 있습니다. 잘 맞는 상사는 물론이고 잘 맞지 않는 상

사도 만날 수 있겠지요. 오히려 지독한 상사를 만나 닫힌 문을 여는 지혜를 배울 수 있다고 생각합니다. 직장 생활 초기에 지독한 상사를 만난 것은 훌륭한 스승을 만난 것이나 다름없다고 생각하겠습니다."

❷ "큰 장벽은 큰 성공을 주고, 작은 벽은 작은 결과를 줍니다. 상사의 벽은 저의 성공을 가로막는 것이 아니라 도와주는 것입니다. 직장인으로 성공한 기업의 임원이나 CEO들의 칼럼에는 신입사원 시절 지독했던 상사의 이야기가 빠지지 않습니다. 자신을 혹독하게 훈련시켰던 당시의 상황이 현재의 자신을 만드는 데 초석이 됐다고 말합니다. 저는 그 상사가 바로 제가 성공하는 데 초석이 될 것이라고 믿습니다."

> *tip* 어느 회사나 독선적이거나 괴팍한 상사가 있게 마련이다. 그 상사 때문에 부서 배치를 요청하고 심지어 회사를 그만두기도 한다. 면접관은 직장 생활을 하면서 이런 경우를 수도 없이 자주 접했다. 특히 당신이 지원한 부서에 악명 높은 상사가 있다면 더욱 집요하게 관련 질문을 캐물을 수도 있다. 이런 질문을 받을 때는 위 예시처럼 흔들리지 말고 자신의 소신을 밝히는 것이 중요하다.

✚ 강성 노조를 어떻게 생각하는가?

❶ "자본주의 사회에서 사측이 가진 우월한 권력에 노동자가 현실적으로 대응하기 위해서는 노조 활동도 강성으로 치달을 수밖에 없다고 생각합니다."

❷ "노조는 근로자의 권익을 보호하고 회사의 균형 발전을 위해 필요하다고 생각합니다. 하지만 사회나 기업의 전체 이익을 고려하지 않고 회사 정책을 무조건적으로 반대하는 활동은 바람직하지 않습니다. 특히 강성 노조로 인한 파업은 회사의

생산성과 브랜드 인지도를 떨어뜨려서 궁극적으로 근로자와 회사 모두에게 큰 피해를 줍니다. 단기적으로는 해외 생산 비중을 늘려서 국내 노조 파업으로 인한 생산 차질을 최소화해야 하지만, 궁극적으로는 회사와 노조 간에 배려와 화합을 통해 공통의 목표를 향해 나아감으로써 파업과 같은 극단적인 상황은 줄이고 상호 발전적인 노사 관계를 이루어야 한다고 생각합니다."

> *tip* 노사문제는 경영층의 주요 관심사이자 아주 민감한 이슈다. 보수적이거나 노조 문제로 어려움을 겪은 기업이라면 빼놓지 않고 묻는다. 이때 ①처럼 당돌하게 말하면 좋은 점수를 얻을 수 없다. 답변이 맞고 틀리고를 떠나서 입사 후 조직 생활에 적응하지 못하고 돌출 행동을 할 가능성이 높다고 본다. 노동자, 사용자, 사측 등의 표현도 어감이 안 좋다. 근로자와 경영층이라는 표현이 무난하다. 이런 질문을 하는 의도는 조직에 순응할 수 있는 조화로운 성향을 지녔는지 알기 위해서다. 노조에 아무 관심이 없다고 말하거나 노조 활동을 원색적으로 비난하는 것도 좋지 않다.

✚ 당신에게 직장은 어떤 의미인가?

❶ "하기 싫은 일도 반드시 해야 하는 곳입니다. 학생은 하기 싫은 일이 있을 때 하지 않아도 치명적이지 않지만, 직장인은 그렇지 않습니다. 주어진 일이라면 좋든 싫든 해야만 합니다. 그렇지 않으면 월급이 줄거나 일할 기회가 사라질 수 있으니 책임감을 갖고 일해야 합니다."

❷ "직장은 인격을 성장시키는 곳이라고 생각합니다. 매일 아침에 일찍 일어나 출근을 준비하고 하루 8시간 이상 꾸준히 일하면서 근면 성실한 태도를 유지할 수 있고, 다양한 조직원들과 공통의 목표를 가지고 업무를 수행하면서 사회성과 책임감도 기를 수 있습니다. 특히 학교 다닐 때와 비교해 전문성과 책임감의 강도가

다르다고 생각합니다. 학생은 자신의 본분인 공부를 잘못하더라도 타인에게 피해를 주지 않지만, 직장인은 자신의 본분인 일을 잘못할 경우 회사와 동료에게 큰 피해를 줄 수 있습니다. 저는 인턴을 하면서 직장인에게 필요한 전문성과 책임감의 중요성을 절실히 깨달았습니다. 입사 후 제 몫을 다함으로써 정직과 인내, 배려, 신뢰 등 다양한 인격의 열매들을 수확하겠습니다."

tip 직장인으로서의 태도와 마음가짐을 엿볼 수 있는 질문이다. 우리는 일을 통해 돈을 벌고 자아실현을 하며 사회 공헌을 한다. 경제적인 측면도 중요하지만 자리가 자리이니만큼 자아실현이나 사회 공헌 등에 초점을 두고 이야기를 푸는 것이 바람직하다. ①과 ②는 내용은 비슷하지만 말맛의 차이가 크다. ①은 부정적이고 즉흥적인 데 반해 ②는 긍정적이고 신중하다. 같은 말을 하더라도 어휘 선택을 어떻게 하느냐에 따라 어감이 달라지니 주의하자.

신사동호랭이와 오진혁이 회사형 질문에 답한다면?

◈ 명사들의 스토리에서 배우는 '회사형 질문' 답변법

+ 우리 회사가 당신을 뽑아야 하는 이유는 무엇인가?

양궁 국가대표 선수 오진혁 편

"저는 바람의 방향과 세기에 따라 오조준 포인트를 잡아내는 능력을 갖추었습니다. 지난 경기 4강전을 예로 들어보겠습니다. 오른쪽에서 바람이 불었고, 3시 방향의 8점과 9점 사이의 선을 조준해 연이어 10점을 쐈습니다. 결승전에서는 조준점을 9점과 10점 사이로 옮긴 대신 더 강한 슈팅으로 바람을 극복해 12발 가운데 7발을 10점에 명중시켰습니다. 이는 훈련으로 오조준 능력을 향상시킨 결과입니다. 앞으로 경기가 열릴 예정인 런던은 바람이 수시로 변하는 지역입니다. 이 때문에 바람의 변화를 감지하고 본능적으로 대처하는 감각을 갖춘 제가 좋은 성과를 낼 수 있을 것으로 확신합니다."

> *tip* 지원자의 경쟁력을 묻는 질문이다. 지원자를 뽑으면 회사에 어떤 도움이 되는지 이윤이나 성과 측면에서 말하자. 이유가 탁월하다면 하나만 내세워도 괜찮지만 평범하다면 2~3가지 근거와 예시를 간단히 강조하라. 성격과 연관된 모호한 장점보다는 증명 가능한 경험과 전문성을 강조하는 것이 좋다. 예를 들어 인턴과 아르바이트 활동, 특허와 자격증 취득, 교육 이수, 공모전 참가 등의 경험을 내세워라.

✚ 피자 회사의 사훈을 새롭게 만든다면?

미스터피자 회장 정우현 편

"'신발을 정리하자'로 만들고 싶습니다. 피자 사업은 배달 시장이 50퍼센트를 넘을 정도로 비중이 큽니다. 그래서 배달하는 사람이 직접 소비자를 만나게 됩니다. 이 사훈은 피자를 배달하러 간 직원이 고객 집 현관에서 흐트러진 신발을 보면 자연스레 몸을 낮춰 정리할 정도로 고객을 위하는 마음이 평소 몸에 배어 있어야 한다는 뜻입니다. 허식이 아닌 겸손, 진심과 정성, 이것이 진짜 서비스 정신입니다. 이러한 자세를 지속적으로 실천하는 것이 고객으로부터 사랑받는 가장 빠른 길이라고 생각합니다."

> *tip* "신발을 정리하자"는 미스터피자의 실제 사훈이다. 정우현 회장은 미스터피자가 쟁쟁한 글로벌 브랜드들을 제치고 국내 시장 1위로 올라간 비결로 이 사훈을 꼽는다. 피자 배달 간 직원이 고객 집 현관의 신발을 정리해주면 우리 직원도 변하고, 고객의 가정 분위기도 변하고, 우리 사회도 변한다는 의미가 담겨 있다. 사훈에는 회사의 철학과 정체성이 반영된다. 면접 보기 전에 지원 회사의 사훈을 찾아보고 그 의미를 되새겨보자.

✚ K-POP이 더 성장하려면 무엇을 해결해야 한다고 생각하는가?

작곡가 신사동호랭이 편

"K-POP이 성장하려면 K-아티스트로서의 역량을 키워야 합니다. K-POP이 오래도록 사랑받을 수 있는가 하는 문제는 K-POP의 주체가 'K-아이돌'인지, 'K-아티스트'인지의 갈림길에서 고민하게 합니다. 가수 싸이는 앞으로 우리가 가야 할 K-POP의 길을 보여줬다고 생각합니다. 그를 보면 아티스트라는 단어가 떠오릅니다. 뮤직비디오를 주도하고 있고 작사·작곡에 참여합니다. 지망생과 기획자 모두 본질에 대해 생각해봐야 할 때입니다. 스스로 음악을 만드는 실력을 비롯해 주인의식을 가져야 합니다. K-POP이 만들어지는 과정에 가수 자체도 관심을 가져야 합니다. 언제까지 회사에서 가져다준 노래와 누군가가 가이드로 녹음한 곡만 받아서는 K-POP 열풍의 선두에 설 수는 없습니다. 또한 무분별한 해외 진출로 K-POP이 불균형적으로 성장하는 것도 해결해야 할 과제라고 생각합니다. 어느 순간 아이돌 그룹의 기준은 세계 무대에 맞춰져 있습니다. 우리나라에서 탄탄한 시장을 만든 후에 올바른 매니지먼트와 마케팅을 거쳐 해외로 나가야 인정받을 수 있습니다. '우리 것이 좋은 것'이라는 정신으로 접근해야 K-POP이 건강해질 수 있다고 생각합니다."

> *tip* 면접 준비는 철저해야 한다. 지원 분야의 과거를 공부하는 것은 물론 현재를 읽고 미래를 내다볼 줄 알아야 한다. 너무 방대하다면 해당 분야 전문가들의 목소리에 귀기울여보자.

✚ 한국 야구 발전을 위해 아이디어를 낸다면?

야구해설위원 하일성 편

"야구장 증축과 함께 전용 구장 마련이 시급합니다. 대구나 광주에 있는 경기장에 매번 만원 관중이 들어찬다고 해도 워낙 규모가 작기 때문에 관중 수 증가에 한계가 있습니다. 지금 상태로는 관중이 아무리 늘어나도 750만 명 정도가 한계일 것입니다. 경기장당 2만 5,000명을 수용해야 750만 명을 넘어 1천만 관중 시대를 열 수 있을 것입니다. 또한 전용 구장이 필요합니다. 이는 각 구단의 수입원을 다양하게 하기 위해서입니다. 호텔이 숙박료만 가지고 수익을 창출하는 것이 아니듯, 야구장도 마찬가지로 관중이 야구를 본 후 밥도 먹고 선수들 유니폼이나 구단 용품을 사고 오락거리를 즐기는 등 여러 방면에서 소비할 수 있도록 환경을 만들어야 합니다. 이렇게 하면 모기업 의존도가 지나치게 높은 문제를 어느 정도 해결할 수 있습니다."

> *tip* 면접관은 해당 기업과 산업의 발전을 위해 건설적인 대안을 제시할 수 있는 지원자를 선호한다. 비록 그 아이디어가 적절하지 않더라도 일방적인 찬사보다는 효과적이다. 문제를 인식하고 해결 방안을 얻기 위해 고민한 노력은 열정과 관심의 또 다른 표현이기 때문이다.

✚ 기업(산업)이 생존하는 데 필수조건은 무엇이라고 생각하는가?

국가지식재산위원장 윤종용 편

"제조업이 생존하는 필수조건은 지식 재산 확보입니다. 과거 제조업의 평균 이익률은 제품 단가의 5퍼센트 내외였습니다. 그런데 제품 가격의 15퍼센트나 되는 특허료를 내고 물건을 만들기도 했습니다. 생산할수록 손해였지만 기술을 배우기 위해 이런 선택을 한 것입니다. 기술이 쌓여야 더 높은 단계의 물건을 만들 수 있습니다. 특허뿐만 아니라 상표도 중요합니다. 이러한 지식 재산 확보가 기업이 생존하는 데 필수조건이라고 생각합니다."

한국문학번역원장 김주연 편

"한국의 문학작품이 세계 시장에서 제대로 평가받기 위해서는 3가지 요소가 갖춰져야 합니다. 원작의 수준과 번역의 질, 범사회적인 시스템 확보가 그것입니다. 원작 수준이 가장 본질적인 문제이지만, 현재 한국문학 작품의 수준이 상당해서 번역이 가장 큰 과제입니다. 이는 지원 시스템과 함께 거론해야 하는데, 문학 번역에 대한 관심이 높아지고 문학 번역을 수행할 수 있는 번역자 그룹이 좋은 여건에서 활동할 수 있도록 제도가 마련되면 보완할 수 있다고 생각합니다."

tip 요즘 면접에서 빠짐없이 등장하는 것은 문제 해결 방안을 묻는 질문이다. "향후 도서 콘텐츠 산업의 방향성을 제시하시오(대형 서점)", "강남 지역을 여행 상품화하라(여행사)", "세계 시장 점유율을 높일 수 있는 방법은?(자동차)", "불경기를 극복할 수 있는 방안은?(백화점)" 등이 그 예다. 이런 질문에 막힘없이 답하기 위해서는 무엇을 해야 할까? 공부하고 또 공부하라! 그것이 답이다.

✚ 30억 예산 영화인 〈연가시〉가 관객들에게 사랑받은 비결은 무엇이라고 생각하는가?

감독 박정우 편

"배우들의 연기력 덕분입니다. 영화를 만들면서 주연배우부터 엑스트라까지 연기력 하나로 승부수를 띄우는 정공법을 택했습니다. 〈연가시〉 주연배우 김명민, 문정희는 이미 탄탄한 연기력으로 충무로에서 정평이 나 있지만, 이들만으로 영화의 성공을 점치기는 쉽지 않았습니다. 저는 직접 나서서 연기력이 뛰어난 조연배우들을 섭외했는데, 평소 두터운 인연을 쌓았던 연기자들이 적은 개런티에도 불구하고 흔쾌히 뜻을 같이해주었습니다. 뿐만 아니라 유명한 연기 강사를 초빙해서 2주 동안 엑스트라들의 연기 수업을 지도했습니다. 엑스트라들의 연기 수업은 국내 영화계에선 이례적인 일입니다. 재난 영화의 리얼리티를 최대한 살려준 배우들의 연기력이 관객들에게 사랑받은 비결이라고 생각합니다."

> *tip* 지원 회사의 제품이나 서비스가 사랑받았다면 그 이유가 있을 것이다. 이유를 찾고 자신만의 시각을 덧붙여 해석하라. 박 감독은 영화의 성공을 배우들에게 돌렸다. 성숙한 인품을 느끼게 하는 답변이다.

✚ **클래식과 경영은 어떤 공통점이 있는가?**

클래식해설가 이지혜 편

"크게 3가지 공통점이 있습니다. 경영에서 혁신이나 변화를 많이 강조하듯이, 바로크에서 고전파, 고전파에서 낭만주의, 낭만주의에서 현대 음악으로 넘어오는 서양음악사의 분기점은 모두 혁신이자 변화였습니다. 또한 직장에서 멘토링을 중시하는데, 서양음악사에서도 서로 영감을 주고받은 사례가 많습니다. 브람스와 드보르작, 슈만과 클라라, 엘가와 그의 부인 등이 그러합니다. 창조의 새로운 형식인 벤치마킹 역시 음악사에서 중요한 단어입니다. 드보르작의 〈슬라브 무곡 제1번〉은 브람스의 〈헝가리 무곡 제1번〉을 벤치마킹해 탄생했습니다."

> *tip* 합리성과 효율성에 무게중심을 둔 기업 경영과 감성을 자극하는 클래식 음악. 언뜻 보면 둘은 닮은 점이 없을 것 같지만 이지혜 씨의 이야기를 들으면 경영과 클래식은 단짝 같다. 그는 클래식과 경영이라는 이질적인 개념을 하나로 묶어서 수많은 비즈니스맨들의 마음을 사로잡았다. 이 씨처럼 자신의 관심사와 지원 분야의 공통점을 찾아보라. 이질적인 면이 강할수록 전달력은 높다.

✚ **탁월한 성과를 내는 리더와 그렇지 않은 리더의 차이는 무엇이라고 생각하는가?**

리더십 전문가 리즈 와이즈먼 편

"탁월한 성과를 내는 리더는 다른 사람들의 지성과 능력을 증폭시키는 '멀티플라이어(multiplier)'이고, 그렇지 않은 리더는 다른 사람들의 지적 능력을 축소시켜버리는 '디미니셔(diminisher)'라고 생각합니다. 저는 천재와 리더들을 관찰하는 취미가 있습니다. 소프트웨어 회사 오라클에서 17년간 인적자원개발담당 부사장과 사내 대학 책임자로 일하며 수많은 천재들을 관찰했습니다. 이 과정에서 세상에 2종류의 리더가 있다는 것을 발견했습니다. 멀티플라이어는 재능 자석, 해방자, 도전자, 토론자, 투자자의 5가지 특성이 있습니다. 재능 있는 사람들을 모으고(재능 자석), 최고의 생각과 작업을 할 수 있는 환경을 만들고(해방자), 마음껏 재능을 발휘할 수 있게 하고(도전자), 철저한 토론을 통해 타당한 결정을 내리고(토론자), 주인의식을 심어 성공하도록 투자하게(투자자) 합니다. 반면 디미니셔는 멀티플라이어와 다른 방향을 추구해서 모든 사람을 효율적으로 활용하는 데 실패했습니다. A사에는 많은 멀티플라이어가 있습니다. 선배님들을 본받아 저 역시 1+1을 100으로 만드는 멀티플라이어가 될 수 있도록 노력하겠습니다."

> *tip* 면접관은 지원자가 조직 내에서 사람들과 화합하며 탁월한 성과를 낼 수 있을지 궁금하다. 그런 이유로 다양한 질문을 던져 성품과 성향을 체크하고자 한다. 이런 질문에 답할 때는 추상적인 생각을 강조하기보다 위의 답변처럼 자신의 경험을 토대로 지식과 철학을 버무리는 것이 좋다.

✚ **한국에 정착한 계기는 무엇인가?**

영국 이코노미스트 서울특파원 다니엘 튜더 편

"여행 중 제주도 구멍가게 사장님을 만난 것이 한국에 정착한 계기입니다. 2002년 월드컵 때 서울을 찾았다가 그 열기에 매료되어 졸업 후 한국행 비행기표를 끊었습니다. 한국에서 영어 강사를 하며 생활하다가 동료들과 전국을 여행하게 되었는데, 제주도의 해안가에서 길을 잃었습니다. 날은 궂고 인적이 드물어 초조하던 차에 작은 구멍가게를 발견했습니다. 가게 주인에게 서툰 한국어로 제주시로 가는 법을 물었습니다. 가게 주인은 일손을 바로 놓고 '따라오라'고 손짓했습니다. 곧장 가게 셔터를 내리고는 저희를 차에 태워 제주시에 데려다 주었습니다. 1시간 가까이 걸렸습니다. 콜택시의 전화번호 정도를 물어볼 요량이었던 저희에게 가게 주인은 구세주였습니다. 낯선 사람에게 이렇게까지 마음을 여는 사람들이 있는 곳이라면 평생 살고 싶다고 생각했습니다."

> *tip* 면접관은 지원자가 회사를 선택한 이유가 궁금하다. 대부분 비슷한 대답을 하는 데다 포장하기 때문에 속내를 파악하기가 어렵다. 이 때문에 면접관은 지원자의 마음을 엿보기 위해 우회적인 질문을 많이 한다. 이유나 계기를 묻다 보면 자연스럽게 지원자의 가치관과 성품을 알 수 있고, 이를 통해 회사와 직무를 고르는 기준을 명확하게 파악할 수 있다.

✚ 살면서 이루고 싶은 목표가 있다면 말해보라.

다산북스 대표 김선식 편

"다산 정약용 선생의 애민과 실사구시 정신을 실천하고 싶습니다. 애민이란 지식의 즐거움을 소수만이 누리지 않도록 분배하는 것입니다. 이를 위해 입사 후 착한 소비 책 나눔 운동과 세계 소외 아동 후원 엽서 달기 사업을 추진하겠습니다. 실사구시란 어떤 분야의 책을 만들어도 언제나 깨어 있고자 하는 것입니다. 책을 통해 얻을 것이 없다면 그 책은 존재 가치가 없다고 생각합니다. 몇 년 전 강진에 있는 다산 초당에 가서 다짐한 것이 있습니다. 다산이 18년 동안 유배 생활을 하며 500여 권의 책을 저술하신 것처럼, 저도 출판사에 입사하면 세상에 좋은 책 500권을 내놓고 싶다는 것이었습니다. 다산의 실사구시의 정신을 새로운 실용주의의 정신으로 계승하고자 노력하겠습니다."

> *tip* 이 자리가 면접장임을 잊지 말아야 한다. 인생의 목표를 묻는다고 해서 너무 개인적인 이야기를 하면 면접관의 관심을 끌기 어렵다. 직장인이 가장 많은 시간을 보내는 곳은 회사다. 인생의 목표와 회사 생활의 목표가 일치한다면 당신은 누구보다 행복한 삶을 살 수 있을 것이다.

[touch]
기업 CEO들이 가장 후회하는 10가지

CEO들이 기업을 경영하면서 가장 후회하는 일은 무엇일까?
《포브스》의 리더십 전문 칼럼니스트 칼 무어는 오랫동안 CEO들을 만나 대화한 경험을 토대로 CEO들이 가장 많이 후회하는 10가지를 안내했다.

1. 다른 사람들에게 더 많은 가치를 제공할 수 있도록 나 자신을 바꾸려 하지 않고 내 주변 사람들을 바꾸려 노력했던 것을 후회한다.
2. 경쟁력 있는 팀을 형성하고 팀에 기여해서 창출한 가치보다 개개인의 능력 자체를 더 중시했던 것을 후회한다.
3. 반복되는 문제를 빨리 파악할 수 있는 신선한 안목과 경험을 제공하지 못했던 것을 후회한다.
4. 때때로 직원을 최우선시하지 못했던 점을 후회한다.
5. 어떤 직원이 무슨 일을 하고 있는지 전혀 이해할 수 없는데도 그 직원을 해고하지 않은 것을 후회한다.
6. 내적인 성장세를 강화하려는 시도는 하지 않은 채 다른 기업을 인수한 것을 후회한다.
7. 어떤 전략이 우리 기업에 맞는지 지켜보지 않은 채 유행하는 경영 기법을 쫓아다녔던 것을 후회한다.
8. 가족이나 건강보다 일을 우선시했던 점을 후회한다.
9. 장기 성과보다 분기 실적을 너무 중시했던 점을 후회한다.
10. 너무 나와 비슷한 사람만 고용해서 주위에 둔 것을 후회한다.

출처 : 머니투데이, 〈기업 CEO들이 가장 후회하는 10가지〉 기사 중에서.

05〉열정과 직무 이해는 비례한다
– '직무형 질문' 답변법

◈ 예시로 배우는 '직무형 질문' 답변법

Q. 지원 직무를 선택한 계기나 이유는 무엇입니까?

3편의 면접 답변 예시를 빠르게 읽고 상, 중, 하를 표시해보자.

〈예시 1〉   (상 / 중 / 하)

"초등학교 때 발명 동아리 캠프에서 미니 풍력 발전기를 만든 적이 있습니다. 바람을 이용해 전구가 켜지는 것을 보고 신재생 에너지에 관심을 갖게 됐습니다. 이 분야의 전문성을 살리고 싶어서 공업고등학교에 진학했습니다. 학교생활과 동아리 활동을 열심히 한 끝에 '드림 챌린저' 대원으로 선정되는 영광을 안기도 했습니다. 드림 챌린저는 정부가 전문계 고교 학생들이 해외 선진 기술과 문화 체험을 하도록 지원해주는 프로그램입니다. 드림 챌린저 대원으로 선정돼 7박 9일 동안 바람을 이용할 줄 아는 나라 덴마크의 풍력 발전 단지를 탐방하면서 신재생 에너지에 대해 많은 것을 배울 수 있었습니다."

〈예시 2〉　　　　　　　　　　　　　　　　　　　　　　　(상 / 중 / 하)

"학생회장을 하며 축제를 준비하고 교내 편의 시설을 유치하는 활동을 했습니다. 그러면서 다양한 영업맨을 만났습니다. 그들의 열정에 반해 영업맨을 꿈꾸게 됐습니다. 저는 대통령·총리 같은 국가 대표자들도 넓게 보면 영업하는 사람들이라고 생각합니다. 궁극적으로 자국의 이득을 위해서 영업을 하는 것 아니겠습니까? 시작은 다르지만 결국 모든 일은 영업으로 귀결됩니다. 회사를 대표하는 자랑스러운 영업 사원이 되고 싶습니다."

〈예시 3〉　　　　　　　　　　　　　　　　　　　　　　　(상 / 중 / 하)

"어릴 적부터 꿈이 패션 디자이너였을 만큼 옷을 좋아했습니다. 그러나 의류학과에 진학하고 나서 제가 옷을 만들기보다는 좋은 옷을 보는데 안목이 있다는 것을 알았습니다. 외국의 숨은 브랜드를 발굴하여 국내에 소개하는 일을 해야겠다고 마음먹고 경제학을 복수전공했습니다. 대학 시절 이탈리아에 교환 학생으로 가서 현지의 브랜드에 대해 틈날 때마다 조사하기도 했습니다."

위 예시 모두 직무에 대한 열정과 관심은 잘 보여줬다. 〈예시 1〉은 초등학생 때 에피소드를 언급해서 아쉬운 듯하지만 발명 동아리라는 색다른 경험과 일관성 있는 진로, 구체적인 성과 등이 이어져 결과적으로 면접관의 고개를 끄덕이게 한다. 〈예시 2〉는 영업에 대한 자부심이 돋보인다. 다만 구체적인 예시가 부족해서 서운하다. 자칫 겉만 화려한 빈껍데기로 오해받을 수 있다. 상황을 생생하게 전달해야 면접관의 호응을 얻을 수 있다. 예를 들어 축제행사 때 얼마나 많은 영업맨을 만났는지, 그들의 어떤 모습에 열정을 느꼈는지, 영업 사원이 되기 위해 어떤 준비를 했는지 등을 자세히 설명하자. 〈예시 3〉은 자신의 진로에 맞춰 일관성 있게 준비한 점이 돋보인다. 입사 후 포부를 덧붙인다면 더 좋다.

직무 지원 동기는 후속 질문이 따르게 마련이다. 〈예시 1〉 지원자에게는 "덴마크의 풍력 발전단지를 탐방하면서 무엇을 배웠는가?", "신재생 에너지를 어떻게 발전시킬 계획인가?" 등을 물어볼 수 있다. 〈예시 3〉의 경우 "이탈리아에서 어떤 브랜드를 관심 있게 보았는가?", "국내 시장 진출 방안을 말해보라" 등을 질문할 가능성이 있다. 직무에 대한 열정이 있는지, 빈 수레였는지는 2단계 질문에서 금세 드러난다. 무엇보다 깊은 고민과 아이디어의 실현 가능성이 중요하다. 면접관들이 가장 아쉬워하는 것은 지원자들 상당수가 직무에 대한 자신만의 명확한 가치관을 갖지 못하다는 점이다. 하고 싶은 일보다는 우선 취업부터 하고 보자는 생각이 강하다고 토로한다. 이렇게 우려하는 면접관에게 그것이 기우임을 보여주자. 막연하게 직무 사랑을 외쳐서 즉흥적이고 무책임한 인상을 주지 말고, 철저하게 준비된 모습을 보여주자.

◈ 이렇게 바뀌었어요 '3단계 직무형'

Q. 지원 직무를 잘하기 위해 어떤 노력을 했는가?

"창의·융합 아카데미에 참여했고, 시사토론동아리 활동을 하면서 시야를 넓혔으며, 비즈니스 중국어를 공부하고 있습니다."

1단계 클리닉

◎ 위 답변을 보면 어떤 직무를 희망하는지 전혀 알기 어렵다. 직무에 대한 애정이 느껴지지 않고 막연해 보인다.

◎ 왜 창의·융합 아카데미에 참여했나? 시사토론동아리 활동은 왜 하게 되었나? 비즈니스 중국어를 공부하는 이유도 찾아보라. 그 안에 답이 있다.

"공학뿐만 아니라 인문·사회과학 등에 대한 지식이 필요하다고 생각해서 3개월간 공학교육혁신센터에서 주관하는 창의·융합 아카데미에 참여했습니다. 이외에도 다양한 전공자들이 모인 시사토론동아리 활동을 하면서 시야를 넓혔고, 비즈니스 중국어를 공부하며 최근 가파르게 성장하고 있는 중국 시장에 대비했습니다."

2단계 클리닉

◎ 창의·융합 아카데미 참여와 시사토론동아리 활동, 비즈니스 중국어 공부 중 무엇을 가장 내세우고 싶은가? 가장 강조하고자 하는 활동을 비중 있게 언급하라.

◎ 뻔한 답변은 인사담당자의 주목을 끌 수 없다. 활동을 구체적으로 말할수록 준비가 잘된 듯 보인다.

"공학뿐만 아니라 인문·사회과학 등에 대한 지식이 필요하다고 생각해서 3개월간 공학교육혁신센터에서 주관하는 창의·융합 아카데미에 참여했습니다. 각 분야의 전문가들을 통해 기업가 정신을 배웠고, 디자인 포럼에서 세계적인 건축가와 예술인을 만났습니다. 이외에도 다양한 전공자들이 모인 시사토론 동아리 활동을 하면서 시야를 넓혔고, 비즈니스 중국어를 공부하며 최근 가파르게 성장하고 있는 중국 시장에 대비했습니다."

3단계 클리닉

◎ 전자제품 개발을 희망하면서 전공지식이나 경험을 내세우지 않고 다른 활동을 강조하는 것은 자신만의 소신이 있기 때문일 것이다. 그 생각을 앞부분에 배치하라. 다른 지원자들과 차별화할 수 있는 좋은 포인트다.

"융합형 공학 인재가 되기 위해 노력했습니다. 요즘 전자제품은 성능이나 품질보다는 소비자에게 얼마나 풍부한 감성적 경험과 만족감을 줄 수 있느냐를 놓고 경쟁하고 있습니다. 공학뿐만 아니라 인문·사회과학 등에 대한 지식이 필요하다고 생각해서 3개월간 공학교육혁신센터에서 주관하는 창의·융합 아카데미에 참여했습니다. 각 분야의 전문가들을 통해 기업가 정신을 배웠고, 디자인 포럼에서 세계적인 건축가와 예술인을 만났습니다. 이외에도 다양한 전공자들이 모인 시사토론동아리 활동을 하면서 시야를 넓혔고,

비즈니스 중국어를 공부하며 최근 가파르게 성장하고 있는 중국 시장에 대비했습니다."

◈ '직무형 질문' 대표 20선

✚ 지원 직무를 한마디로 정의한다면?

❶ "생명보험은 희망입니다. 병원 관계자들의 말을 들으면 무거운 병을 얻어 입원한 환자 중에 생명보험에 가입돼 있는 사람들은 치료비를 걱정하지 않고, 회복 속도도 빠르다고 합니다. 국가가 국민의 재산과 안전을 지켜주지만, 재기할 수 있도록 보장해주지는 않습니다. 자신과 가족을 지켜주는 안전판은 평소에 본인 스스로 마련해두어야 합니다. 건강할 때 준비해둔 생명보험은 자신과 가족에게 희망의 불씨입니다. 저는 많은 고객들이 희망을 곁에 둘 수 있도록 노력할 것입니다."

❷ "영업은 등산입니다. 저는 평소 등산을 즐기는데 등산의 3가지 면이 영업과 닮았습니다. 첫째, 등산하기 전에 준비 단계가 필요하듯 영업도 제품 이해와 시장 조사 등 준비 단계가 필요합니다. 둘째, 등산이 '정상 정복'이라는 목표를 두듯 영업은 '판매 1위'라는 목표를 세운 다음 끊임없이 올라갑니다. 셋째, 등산을 마친 후에 이번 등산에서 부족한 점과 보완할 점을 생각하면 다음 등산에 도움이 됩니다. 영업 역시 목표치를 달성하고 끝나는 것이 아니라, 다음 프로젝트를 위해 수정 보완할 점을 고민하는 것이 매우 중요합니다. 이처럼 3가지 면에서 영업은 등산과 닮았다고 생각합니다."

❸ "마케팅을 주인, 구두, 운동화라는 3가지 명사로 표현하고 싶습니다. 마케터는 자

신이 담당하고 있는 브랜드 론칭부터 생산, 홍보까지 모든 일을 총괄하기 때문에 해당 브랜드에 대한 주인의식이 필요합니다. 구두는 광고 촬영을 위해 유명 모델들을 만나는 등 겉으로 보이는 화려함을 상징합니다. 하지만 화려함 이면에는 박스 운반부터 소비자와 직접 소통하기 위한 행사 프로모션 등 발로 뛰어 해결해야 할 일이 많기에 운동화로 비유해보았습니다."

> *tip* 이 질문을 통해 지원 직무에 대한 애정과 관심, 입사 의지 등을 확인할 수 있다. ①처럼 자신의 주장을 뒷받침할 만한 근거를 들면 설득력이 높아진다. ②, ③처럼 취미나 경험 등을 살려 자신만의 언어로 직무를 소개하는 것도 추천할 만하다. 배우 신하균은 한 인터뷰에서 "배우는 늘 배워서 배우인 것 같다"고 정의한 적이 있다. 이처럼 재치 있게, 위트 있게 표현하자.

✚ 해당 직무에 대해 아는 만큼 말하라.

❶ "저는 HRD가 직원의 잠재 능력을 최대한 끌어낼 수 있도록 교육을 하는 것이라고 알고 있습니다."

❷ "HRD는 직원들이 주인 정신을 갖고 일할 수 있도록 교육 프로그램을 만드는 것입니다. 제가 편의점에서 아르바이트생을 채용하고 관리했을 때 어떤 교육을 하느냐에 따라 적응 기간이 매우 달랐습니다. 바로 이런 것이 HRD 담당자의 역할이라고 생각합니다."

❸ "해외 영업 담당자가 하는 일은 매우 다양합니다. 제품 판매를 담당하고 있기에 제품 특성을 이해하는 것은 기본입니다. 또한 협력 업체에서 가져온 부품들을 공장의 생산 라인에서 조립한 다음, 주문과 기한에 맞게 제대로 생산되고 있는지

살펴보는 일과 물류 창고에서 제품 수량을 파악하는 일, 전 라인에 걸친 사람들과 소통하는 일 등을 주로 한다고 알고 있습니다. 저는 재능 나눔 모임을 통해 A사 해외영업팀 ○○○ 멘토님을 뵈었고, 멘토님으로부터 업무에 대한 조언을 자주 들었습니다. 특히 해외 영업을 하기 위해서는 긍정적이고 위기에 강해야 한다고 조언해주셨습니다. 싱가포르, 말레이시아, 인도네시아 등 각국 거래처 사람들과 업무를 진행하려면 문화적 차이를 극복하는 것이 가장 중요합니다. 저의 긍정적인 성격과 소통 방식은 업무 처리 과정에서 갈등을 해결하거나 시장을 개척할 때 도움을 줄 것입니다."

tip ①과 ②는 HRD를 소개했지만 질이 다르다. ①은 누구나 다 아는 이야기를 짧게 해서 무성의해 보인다. ②는 대답의 길이가 길지는 않지만 자신의 경험을 토대로 직무를 정의해서 소신이 느껴진다. 좀 더 살을 붙여 풍성하게 이야기하면 면접관의 마음에 와 닿을 것이다. ③은 대체로 좋은 답변이다. 기본적인 업무 영역과 업무 수행에 필요한 자질을 언급하면서 포부를 덧붙였다. 특히 현직 선배를 만나 조언을 들은 점은 입사 의지에 대한 신뢰성을 높여준다.

✚ 입사하면 어떤 일을 하고 싶은가?

❶ "경영지원부서에서 일하고 싶습니다."

❷ "경영지원부서에서 재무를 담당하고 싶습니다. 재무는 회사의 미래 전략을 결정하는 핵심 업무입니다. 어떤 제품이 매출에 기여하는지, 회사는 어떤 이윤 구조를 가지고 있는지 등을 확인하고 이를 토대로 이윤을 극대화할 수 있는 미래 전략을 결정합니다. 그 때문에 복잡한 자료를 잘 정리하고 그 속에서 의미를 읽어내는 능력이 필요합니다. 저는 6개월 동안 인턴을 하면서 재무에 필요한 능력을 갖추기

위해 노력해왔습니다. 경영학 전공 지식과 재무 자격증 취득을 통해 익힌 지식을 발휘해서 열심히 일하겠습니다."

> *tip* ①처럼 포괄적인 직군을 말하기보다는 ②처럼 세부적인 업무를 말하는 것이 직무에 대한 열의를 보여줄 수 있다. ②는 회사의 조직도를 파악해서 "어떤 부서에서 어떤 업무를 담당하고 싶다"고 구체적으로 말했다. 준비된 지원자의 모습을 엿볼 수 있다. 희망 업무와 함께 그 일을 하고 싶은 이유, 잘할 수 있는 근거 등을 덧붙여야 한다.

✚ 외식사업부의 인재는 어떤 역량이 필요한가?

"크게 3가지 역량이 필요합니다. 첫째, 리더십입니다. 수십 명을 관리해야 하기 때문입니다. 둘째, 사람을 만나는 것에 두려움이 없어야 합니다. 셋째, 사람을 잘 설득해야 합니다. 저는 2년 동안 외식사업부에서 아르바이트를 하면서 단골 고객을 상대하고 해당 업무를 경험함으로써 이러한 역량을 키우기 위해 노력했습니다."

> *tip* 해당 직무를 잘 이해하고 있는 지원자가 입사 후 좋은 성과를 내고 직원들과 조화를 이루며 오랫동안 직장을 다닌다. 이 때문에 면접관은 직무 이해를 매우 중시한다. 대답할 때는 단순히 성실성, 열정, 대인관계 등 추상적으로 말하기보다는 해당 직무에 대한 조사를 통해 그 직무만의 특성을 이야기하는 것이 좋다. 역량별로 자신이 갖춘 노력을 덧붙이면 적합한 인재임을 보여줄 수 있다.

✚ 홍보담당자가 되기 위해 어떤 노력을 했는가?

"기자와 독자를 설득하기 위해서는 글을 쓸 때 진심이 담겨야 한다고 생각했습니다. 이를 위해 짝사랑에게 연애편지를 쓰는 방법으로 글쓰기 연습을 했습니다. 2년 동안

200통가량 편지를 썼습니다. 1통도 부치지 않았지만 이 편지를 쓰는 동안 전혀 지치지 않았습니다. 그 일이 제 가슴을 뛰게 했기 때문입니다. 2년 동안의 시간을 투자한 결과 다행히 글쓰기 실력도 많이 좋아졌습니다. 입사 후에도 가슴 뛰는 열정으로 보도자료를 써서 제 고객인 기자와 독자를 모두 만족시키겠습니다."

tip 거창한 노력이 아니어도 좋다. 자신만의 철학과 방법이 담겨 있다면 그것이 면접관의 마음을 여는 열쇠다.

✚ 은행 텔러에게 꼭 필요한 자질을 무엇이라고 생각하는가?

"크게 3가지로 말씀드리겠습니다. 첫째, 고객 중심 마인드입니다. 은행에서 개점부터 폐점까지 근무 시간은 오로지 고객들을 위한 시간입니다. 은행의 가장 앞부분에서 손님을 맞이하다 보니 언제나 미소 가득한 얼굴로 고객을 대하는 태도가 중요합니다. 둘째, 전문성입니다. 고객들을 응대하고 상품을 권유하려면 전문성을 키워야 합니다. 저는 2년 전부터 국제금융센터에서 제공하는 국제 금융 속보와 FX Daily를 매일 챙겨 읽고 있습니다. 이렇게 키운 금융 지식으로 자신감 있게 고객을 대하겠습니다. 셋째, 꼼꼼함입니다. 돈을 다루는 직업인 만큼 작은 실수가 큰 문제가 될 수 있으니 매사 꼼꼼하게 일 처리하는 자세가 필요합니다. 고객 중심 마인드와 전문성, 꼼꼼함으로 고객들과 직원들 사이에서 융화되겠습니다."

tip 구조화 답변은 귀에 쏙쏙 잘 들리는 장점이 있다. 생각나는 대로 나열하지 말고 이처럼 다듬고 정리하라.

✚ 차량 운전을 해본 경험이 있는가?

"네, 있습니다. 1년 동안 주말마다 대리운전 아르바이트를 해보았으며, 6개월 동안 이삿짐센터 아르바이트를 할 때 1톤 화물차를 운전해본 경험이 있습니다."

> *tip* 영업이나 경영 지원처럼 차량 운전을 많이 하는 직무 지원자에게 자주 묻는다. 운전면허를 소지하고 있는지, 자가용을 소지하고 있는지 질문하기도 한다. 한 제과회사는 영업직 신입사원 채용 시 운전 실력을 테스트하는 면접을 실시했다. 하루에도 몇 시간씩 차를 타고 돌아다니는 실무의 특징을 반영해 탑차를 직접 운전하며 본사를 한 바퀴 도는 면접을 치른 것이다. 운전 경험이 있다면 위 예시처럼 구체적인 사례를 말하고, 관련 경험이 없다면 연수 계획을 밝히는 것이 좋다.

✚ 이 일이 스트레스가 많고 힘든데, 어떻게 극복할 것인가?

"물론 실적에 대한 압박과 고객을 설득하는 면에서 어려움이 있을 것이라고 생각합니다. 하지만 2가지 측면에서 적성에 맞아 지원했습니다. 먼저 맞장구입니다. 어려서부터 시골 마을을 도는 사물놀이패를 따라다녔습니다. 아버지께서 장구를 치셨기에 옆에서 기합을 넣고 흥을 돋우는 법을 자연스럽게 익혔습니다. 고객의 목소리에 맞장구치며 그들의 마음을 열겠습니다. 둘째, 저는 고정적인 업무 환경보다 새롭게 바뀌는 환경을 선호합니다. 3차례의 아르바이트를 통해 사무직과 매장직, 현장직 환경을 경험했습니다. 이 중 저와 가장 잘 맞는 곳은 제가 주도적으로 일할 수 있는 현장직이었습니다. 어떤 일이든 장·단점이 있다고 생각합니다. 제 적성과 성향에 맞는 일이기 때문에 약간의 스트레스는 이겨낼 수 있습니다."

tip 많은 지원자들이 직무에 대한 환상을 갖고 입사 지원하기 때문에 조기 퇴사하곤 한다. 면접관은 지원자가 해당 직무의 단점을 잘 이겨낼 수 있을지 걱정한다. "반복되는 업무인데 지루해하지 않을까?", "업무 도중 잡다한 일을 마다하지 않고 할 수 있을까?", "본인이 생각하는 이상과 실제 직무의 현실이 많이 다를 수가 있는데 어떻게 할 것인가?" 등도 같은 맥락에서 물어본다. 또한 "이 일은 힘드니 다른 일을 해볼 생각은 없는가?", "야근이 많아서 애인이랑 헤어질 수도 있는데?"처럼 의중을 떠보는 질문을 던지기도 한다. 단순히 "잘할 수 있다"는 답변으로는 면접관에게 신뢰감을 주기 어렵다. 과거의 경험에서 유사한 예를 들어서 어떻게 이겨냈고 어떤 성과를 거뒀는지 강조해서 각오를 보여주자.

✚ 기업이 필요로 하는 교육은 무엇이 있는가?

"여러 가지가 있지만 크게 3가지로 분류하겠습니다. 직무 교육과 직급 교육, 비전 교육이 그것입니다. 직무 교육은 업무 능력의 향상을 위해서 필요한 지식이나 새로운 경영 기법을 습득하게 하는 교육입니다. 외국어, CRM 등이 대표적입니다. 직급 교육은 승진, 승급에 따라 추가되는 업무나 관리 기능을 수행하는 데 필요한 역량을 갖추게 하는 교육입니다. 리더십, 조직 관리, 커뮤니케이션, 매너 등이 그 예입니다. 마지막으로 비전 교육입니다. 이는 최고경영자의 경영 철학과 가치관, 비전 등을 공유하는 과정입니다. 생산성과 효율성이 높은 기업은 최고경영자부터 사원까지 일체감으로 똘똘 뭉쳐 있는 것을 볼 수 있는데, 이는 다름 아닌 교육 프로그램의 효과라고 생각합니다. 입사 후 기업의 필요와 피교육자의 욕구를 철저하게 반영해 구성원들이 기업과 함께 성장할 수 있도록 노력하겠습니다."

> *tip* 교육 담당자를 희망한다면 이처럼 기본적인 정보는 알고 있어야 한다. 뭉뚱그려 대답하지 말고 체계적으로 내용을 구성해 말해야 한다.

✚ 중도상환수수료가 무슨 뜻인가?

"잘 모르지만 단어를 풀어서라도 설명해보겠습니다. '중도'와 '상환', '수수료'로 나눠서 해석해보면 중간에 갚을 때 수수료가 생긴다는 뜻인 것 같습니다."

> *tip* 직무 이해도를 파악기 위해 기본적인 용어 몇 가지를 물어볼 수 있다. 모르는 용어라고 해서 무조건 "잘 모르겠다"고 말하는 대신 성의껏 대답하려고 노력하자.

✚ 플랜트 과정은 어떻게 이루어지는가?

"우선 안건을 발굴하고 견적 및 입찰을 내게 됩니다. 그다음 프로젝트를 수주받아서 설계와 구매, 공사가 이뤄집니다. 이때 유기적으로 돌아가야 시간을 단축할 수 있습니다. 마지막으로 시운전을 통해 점검한 다음 프로젝트를 완료한 뒤 사업자에게 넘겨줍니다."

> *tip* 해당 직무가 무슨 일인지, 어떤 과정을 통해 업무 성과가 나는지 등은 아주 기본적인 내용이다. 이런 질문에 당황한다면 직무를 모른 채 즉흥적으로 입사 지원한 듯한 인상을 줄 수 있다. 직무 분석을 꼼꼼하게 하고, 잘 모르는 부분은 입사 선배나 인사담당자를 통해 미리 조언을 구하는 것이 좋다.

✚ **명품 핸드백 ODM 사업을 하려 하는데, 기존 이탈리아와 거래하던 기업을 어떻게 설득하겠는가?**

"기술력과 가격 경쟁력으로 승부를 걸겠습니다. 우선 이탈리아에서 최고급 가죽을 구해서 견본을 만들어 바이어를 찾아갈 것입니다. 가격도 유럽산보다 30~40퍼센트가량 싸게 공급하겠다고 제안하겠습니다. 만약 거절한다면 밤새 논리를 만들어 다음 날 또 찾아가겠습니다. '거래하는 이탈리아 공장이 지금은 오래되었지만 처음에는 우리와 다를 바 없지 않았다. 아시아에서 고급 핸드백 생산을 기획한 선구자가 되고 싶지 않으냐'고 설득하겠습니다. 만약 쉽지 않다면 물량의 100분의 1이라도 달라고 제안하겠습니다. 적은 물량이라도 확보한 다음 최고급 재질과 기술로 만들어서 판매한다면 주문량이 계속해서 늘 것이라고 자신합니다."

> *tip* 요즘 기업은 비즈니스 현장에서 발생할 수 있는 사례를 예로 들면서 지원자의 실전 감각을 테스트한다. 실제 비즈니스 사례를 파악해서 이를 응용하는 것이 현명하다. 자신의 생각만으로는 현장 경험이 담겨 있지 않아서 논리와 실행력 등이 부족하기 때문이다. 위 예시는 핸드백 제조업체 시몬느가 명품 브랜드 DKNY와 첫 계약을 성사시켰을 때의 스토리다.

✚ **최근 20대 고객이 많이 이탈했는데, 그 이유는 무엇이고 이들을 사로잡기 위한 방법은 무엇인가?**

❶ "불경기 때문에 20대 고객들이 백화점에 입점해 있는 브랜드보다 글로벌 SPA, 편집숍, 인터넷 쇼핑몰 등 합리적인 브랜드를 선호하는 현상이 심화되었습니다. 과거에 비해 소비자들은 브랜드 충성도보다 저가 및 다양한 스타일을 갖춘 상품

위주의 패스트 트렌드를 지향하고 있습니다. 20대들이 백화점에서 쇼핑하는 것을 재미없어 하는 것도 문제입니다. 백화점에 갈 여유도 없지만 막상 가더라도 쇼핑의 재미를 느끼지 못하고 있습니다. 20대 고객들의 변화하는 소비 패턴에 대한 연구가 필요합니다."

❷ "20대는 소비 금액이 크지 않지만 체크카드 이용률은 높은 편입니다. 훌륭한 잠재고객이자 트렌드에 민감한 20대들이 다른 금융회사로 이탈하는 것을 막기 위해 특화된 서비스를 계속 개발해야 합니다. 주유처럼 20대가 잘 이용하지 않는 서비스는 과감하게 빼고 영화나 외식처럼 각종 엔터테인먼트 이용 시 최고 20퍼센트의 할인 혜택을 제공하는 것입니다. 또한 대학생들이 많이 이용하는 어학 시험과 서적 구매 등으로 특화한 자기계발형 체크카드도 제안합니다."

❸ "경기 침체로 구매력이 떨어진 데다, 스마트폰과 태블릿PC 등 첨단 기기가 20대들의 삶을 바꾸며 구매 우선순위를 바꿔놨기 때문입니다. 과거에는 자동차가 자유의 상징이었지만, 이제는 20대들이 자유를 표현할 대안이 생겼습니다. 글로벌 경기 불황으로 취업이 어려워져서 구매력이 줄어든 것도 원인입니다. 미래의 주요 고객인 20대들의 관심을 유도하기 위해서는 다양한 프로그램을 마련해야 합니다. 스마트폰용 레이싱 게임 애플리케이션을 내놓고, 글로벌 청년 봉사단을 운영하는 등 20대와의 소통 강화에 힘써야 합니다. 또한 20대들이 많이 찾는 클럽에서 준중형차 크루즈 고객을 초청하고, 소셜 커머스에서 자동차 상품을 판매하는 것도 한 방법입니다. 이와 더불어 자동차의 스마트화가 중요하다고 생각합니다. 20대들이 자동차 안에서 스마트라이프를 즐길 수 있도록 하면 다시 자동차 수요가 높아질 것입니다."

tip 이런 질문을 받으면 머릿속이 새하얗게 될지 모른다. 지원 회사의 고객을 분석하고 시장 점유율을 높이기 위한 전략은 그 자리에서 즉흥적으로 떠올리기가 쉽지 않다. 면접장에서 제대로 답하고 싶다면 미리부터 철저하게 준비하자. 예시를 잘 살펴보면 ①, ②는 큰 실수를 했다. 면접관이 이유와 대안을 물었는데 ①은 원인, ②는 대안만 제시한 것이다. 면접관의 질문을 정확히 듣지 않고 성급하게 대답해서 생기는 오류다. ③처럼 제대로 답하기 위해서는 무엇보다 경청의 자세가 중요하다.

✚ DM 자료를 발송할 때 스팸이 되지 않으려면 어떻게 해야 할까?

"고객은 자신에게 도움이 되는 내용이라면 이를 살펴봅니다. DM 자료를 단순히 상품 광고로만 채우지 않고 고객에게 도움이 될 수 있는 정보로 채우겠습니다. 예를 들어 자동차 정비 시 꼭 필요한 상식부터 차를 관리하는 요령, 신차 정보는 물론 재테크와 생활 상식까지 다양한 내용을 쉽고 간략하게 알려주는 것입니다. DM을 제작하는 데 시간과 정성을 들겠지만, 고객에 대한 투자는 영업의 기본이라고 생각합니다."

tip 직무를 수행하면서 어떤 애로 사항이 생기는지, 이를 해결하기 위해서는 어떤 방법을 접목하면 좋은지 고민하고 정리하자.

✚ 친환경 마케팅이 실수하는 이유는 무엇인가?

"제품의 친환경 속성을 지나치게 부각시키기 때문입니다. 많은 고객들은 친환경 제품 하면 품질이나 성능이 떨어질 것이라는 인식을 갖고 있습니다. 마케팅 동아리에서 스터디하며 살펴본 자료들을 떠올려보면, 대개 성공한 친환경 마케팅은 가격, 품질, 성능을 먼저 홍보한 다음에 친환경을 언급합니다. 일례로 쉘오일은 유해 물질 발생이 적은 청정 연료를 개발하고 이를 마케팅할 때 엔진오일 교환 시기 연장, 연비 향상, 출력 증대 등의 성능 효과를 부각시킨 후 청정 연료임을 강조하면서 소비자들로부터 많은 사랑을 받고 있습니다. 친환경을 세 번째 카드로 내세울 때 고객에게 홍보 효과가 전달될 것이라 생각합니다."

> *tip* 자신의 생각만 전달하는 데서 그치지 않고 이처럼 경험을 바탕으로 한 구체적인 예시를 덧붙이면 책임감 있는 모습을 보여줄 수 있다.

✚ 현재 광고 마케팅 흐름을 말해보라.

"크게 3가지로 정리해보겠습니다. 첫째, 발신자 주도에서 수신자 주도로 커뮤니케이션 구조가 바뀌었습니다. 과거에는 발신자 주도로 메시지를 일방적으로 보내면 거기에 반응하는 시대였습니다. 그러나 지금은 정보량이 굉장히 많고, 정보의 선택권이 수신자에게 있기 때문에 수신자가 어떻게 느끼는가가 매우 중요해졌습니다. 둘째, 광고 크리에이티브에서 브랜드 콘텐츠와 정보 크리에이티브로 변해가고 있습니다. TV 광고, 신문 광고와 같은 정해진 광고의 포맷이 아닌 틀에서 벗어난 발상의 전환이 필요합니다. 마지막으로 의견을 듣는 마케팅에서 행동 데이터를 파악하는 마케팅으로 바뀌고 있습니다. 지금까지는 구매 의욕을 앙케트 등을 통해 조사했으나, 그 결과와 소비자의 실제 구매 행동이 다른 경우가 있었습니다. 이에 반해 웹에서는 행동의 이력이 남아 있으므로 데이터 수집과 파악이 쉽습니다. 이제 광고 마케팅에서는 이러한 소비자의 행동 이력을 파악해 어떻게 활용할 것인가를 고민해야 합니다."

> *tip* 이런 답변을 하려면 해당 직무에 대해 많은 공부를 해야 한다. 하나도 제대로 거론하지 못하는 지원자들 사이에서 이렇게 체계적으로 말해보라. 면접관의 눈빛이 달라질 것이다.

✚ 출판사 기획자들이 범하는 오류에 대해 말해보라.

"크게 3가지를 말씀드리겠습니다. 국내·외 유명 필자 계보의 책 출간을 독점하는 계보의 기획, 아마존의 흥행 성공을 한국에 연착륙시키는 연착륙의 기획, 작은 출판사가 필자를 발굴해놓으면 빼앗아 자기 필자로 만드는 가로채기 기획 등이 그것입니다. 많은 기획자들이 기획을 하며 이런 유혹에 빠진다고 알고 있습니다. 하지만 세상에는 책 낼 사람도 많고 아이템도 많으니 이러한 오류에 빠지기보다는 좋은 콘텐츠를 생산, 개발하고 국내 필자를 발굴해서 해외 독자를 유혹하고 싶습니다. 모든 책은 기획자의 가슴이 뛸 때 그 책을 바라보는 독자들의 가슴도 함께 뛴다는 진리를 믿습니다."

> *tip* 출판 기획 업무 중에서도 오류라는 것에 제한을 두고 구체적으로 물었다. 하나를 깊게 파면 관련 분야에 대한 관심을 한눈에 알 수 있다. 신입 지원자가 이렇게 시장을 읽어내는 답을 하기란 쉽지 않다. 하지만 관심과 열정이 있다면 선입견을 뒤집을 수 있다. 출판사 블로그에 올려진 칼럼 10여 개만 읽어보아도 시장에 대한 지식을 쌓을 수 있으니 말이다.

✚ **고객이 창구에 와서 예금 금리가 다른 은행보다 낮다고 소란을 피운다면, 어떻게 하겠는가?**

"고객의 입장에서 공감하고 그분의 마음을 안정시키기 위해 노력하겠습니다. 이런 고객의 경우 인터넷에 은행에 대한 악소문을 퍼트릴 가능성이 높고 심할 경우 기관에 민원을 넣을 가능성도 있습니다. 따로 선물을 해서라도 마음을 안정시켜드리겠습니다. 또한 이런 상황을 대비해 회사 차원에서 직원들에게 제시하는 가이드라인을 꼼꼼하게 살펴보겠습니다."

> *tip* 실제로 은행 창구에서 자주 생기는 일이다. 증권사의 경우 주식이 하락하면 평소보다 고객들의 항의 전화가 2배 이상 많이 걸려온다고 한다. 정부와 연관된 곳이나 병원 등에서는 불만을 가진 고객이 난동을 피우는 일도 하루 1~2차례 발생한다. 면접관은 지원자가 이런 상황에 처했을 때 어떻게 대처할 것인지 궁금하다. 막연한 환상을 갖고 말하기보다는 현실에 근거한 대답을 하는 것이 효과적이다.

현장 대처 능력을 알기 위해 묻는 질문

생산관리	납기 지연이 발생하였을 시 어떻게 대처하겠는가?
영업	경쟁사 상품이 본사 상품보다 좋을 때 어떻게 대처하여 판매하겠는가?
인바운드 상담	고객이 말도 안 되는 일로 우기거나 욕을 할 때 어떻게 대처할 것인가? 통화 중에 상사를 바꿔달라고 항의하면 어떻게 할 것인가?
조리	하루 종일 서서 일해야 하는데 괜찮은가?

영양사	조리사와 트러블이 있을 때의 대처 방안은?
경영지원	외국인 임원이 도저히 이해 못하는 한국적인 상황이 발생했을 때 어떻게 이해 또는 설득시키겠는가? 직원의 70퍼센트가 반발하는 운영 비용 절감안에 대해 자신이 경영지원팀장이라면 어떻게 하겠는가?
증권영업	손해를 많이 본 고객이 불만을 제기한다면 어떻게 하겠는가?

✚ **기내 서비스 도중 기내식인 비빔밥이 부족해서 제공하지 못한다면?**

"먼저 여유분의 식사와 승무원에게 할당된 비빔밥을 확인해보겠습니다. 그런데도 비빔밥이 부족하다면 고객에게 양해를 구하겠습니다. '손님, 대단히 죄송합니다. 타지에서 한식을 드시지 못해 비빔밥을 드시고 싶을 텐데 수량이 떨어졌습니다. 양식 요리에 밥과 고추장을 추가로 서비스해드리겠습니다. 오쥬 소스를 곁들인 쇠고기 요리가 일품입니다. 이번에는 한식을 제공하지 못하지만 대신 두 번째 식사에는 손님이 먼저 선택할 수 있도록 하겠습니다'라고 말하겠습니다."

tip 이향정 백석문화대학 관광학부 교수가 비행 경력 18년의 경험을 모아 쓴 『하늘을 나는 여우, 스튜어디스의 해피플라이트』에서 발췌한 내용이다. 직무 선배의 책이나 인터뷰를 보면 이처럼 현장에서 생길 수 있는 사례별로 어떻게 대처하는 것이 바람직한지 생생 사례를 접할 수 있다.

✚ 입사 후 포부는 무엇인가?

❶ "입사 후 제일 먼저 업무 노하우를 익히기 위해 노력할 것입니다. 그 일 하면 제가 먼저 떠오르도록 하겠습니다. 이를 위해 꾸준히 자기계발을 할 것이며 맡은 바 업무에 책임감과 성실함을 갖고 임하겠습니다."

❷ "저는 세계 최고가 되는 것이 꿈입니다. A회사에 입사해야만 세계 최고가 될 수 있다고 생각했습니다. 퇴사하는 그날까지 회사와 함께 커가는 인재가 되고 싶습니다."

❸ "원가장이가 되겠습니다. 원가관리팀에서 인턴을 할 때 회사 멘토께서 원가쟁이가 아닌 원가장이가 되라고 말씀해주셨습니다. 쟁이가 기술자를 말하는 것이라면, 장이는 그보다 더 높은 곳에서 전체를 꿰뚫어 보는 사람입니다. 제조회사의 특성상 원가 관리가 회사 이익과 직결되는 만큼, 원가에 관해서만큼은 누구도 따라올 수 없는 경지에 오르고 싶습니다."

❹ "스포츠 의상을 디자인하고 싶습니다. 저는 고등학교 때까지 육상을 했습니다. 운동이 좋았지만 제가 운동하던 팀이 갑자기 해체하는 바람에 운동을 그만두고 진로에 대해 진지하게 생각해볼 수 있었습니다. 그때 운동만큼 좋아하던 의상 공부를 해야겠다고 판단해서 디자인과에 진학했습니다. 다른 옷도 그렇지만 운동복이야말로 지식이 필요하다고 생각합니다. 모든 디테일이 기능과 연결되기 때문입니다. 과거 운동선수였던 경험을 살려 실용적인 디자인을 선보이겠습니다."

❺ "클래식 관광 상품을 만들고 싶습니다. 교환 학생 프로그램을 통해 만나본 일본은 클래식 인구가 매우 많고 저변이 큰 시장이었습니다. 그런 일본의 클래식 팬들을 예술의전당 등 한국의 공연 시장으로 모으겠습니다. 일본 여행사에서 관광 상품을 만들면 문화 상품으로 연결이 가능할 것으로 보입니다. 클래식 관광 상품을 일본 관광객으로 시작한 다음 중국 관광객으로까지 확대해서 '클래식 한류'를 만들

겠습니다."

❻ "일본 중년 여성들을 대상으로 한 전용 화장품을 개발해 일본 최대 유통업체에서 독점 판매하고 싶습니다. 현재 일본은 40대 이상 일본인이 전체 인구의 56퍼센트를 넘어서는 등 중년 화장품 시장의 수요가 늘고 있습니다. 일본 시장 맞춤 전략을 동원해 일본 시장을 공략하고자 합니다. 일례로 일본에서 인기 높은 한국 막걸리의 발효 성분과 흑마늘, 누에, 홍삼 등 다양한 천연 성분의 효능을 담고, 용기 디자인을 일본 현지에서 개발하고 한류 스타를 전속 모델로 기용하는 것입니다. 한류 열풍에 힘입어 한국 화장품에 대한 관심이 높아지고 있기 때문에 일본 시장을 공략하는 데 유리하리라 생각합니다."

> *tip* 6가지의 사례 중 NG는 ①, ②다. 그런데 생각보다 ①, ②처럼 막연하고 허황된 포부를 이야기하는 지원자가 참 많다. 포부는 대표적인 단골 질문이다. 꿈은 열정과도 직결되기 때문에 실현 가능하고 구체적일수록 좋은 인상을 준다. ①과 ②는 어떤 분야에서 일하고 싶은지 전혀 나타나 있지 않다. 신뢰감이 뚝 떨어진다. '퇴사하는 그날까지'라는 표현도 불필요하다. 입사 후 포부를 이야기할 때 퇴사를 내다보는 것은 바람직하지 않다. ③, ④, ⑤는 포부에 경험을 넣어 자신만의 색깔을 살렸다. ④는 디자인 열정과 스포츠 경험이 만나서 '스포츠 의상 디자인'이라는 특화된 분야를 낳았다. 자신만의 매력적인 경험이 경쟁력을 만들었다. ⑥은 국내 한 화장품 회사의 이슈를 정리한 것이다. 내용을 보면 입사 후 포부에 필요한 소스가 그대로 담겨 있다. 포부가 구체적이고 시장 배경과 실행 방안까지 세세하게 들어 있다. 만약 당신이 이처럼 구체적인 포부를 말한다면 면접관은 당신의 손을 번쩍 들어줄 것이다.

서경덕과 패티김이 직무형 질문에 답한다면?

◈ 명사들의 스토리에서 배우는 '직무형 질문' 답변법

➕ 해당 직무를 무엇이라고 생각하는가?

서예가 정도준 편

"서예는 동양 예술의 최고봉입니다. 김홍남 전 국립중앙박물관장은 '서예는 캐다가 만 금광과 같다'고 평가했습니다. 그만큼 서예는 예술의 근간을 이룹니다. 문자는 가장 단순한 조형이자, 고대로부터 가장 알맞은 비율로 구성돼 있습니다. 형태가 아름다운 데다 의미까지 가지고 있으니 이보다 더 놀라운 예술이 어디 있겠습니까?"

가수 패티김 편

"무대는 저의 링입니다. 권투 선수들이 링에 오르면 3분이 주어집니다. 3분 내에 KO를 시키느냐, 혹은 당하느냐가 정해집니다. 노래도 마찬가지입니다. 노래 1곡으로 사람들을 KO시킬 것인지, 당할 것인지가 결정됩니다. 50년이나 노래를 불렀지만 지금도 무대에 서면 심장이 너무 떨립니다. 앞으로도 권투 선수 같은 기분으로 무대에 서겠습니다."

> *tip* 두 사람의 목소리를 들으면 직업에 대한 무한한 애정과 자부심이 그대로 느껴진다. 어떤 질문이 나오든 자신의 열정과 직업에 대한 열의를 보여라. 합격의 지름길은 멀리 있지 않다.

✚ 해당 직무를 선택한 계기가 있나?

한국 홍보 전문가, 성신여대 교수 서경덕 편

"'Are you Chinese? Japanese?' 96년 유럽 배낭여행 당시 가장 많이 받은 질문이었습니다. 한국에서 왔다고 밝히면 '어디에 있는 나라냐?'라는 질문이 되돌아왔습니다. 저는 동양인을 보면서 한국인을 떠올리지 못하는 것이 안타까웠습니다. 심지어 우리나라가 일본어를 사용한다고 아는 이들까지 있다는 사실에 충격을 받아 우리나라를 세계에 알리고 훌륭한 문화를 전파하겠다고 다짐했습니다. 이 다짐을 실천했던 사례가 있습니다. 대학원 시절 뉴욕의 메트로폴리탄 박물관에 한국어 서비스가 없다는 사실을 알고 이를 항의하기 위해 전화를 걸었습니다. 3달을 설득해서 언어담당자를 만났더니, 한국어 서비스를 하려면 상당한 금액의 후원금이 필요하다고 했습니다. 귀국한 후 200군데를 찾아다니며 한국어 서비스를 후원해줄 곳을 찾았습니다. 이것을 계기로 뉴욕 현대미술관, 미국자연사박물관, 스미소니언박물관에도 한국어 서비스를 할 수 있도록 했습니다."

tip 구체적일수록 귀에 쏙쏙 감긴다. 무엇이든 구체적으로 말하는 습관을 키우자.

✚ 직무 역량을 갖추기 위해 어떤 노력을 했는가?

김소희 셰프 편

"유럽에서 평이 좋은 레스토랑을 모두 가보았습니다. 한 끼에 45만 원 하는 점심과 저녁 7시부터 새벽 1시까지 이어지는 코스 요리를 매일같이 먹었습니다. 소화가 안 되면 다 토해내면서까지 음식 맛을 확인하고 요리 방법을 예측했습니다. 또한 유럽에서 처음 일식 레스토랑을 차렸을 때는 제가 직접 전문가가 돼야겠다는 생각에 연어 50마리를 사서 회 뜨는 연습을 했습니다. 아침 7시부터 밤 12시까지 4주 동안 연어 회만 뜨다 보니 방법이 눈에 보였습니다. 이러한 노력이 요리사로서 경쟁력이 되어줄 것이라고 생각합니다."

아나운서 김성주 편

"케이블 TV에서 실전 경험을 했습니다. 초창기 케이블 방송은 재정난에 허덕여서 월급이 30만 원밖에 되지 않았지만, 미래를 내다보며 열심히 자산을 쌓았습니다. 축구·야구·농구는 물론 각종 비인기종목 경기 중계를 도맡아 하며 3년간 1,000회가량 중계를 했습니다. 지금 돌이켜보면 이렇게 고생했던 시간이 참 소중합니다. 제가 마이너리그에 몸담지 않았다면 방송의 소중함을 이토록 절실하게 느끼지는 못했을 것입니다. 새벽 5시건 자정이건, 방송 일만 있다면 언제라도 달려 나가겠습니다."

> *tip* 한 분야에서 전문가가 된 사람들은 이처럼 치열하게 노력해왔다. "많은 노력을 했다"라고 말하기보다 위 예시처럼 대표적인 예시를 콕 집어 전달하라. 감동이 배가 될 것이다.

✚ 비서의 덕목 4가지를 꼽는다면?

대성산업 수석비서 전성희 편

"첫째, 신뢰할 수 있을 만큼 퍼펙트한 일처리와 책임감이 우선입니다. 둘째, 하루 동안 사건의 연속인 비서실에서 재치와 순발력은 필수입니다. 셋째, 비밀 유지입니다. 보고도 못 본 척, 들어도 못 들은 척, 알아도 모르는 척은 기본입니다. 넷째, CEO에게 감동을 줄 수 있는 태도와 배려가 필요합니다."

tip 김영대 대성회장의 수석비서이자 『성공하는 CEO 뒤엔 명품비서가 있다』의 저자 전성희 이사는 37살에 비서 일을 시작한 이후 30년 이상 같은 자리를 지키고 있다. 비서직을 희망하는 지원자라면 수석비서가 꼽은 비서의 덕목을 마음에 새길 필요가 있다. 자신이 생각하는 직무의 경쟁력이나 덕목이 있다면, 해당 직무 선배들의 의견과 비교해보라. 그 후 자신만의 생각을 다듬으면 면접관의 주목을 받을 수 있을 것이다.

✚ 아이디어는 어디에서 얻는가?

TBWA 디렉터 박웅현 편

"회의를 통해 얻습니다. 아이디어는 파편들이 모여서 새로운 무엇으로 만들어지는 화학 작용입니다. 회의실에 들어갈 때는 낚시꾼의 자세로 바뀝니다. 아이디어는 물고기고 낚싯대는 통찰력이기 때문입니다. 능력 있는 강태공이 되어 아이디어를 낚아채기 위해 노력합니다. 아이디어가 막힐 때는 생활 속에서 아이디어를 정리합니다. 은행 광고를 맡았다면 거리에 온통 은행밖에 안 보입니다. 무의식중에 눈에 들어오는 것이 답이라고 생각합니다."

〈대장금〉 작가 김영현 편

"책에서 아이디어를 많이 얻습니다. 〈대장금〉 집필에 들어가기 전에 요리나 의학 관련 서적을 수십 권 사다 놓고 필요할 때마다 참조했습니다. 궁중 음식 부분은 『한국음식대관』을 읽은 것이 도움이 됐고, 한의학 부분은 『동의보감』을 한 차례 완독한 것이 유용했습니다. 지명은 『동국여지승람』을 살펴보았습니다. 책에는 수많은 아이디어가 담겨 있어서 늘 책을 손에서 놓지 않고 있습니다."

> *tip* 창의성을 갖춰야 하는 직무라면 아이디어를 어디에서 얻는지 물어볼 수 있다. 이 질문에 답할 때는 박웅현 디렉터처럼 소신을 밝히거나 김영현 작가처럼 구체적으로 말하라. 면접관의 호감을 2배로 높일 수 있을 것이다.

✚ **지금까지의 출연작 중에 가장 기억에 남는 작품이나 배역은?**

뮤지컬 배우 정선아 편

"〈에비타〉에서의 에바 페론 역이 기억에 남습니다. 에비타는 후안 페론의 아내 에바 페론의 일대기를 다룬 브로드웨이 뮤지컬입니다. 데뷔 10년 만에 첫 여자 주인공 타이틀 롤을 맡은 데다 공연 가운데 75퍼센트가량을 홀로 이끌어 가야 해서 부담도 있었지만, 매우 좋은 기회이고 이 작품을 통해 한 단계 발전할 수 있을 것 같아 참여했습니다. 자료 조사도 열심히 했습니다. 그녀에 관한 책을 많이 읽고 2006년에 공연했던 선배들에게 조언을 구했습니다. 공부할수록 에바 페론은 가슴으로 대할 수 있는 인물이었습니다. 작품을 하면서 배우로서도 한 단계 성장했습니다. 〈에비타〉는 집중하지 않으면 힘이 뚝 떨어지는 작품입니다. 공연 중 15번에 걸쳐 옷을 갈아입어야 하고, 쉬는 틈이 없이 계속 무대에 서 있어야 했습니다. 체력적으로 다소 힘들었지만 저를 한 단계 성장시켜준 이 작품을 매우 아끼고 좋아합니다."

tip 뮤지컬에 대한 열정과 애정이 동시에 느껴진다. 자신이 걸어온 발자취에서 직무에 대한 열정과 애정이 담긴 경험이 있다면 이를 정리하라.

✚ 작품을 하면서 신경 쓰는 것은 무엇인가?

배우 김응수 편

"작품을 같이하는 스태프들 이름을 외우기 위해 노력합니다. 작품이 크랭크인하면 제작진에게서 스태프 리스트를 받은 다음 이름을 모두 외웁니다. 최근에는 두 작품을 동시에 하며 총 400명에 달하는 스태프 이름을 외웠습니다. 이름을 부르면 3일 동안 잠을 못 잤던 스태프도 웃습니다. 이름을 부르는 것과 그렇지 않은 것은 전혀 다르다고 생각합니다. 스태프들이 한 작품을 만들기 위해 얼마나 노력하는지 잘 알기 때문에 회식할 때도 스태프들 곁에 앉습니다. 물론 경조사는 빠짐없이 챙깁니다. 함께 작품을 만들어간다는 것에 대한 소속감을 느끼게 하고 서로 간의 벽을 허물게 하는 저만의 노하우입니다."

tip 하나의 작품을 만들기 위해서는 배우들뿐만 아니라 촬영팀, 조명팀, 연출팀, 메이크업팀 등 다양한 스태프들의 공이 뒤따른다. 하지만 이러한 스태프들의 노고를 잊고 자신만 대우받고자 하는 배우들도 많다. 그런 분위기 속에서 김응수의 노력은 우리에게 감동을 준다. 배우는 카메라 앞에서 연기를 잘하는 것 이상으로 인격과 성품이 중요하다. 직장 생활을 할 때도 이처럼 뒤에서 숨은 노력을 아끼지 않는 이들이 많다. 세상을 아름답게 만드는 스태프들이 누구인지 살펴보고, 자신이 누군가를 돋보이게 만들기 위해 기꺼이 스태프가 되어준 적이 있는지 돌아보아야 한다. 서로가 서로에게 스태프가 되어줄 때 모두가 빛나는 법이다.

✚ 데뷔 후 오랜 시간 다양한 작품에서 수많은 역할들을 연기하다 보니, 연기에 대한 매뉴얼이 있을 것 같은데?

배우 김혜수 편

"〈도둑들〉에서 전지현 씨가 '사랑에 매뉴얼이 어딨어?' 하는 장면이 나옵니다. 연기에도 매뉴얼이 어디 있겠습니까? 저도 연기할 때마다 매번 당황하고 자괴감에 빠집니다. 카메라 앞에 서면 무모한 용기 같은 것이 솟구치지만, 막상 손발이 벌벌 떨리는 경험을 하고는 합니다. 머릿속으로 알고 있는 것과 표현하는 것은 확실히 다릅니다. 카메라라는 존재는 또 얼마나 요괴 같은지, 제가 아무리 진정성을 다해 연기를 해도 막상 보면 진정성이 보이지 않을 때가 있습니다. 하지만 카메라를 통해 걸러지고 편집을 하고 나면, 제게 없던 진정성까지 담겨 있는 기분이 들 때가 있습니다. 영화는 협업으로 완성되는 분야입니다. 그래서 능력 있는 감독과 스태프를 만나고 싶습니다. 그러다 보면 마치 자가 발전기처럼 배우 스스로도 진보하게 됩니다."

> *tip* 겸손함이 느껴진다. 오랜 경력이 있어도 자신을 드러내지 않고 감독과 스태프의 중요성을 강조한다. 이렇게 협업을 이야기하는 연기자라면 누가 선호하지 않겠는가.

✚ 앞으로의 목표는 무엇인가?

제일기획 마스터 김홍탁 편

"해외 글로벌 기업 광고를 수주하겠습니다. 국내 광고 시장은 약 100억 달러 규모입니다. 이 시장을 넘어 1,540억 달러 규모의 미국 광고 시장을 공략하고 싶습니다. 세계적인 회사와 경쟁하려면 우리 회사의 브랜드가 통해야 합니다. 이를 위해 국제광고제 수상을 목표로 하고 있습니다. 국제광고제에서의 수상은 명예는 물론이고 브랜딩에 직접적인 도움이 됩니다. 세계 광고계에서 광고회사는 랭킹이 점수로 환산되는데, 칸이나 원쇼어워드, 뉴욕페스티벌, 애드페스트 등에서 상을 받으면 그 점수가 환산되어 랭킹이 정해집니다. 국제광고제 수상을 통해 브랜드 인지도를 쌓고, 전 세계 광고 시장의 32퍼센트를 차지하는 미국은 물론 해외 광고주들에게 업그레이드된 서비스를 제공하겠습니다."

tip 목표가 구체적일수록 믿음이 간다. 해당 분야에 대해 많은 조사를 했다는 의미이기 때문이다. 요즘은 많은 기업들이 글로벌 시장을 공략하고 있다. 막연히 "회사가 글로벌 1위를 하는 데 기여하겠다"라고 말하지 말고, 글로벌 시장에 대한 조사를 통해 자신만의 구체적인 포부를 갖자.

✚ 2년 후의 모습을 그려보라.

서상록닷컴대표 서상록 편

"누군가 제게 '당신의 직업이 무엇입니까?'라고 물어보면 '예, 저는 ○○호텔 신관 35층 쉔브른이라는 프랑스 식당에서 웨이터를 하고 있습니다'라고 말하며 얼른 명함을 건네줄 것입니다. 그리고 이렇게 말씀드리겠습니다. '저희 식당에 놀러 오십시오. 음식 맛있고 값싸고 경치 좋습니다. 기념일에 아내와 함께 오시면 좋은 추억을 만드실 수 있을 것입니다. 그리고 토요일 런치타임에 오시면 반값입니다. 손님 한번 모시고 오십시오'라며 마케팅을 하고 있을 것입니다."

tip 서상록 대표는 삼미그룹 부회장이던 시절 IMF로 회사가 어려워지자 경영인으로서 책임을 지고 사표를 낸 후 롯데호텔 견습 웨이터로 취직해서 화제가 된 인물이다. 그는 누군가 직업을 물었을 때 단순히 "무엇을 하고 있다"에 그치면 50점밖에 안 되는 답이라고 말한다. 100점짜리 답은 주인의식과 직업의식에서 출발한다. 직업보다 더 중요한 것은 바로 투철한 직업관이다. 어떤 일을 하다 보면 재미가 없어지고 싫증 날 때가 있다. 자신이 하는 일이 주변 사람들에게, 나아가서는 인류에게 어떤 의미를 가지고 있는지 끊임없이 생각하며 긍정적으로 의미 부여를 하는 것이 지치지 않는 비결이다.

[touch]
"하늘을 나는 모형 비행기를 만들어본 적이 있는가?"

제2차 세계대전 당시 미국 아나폴리스 항공 기지는 월 1,000명이 넘는 사관생도들의 훈련을 맡았다. 파일럿 훈련에는 많은 돈이 들기 때문에, 이들 중 누가 파일럿에 적합한 인재인지를 파악하는 것이 매우 중요했다. 군 심리학자들은 생도들의 성장 배경, 교육, 흥미를 평가하는 최첨단 질문지를 고안해 사용했다. 심리학자 에드워드 큐어튼은 질문에 대한 훈련병 시절의 응답과 훗날 그들의 성과를 비교해보고 깜짝 놀란다. 단 한 가지 질문이 질문지 전체를 합한 것보다 정확하게 성과를 예측했기 때문이다.

그 질문은 바로
"하늘을 나는 모형 비행기를 만들어본 적이 있습니까?"였다.

거기에 "그렇다"고 대답한 후보생들이 파일럿으로 성공한 비율이 월등히 높았던 것이다. 비행기를 향한 열정이 어려움에도 포기하지 않고 성공할 것이라는 예보였던 셈이다.

출처 : 『당신은 구글에서 일할 만큼 똑똑한가』 중에서.

06〉 순발력과 창의력으로 승부하라
– '이색형 질문' 답변법

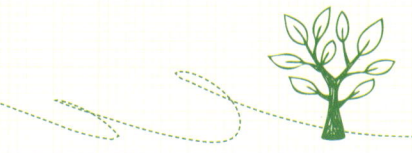

◈ 예시로 배우는 '이색형 질문' 답변법

Q. 최근 대기업들의 사회 공헌이 급격하게 늘어나고 있는데, 여기에 대해 어떻게 생각하는가? 또한 입사 후 사회 공헌 프로그램을 만든다면 무엇을 만들지 이야기해보라.

3편의 면접 답변 예시를 빠르게 읽고 상, 중, 하를 표시해보자.

〈예시 1〉　　　　　　　　　　　　　　　　　　　　（ 상 / 중 / 하 ）
"사회 공헌은 기업의 존재 이유 중 하나로 볼 수 있는 중요한 요소입니다. 최근 많은 기업들이 예전보다 사회 공헌의 중요성을 인식하고 그들의 의무를 다 하려고 하고 있습니다. 하지만 한편으로는 보여주기식이 아니냐는 논란이 있습니다. 직접적으로 사회 공헌 활동을 행하는 것이 아니라, 대학생 홍보 요원이나 자원 봉사를 모집하는 경우가 많기 때문입니다. 비용을 지원해준다고 해도 온전히 기업의 사회 공헌 활동이라고 보기에는 어려운 부분이 있습니다. 기업은 소비자들의 선택과 소비로 인해 유지됩니다. 기업의 존재 목적과 책임을 생각해서 보여주기식의 사회 공헌보다는 좀 더 실질적이고 도움이 되는 사회 공헌을 해야 합니다."

〈예시 2〉　　　　　　　　　　　　　　　　　　　　　(상 / 중 / 하)

"저는 기업이 공장을 설립하고 이를 통해 일자리를 창출하는 것이 곧 사회적 공헌이라고 생각합니다. 하지만 많은 소비자들이 기업의 사회적 책임에 관심이 많은 만큼 차별화된 사회 공헌 활동을 통해 비즈니스 성과를 내야 한다고 생각합니다. 이를 위해 사회적 기업을 설립하고, 저소득층의 자립과 재활을 위해 앞서는 것은 물론, 지역 사회 복지와 문화예술 발전을 위해 적극적으로 기부할 것을 제안합니다."

〈예시 3〉　　　　　　　　　　　　　　　　　　　　　(상 / 중 / 하)

"기업의 사회적 효과에 가치를 두는 소비자가 증가함에 따라 기업의 사회 공헌 활동이 중요해지고 있습니다. 하지만 연간 사회 공헌 지출 규모가 꾸준히 늘어

> 나고 있는데도 사회 공헌 잘하는 기업에 대한 소비자 인식은 낮은 편입니다. 저는 기업의 특성을 잘 반영한 사회 공헌 활동이 소비자의 브랜드 연상에 긍정적인 기여를 할 수 있다고 생각합니다. 저는 우리 회사의 제품과 서비스를 살리는 사회 공헌 활동을 제안하고 싶습니다. '내일을 위한 신발(Shoes for Tomorrow)'이라는 슬로건을 정한 다음, 소비자가 신발 1켤레를 구입하면 1켤레를 제3세계 어린이에게 기부하는 '1 대 1 기부 공식(One for One)'을 확립하는 것입니다. 소비자들은 단순히 제품을 구매하는 것이 아니라 사회적 가치를 구매하기 때문에 더 큰 만족감을 얻을 수 있고, 기업은 경쟁력을 확보할 수 있을 것입니다."

〈예시 1〉은 너무 전투적이다. 면접장에서의 답변이라기보다 사설이나 칼럼 같은 느낌을 풍긴다. 아무리 좋은 말이라도 듣는 이를 고려하지 않는다면 가치가 떨어진다. 때와 상황에 맞게 답하는 것이 기본 매너다. 또한 〈예시 1〉은 자신의 말에 빠져 면접관의 두 번째 질문을 놓치는 실수를 했다. 위험하다! 〈예시 2〉는 친기업적인 입장에서 답을 전개했지만 이에 대한 아이디어는 깊이가 부족하다. 이미 많은 기업이 펼치고 있는 기부 활동을 언급하여 지원자의 매력을 떨어뜨렸다. 〈예시 3〉은 기업과 소비자의 입장을 둘 다 고려해서 줄타기를 잘했다. 구체적인 예시는 실제로 탐스슈즈가 실시하는 활동을 답변으로 정리한 것이다. 기업의 사회 공헌 활동은 사업 특성을 고려해서 프로그램을 만드는 것이 비용 부담은 줄이면서도 사업 시너지를 높일 수 있는 방법이다.

최근 기업의 사회적 책임(CSR) 수준이 높아짐에 따라 면접 때 이에 대한 생각을 알아보는 질문이 많아졌다. 사회 공헌 활동 아이디어는 물론 "CSR이 필요한가?", "CSR을 통해 기업은 무엇을 얻는가?", "CSR이 의사결정 과정의 중요 고려 요소인가?", "이윤 극대화와 CSR을 동시에 추구하는 방법이 있다면?" 등 질문 유형도 다양하다. 대답할 때는 공익성만 강조하는 것은 좋지 않다. CSR은 균형 있는 사회 발전을 위해 꼭 필요하지만, 수익 극대화를 꾀하는 기업의 입장에서 부담되는 면도 있기 때문이다. CSR이 사회는 물론 기업에 어떤 이익을 줄 수 있는지 고려해서 말하자. CSR의 보완 개념으로 CSV에 관심을 갖는 기업도 늘고 있으니, 이에 대해서도 살펴보기 바란다.

CSR(Corporate Social Responsibility, 기업의 사회적 책임)
기업이 근원적인 이윤 추구 활동 이외에 법규와 윤리 기준을 준수하고, 다양한 이해관계자(주주, 종업원, 고객, 환경 단체, 공동체 등)의 요구에 적절하고 공정하게 책임을 다함으로써 경제, 사회, 환경 등에 기여하는 것을 말한다. CSR은 매우 광범위한 개념으로 쓰이고 있어서 각 국가의 특성이나 시대적 상황에 따라 다르게 정의되는데, 우리나라에서 중시하고 있는 사회 공헌 활동은 CSR의 일부라고 할 수 있다.

CSV(Creating Shared Value, 공유가치창조)
미국의 경제학자 마이클 포터가 주장한 개념으로, 기업의 중장기 경쟁력 강화와 사회적·환경적 목적을 동시에 달성할 수 있는 비즈니스 활동을 말한다. 가난한 사람들에게 적정 기술과 제품을 제공해 사회 수요 충족과 신시장 개척을 이뤄낸 보다폰과 네슬레, 제너럴일렉트릭(GE)의 친환경 사업인 에코매지네이션 등이 CSV의 대표적인 사례다.

◈ 이렇게 바뀌었어요 '3단계 이색형'

Q. 공중파 아나운서가 프리 선언을 하는데, 어떻게 생각하는가?

"방송국 아나운서라는 직업이 안정감은 있지만 인기가 한창 올랐을 때 프리랜서 아나운서로 전향해 바짝 수입을 올리는 것이 평생을 대비하는 방법입니다. 물질적으로 그들의 노고를 보상해줄 수 없다면 아나운서들의 프리 선언은 어쩔 수 없다고 생각합니다."

<u>1단계</u> 클리닉

◎ 면접관은 이 질문을 통해 지원자의 소속감과 충성심을 엿보고자 한다. "입사 후 고액 스카우트 제의를 받는다면 어떻게 하겠는가?"라는 질문을 우회적으로 묻는 셈이다. 그런데 위 답변은 너무 속물적이고 직설적이다. 이런 답변을 듣고 좋아할 면접관은 없다. 애사심을 담아서 좀 더 예의 바르게 답변하자.

"공중파 인기 아나운서들이 프리 선언을 하는 주된 이유는 더 나은 환경과 보수 때문이라고 볼 수 있습니다. 하지만 프리랜서의 장점이 많다고 해서 아무나 프리 선언을 할 수는 없습니다. 결국 프리 선언도 실력과 지명도를 두루 갖춘 인기 아나운서만의 특권이라고 생각합니다."

<u>2단계</u> 클리닉

◎ 여전히 질문의 핵심을 파악하지 못했다.
◎ 위 답변을 보면 지원자의 미래가 그려진다. 실력을 쌓은 후 더 나은 환경과 보수

를 제공하는 회사를 찾으면 뒤도 돌아보지 않고 이직할 것 같은 미래 말이다. 지금 당장 면접 볼 회사에 불합격하고 싶은가? 면접관의 입장에서 한 번만 더 생각해보면 어떤 답을 해야 할지 쉽게 알 수 있을 것이다.

◎ 부족한 당신에게 실무를 가르쳐주고 발전할 수 있는 기회를 제공해주는 회사의 노고를 잊지 말자.

"공중파 인기 아나운서들이 프리 선언을 하는 주된 이유는 더 나은 환경과 보수 때문이라고 볼 수 있습니다. 연기자 변신처럼 자신의 꿈을 위해 프리 선언을 하는 것은 이해하지만, 단순히 돈을 위해 움직이는 것은 안타깝습니다. 프리 선언을 한 아나운서들이 가장 각광을 받는 시장은 행사업계인데, 이곳에서는 공중파가 줄 수 있는 신뢰감 같은 장점은 얻기 어렵습니다."

3단계 클리닉

◎ 처음보다 거부감이 많이 줄었다. 면접장에서는 평소 친구들과 나누던 속내를 허심탄회하게 쏟아놓기보다 면접관의 질문 의도를 파악한 다음 예의 바르게 전달하는 것이 중요하다. 지원자의 입장만큼 직원을 뽑는 회사의 입장을 헤아릴 줄 알아야 한다.

◎ 많은 아나운서가 프리 선언을 한다는 것은 그만큼 현재 방송 시스템에 어려움이 있다는 뜻이기도 하다. 이에 대한 보완책을 함께 제시하면 균형 잡힌 시각을 보여줄 수 있다.

"공중파 인기 아나운서들이 프리 선언을 하는 주된 이유는 더 나은 환경과 보수 때문이라고 볼 수 있습니다. 연기자 변신처럼 자신의 꿈을 위해 프리 선언을 하는 것은 이해하지만, 단순히 돈을 위해 움직이는 것은 안타깝습니다. 프리 선언을 한 아나운서들이 가장 각광을 받는 시장은 행사업계인데, 이곳에서는 공중파가 줄 수 있는 신뢰감 같은 장점은 얻기 어렵습니다. 아나운서가 인기를 끈 것은 개인의 능력뿐 아니라 높은 지명도와 신뢰감을 쌓도록 환경을 제공해준 방송사의 역할이 매우 큽니다. 처음 공중파 아나운서가 되고자 했던 때의 열정과 초심을 잊지 말아야 합니다. 더불어 방송사는 스타 아나운서들이 동시다발적으로 여러 프로그램에 출연함으로써 무리하지 않도록 하고 혼자서 메이크업이나 의상을 준비하는 부담 등을 줄여서 아나운서들이 만족스러운 환경에서 일할 수 있도록 도와야 한다고 생각합니다."

◈ '이색형 질문' 대표 20선

✚ **한류 스타가 자신이 버는 돈의 절반을 사회에 기부하는 대신 군 복무를 면제받는다면 찬성하는가, 반대하는가?**

❶ "찬성합니다. 병역 면제를 받으면 스포츠 선수들이 병역 면제를 받아 운동에 전념하는 것처럼, 한류 스타도 예술 활동에 전념해서 사람들에게 즐거움을 줄 수 있기 때문입니다. 스타의 수입이 사회에 기여하는 방식이라면 의무를 면해도 된다고 생각합니다."

❷ "반대합니다. 돈을 내고 군 면제를 받는 것은 시민으로서의 의무를 저하시키는 일이라고 생각합니다. 사회가 돈으로 인한 혜택을 받는다 해도 스타가 군대에 가는

것보다 국가에 득이 되는지는 알 수 없습니다. 공공의 이익은 금전적인 기준으로만 평가할 수 없고, 시민으로서의 정체성과 의무는 시장 논리에 의해 좌우될 수 없다고 생각합니다."

> *tip* 『돈으로 살 수 없는 것들』의 저자 마이크 센델 교수가 국내 한 대학교의 공개 강연에서 던진 질문이다. 참석자들의 논쟁이 이어졌고 센델 교수는 2가지로 논쟁의 핵심을 정리했다. 하나는 공공의 이익은 금전적인 기준으로만 평가할 수 없다는 것이고, 다른 하나는 시민으로서의 정체성과 의무는 시장 논리에 의해 좌우될 수 없다는 것이다. 많은 것들이 돈과 시장 가치로 거래되는 사회에서 돈으로부터 보호받아야 할 영역을 고민해보는 것은 면접 대비뿐 아니라 인생을 사는 데도 의미가 있을 것이다.

✚ 인터넷 실명제에 찬성하는가, 반대하는가? 그 이유는 무엇인가?

❶ "찬성합니다. 익명성은 무분별한 악성 댓글을 낳는 원인입니다. 최근 수년간 자살로 생을 마감한 연예인들의 공통점은 악성 댓글에 시달렸다는 점입니다. 평소에 감정이 좋지 않은 사람, 정치적 라이벌, 경쟁 관계인 기업은 언제든 악플의 타깃이 될 수 있습니다. 기업들로터 보상금을 받아낼 목적으로 의도적 악성 글을 올리는 블랙컨슈머도 늘어나는 실정입니다. 자신의 이름을 걸고 의견이나 댓글을 올리면 악플이 크게 줄어들 것입니다. 페이스북 등 해외 인터넷 사이트도 점차 실명제를 권유하는 분위기 속에서 인터넷 실명제는 물론 인터넷 예절 교육도 함께 이뤄져야 합니다."

❷ "반대합니다. 인터넷 실명제가 헌법이 보장한 표현의 자유를 침해하기 때문입니다. 표현의 자유란 자신의 의견을 자유롭게 표명하고, 그것을 전달할 자유입니다. 인터넷은 전 세계 컴퓨터 통신망을 잇는 개방성이 특징입니다. 무엇이 금지되는

표현인지도 분명하지 않은 현실에서 규제하고 처벌하는 것은 정당한 의사 표현을 막는 과도한 제한이라고 생각합니다. 특히 2007년 실명제가 도입된 이후 그전보다 명예훼손, 모욕, 비방 건수가 줄었다는 증거가 없어서 실명제의 효과가 미미하다고 봅니다."

tip 아직도 찬반 논란이 지속되고 있는 사안이다. 이런 경우에는 자신의 의견을 소신껏 말하되 근거를 덧붙여 논리를 세우자.

✚ 당신이 유아용품 제조회사 대표라면, 신문을 볼 때 제일 먼저 어떤 기사를 보겠는가?

"어린아이를 둔 고객의 관심이 무엇인지, 경쟁사는 어떤 제품을 출시했는지, 국내외 업계 현황은 어떠한지 등을 꼼꼼하게 살펴보겠습니다. 또한 어린이의 안전과 관련된 기사가 나오면 빠짐없이 스크랩하겠습니다. 유아용품을 만드는 데 있어서 어린이의 안전보다 중요한 것은 없기 때문입니다."

tip 이 질문은 2가지를 엿볼 수 있다. 지원자가 경영인의 입장을 이해하는지, 업계 동향에 대해 관심을 갖고 있는지 말이다. "오늘 아침 신문을 보았는가?", "신문을 볼 때 어떤 면을 가장 먼저 읽는가?", "최근 뉴스 중 인상 깊었던 내용은?" 등도 이와 유사한 질문이다. 평소 지원 회사와 관련된 업계 이슈를 꼼꼼하게 체크하고 자신만의 견해를 덧붙이면 쉽게 답할 수 있다. 해당 뉴스가 문제 해결을 필요로 하는 것이라면 기업과 정부, 개인적 측면에서 어떤 노력을 해야 하는지 종합적으로 정리해야 한다. 국내는 물론 해외 뉴스에도 관심을 기울여서 글로벌 인재임을 강조하자.

✛ 의사인 당신에게 동창이 병원에 찾아와서 먼저 진료를 봐달라고 한다. 어떻게 해야 할까?

"누가 오더라도 대기 순번대로 하는 게 원칙입니다. 그러나 일을 끝내고 식사 자리에서 동창을 만난 후 '아까는 기분이 상했을 테니, 내가 술 살게'라고 하겠습니다. 공적인 영역과 사적인 영역을 구분해서 일을 처리하겠습니다."

> *tip* 직장 생활을 하다 보면 원칙을 지키면서도 융통성을 보여야 할 때가 있다. 참으로 난감한 일이 아닐 수 없다. 문용린 긍정심리학자의 목소리에서 힌트를 얻어보자.
> "저는 우리 사회의 앞날을 위한 해법으로 '동서병행하자'라는 말을 강조합니다. 동서병행은 공적인 비즈니스는 서구적 합리주의에 입각해서 처리하고, 인간관계는 동양적 삼강오륜을 따르자는 의미입니다."

✛ 고객이 몸이 아픈 어머니를 위해 우리 회사 제품을 구매했는데, 슬프게도 어머니는 그 제품이 도착하기도 전에 숨을 거두고 말았다. 고객이 반품을 원하는데, 업무 규정상 반품은 무료이지만 택배 직원을 부르는 것은 고객이 하도록 되어 있다. 어떻게 하겠는가?

"택배 직원을 보내 반품 처리를 하겠습니다. 회사에서 택배 직원을 부르는 것은 엄밀히 따지면 업무 규정에 어긋난 것이지만, 회사는 고객 만족이 모든 것에 우선한다는 대원칙이 있다고 생각합니다. 이런 대원칙하에서 고객의 특수한 상황을 배려해 업무를 처리하는 것이 중요합니다. 반품 처리와 함께 어머니를 잃은 고객의 슬픔을 조금이라도 위로해드리기 위해 제 사비로 한 다발의 꽃과 정성 어린 카드도 함께 보내겠습니다."

tip 미국 신발 쇼핑몰 1위인 재포스 컨택센터에서 있었던 일화다. 컨택센터 상담원은 업무 규정보다 고객의 특수한 상황을 배려해서 위와 같이 행동했다. 서비스를 받은 고객은 인터넷에 "지금껏 받아본 친절 중 가장 감동적이었다. 인터넷에서 신발을 사려고 한다면 재포스를 적극 추천한다"고 후기를 올렸다. 고객 감동을 중시하는 재포스의 순고객 추천 지수는 미국 최고라고 한다. 감동 서비스를 보여주고 있는 기업의 다양한 일화를 통해 서비스를 실천하는 다양한 노하우를 배울 수 있다.

✚ **아버지는 더우니 문을 열어놓으라고 하고, 어머니는 모기가 들어오니 문을 닫으라고 한다. 어떻게 해야 할까?**

"방충망을 설치한 후 문을 열어놓으면 아버지의 문제인 더위와 어머니의 문제인 모기를 둘 다 해결할 수 있습니다."

tip 갈등의 상황을 어떻게 풀어가는지 볼 수 있는 질문이다. 일반적으로 우리는 갈등의 상황에 놓이면 '누구 편을 들어야 하지?'를 생각한다. 얽히고설킨 인간관계에 얽매여서 선뜻 올바른 방향으로 나아가지 못하는 것이다. 갈등의 상황을 풀 때는 되도록 모두가 만족할 수 있는 결론을 내리도록 노력해야 한다. 관계보다 팩트에 주목하면 현명한 판단을 할 수 있다.

✚ **야구방망이와 야구공을 합쳐 1달러 10센트다. 방망이는 공보다 1달러 더 비싸다. 공의 가격은 얼마인가?**

❶ "10센트입니다."

❷ "5센트입니다."

tip 정답은 무엇일까? 대니얼 카너먼 프린스턴대 명예교수에 따르면, 대부분 사람은 곧장 10센트라고 답한다고 한다. 그러나 공이 10센트이고 방망이가 1달러 더 비싸다면 방망이는 1달러 10센트로 방망이와 공을 합쳐 1달러 20센트가 된다. 결국 공이 5센트여야 방망이(1달러 5센트)를 합쳐 1달러 10센트가 된다. 이 질문을 통해 면접관은 당신이 빠르고 사려 깊지 못하게 의사결정을 하는지, 논리적이고 신중하게 의사결정을 하는지 알 수 있다.

✚ **여자가 평생 화장하는 데 걸리는 시간을 계산하면? 그 시간이 적당하다고 보는가?**

"하루 1시간가량을 화장하거나 지우는 데 쓴다고 볼 때 1년에 365시간이 걸립니다. 20세부터 시작해 60세까지를 화장 연령으로 보면 365시간×40년=1만 4,600시간으로 608일 정도 됩니다. 아름다움의 창출이라는 점에서 보면 일생에서 1년 7개월쯤이야, 하는 생각도 들지만 여성이 화장 외에도 자신의 외모를 가꾸기 위해 쓰는 시간이 더 있음을 감안하면 다소 길지 않나 생각합니다. 화장을 하면서 클래식 음악을 듣거나 영어 방송을 듣는다면 그 시간을 생산적으로 활용할 수 있다고 생각합니다."

tip 정답이 없는 질문이다. 가정을 통해 논리적으로 접근하면서 계산하면 된다.

✚ **두 사람이 케이크를 나누어 가지려 한다. 두 사람 모두 수긍할 수 있도록 케이크를 둘로 나누려면 어떻게 하는 것이 좋을까?**

❶ "저울에 올려 정확하게 맞춥니다."

❷ "공정하게 가위바위보를 합니다."

❸ "먼저 한 사람이 케이크를 자릅니다. 이어서 다른 사람이 먼저 자기 몫을 선택하도록 합니다. 첫 번째 사람은 자기가 원하는 방식으로 케이크를 잘라서 자신이 원하는 바를 반영할 수 있고, 두 번째 사람은 자신에게 먼저 선택권이 주어졌으니 수긍할 수 있습니다."

> *tip* ①, ②는 질문의 의도를 파악하지 못한 대답이다. 이 질문의 핵심은 정확하게 나누는 것이 아니다. 두 사람 모두 수긍하는 것이다. ③은 제한된 재화를 나누어 갖는 상황에서 두 사람의 만족도를 모두 고려했다. 한 사람은 자신이 직접 잘랐고, 다른 사람은 먼저 선택권을 가졌다. 두 사람 모두 분배 방식에 참여하는 과정을 통해 자신이 원하는 것을 가질 수 있다. 혹여 원하지 않더라도 일방적으로 불리한 상황에 놓이지 않았다는 심리적 만족감을 얻을 수 있다.

✚ **얼마 전 드라마 〈추적자〉가 화제를 낳았는데, 이 드라마에서 누가 누구를 추적했다고 생각하는가?**

"많은 인물들이 자신이 옳다고 생각하는 그 무언가를 추적하고 있다고 생각합니다. 평생 권력을 독차지하고 싶은 강동윤은 서 회장을 추적하고, 평생을 비교당하며 살아왔던 서 회장의 아들은 강동윤을 추적하는 삶입니다. 돈과 권력을 가진 서 회장은 아들에게 자리를 물려주기 위해 보이지 않는 권력을 추적하는 존재입니다. 이외에도 진정한 사랑을 원하는 서지수는 자신을 이용하는 남편 강동윤을 추적하고, 최정우 검사는 깊은 고뇌 속에 정의를 추적하는 검사의 모습으로 나타났습니다."

tip 이 질문에 보통은 〈추적자〉의 드러난 이야기인 복수에 집중하며 "가족을 잃은 백홍석 형사가 강동윤을 추적하고 있습니다"라고 말할 것이다. 어떤 질문이든 종합적으로 살펴 답할 수 있도록 노력하자.

+ 앞으로 글로벌 아트 마켓에서 인기를 얻을 미래 스타를 꼽는다면?

"토마 압츠와 쉬바 아마디, 토바 아우어바흐입니다. 토마 압츠의 작품은 정교하고 세밀한데, 크기가 작은데도 신기할 정도로 미술관과 개인 수집가를 사로잡고 있습니다. 쉬바 아마디의 작품은 마치 화려한 페르시안 카펫을 보는 듯합니다. 섬세한 그림과 수채화, 고전적인 페르시안 미니어처에 이란의 정치 사회적 상황을 혼합한 것이 작품의 특징입니다. 토바 아우어바흐는 개념 미술의 엄격함을 살짝 비틀어 파워풀한 예술을 창조해내고 있습니다. 회화, 조각, 에디션 작업을 넘나드는데 경매에서 인기가 높습니다."

tip 사회 전반적으로 인문과 문화예술에 대한 관심이 높다. 이에 대한 이해가 깊을수록 과거의 것과는 다른, 새로운 것을 창조하는 데 유리하기 때문이다. 한 대기업 부회장은 대학생들을 대상으로 한 특강에서 "이종 산업 간 융복합이 이뤄지는 컨버전스 시대에서는 인문학도도 기술을 이해하고, 공대생도 인문학과 예술을 가까이해야 경쟁력을 확보할 수 있다"고 강조했다. 이런 분위기 속에서 면접관은 당신이 예술과 문학, 역사, 철학에 대해 얼마나 관심을 갖고 있는지 다양한 각도에서 질문을 던진다. 만약 위와 같은 질문이 면접장에서 나왔는데 잘 모르는 영역이라면 다음과 같이 말하라.
"죄송합니다. 제가 이 부분에 대해서는 관심을 갖지 못했습니다. 하지만 ○○ 분야에 대해서는 알고 있는데, 그 부분을 말씀드려도 될는지요?"
무조건 "모르겠다"고 말하는 것보다 100배 낫다.

✚ 전기 요금을 인상해야 하는가?

❶ "반대합니다. 지금 안 그래도 불경기라서 가계가 어렵습니다. 전기 요금마저 오른다면 생활이 더욱 힘들어질 것입니다."

❷ "크게 2가지 요인에서 인상해야 한다고 생각합니다. 하나는 날마다 쌓여만 가는 한국전력의 부채 문제를 해결하기 위해서, 다른 하나는 소비자의 바른 전기 사용을 위해서입니다. 한전의 경쟁력이 떨어지면 투자를 제대로 할 수 없고 그 피해는 고스란히 소비자에게 전가됩니다. 이를 막기 위해 전기 요금 인상은 불가피하다고 생각합니다. 또한 국내 전기 요금이 외국에 비해 상대적으로 저렴하다 보니 생활 속에서 무분별하게 소비가 이뤄지고 있습니다. 이 부분도 요금 인상을 통해 바로잡아야 한다고 생각합니다."

> *tip* 지원자가 기업의 시각(②)을 갖고 있는지, 소비자의 시각(①)을 갖고 있는지 알 수 있는 질문이다. 당신은 어제까지 100퍼센트 소비자였지만, 면접을 보는 지금은 소비자이면서 예비 직원이다. 머지않아 회사의 월급을 받아 생활할 일원이 될 것임을 잊지 말자. 회사가 없으면 당신의 일자리도 없다.

✚ 사일로 효과에 대해 어떻게 생각하는가?

"부서 이기주의는 회사의 발전에 큰 저해가 됩니다. 일례로 소니가 아이팟을 만들지 못한 것 또한 사일로의 부작용이 아닐까 생각합니다. 소니는 사업이 커지면서 급속한 환경 변화에 신속히 대응할 수 있도록 사업부가 별도의 독립 회사처럼 운영되도록 한 컴퍼니(Company) 제도를 도입했습니다. 그러나 이후 각 컴퍼니가 경쟁하면서 엇비슷한 제품을 몇 개의 컴퍼니가 거의 동시에 출시하는 등 불협화음이 생겼습니다. 만약 소니가 컴퍼니의 경계를 넘어 각 조직의 역량을 한곳으로 모아 제품과 뮤직스토어 사업을 만들었다면, 아이팟을 능가하는 우수한 융·복합 제품을 만들 수 있었을 것이라고 생각합니다. 사일로 현상을 막기 위해서는 조직의 비전을 공유하고, 필요에 따라서는 사업부 간 인적·물적 자원을 제때에 이동시키는 조직의 유동성을 갖추는 등 부서 간에 협력할 수 있는 시스템을 갖추어야 합니다."

> *tip* 사일로 효과는 조직 장벽과 부서 이기주의를 의미하는 경영학 용어다. 사일로(silo)는 원래 곡식 및 사료를 저장해두는 굴뚝 모양의 창고를 의미한다. 경영학에서 사일로 효과는 조직의 부서들이 서로 다른 부서와 담을 쌓고 내부 이익만을 추구하는 현상을 빗댄 용어다. 사일로 효과는 조직의 소통을 막고 효율성을 낮추는 조직 운영의 적으로 여겨진다. 그러므로 기업 및 기관은 사일로를 없애기 위해 많은 노력을 기울이고 있다. 기업 경영에 직접적으로 영향을 미치는 몇 가지 용어는 미리 공부해야 한다.

✚ 스파게티 볼 효과에 대해 아는 대로 말해보라.

"우리나라는 2000년 이후 10개 경제권과 FTA를 추진해서 지금까지 칠레·싱가포르·아세안·인도·EU·미국 등과 FTA를 체결했습니다. 이외에도 많은 나라들과 협상 중입니다. 여러 나라와 FTA를 체결함으로써 수출이 증가하고 일자리가 창출되는 등 경제적 효과가 기대되지만 이에 반해 부작용을 걱정하는 의견도 있는데, 그중 하나가 바로 '스파게티 볼 효과(Spaghetti bowl effect)'입니다. 스파게티 볼 효과란 여러 나라와 동시에 FTA를 체결하는 과정에서 각 나라마다 다른 원산지 규정, 통관 절차, 법 체계, 표준 등을 확인하는 데 시간과 인력이 더 들어서 거래 비용 절감이라는 본연의 기대 효과가 반감되는 것을 말합니다. 스파게티 볼 효과는 미국 컬럼비

아대학의 바그와티 교수가 동시다발적인 FTA의 비효율성을 지적하며 처음 사용했던 용어입니다. 이러한 스파게티 볼 효과를 해결하기 위해서는 원산지 규정을 정비하고, FTA 활용 기업에 대해 관세청, 상공회의소 등 관련 기관이 지원 서비스를 제공하여 기업 부담을 최소화해야 합니다."

tip 현재 사회적 이슈와 맞물려 뜨는 신조어는 미리미리 파악하자.

✚ 전 세계 대통령 중 존경하는 대통령은 누구인가?

"브라질의 룰라 대통령입니다. 저는 룰라 대통령의 리더십과 실행력, 포용력을 존경합니다. 퇴임을 앞두고도 룰라 대통령의 지지율과 정부에 대한 긍정적 평가는 80퍼센트를 넘었습니다. 국민들의 열광적인 지지는 심장에서 우러나는 정치를 내세운 스킨십의 결과입니다. 룰라 정부는 사회 간접 시설에 과감하게 투자하고 물류 시설 확충, 에너지 개발 확대 등을 담은 경제 성장 촉진 프로그램을 실시해서 8년간 연평균 7.5퍼센트의 실질 성장률을 기록했습니다. 빈곤 퇴치 프로그램은 2,900만 명을 식량 고민에서 구출했고, 중산층은 3천만 명 이상 늘었습니다. 국제 사회에서는 경제와 정치 모두에서 미국 중심의 구도에 맞서서 할 말은 하는 지도자로 평가되며, G7 시대를 다자 외교 시대로 바꾼 주역으로 평가됩니다."

tip 지원자의 리더십 성향과 글로벌 감각, 사회 전반에 대한 관심 등을 엿볼 수 있다. 대통령은 한 나라에서 가장 큰 리더십 영향력을 보여준다. 이 질문에 답할 때는 인물 선정과 함께 존경하는 이유가 매우 중요하다. "역대 대통령 중에 존경하는 대통령은?", "현 정부에 대해 어떻게 생각하는가?", "누가 대통령 후보로 적합한가?", "대통령이 된다면 펼치고 싶은 정책은?" 등도 같은 맥락에서 나오는 질문이다.

✚ 스마트폰의 단점이 무엇인지 말하고, 스마트폰과 공생할 수 있는 방법을 말하라.

"모든 전자 기기 화면이 그렇듯 스마트폰 화면도 최대한 우리의 시선을 계속 사로잡도록 고안되어 있습니다. 그런 중독성은 생각할 시간을 앗아가고, 그만큼 창의력을 떨어뜨릴 수 있습니다. 무엇인가를 계속 확인하려는 강박증에 빠지면서 집중하고 성찰하는 능력은 낮아집니다. 하지만 스마트폰을 아예 내칠 수는 없습니다. 시대의 흐름을 거스르는 삶을 살기란 쉽지 않기 때문입니다. 스마트폰이 두뇌에 부정적 영향만을 주는 것도 아닙니다. 어떻게 사용하느냐에 따라 교양을 높일 수 있고, 지적 즐거움을 선사할 수 있습니다. 스마트폰과 공생하는 법으로 저는 스마트폰을 쓰지 않는 시간을 정해야 한다고 생각합니다. 직장인이라면 근무 시간 동안 스마트폰을 사용하지 않음으로써 일의 능률을 끌어올릴 수 있습니다."

> *tip* 무엇이든 장점과 단점을 동시에 갖고 있다. 한쪽 면만 보는지, 균형 있게 보는지를 확인할 수 있다. 면접관이 한 번에 질문을 2개 이상 던질 경우 주의 집중이 약한 지원자는 대답을 놓칠 때가 있다. 면접관의 질문을 꼼꼼하게 새겨듣고 모두 답하도록 주의하자.

✚ 환경 보호와 이윤 추구는 동시에 가능한가?

"네, 가능합니다. 환경 이슈에 대응하여 이익을 창출한 기업이 꽤 많습니다. 스타벅스는 종이컵을 쥐는 손이 뜨겁지 않도록 컵에 끼워주는 슬리브를 개발해 종이컵 사용을 줄였습니다. 슬리브가 등장하기 전에는 종이컵 2개를 겹쳐서 커피를 담았는데, 폐지를 재활용한 홀더로 인해 종이컵 낭비를 크게 줄이며 환경 보호와 이윤 추구를 동시에 가져갔습니다. 『이케아 사람들은 왜 산으로 갔을까』를 보면 그린 비즈니스에서 승자가 된 기업의 사례가 많이 나옵니다. 이를 통해 그린 비즈니스에도 고도의 창의성과 전략이 요구된다는 것을 새삼 깨달았습니다."

tip 그린 비즈니스는 기업의 화두다. 한 대기업 회장은 그린 비즈니스가 그룹의 미래 사업인 동시에 사명이라고 밝히기도 했다. 사회적 이슈와 기업의 화두가 어떤 것이 있는지 놓치지 말고 체크해야 한다.

✚ 이상 기후가 계속되고 있는데, 패션회사는 어떻게 마케팅을 하면 좋을까?

"이상 기후가 계속되면서 소비자들은 지갑을 닫으려고 합니다. 이럴수록 눈길을 끄는 새로운 시도가 필요합니다. 기존처럼 봄·여름, 가을·겨울에 1번씩 컬렉션을 발표하고 패션쇼를 하는 관행보다는 날씨와 유행에 민감하게 대응할 수 있도록 더 자주 컬렉션을 발표해야 합니다. 티셔츠나 액세서리 등으로 10~20개 제품을 꾸려서 내놓는 작은 단위의 컬렉션인 캡슐 컬렉션(Capsule Collection)을 활용할 것을 제안합니다."

tip 기업 경영에 영향을 미치는 요인으로 '날씨'가 추가됐다. 홍수, 지진 등 자연재해가 각 산업에 미치는 영향과 회사의 전략 대응 방안을 묻는 경우도 많다. 신문을 펴들고 정독하면 답을 구할 수 있다.

✚ 한국과 일본의 국가 신용 등급이 역전됐는데, 가장 큰 이유는 무엇이라고 생각하는가?

"여러 가지 요인이 복합적으로 작용했겠지만 한국의 재정 건전성이 좋아졌기 때문이라고 생각합니다. 한국과 일본의 일반 정부 부채 수준을 비교해볼 때 일본은 우리나라보다 현저하게 높습니다. 국내 총생산 대비 국가 채무 비율로 봤을 때 그 차이는 더 벌어집니다. 일본의 국내 총생산 대비 국가 채무 수준은 지난해 230퍼센트까지 치솟았지만, 비슷한 기준을 적용할 때 우리나라는 34.1퍼센트에 해당됩니다."

> *tip* 2012년 9월 한국의 국가 신용 등급이 처음으로 일본을 앞질렀다. 영국계 국제신용평가사인 피치는 한국의 신용 등급을 A+에서 AA-로 한 단계 상향 조정했는데, 이는 일본의 신용 등급 A+보다 높은 것이다. 한국의 신용 등급이 일본보다 높은 것은 처음 있는 일이었다. 회사와 산업 이슈뿐만 아니라 국가적으로, 세계적으로 중요한 사안에 관심을 갖자.

✚ 올림픽 영웅에게 기업은 어떤 점을 배울 수 있는가?

"크게 2가지를 말씀드리겠습니다. 먼저 창의성입니다. 체조 사상 첫 금메달을 딴 양학선의 무기는 자신의 이름을 딴 난도 7.4점짜리 기술 양학선이었습니다. 창의적으로 유일무이한 신기술을 개발하여 세계 1위를 차지했습니다. 펜싱 대표팀도 창의적 전략과 기술 개발로 선전했습니다. 유럽 기술을 모방하던 한국 선수들이 빠른 발을 앞세운 한국형 펜싱을 개발하여 금메달 2개를 따냈습니다. 바로 이런 창의성을 벤치마킹해야 합니다. 금메달을 딴 선수 뒤에는 그들이 믿고 따르는 코칭스태프가 있습니다. 김현우는 남자 레슬링 그레코로만형 66킬로그램급 결승에서 이긴 뒤 관중석에 있던 김인섭 코치를 안고 뜨겁게 울었습니다. 2010 아시안게임 때 대표 선수에서 탈락하고 방황하던 그를 잡아준 사람이 김 코치입니다. 홍명보 감독은 한국 축구팀의 믿음직스러운 맏형이었습니다. 조직 내 신뢰와 소통은 경영의 기본으로, 이러한 점을 배워야 한다고 생각합니다."

> *tip* 면접관은 시류에 따른 질문을 자주 던진다. 사회 전반적으로 굵직한 이슈가 있다면 이를 방관하지 말고 기업의 입장에서 바라보자. 경영자는 이러한 이슈가 기업에 어떤 영향을 주고, 이를 통해 배울 점은 없는지 끊임없이 고민한다. 경영자의 시각을 가졌을 때 면접관의 마음도 붙잡을 수 있다.

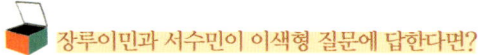 장루이민과 서수민이 이색형 질문에 답한다면?

◈ 명사들의 스토리에서 배우는 '이색형 질문' 답변법

✚ 휴대폰 배경화면은 무엇으로 설정했는가?

뮤지컬 배우 조휘 편

"안중근 사진을 넣었습니다. 뮤지컬 〈영웅〉의 안중근 역 오디션을 준비하면서 일상을 안중근으로 살자고 다짐했습니다. 수염도 기르고 휴대폰 배경화면에 안중근 사진을 넣고 다니며 배역을 철저히 연습했습니다. 이러한 노력으로 안중근 역에 캐스팅되었습니다."

배우 최송현 편

"아프리카 르완다 봉사활동에서 만난 바네사와 제가 함께 찍은 사진입니다. 봉사활동을 하면서 서로의 삶을 진정으로 응원하는 마음을 배웠습니다. 이 마음을 잊지 않기 위해 휴대폰 배경화면을 바꾸었습니다."

> *tip* 당신의 휴대폰 배경화면은 셀카나 연인(가족) 사진인가? 목표와 비전인가? 유도 선수 송대남의 휴대폰 메인 사진은 올림픽 금메달이다. 마음이 복잡하고 심란해질 때마다 이 사진을 들여다보며 마음을 다잡았다. 야구 선수 김광현은 휴대폰 배경화면에 '한국시리즈 승리 투수', '북경올림픽 승리 투수'라는 문구를 적어놓고 꿈을 현실로 만들고 있다. 홍석우 지식경제부 장관의 휴대폰 배경화면은 지식경제부 직원들로 구성된 합창단의 공연 모습이다. 게다가 홍장관은 첫 화면에 '전력 수급 현황' 앱을 받아놓고 수시로 예비 전력 상황을 체크한다. 우리나라 에너지와 전력 사업을 책임지고 있는 수장으로서의 면모를 확인할 수 있는 대목이다.

✚ 좋아하는 노래가 있다면 불러보라.

성악가 최성봉 편

"어린 시절에 껌을 팔다가 들었던 노래가 있습니다. 해바라기의 〈사랑으로〉입니다. 이 노래를 불러보겠습니다.

♩ ♪ 내가 살아가는 동안에 할 일이 또 하나 있지. 바람 부는 벌판에 서 있어도 나는 외롭지 않아. 아아, 영원히 변치 않을 우리들의 사랑으로, 어두운 곳에 손을 내밀어 밝혀주리라. ♬

음악을 통해 다리 하나를 건넌 제가 해야 하는 일이 있다면 절망이 있는 곳에 찾아가 노래를 부르는 일뿐입니다. 앞으로도 희망을 노래하고 희망을 전하는 사람으로 열심히 살아가겠습니다."

---

tip 최성봉은 케이블채널 tvN 〈코리아 갓 탤런트〉를 통해 어려운 환경 속에서도 꿈을 잃지 않은 모습으로 많은 이들에게 감동을 선사했다. 5세 때 고아원에서 도망쳐 나온 후 껌을 팔면서 10여 년을 거리에서 홀로 살았다. 컵라면으로 끼니를 때우고 나이트클럽 계단에서 잠을 자며 하루하루를 살던 순간에도 노래에 대한 꿈을 잃지 않았다. 이후 〈코리아 갓 탤런트〉를 통해 사연과 감동의 목소리가 전해졌고, 준우승을 차지하면서 제2의 폴포츠라 불리며 인생 역전을 이뤘다. 해바라기의 〈사랑으로〉는 그가 좋아하는 노래 중 하나다. 좋아하는 노래에도 이처럼 희망과 스토리가 담겨 있다면 좋은 인상을 줄 수 있다.

✚ 여자들은 왜 명품 핸드백에 열광할까?

시몬느 회장 박은관 편

"크게 4가지로 설명할 수 있습니다. 첫째, 명품 구매가 자신이 그만한 소득과 문화적 계층에 속한다는 심리적 안정감을 준다고 합니다. 럭셔리 브랜드들의 마케팅 포인트가 바로 그것입니다. 둘째, 같은 명품이라도 핸드백이 효용성이 높습니다. 수백만 원 주고 옷을 사더라도 1년에 몇 번 입기 어렵지만, 핸드백은 그렇지 않습니다. 셋째, 과시욕을 만족시켜줍니다. 옷은 브랜드를 뒤집어 보여줄 수 없지만, 핸드백은 물건을 꺼내는 척하고 탁자에 올려놓으면 다 알아봅니다. 마지막으로 여성들이 늘 들고 다니는 핸드백은 삶의 체취와 추억이 진하게 묻어 있는 아이템입니다. 이처럼 일정 수준 이상의 계층에 속한다는 심리적 위안을 안겨주고, 효용성이 높고, 과시하기 좋고, 스토리가 있는 아이템은 없다고 생각합니다."

> *tip* 박은관 회장은 글로벌 명품 핸드백을 아시아에서 처음으로 생산한 인물이다. 그는 세계 최초 핸드백박물관 '백스테이지'를 오픈해서 주목받기도 했다. 핸드백으로만 한 우물을 판 지 30년이 넘은 박 회장은 여자들이 명품 핸드백을 좋아하는 이유를 위와 같이 설명했다. 전문성과 위트를 적절히 곁들여 주목도를 높였다. 답변할 때는 면접관의 질문이 끝나자마자 바로 답하지 말고 1~2초가량 생각을 정리하자. 박 회장처럼 답변을 간결하게 구조화해서 전달하면 좋은 인상을 줄 수 있다.

✚ 기업 규제에 대해 어떻게 생각하는가?

국가지식재산위원장 윤종용 편

"인간의 본능은 기본적으로 풍요롭고 편하고 안전한 것을 추구합니다. 그중 제일 중요한 것이 풍요라고 생각합니다. 풍요로워야 편안해집니다. 그런데 풍요는 기업에서 나옵니다. 국가 경제는 가계, 기업, 국가로 구성돼 있습니다. 개인과 가정은 기업에서 돈을 벌어서 세금을 내고 소비합니다. 부가가치를 생산하는 곳은 기업입니다. 중소기업도 중요하지만 대기업이 더 많은 부가가치를 창출하고 고용할 수 있습니다. 대기업을 규제해서 성장·확장을 방해하면 사회 발전에 장애가 된다고 생각합니다."

> *tip* 면접장에서의 답변은 친기업 정서를 반영하는 것이 유리하다. 면접관이 누구인가? 기업을 대표해 당신을 평가하는 사람 아닌가? 면접장에 서 있는 순간 당신은 소비자도, 학생도 아니다. 머지않아 회사의 월급을 받을 구성원이 될 것임을 잊지 말아야 한다. 갑자기 기업의 입장을 이해하고 반영하는 것은 쉽지 않을 터. 재계 목소리를 대변하는 전국경제인연합회의 보도자료를 보면 기업의 입장을 파악할 수 있다. 기업 정책과 연관해서 글로벌 기준은 어떠한지, 기업은 물론 사회 전반에 미치는 영향은 어떠한지 등을 다각도로 살펴보면 똑소리 나게 대답할 수 있다.

✚ 시장 경쟁의 변화에 대해 어떻게 생각하는가?

하이얼그룹 회장 장루이민 편

"만일 시장 경쟁을 과녁 맞히기에 비유한다면, 1940년에서 1950년대 미국인들은 고정된 과녁을 맞히는 식으로 세계 경제의 선두 자리를 노렸다고 할 수 있습니다. 고정된 시장 안에서 조직적 생산과 원가 절약, 효율 향상을 실행해 경쟁에서 승리한 것입니다. 1960년대가 되자 일본이 새로운 강자로 떠올랐습니다. 일본은 시장을 세분화해서 마치 이리저리 움직이는 과녁을 맞히는 것처럼 시장의 변화에 따라 제품을 생산했습니다. 이 과정에서 기업을 위한 새로운 발전의 기회가 만들어졌습니다. 현재 우리는 정보화 시대를 살고 있습니다. 이제 시장 경쟁은 마치 날아다니는 과녁 맞히기와 같아서, 정확성뿐만 아니라 속도까지 필요해졌습니다. 끊임없이 혁신해야만 생명력을 얻을 수 있습니다."

tip 비유는 메마른 답변에 단비 같은 존재다. 위의 대답에 비유가 없다고 생각해보라. 얼마나 무미건조한가? 질문이 딱딱할수록 비유를 적극 활용하라. 장루이민 회장처럼 찰지고 귀에 감기는 말을 할 수 있다.

✚ 불경기가 지속된다면 어떤 상품으로 승부를 걸어야 하는가?
미국 보스턴컨설팅그룹 소비재부문 총괄담당 샤론 마실 편

"질 좋고 비싼 상품을 내놓거나 허리띠를 졸라매는 분위기에 맞춘 저가 상품으로 승부해야 합니다. 경제 위기에서는 '트레이딩 다운(하향 소비)'과 그 반대인 '트레이딩 업(상향 소비)' 현상이 뚜렷해집니다. 소비에 신중해질 수밖에 없는 소비자들은 줄일 수 있는 것은 줄이되, 어떤 분야에서는 과감하게 지갑을 열기도 합니다. 대표적인 트레이딩 업 분야는 신선 식품, 가족과의 휴가, 스마트폰 같은 디지털 기기입니다. 이에 필요한 돈은 덜 중요하게 생각하는 품목의 지출을 줄여서 얻습니다. 기업은 사업 분야와 시장 상황에 따라 트레이딩 업 또는 다운 전략을 적절히 구사할 필요가 있습니다. 불경기 속에서도 사랑받는 홀푸드 마켓과 H&M, 자라의 사례에서 답을 찾을 수 있습니다."

> *tip* 상당수 지원자들이 면접관의 질문에 자신의 생각만 중언부언 말할 때가 많다. 이 경우 뜬구름 잡는 인상을 줄 수 있으니 유의해야 한다. 면접관이 자신의 말을 경청하고 고개를 끄덕이게 하고 싶은가? 그렇다면 샤론 마실의 답변을 벤치마킹하자. 그는 자신의 생각에 전문적인 지식과 구체적인 사례를 넣었다. 평소 경제 전반에 관심을 갖고 기본적인 지식과 사례를 갖추면 알찬 답변을 내놓을 수 있다.

✚ 국제 유가와 휘발유 값이 뛰어서 세계 각국이 몸살을 앓는데, 유가가 국제 경제에 어떤 영향을 미치고 있는가?

경제예측 전문가, 캘리포니아대 교수 손성원 편

"유가 상승은 세금이 늘어나는 것처럼 구매력 저하로 이어집니다. 국제 유가가 1배럴당 10달러 오르면 세계 경제성장률이 0.3퍼센트가량 떨어질 것입니다. 유가 상승은 또한 소비 심리 위축의 원인으로 작용할 수 있습니다. 하지만 아직 국제 경제계에서 유가가 다시 내릴 것이라는 기대감이 있어서 유가 상승 여파가 본격적으로 나타나고 있지는 않습니다."

> *tip* 기업을 경영하는 데는 다양한 변수가 있다. 유가, 환율, 금리, 원자재값의 변동 폭은 기업 경영의 핵심 변수다. 원자재 수입 의존도가 높은 업종은 늘 환율 급등에 대비하고 시나리오별로 대응 방안을 마련한다. 금리가 오르면 경영 실적이 안 좋거나 부채가 많은 기업은 물론 내수 기업에 불리하게 작용한다. 이외에도 한반도 정세 불안이 기업의 경영 환경에 큰 영향을 미친다. 면접을 앞두고 있다면 이러한 변수들을 이해하고 각종 지표 동향을 주시해야 한다. 또한 이런 변수가 기업 활동과 국민 생활에 어떠한 영향을 미치는지, 기업이 이런 변화에 흔들리지 않으려면 어떤 노력을 해야 하는지 자신의 언어로 설명해야 한다.

✚ 유럽 경제 위기의 원인은 무엇이라고 보는가?

인하대 국제통상학부 교수 현정택 편

"유럽 경제위기의 원인은 2가지입니다. 첫째, 유로라는 단일 통화를 채택함으로써 경쟁력이 취약한 그리스·포르투갈·스페인·이탈리아 등 남부 유럽 국가는 독일 등의 제품에 밀려 생산과 수출이 줄고, 이에 따라 경제가 침체되었습니다. 둘째, 이를 극복하기 위하여 재정 지출을 확대하다 보니 국가 부채가 쌓임으로써 지불 능력이 문제가 된 것입니다."

> *tip* 세계 경제 환경은 기업 경영에 많은 영향을 미친다. 특히 수출 의존도가 높은 기업들은 글로벌 경기 흐름에 더욱 민감하다. 최근 울산상공회의소 조사 결과를 보면 자동차, 조선, 석유화학 등 울산 지역 제조업체들은 기업 경영의 대내외 핵심 변수로 유럽 재정 위기 심화와 세계 경기 침체를 꼽았다. 면접관은 지원자가 글로벌 경기에 관심을 갖고 이러한 흐름이 지원 회사에 미치는 영향을 제대로 인식하기 바란다. 원인이나 해결책을 묻는 질문에는 '대내적 요인'과 '대외적 요인'으로 나눠 답변해보라. 더욱 체계적인 인상을 줄 수 있다.

✚ **국민에게 사랑받는 대통령이 되려면 어떤 원칙을 지켜야 하는가?**

정치 컨설턴트 리처드 뉴스타트 편

"크게 7가지를 말씀드리겠습니다. 국민에게 사랑받는 대통령이 되기 위해서는 권력 분할의 황금 비율을 알고, 주변의 감언이설에 넘어가지 않으며, 시대정신을 꿰뚫고, 이에 가장 합당한 정책을 추구해야 합니다. 또한 노선이 다른 두 사람을 경쟁시켜 정책의 균형을 유지하고, 사고방식과 업무 습관이 비슷한 사람을 보좌관으로 두어야 합니다. 이외에도 사랑받는 대통령이 되려면 초당파적 이익을 고려하여 최종적으로 판단하고 친인척 관리를 공개적으로 투명하게 한다는 원칙을 지키고 따라야 합니다."

> *tip* 위 내용은 리처드 뉴스타트가 쓴 책 『사랑받는 대통령의 절대 조건』에 수록돼 있다. 대선과 총선처럼 굵직한 정치 이슈를 앞두고 있다면 면접에서도 대통령과 관련된 질문이 자주 나온다. "어떤 후보를 지지하는가?", "차기 대통령 선택 기준은?", "후보들의 리더십 스타일을 한마디로 말한다면?", "역대 대통령의 리더십을 평가하라" 등 질문의 유형도 다양하다. 면접관은 이런 질문을 통해 지원자가 사회 전반에 관심을 갖고 있는지, 자신의 가치관을 소신 있게 펼치는지, 분석력을 갖고 있는지 등 다각도로 평가한다. '대통령 리더십 연구소'에서 발표하는 자료나 관련 책, 칼럼, 설문조사 결과 등을 참고해 생각을 정리하면 균형 잡힌 시각에서 답할 수 있다.

✚ 프로그램에 우승해서 상금을 받는다면?

KBS2 〈개그콘서트〉 PD 서수민 편

"KBS 시사교양 프로그램 〈사랑의 리퀘스트〉를 통해서 5천만 원 전액을 기부하겠습니다."

가수 백청강 편

"우승 상금의 절반을 보육원에 나누어 기부하고 봉사 활동을 펼치겠습니다."

---

tip 서수민 PD는 KBS 2TV 〈1대100〉에 1인 도전자로 출연해 최후의 1인에 올랐다. 그리고 우승 상금 5천만 원을 기부하여 훈훈함을 더했다. 〈위대한 탄생〉 우승자 백청강은 월세 30만 원 집에서 살고 있으면서도 우승 상금의 절반을 기부해서 많은 감동을 줬다. 퀴즈나 오디션 프로그램은 대부분 우승자에게 많은 상금을 준다. 우승 후보들이 상금을 어떤 용도로 쓸 계획인지는 단골 질문 중 하나다. 이 질문에 가장 많은 답변 내용은 무엇일까? 바로 "집을 사겠다", "부모님께 드리겠다"다. 대부분 이런 말을 하다 보니 색다른 답을 들으면 자연스럽게 눈길이 간다.

"나 같은 고아도 뭔가 특별한 인생을 살 수 있다는 사실을 세상에 보여주고 싶다. 우승한다면 상금의 반은 고아원이나 노숙인에게 기부하겠다. 아무것도 가진 것 없는 사람들과 어려운 사람들을 돕고 싶다." – Mnet 〈슈퍼스타K 3〉 도전자 크리스

"〈코미디 빅리그〉에서 우승할 경우 상금을 받으면 모두 식권으로 만들어 대학로에 가겠다. 힘들게 개그 무대에 오르는 후배들을 위해서 말이다." – 개그우먼 김미려

이런 마음은 주변을 환하게 밝힌다. 로또에 당첨된다면, 10억이 생긴다면 당신은 어떻게 쓸 계획인가? 촛불처럼 가치 있는 답을 해보라.

[touch]

대학생 100명이 뽑은 대통령의 자격

'차기 대통령은 ☐ 다.'

당신은 무엇을 넣겠는가?

국가경영전략연구원(NSI)은 중앙일보와 함께 '대학생들이 바라본 대통령의 자격'을 주제로 토론 워크숍을 주최했다. 이 자리에 참가한 대학생 100명이 1박 2일간 집중 토론하여 선정한 대통령의 자격은 다음과 같다.

1. 을(乙)이다
   최고 권력자 수퍼 갑(甲)이 아닌 5년 계약직 피고용자로서, 약자의 목소리를 들어야 한다.

2. 쉼표를 찍을 줄 알아야 한다
   달려오기만 한 대한민국 사회가 지금 어디까지 왔고 앞으로 어디로 갈지 고민하는 쉼표도 찍어야 한다.

3. NO라고 말할 친구가 필요하다
   비판과 직언을 서슴지 않을 측근이 주변에 반드시 있어야 한다.

4. 전국노래자랑이다
   지역·이념·세대·소득으로 분리된 한국 사회의 모든 목소리를 담아내야 한다.

5. 해를 품은 달이다

　복지(해)와 경제(달)를 함께 추구하며 2마리 토끼를 동시에 잡는 균형 감각을 갖춰야 한다.

6. 골키퍼다

　대통령의 리더십은 전 세계 경제 위기와 같은 심각한 위기를 극복하며 발휘되어야 한다.

7. 밀당의 고수다

　연애에서 지나치게 밀어내거나 당기면 실패하는 것처럼, 동북아 4강, 대북 정책에서 당길 때와 밀 때를 정교하게 조합해야 한다.

8. 욕쟁이 할머니의 단골이다

　비판에도 겸허한 자세로 국민의 다양한 욕구를 인정·수용해야 한다.

9. F-KILLER다

　F학점을 받는 사회적 낙오자에게 재기의 기회를 제공하면서도 연쇄 성폭행범 등과 같은 도덕적 낙오자에게는 엄정하게 법 집행을 해야 한다.

10. '4가지'다. 키 작고 뚱뚱하고 인기 없고 촌티 나야 한다

　낮은 자세로 보고, 가리지 않고 수용하며, 소신 있게 추진하고, 우직하게 국민을 대해야 한다.

출처 : 중앙일보, 〈대통령은 □다〉 기사 중에서.

합격한 면접은 무엇이 다를까?
취업 선배들의 합격 면접 공개
: <u>스트르츠 프르스트, 조신웅 편</u>

🌳 취업 선배 조신웅, 그는 누구?

기계학을 전공하고 ○○자동차 파이롯트센터에서 근무하고 있습니다. 저는 남들보다 조금 수월하게 취업한 편인데요. 인턴으로 지원한 후 바로 정규직으로 전환되어서 입사지원서를 딱 한 번 쓰고 합격했습니다. 그 비결은 다른 사람보다 한 박자 빨리 취업 준비를 한 데 있었던 것 같습니다. 이미 군복무할 때 가고 싶은 회사를 정해두었고, 이 회사에 가기 위해 제가 해야 할 일(목표 학점과 졸업 예상 학점, 교환 학생 지원, 회사 관련 정보 취득)을 정리해서 하나하나 준비해왔습니다. 취업을 준비하면서 항상 가슴에 새겼던 문구가 있습니다. "오랫동안 꿈을 그린 사람은 마침내 그 꿈을 닮아간다." 여러분들도 잊지 마시고 힘내시기 바랍니다.

합격 면접 Q&A

Q. 가장 열정적으로 했던 일은 무엇인가?

A. 가장 열정적으로 했던 일은 교환 학생에 지원하여 파견되기까지의 과정입니다. 당시 교환 학생을 갈 때 2가지의 문제점이 있었습니다. 첫째는 군복무 중에 독학으로 영어 공부를 해야 한다는 것, 둘째는 교환 학생을 가기 위한 경비가 없었다는 점이었습니다. 첫 번째 문제를 해결하기 위해 남들보다 많은 시간을 투자해 공부하는 방법밖에 없다고 판단, 군대 내 일과 외 모든 시간과 역량을 오로지 토플 공부를 하는 데에만 투자했습니다. 이를 위해 TV 시청, 오락, 운동 등 다른 모든 것을 포기하고 저녁 시간과 주말에도 오로지 공부만 했습니다. 7개월간 단어, 문법부터 시작해서 책을 1권씩 독파하여 결국 원하는 점수(87점/120점)를 달성할 수 있었습니다. 두 번째 문제를 해결하기 위해 미래에셋 장학프로그램에 지원했습니다. 제가 교환 학생에 가야만 하는 이유와 이를 위해 그동안 준비해온 과정들, 그리고 미래에셋에서 도와주지 않으면 꿈을 포기해야 할지도 모른다는 절박한 심정을 어필한 결과 장학생으로 선발되었습니다. 장학생 선발은 뚜렷한 목표와 함께 금전적 한계에서 오는 간절함이 있었기에 가능했다고 생각합니다. 결과적으로 2년간 준비한 끝에 교환 학생으로 선발되어 체코 프라하로 6개월간 다녀올 수 있었습니다.

Q. 교환 학생을 체코로 다녀왔는데 굳이 체코를 선택한 이유가 무엇인지?

A. 체코로 지원한 이유는 2가지가 있습니다. **첫째는 체코가 유럽 중심부**

에 위치하여 타국으로 여행 가기가 편하다는 점. 두 번째는 물가가 싸다는 점입니다. 체코는 인접국에 접근성이 좋으며, 특히 독일이 가까워서 파견 기간 중 뮌헨의 BMW박물관, 슈투트가르트의 벤츠, 포르쉐박물관 등에 차를 렌트해서 다녀올 수 있었습니다. 또한 물가가 싸기 때문에 같은 비용으로 남들보다 많은 체험과 여행을 했습니다. 실제로 저렴한 가격에 스카이다이빙도 경험했습니다.

Q. 그렇다면 체코어도 할 줄 아는가?

A. 체코어는 세계에서 가장 어려운 언어로 꼽힐 정도로 어려워서 애석하게도 6개월 사이에 말을 배우진 못했습니다. 그러나 자신 있게 보여드릴 수 있는 문장은 있습니다.

"스트르츠 프르스트 스트르끄 끄르끄!" (크게 외침. 순간 정적이 흐름.)

이 말은 체코어로 "손을 목구멍으로 집어넣다"라는 말인데 발음하기가 어려워서 마치 우리말의 '내가 그린 기린 그림은……'처럼 재미삼아 하는 말입니다. 당시 친구에게 이 말을 배워 새로 만나는 체코인에게 이야기했더니 매우 즐거워했습니다. 비록 체코어를 할 줄은 몰랐지만 이처럼 간단한 말을 활용하여 체코인과 친해지는 데는 자신 있습니다.

Q. 조직 생활에서 어려움이 부닥쳤을 때 어떤 식으로 해결했는지 사례를 들어 설명하라.

A. 문제가 발생할 경우 일단 다른 사람의 의견을 충분히 듣고 이해하려고 노력합니다. 대학교에서 '창의적 공학설계 프로젝트'를 진행할 당시,

저희 팀과 상대팀의 아이디어가 겹쳤던 적이 있었습니다. 프로젝트 과목의 특성상 아이디어가 같을 경우 평가에 불리하기 때문에 저희 팀과 상대팀의 의견이 충돌했습니다. 이때 양 팀원들의 의견, 특히 상대팀의 입장을 충분히 듣고 이해하려 했습니다. 양쪽 모두 아이디어를 포기하기 어려운 입장이었으므로 결국 공동 프로젝트를 제안했습니다. 자료 수집과 프레젠테이션 리허설 등을 함께 진행하며 시너지 효과를 발휘했습니다. 구체적인 설계 사양은 달리함으로써 아이디어 중복을 피했고, 결과적으로 양쪽 팀의 대다수 인원이 A+ 성적을 받을 수 있었습니다.

Q. 사물놀이를 했다고 했는데, 운동권 같은 데 포함된 것은 아니었는가?

A. 아닙니다. 저는 순수하게 악기를 치기 위해 동아리에 가입했을 뿐, 운동권 활동에 참여하지는 않았습니다. 실제로 과거에 동아리에서 운동권과 함께 활동한 적도 있었지만, 제가 회장이 된 이후로는 이러한 외부 활동을 중지하고 오로지 순수하게 공연 활동만 했습니다.

Q. 노조에 대해 어떻게 생각하는가?

A. 노조는 필요악이라고 생각합니다. 본래 노조는 과거 노동자의 기본권, 생존권과 같은 문제를 놓고 싸우는 입장이었습니다. 그러나 지금의 노조는 노동자들의 기본적인 생활 보장을 넘어서서 자신들의 이익을 요구하는 데에만 급급하고 있습니다. 그렇기 때문에 저는 노조가 필요하긴 하지만, 현재와 같은 모습은 바람직하지 않다고 생각합니다. 이제는 노조 측에서 좀 더 양보하고 타협할 줄 아는 자세가 필요할 것입니다.

합격 자기소개서

지원 동기와 ○○자동차 인턴을 통해 얻고자 하는 점에 대해 서술해주십시오.

'파이롯트와 놋쇠그릇'

파 파란만장한 4년의 대학 생활, 오직 ○○자동차를 위해 준비해왔습니다.

이 이제 준비한 역량을 보여드릴 때라고 생각합니다.

롯 놋쇠 그릇은 처음부터 화려하지 않지만 쓰면 쓸수록 윤기가 납니다.

트 트인 마음과 자세로 직무를 배워 5년, 10년 뒤에 진정한 가치를 빛내는 놋쇠 같은 연구원이 되겠습니다!

'3가지의 약속'

첫째, 실무 경험입니다. ○○자동차가 아니라면 그 어느 곳에서도 파이롯트 업무를 경험할 수 없습니다. 프로토 차량 개발과 신차 개선 및 교육 업무 등 실제 업무를 통해, 그동안 길러온 역량을 가능성 있는 현실로 바꾸겠습니다.

둘째, 참신한 조직 문화입니다. 새로운 생각을 중시하는 ○○자동차의 조직 문화를 몸으로 습득하고 싶습니다. 5주의 인턴 기간 동안 5개의 아이디어와 50개의 질문 목록을 만들어 선배님들께 피드백을 받겠습니다.

셋째, 글로벌 인재로서의 자세입니다. 교환 학생 기간 중 70명이 넘는 외국인 친구를 만들었듯이, 파이롯트 센터에 대기 중인 해외 근로자들과의 교류에 두려움 없는 자세로 임하겠습니다. 인턴 기간을 통해 70명이 아닌 500명을 상대할 수 있는 글로벌 역량을 키우겠습니다.

지원분야를 선택한 이유에 대해 경험과 연계하여 구체적으로 서술해주십시오.

'○○자동차의 히든카드'

자동차의 발상지인 유럽 자동차회사들을 직접 둘러보고 싶다는 호기심은 체코로 교환 학생을 가게끔 이끌었습니다. CTU로 파견된 6개월간 독일 뮌헨의 BMW박물관, 슈투트가르트의 벤츠박물관과 포르쉐박물관, 체코 필센의 슈코다 공장을 방문했습니다. 100년 전부터 자동차를 만들기 시작한 자부심이 녹아 있는 박물관들을 보며 놀라는 한편, 그들이 세계 시장을 선도할 수 있었던 품질력의 근거를 찾을 수 있었습니다. 하지만 그 어느 곳에서도 '파이롯트'와 같은 조직의 존재를 찾을 수 없었는데, 나중에 그것이 보안상 공개되지 않은 것이 아니라 실제로 ○○자동차 파이롯트센터가 세계 유일의 성격을 가지는 조직이란 사실을 알게 되었고, 이곳이야말로 ○○자동차를 세계 1위 회사로 만들 수 있는 차별성을 갖고 있다고 느꼈습니다. 또한 도요타와 닛산이 프리우스, 리프 차량의 리콜 사태로 고전을 면치 못하는 것을 보며, 해외 작업자를 교육하고 양산 직전 문제점을 보완하는 파이롯트의 중요성을 더욱 절감했습니다. 훗날 도요타와 GM에서 ○○자동차 파이롯트센터에 자문을 구하러 방문할 날이 올 것입니다. 그 중심에 제가 서 있겠습니다.

이제까지 가장 열정(도전, 창의)적으로 임했던 일과 그 일을 통해서 이룬 것에 대해 상세히 기술해주십시오.

'Crazy 코리아'

교환 학생 파견 당시 협력을 통해 성공적으로 한국 홍보 프레젠테이션을 해낸 경험이 있습니다. 당시 37개국, 400여 명의 학생들이 수요일마다 각자의 나라를 소개하는 자리가 있었습니다. 회의를 통해 음식팀, 놀이팀, 동영상팀 그리고 제가 주도한 사물놀이팀이 구성되었습니다. 사물놀이는 4명의 팀워크가 가장 중요하기 때문에 뛰어난 실력자라도 호흡이 맞지 않으면 엉망이 되어버립니다. 혼자서 튀거나 묻히는 것을 지양하며 비경험자 2명에게 직접 북과 징을 교육했고, 어려운 가락을 짧지만 강렬하게 재편곡했습니다. 특히 악기 문제는 혼자 해결할 수 없었기에 한국대사관에 도움을 요청했습니다. 박두선 행정관님께 이번 공연의 중요성을 호소하여 악기와 공연복을 무상으로 지원받을 수 있었습니다. 공연팀이었지만 다른 팀의 진행 상황을 직접 점검하며 필요한 도움을 아끼지 않았고, 반대로 매일 공연팀의 연습을 점검받도록 했습니다. 1달 뒤 프레젠테이션에서는 외국 친구들로부터 놀라운 호응을 얻을 수 있었습니다. 특히 절친했던 체코의 마이크, 캐나다의 도미닉은 공연 후 "Crazy", "Awesome"을 연발하며 가장 강렬한 찬사를 보냈습니다. 팀워크가 빛을 발한 이날의 프레젠테이션은 친구들로부터 한국의 이미지를 크게 개선하는 역할을 했고, 연말의 시상식에서 37개국 중 2위로 평가받았습니다. 또한 개인적으로 활동 중이던 '한국 브랜드 리더스 홍보 대사' 활동에서 '우수' 평가를 받음으로서 노력을 인정받았습니다. 협력을 통해 딱딱한 외국 친구들의 마음을 녹여낸 경험을 교훈 삼아 ○○자동차 파이롯트팀에서 최고의 팀워크 역량을 발휘해보겠습니다.

본인이 다른 사람보다 뛰어나다고 생각하는 점과 부족하다고 생각하는 점을 기술해주시고 그 이유를 서술해주십시오.

'성에를 제거하는 2가지 방법'

경청과 소통의 자세가 뛰어나다고 생각합니다. 3학년 1학기 '창의적 공학 설계'의 프로젝트를 진행할 당시 의견 조율을 통해 위기를 극복한 경험이 있습니다. 1차 발표에서 9조의 아이디어가 차량 성에 제거 장치로 동일하다는 사실을 알게 되자, 두 팀 모두 손해를 볼 수 있었기에 팀원들이 크게 동요하며 팀 간에 의견 충돌이 일어났습니다. 이때, 직접 공동 프로젝트를 제안했습니다. 보안을 철저히 하는 다른 7개 조와 달리 공동 설계를 진행하면서 비슷한 문제를 다른 방식으로 풀어갔습니다. 부수적인 정보를 서로에게 제공해주기도 하고, 각자의 설계와 발표를 평가해주며 시너지 효과를 발휘했습니다. 그 결과 '열 방식'과 '기구학적 방식'으로 설계한 두 팀 모두 가장 우수한 평가를 받았습니다. 2명을 제외한 모든 팀원이 A+의 성적을 받았으며 '자동차 성에 제거 장치'로 특허를 출원할 수 있었습니다. 다양한 팀들과 함께 방향을 맞춰가는 파이롯트 업무에서 위의 경험과 장점을 살려보겠습니다!

'경영 마인드를 길러라'

전공 위주로만 수강하다 보니 상대적으로 경제와 경영 분야의 지식이 부족합니다. 한동안《자동차생활》류의 잡지만 챙겨 보는 대신, 경제·경영 분야에는 관심을 두지 않았습니다. 하지만 T자형 지식을 갖춘 엔지니어가 되기 위해서는 경제의 흐름 역시 읽을 수 있어야 한다고 생각했기에 올해 초부터《매일경제》신문을 정기구독하고 있습니다. 경제 신문을 읽으면서 ○○자동차의 기사 역시 찾을 수 있었고, 관련 기사를 스크랩할 수도 있었습니다. 경제·경영학도 수준의 지식을 갖추기는 어렵겠지만 항상 배움을 게을리 하지 않겠습니다.

취업 선배가 조언하는 면접 전략

1. 70퍼센트는 이미 정해져 있다. 30퍼센트는 준비하기 나름!

면접은 사실 70퍼센트가량은 여태까지 어떻게 살아왔는지에 의해 좌우된다. 기본적으로 이야기할 거리가 풍부해야 유리하지 않겠는가? 특유의 말투, 무대 공포증적 성향, 심지어 외모까지, 면접에 영향을 미치는 상당수는 결정되어 있다. 면접이란 자체가 '이 사람이 어떤 사람인지' 보려고 하는 것인데, 갑자기 '나'를 '내가 아닌 다른 사람'으로 포장하려 한들 쉽지 않다. 그러나 좌절 금지. 대학 생활 열심히 해봐야 얼마나 열심히 했을까. 정장 입혀놓으면 다 비슷하다. 70퍼센트 만점에 당신이 지금 50퍼센트 수준이든, 65퍼센트 수준이든 거기에서 거기다. 올림픽이야 메달 못 따면 찬밥 신세이지만, 취업할 때는 꼭 3등 안에 들 필요는 없지 않은가. 결국 나머지 30퍼센트에 충분히 승산이 있다는 이야기다. 면접 준비의 기본은 이 30퍼센트를 어떻게 준비하느냐에 달려 있다.

2. 회사에 대해 공부하라

"지피지기 백전백승"은 너무나 흔한 명언이다. 면접도 결국 전쟁과 같은데, 왜 상대편에 대해 깊이 알려 하지 않는가? 나는 군 제대 후 영화관 아르바이트 면접을 본 적이 있다. 아르바이트였는데도 마치 기업 면접처럼 면접관 2명에 지원자 5명이 들어와 자기소개, 지원 동기 등을 물어보는 자리였다. 시급 5,000원짜리 아르바이트하기도 참 어려운 세상이다. 당시 이 아르바이트를 간절히 원했기에 롯데시네마 홈페이지에 들어가서 이 회사가 CGV와 다른 점이 무엇인지, 원하는 인재상이 무엇인지 찾아보고 예상 질문까지 뽑아서 준비한 다음 자신 있게 답변했다. 아르바이트 면접치고 대단히 오버했지만, 면접관 입장에서는 황당해하면서도 나를 뽑지 않을 수 없었다. 아르바이트도 이 정도인데 회사 면접은 어떠할까? **내로라하는 대기업 면접장에 들어가면서 고작 원하는 인재상과 핵심 가치, 사업 분야만 찾아보고 간다면 당신은 평범한 지원자에 지나지 않는다.** 나의 사례를 바탕으로 조언을 하자면 다음과 같다.

첫째, 지원 회사 관련 신문 기사를 최소 3개월간 스크랩하라. 나는 활자 신문과 함께 스마트폰 경제 신문을 활용하여 매일 점심시간이나 저녁시간마다 회사와 관련된 기사를 스크랩했는데 정보 수집에 꽤 도움이 되었다.

둘째, 회사 사업보고서를 제본해서 읽어보라. 금융감독원에서 운영하는 전자공시시스템에는 국내 회사들의 사업보고서를 찾아볼 수 있다. '정기 공시'로 검색하여 최근

1~2년간의 사업보고서를 찾아 검토하자. 모든 내용을 다 읽지는 않아도 되고, 현재 이 회사가 어떤 상황에 놓여 있는지 정도만 파악하면 된다. 이는 주로 사업보고서의 앞부분에 다 나와 있다.

셋째, 회사의 시장 분야에 대해 공부하라. 자동차회사에 지원한 나는 '자동차 시장 전망'에 관한 자료를 수집해서 살펴보았다. 당신이 지원하는 회사에 어떤 경쟁사들이 있는지, 현재 업계의 동향은 어떠한지 정도는 파악해야 면접장에서 할 이야기가 많을 것이다.

3. 예상 질문과 예상 답변을 가능한 한 많이, 최대한 많이 준비해서 들어가라

지원 동기와 자기소개는 고등학교 수학으로 치면 집합과 명제보다도 뻔한 질문이다. 그런데도 그럴듯한 답변을 못 내놓는 면접자가 의외로 많다. 어느 회사 어느 면접을 가도 물어볼 확률이 다분히 높은 이른바 쪽집게 예상 기출문제는 대체로 비슷하고, 또 뻔하다.

- 자기소개
- 본인의 장점/단점
- 지원 동기 (왜 이 분야에 지원했는가)
- 구체적 지원 동기 (왜 경쟁사가 아니고 굳이 우리 회사에 지원했는가)
- 가장 힘들었던/열정적인/창의적인/목표를 이룬/기억에 남는 경험을 들어보시오
- 입사 후 하고 싶은 일
- 장기/단기 목표

위의 질문들은 매우 기본적인 것이기 때문에 면접관이 물어보면 속으로 '감사합니다!'를 외치고 준비한 내용을 풀어놔야 한다. 질문에 답하기가 너무 어렵다고? 누구나 그렇다. 사실 살면서 자신의 모습이나 살아온 길에 대해 이렇게 깊이 되돌아본 적이 없었을 테니까. 이참에 살아온 인생을 정리한다 치고 꼼꼼하게, 그럴싸하게 메모하고 정리하라.

그런데 이런 작업을 하다 보면 질문은 다른데 답변은 똑같은 경우가 의외로 많다. '가장 열정적이었던 경험'은 동시에 '가장 창의적인' 경험이고, 자신의 장점을 말하면서 예로 들 수도 있다. 미리 답변을 정리해두면 다양한 질문에 적용시키기가 쉽다. 동문서답하라는 이야기가 아니라, 그만큼 예상 답변을 많이 준비하면 면접장에서 자신 있게 대답할 수 있는 질문의 폭이 훨씬 넓어진다는 의미다.

4. 당신은 자신의 모습을 '전혀' 모른다 : 모의 면접, 반드시 녹화하라!

면접 준비에 있어 모의 면접은 정말 필수적인 코스다. 기왕이면 면접 전문가가 코치해주는 모의 면접 프로그램에 참여하라. 학교에서 이런 프로그램을 제공할 수도 있고, 아니면 면접 스터디라도 해봐야 한다. 치아에 고춧가루 낀 줄 모르고 이야기할 때가 있는 것처럼, 내가 모르는 나의 모습은 생각보다 많다. 말할 때 벽을 힐끔힐끔 쳐다보거나 자세가 이상하거나 다리를 떨거나 하는 모습은 스스로 알기 어려운 법이다. 아쉽게도 회사는 우리의 면접 태도를 찍어서 기념 테이프로 만들어주지 않기 때문에 내가 어떤 모습이었는지 알 길이 없다. 떨어지고 나서 영문도 모르는 사태를 겪지 않기 위해서는 면접에 들어가기 전에 미리 '고춧가루 대비용 거울'을 많이 쳐다보고 가야 한다. 녹화하기는 모의 면접만큼 유용하다. 친구 2명을 섭외하라. 1명은 면접관처럼 질문을 하고, 다른 1명은 핸드폰으로 촬영하는 것이다. 매우 쉬운 방법이다. 면접날이 며칠 안 남았을 때 다시 한 번 모의 면접을 진행하면서 점검하고 또 점검하자. Don't forget 'practice makes perfect'!

5. 두괄식으로 대답하라

흔한 이야기이지만 답변할 때 두괄식으로 말해야 한다. 이야기를 서술식으로 풀다 보면 이내 흥미를 잃게 마련이다. 모든 답변은 항상 결론을 먼저 이야기하고 들어가야 한다. "특히 ~하는 데는 몇 가지 이유가 있습니다. 첫째, 둘째, 셋째~" 이런 식으로 말하는 것도 집중력 향상에 도움이 된다. 두괄식으로 말해야 하는 또 한 가지 이유는 답변을 생각할 시간을 벌기에 좋기 때문이다. 예를 들어 "전문 경영인 체제와 오너 경영제 중 어느 것이 낫다고 생각하는가?"라는 질문을 받았다고 치자. 당신은 다음과 같이 답변할 수 있다.

❶ 네, 답변드리겠습니다.
❷ 저는 전문 경영인 체제와 오너 경영제 중
❸ 전문 경영인 체제/오너 경영제가 더 낫다고 생각합니다.
❹ 그 이유로는 ○가지가 있습니다.
❺ 첫째, ……
❻ 둘째, ……

일단 1번과 2번만으로도 약간의 시간을 벌 수 있다. 이렇게 "'네, 답변드리겠습니다"와 같은 멘트와 '질문 다시 한 번 반복하기' 기술을 쓰면서 재빠르게 다음 멘트를 생각할 수 있다. 두괄식으로 이야기하는 것만으로도 답변의 근거를 준비하는 데 유용하다.

합격한 면접은 무엇이 다를까?

: 4번째 여전사, 최연경 편

취업 선배들의 합격 면접 공개

취업 선배 최연경, 그는 누구?

건설회사 플랜트 토건설계팀에서 일하고 있습니다. 전 세계에 대한민국 해외 건설 르네상스를 이룩한 선배님들의 감사함을 피부로 느끼며 앞으로 10년, 20년 뒤 저는 후배들에게 어떤 건설 환경을 전달해줄지, 행복한 고민을 하고 있습니다. "선곡이 잘못되었네요"는 요즘 유행하는 가수지망 오디션 현장에서 심사위원들이 탈락자에게 자주 하는 말입니다. 제가 만약 건설업이 아닌 은행이나 항공사에 지원했다면 100퍼센트 탈락했을 것입니다. 회사는 과거의 흔적을 통해 미래의 잠재성을 예측하고 적합한 사람을 뽑기 때문입니다. 그렇다면 여기저기 지원하는 것보다는 자신과 코드가 잘 맞는 회사에 집중하는 것이 효과적이지 않을까요? 원하는 목표가 있고, 자신에게 부끄럽지 않을 만큼 노력했다면 우리가 회사에 지원하는 것이 아닌 회사가 우리에게 손을 내밀어준다고 생각합니다. 여러분도 자신에게 꼭 맞는 회사, 직업이란 옷을 입으시기 바랍니다. 멋진 옷을 입고 첫 출근할 여러분을 응원하겠습니다.

합격 면접 Q&A

Q. 건축공학을 전공했는데, 건축가와 건축공학자의 차이점은 무엇인가?

A. 우선 영어 단어가 다릅니다. 건축가는 Architect, 건축공학자는 Architectural Engineer입니다. 공학자는 Engineer입니다. **건축가가 아무리 만들기 힘든 건물을 그려냈어도, 공학자는 공학적 해석과 구조적 연구를 통해 가능하게 만들어낼 줄 알아야 합니다.**

Q. 한국인의 빨리빨리 문화가 건설업에 미치는 영향과 가장 중요시해야 할 부분은?

A. 한국인의 빨리빨리 문화는 공기(공사 기간)를 단축해서 공비(공사비)를 절약할 수 있습니다. 제가 호주에 있을 때, 계속 지켜봐오던 건축 현장이 있었습니다. 1년 내내 공사의 진척이 없던 것을 보고 인건비 걱정을 하곤 했습니다. 공기를 단축해 공사의 이윤을 내는 것도 중요하지만 가장 중요하게 생각할 부분은 안전이라고 생각합니다. **사람의 생명보다 중요한 것은 없기 때문입니다.**

Q. 왜 해외 건설을 하고 싶은가?

A. 제가 1년간 호주에서 머물던 지역에 우리나라 건설 공사지가 있었습니다. 외국인 친구들이 "Where are you from?"이라고 물으면 한국인이란 말 대신 "저 건물을 지은 나라가 우리나라다"라며 저 자신을 소개하곤 하였습니다. 이제는 "저 건물을 지은 사람이 나다"라고 소개하는 날을 간절히 원하고 있습니다. 우리나라 기술력을 알리고 외화를 벌어들이는 해외 건설을 배우고 싶습니다.

Q. 호주에 있다 왔는데, 인종차별이 심하지 않나?

A. 호주는 우리나라와는 다르게 다양한 민족이 오랫동안 어우러져 살고 있기 때문에 인종차별이 가장 심하지 않은 나라라고 생각합니다. 요즘 이슬람 민족의 히잡 착용에 대한 찬반 여론이 뜨겁습니다. 프랑스의 경우 히잡 착용이 공포심을 유발한다고 하여, 무슬림 여성들의 사회 진출에 제약을 받고 있습니다. 반면 호주에 있을 때 학원 선생님이 무슬림 여성이었는데, 히잡을 착용하고도 자신의 일을 즐기며 사회생활을 하는 것을 보고 차별이 심하지 않다고 생각했습니다.

Q. 많은 활동을 했는데, 왜 항상 최고를 지향하는가?

A. 작은 일에도 최선을 다했을 때, 좋은 결과가 있었습니다. 과 수석 및 공모전 수상 과정을 통해 학교와 국내를 넘어 세계 최고가 되자는 목표가 생겼습니다. 이는 Global top tier를 목표를 하는 ○○건설의 기업 목표와 일치합니다. ○○건설에서 최계 최고 엔지니어가 되고 싶습니다.

Q. 단점은? 그걸로 인해 다른 사람에게 피해를 준 적은 없는가?

A. 지나친 승부욕입니다. 학과 시절 다양한 활동을 했기에 다른 사람에게는 매일 바빠 보였습니다. 주변 사람들에게 그런 제가 조금 갑갑해 보였을 것 같습니다.

Q. ○○건설에 지원한다고 했는데, 회사 인재상은 알고 있는가? 회사 정보는 어디서 얻었는가?

A. ○○건설의 인재상은 크게 3가지입니다. 변화, 최고, 신뢰인데요. 처음에는 홈페이지를 통해 알게 되었고, 그 뒤 ○○건설 현직 종사자들을 찾아뵙고 다녔습니다. 그 결과 임원부터 시작해서 차장, 과장, 사원에 이르기까지 많은 분들을 만날 수 있었고 따뜻함을 느낄 수 있었습니다. 그 덕에 지금은 ○○건설의 일원이 된 기분입니다.

Q. 당구는 왜 치기 시작했나?

A. 대학교 1학년 때부터 80퍼센트 이상 남자들이 있는 건설사에서 일하고 싶은 꿈이 있었습니다. 남자들과 원활한 관계를 갖기 위한 교두보 역할이 바로 당구였습니다. 그렇게 시작한 것이 200이 되었고, 요즘은 당구비를 물려본 적이 거의 없습니다.

합격 자기소개서

자신의 장점 3가지, 단점 3가지(나열식으로 간단히 작성)

'장점'

사귐성 당구 실력 200은 남자 동기들과 화합하는 저만의 무기입니다. 친화력과 풍부한 유머로 주변을 웃게 합니다.

글로벌리스트 20개국에 150여 명의 친구들이 있습니다. 타 문화 이해를 통해 세계로 나갈 준비가 되어 있습니다.

다양 존중 환아, 외국인 노동자, 기아 등 봉사를 통해 다양한 사람들을 만났고 타인의 입장을 존중할 줄 압니다.

'단점'

지나친 모험심 무전여행, 1만 4,000피트 스카이다이빙, 유럽인들과 오지여행 등 대담성으로 주변 분들을 자주 놀라게 하지만 거침없는 도전은 저를 성장시키고 있습니다.

최고 편향주의 과 수석, 공모전 전국 1등 등 늘 최고를 목표로 달리지만 실패하면 자존심을 많이 다칩니다. 실패 속에서 부족함을 찾아 계속 전진하려 노력 중입니다.

빠르게 보단 바르게 일처리에 꼼꼼하지만 시간 투자를 많이 합니다. 적은 실수로 교수님들께 인정받지만, 많은 양도 빨리 하기 위해 우선순위를 정해 보완하고 있습니다.

동아리/학회/리더 경험

'해건협 6기 vs KBS 〈1대100〉'

'제6기 대학생 해외 건설 인력 양성 과정'에서 102명의 학생 대표를 맡았습니다. 교육에선 60점 미만 성적이거나 5번 이상 결석 시 낙오됩니다. 아침 9시부터 저녁 7시까지 계속되는 총 273시간 수업은 학생들을 지치게 하므로 전체 교육 분위기에 신선함을 불어넣어 102명 모두 수료할 방안을 모색했습니다. 그 뒤 공부도 함께하고, 미래 해외 건설 인력을 세상에 보여줄 기회로 KBS 시사 퀴즈 프로그램 〈1대100〉 참가를 고안했습니다. 교육생들 모두 창의적인 제안에 좋아했고, 77명 참가자를 모집한 후 7명씩 조를 나눴습니다. 프로그램 참가 자격을 얻기 위해 매주 화요일 예선 시험을 통과해야 했기에 주말마다 학교 강의실에 모여 다 같이 공부했습니다. 비록 11팀 모두 예선에서 탈락해 TV에 나오진 못했지만, 그 뒤로 더욱 돈독해진 동기애로 조기 취업자를 제외한 92명이 최종 교육을 마칠 수 있었습니다. '나 혼자 빨리'보다 '다 같이 멀리' 갔던 6기 교육생은 진정한 우승자였습니다. 팀을 이끌기 위해 적절한 동기부여와 협동심의 중요성을 배웠고, 이러한 덕목은 전 세계 ○○건설 현장을 유연하고 능률적으로 이끌어갈 것입니다.

전공 관련 관심 분야 및 성취 정도

'46동 경비실 아가씨'

3년 내내 설계실에서 밤을 지새웠던 저의 별명은 '46동 경비실 아가씨'입니다. 매일같이 건축동의 문을 열고 닫았기 때문입니다. 건설인이 되는 것은 자부심이었고, 좋아하는 일을 했기에 정신적으로 힘든 적은 없습니다. 학과 공부를 신나게 해내며 4.5 만점, 과 수석을 재수강 한 번 없이 유지했습니다. 2008년 한국그린빌딩협회 '친환경 구청 건물 설계 공모전'에 2인 1조로 참가했습니다. 전국 1등을 목표로 외국 서적을 뒤지고, 구청 건설 현장에 음료수를 들고 찾아가 조언을 얻으며 지식을 다졌습니다. 2달간 매일 3시간 취침했는데도 전국 1등 아이디어는 나오지 않았습니다. 팀원과 자는 시간을 다르게 정해서 혼자서는 21시간인 하루를 둘이 합쳐 42시간으로 활용했습니다. 마침내 열, 빛, 공기 흐름을 하나로 묶는 Flow 관을 개발, 적용하여 공모전에 입상했습니다. 전국 1등은 아니었지만 교수님들로부터 노력하는 사람이라고 인정받았고, 팀워크의 중요성 및 HSE 지식을 경험으로 터득했습니다. 우직한 추진력과 밤샘의 노력은 공기를 최우선으로 추구해서 발주처에 최상의 만족감을 안겨줄 것이라 확신합니다.

건설 및 플랜트 산업에 대한 관심도
'4번째 여전사'
작년 9월 3개월간 국토해양부주관 '친환경 건축 인력 양성 과정'을 통해 신재생 에너지 및 녹색 건축을 공부했습니다. 수업 중 추천받은 『카스피해 에너지전쟁』 책을 읽었습니다. 중동 및 중앙아시아의 가능성 뒤엔 한국 EPC 업체가 있었습니다. 100달러 이상 치솟는 오일 머니를 다시 벌어 오는 플랜트의 매력을 처음 알았습니다. 섬세하고 웅장함에 매료됐고, 1000억 달러 시대 전문 인력이 되고자 '제6기 해외 건설 인력 양성

과정'을 수강하며 해외 건설 수주 및 클레임, FIDIC 등을 배웠습니다. 이집트 사태를 보며 FIDIC 문구 안에 몇 백억이 오가는 플랜트산업에서 ○○건설같이 잘 짜인 사업 구조, 분산된 포트폴리오의 힘과 리스크 관리의 중요성을 깨달았습니다. UAE 그린디젤프로젝트 현장에 계신 3명의 여자 선배님들처럼 세계 속에서 공기와 씨름하는 꿈이 이뤄지길 열망하고 있습니다. 1년간 지낸 호주 골드코스트는 한국 업체의 주택 공사지였습니다. "Where are you from?"이란 질문에 한국인 대신 "저 건물을 지은 나라가 우리나라다"라며 제 자신을 소개했습니다. 이제는 가슴팍에 자랑스러운 ○○건설 배지를 단 채 "저 건물을 지은 사람이 나다"라며 소개하고 싶습니다.

○○건설 지원 동기

국내 유수 EPC Contractor 기업들 중 ○○건설이어야만 하는 이유는 다음과 같습니다.

첫째, 3학년 2학기 때 ○○건설 여성 건축시공 과장님을 만났습니다. 13년간 현장을 즐기신 과장님은 풋내기 여성 공학도에게 꿈이 되었고, 저 또한 10년 뒤 건설 일을 즐길 ○○인이 되어 다른 후배에게 꿈을 심어주자는 목표가 생겼습니다.

둘째, 최근 기사에 투명 경영 국내 10위인 ○○건설이 투명 경영 면에서 타 건설사와 비교가 안 되는 것을 통해 믿음은 더 확고해졌고, 고객을 생각하는 진실함을 보았습니다. 또한 기업의 운영 측면에서 비즈니스에 대한 포트폴리오가 우수하고, 잘 짜인 산업 구조로 미래에 준비되어 있는 회사이기에 제 젊음을 맡길 수 있습니다.

셋째, 신재생 에너지, 녹색 산업, 해외 산업 등 지속적 변화와 도전으로 미래 사업을 준비하는 기업입니다. 이는 전국 무전여행, 호주 오지투어, 과 수석 등 끊임없는 도전으로 최고를 꿈꾸고 배워서 미래를 준비하는 제 삶의 방향과 일치합니다. ○○건설 일원으로서 "최고됩시다"가 아닌 "최고됐습니다!"를 전 세계에 외치고자 지원했습니다.

입사 후 희망 직무 및 희망 사유

'Lead Engineer'

섬세하고 웅장함, 플랜트의 매력!

순수 건축은 지으면 그곳의 거주자만 혜택을 누리지만, 플랜트는 그 결과물을 전 세계 사람들과 나눌 수 있기에 매력적입니다. 전문성, 경제성, 코디네이션을 통해 세상과 소통하고 싶습니다.

플랜트 구조물 설계 업무

창의공학설계 시간에 같은 양의 종이와 풀로 가장 튼튼한 기둥을 만드는 과제를 수행했습니다. 다른 조는 주어진 양 모두를 돌돌 말아 묵직하게 만들었지만, 저는 재료의 절반으로 내부에 트러스 구조를 삽입함으로써 가볍지만 더 큰 하중을 견디게 한 적이 있습니다. 올바른 구조 계산은 자재를 절약하며 더 강한 구조물이 된다는 사실을 배웠습니다. 안전을 바탕으로 한 구조역학 지식을 종이 모형이 아닌 실제 플랜트 구조물로 설계해보고 싶습니다. 설계를 통해 도면에 익숙해진 후 현장에 투입되면

넓은 시야가 생긴다고 선배님들께 들어왔습니다. 또한 다수의 공모전으로 다져진 미적 감각으로 뛰어난 코디네이터가 되어 플랜트를 단순한 철골 구조물을 넘어 하나의 예술품으로 만들고 싶습니다. 기본을 쌓은 뒤 상세 설계를 넘어 기본 설계 기술 축적을 통해 ○○건설만의 원천 기술을 만들어갈 것을 확신합니다.

기존의 틀을 벗어나 새로운 관점에서 일을 추진하거나 변화된 주변 환경에 적극적으로 대처하여 성취를 이루었던 경험에 대해 구체적인 당시 상황을 포함하여 기술하십시오.

'1.2.7. 프로젝트'

1명 여자, 2개의 바퀴, 7개 대륙에 도전하는 프로젝트! 아버지는 지구를 전 무대로 살아야 멋진 인생이라 강조하셨고 진취적인 딸로 성장시켜주셨습니다. 그리고 제가 대학교 1학년 때 세상을 떠나셨습니다. 아버지의 빈자리는 저를 힘겹고 나태하게 만들었습니다. 그 모습을 바라보고 더 힘들어하시는 엄마의 눈물은 강한 딸로 다시 돌아와야만 하는 계기가 되었습니다. 도전을 강조했던 아버지의 뜻을 따라 자전거 무전여행을 떠났습니다. 동기 2명과 서울에서 땅끝까지 하루 100킬로미터씩 주행 계획을 세웠습니다. 남자 동기들 속 제 역할은 2가지였습니다. 성격이 다른 두 친구의 분위기를 조율하고, 계획된 8일 안에 땅끝에 도착하도록 매 구간 도착 시각을 관리해 일정을 조정하는 것입니다. 셋째 날 장맛비로 계획이 지연되자 동기들은 포기하자고 했지만, 우비를 사서 "태양에 살 타는 것보다 좋잖아"라며 팀을 이끌었습니다. 햇볕이 강할 때는 점심 후

3시까지 낮잠을 자는 대신 새벽에 일찍 일어나는 식으로 계획을 수정한 끝에 2006년 6월 30일 땅끝에 도착할 수 있었습니다. 도전하면 해낼 수 있다는 자신감을 얻었고, 지금의 밝고 당당한 딸이 될 수 있었습니다.

어려운 목표를 설정하고 지속적으로 도전하여 성취를 이루었거나, 실패를 바탕으로 다시 도전하여 성공한 경험에 대해 구체적으로 기울였던 노력을 중심으로 기술하십시오.

'도전! 최연경'

호주에서 건축 일을 하겠다는 목표가 있었습니다. 50여 군데 이력서를 보냈지만 졸업장 없는 동양인을 써줄 곳은 없었습니다. 우선 두려움과 영어를 이겨낼 필요를 느껴서 레스토랑 일을 얻었고, 하루 200명 이상 외국인 고객을 접하는 캐셔직을 선택했습니다. 사람이 밀려와도 침착하게 주문 실수를 하지 않으려 노력했고, 4개월 만에 매니저가 되었습니다. 인도, 파키스탄, 호주 등 다국적 친구들의 시간표를 짜줄 정도로 언어와 문화를 익힐 수 있었습니다. 이제는 본래 목표인 건축 일을 하기 위해 연락을 기다리지 말고 현장으로 직접 찾아가 인맥을 쌓아야겠다고 생각했습니다. 집 근처에 있는 공사 진척이 없던 공사장으로 들어가 공정이 느린 이유를 물었습니다. 담당자는 공정에는 문제가 없다고 하셨고, 그 뒤 친구가 된 호주인 담당자와 이야기하다가 CAD를 다룰 줄 아는 저를 높게 평가해주었습니다. 그 계기로 3개월간 일을 도우면서 최저임금의 배에 달하는 시급 30달러씩을 받으며 제 목표를 이뤘습니다. 지속적으로 노력하면 결국 통한다는 것을 배웠습니다. 이러한 경험 덕에 어려운 프로젝트라도 피하지 않고 새로운 방안을 모색해 해결해나갈 수 있습니다.

상대방에게 도움을 주기 위해 적극적으로 노력하여 성공했던 경험에 대해 당시 가장 어려웠던 점과 성공할 수 있었던 요인을 중심으로 기술하십시오.

'600만 원의 좌절, 1만 원의 행복'

3학년 2학기 '친환경 설계 공모전' 준비 당시, 하루 3시간씩 자고도 견딜 수 있었던 것은 1등에 대한 강한 목표의식이 있었기 때문입니다. 건축 지식만큼이나 저에게는 1등 상금 600만 원이 절실히 필요했습니다. 3학년 1학기 때 세계 구호 전문가 한비야 선생님 강의를 들었습니다. 하나, 둘, 셋! 이 짧은 3초 안에 1명씩 굶어 죽는다는 아프리카 아이들의 영상은 충격 그 자체였습니다. "500원짜리 영양 죽을 2주일 동안만 먹여주면 그 아이들이 살 수 있습니다." 돈을 모아 그들을 살리고 싶었고, 공모전 1등이 그 해답이었습니다. 방학 동안 사전답사로 최우수 친환경 건물인 ○○건설 서울중앙우체국, 금천구청 등을 답사하며 발로 뛰어 정보를 모았습니다. 학기가 시작된 후 온 힘을 쏟아 작품을 만들었지만 입상에 그쳤고, 결국 600만 원을 얻지 못했습니다. 그 뒤 월드비전 단체를 통해 600만 원은 아니지만 1만 원 씩 매달 용돈을 아껴 그들에게 보내고 있습니다. 지금은 비록 1만 원의 밥값 기부이지만 이제는 플랜트를 지어 그 결과물을 세상과 공유하며 ○○건설의 기술을 기부하고 싶습니다.

취업 선배가 조언하는 면접 전략

용기가 있다면 행운은 따라온다

1차 전공 면접을 볼 때 1시간 일찍 가서 기다리고 있었다. 인사팀 관계자 분이 "자기소개서에서의 이미지가 그려지는데요"라면서 말을 걸어오셨다. 면접은 자기소개서를 통해 표현한 2차원 공간 속의 나를 3차원 공간에서 인상, 말투, 자신감, 예의 등으로 보여주는 것이다. 나와 코드가 맞는 면접관을 만날 수 있는 운, 아는 문제가 나와 잘 대답할 수 있는 운. 면접은 운이 작용하는 것이 사실이다. 하지만 나에게 그 행운이 오지 않으면 어쩌나 걱정하지 말라. 아는 문제가 나오면 겸손하고 차분하게 대답하고, 모르면 모른다고 솔직하게 말할 수 있는 용기가 있다면 행운은 따라오게 되어 있다. 억지로 외운 티가 나는 것보다는 군더더기 없는 솔직함과 진실성, 인간적인 냄새가 나는 겸손함으로 소신과 철학을 말하면 좋은 결과가 있을 것이다.

합격한 면접은 무엇이 다를까?
: 몰입하는 개미, 현중식 편

취업 선배들의 합격 면접 공개

취업 선배 현중식, 그는 누구?

미래의 행복한 CEO를 꿈꾸고 있습니다. 그동안 국내와 해외 영업을 짧게나마 경험하고 지금은 가전제품 전문업체 전략부서에서 일하고 있습니다. 대기업, 외국계 기업 등의 면접을 경험하며 깨달은 것이 있다면, 면접은 회사가 지원자를 평가하는 자리이기도 하지만 지원자가 회사를 평가하는 자리이기도 하다는 점입니다. 여러분의 꿈을 먼저 찾고, 그것을 실현시킬 수 있는 회사에 지원하세요. 그리고 치열하게 살아온 삶을 당당히 보여주세요. 합격, 그 이상의 기쁨을 맛보실 수 있을 것입니다.

합격 면접 Q&A

Q. 지원서에 마케팅 프로젝트 경험이 있다고 했는데, 어떤 프로젝트였으며 어떤 과정으로 어떤 결과를 도출했는지 간략히 정리해서 말해보라.

A. ○○에서 인턴으로 근무하면서 ○○사업부 신제품 제안 프로젝트를 하게 되었습니다. 신제품 출시를 감안한 과제로 임원의 평가이기에 전략이 구체적이고 현실적이어야 했습니다. 18명 인턴들 중 2명과 함께 팀장으로 활동하며 200명의 길거리 설문 조사 및 인터뷰, 경쟁 업체, 사회적 트렌드를 조사했고 그에 따른 가격, 유통, 홍보 전략 등을 세웠습니다. 그 결과 ○○안을 발표하고 정규직으로 전환하는 기회를 얻을 수 있는 성적을 받았습니다.

Q. 경쟁사 대비 자사 제품을 마케팅 분석 툴로 비교해보라.

A. 제가 좋아하는 ○○제품을 SWOT 분석으로 말씀드리겠습니다. S인 Strength는 1등 브랜드 파워입니다. W인 Weakness는 ○○입니다. 경쟁사 제품 ○○을 보면 ○○한 컬러, ○○한 디자인을 통해 ○○을 타깃으로 전략을 펼치고 있습니다. 특히 광고나 기사를 접했을 때도 ○○ 이미지를 연출하여 ○○을 소구하고 있으며, 제가 직접 사용했을 때도 ○○ 부분이 보완할 점이라고 생각합니다. O인 Opportunity는 ○○입니다. 아직 ○○한 시장 상황에서 ○○에 대한 고민이 있다고 생각합니다. 따라서 ○○○○에 대한 연구 및 출시는 ○○ 부분에 있어서 또 다른 기회라고 생각합니다. 마지막으로 T인 Threaten은 ○○입니다. ○○한 상황

에서 ○○, ○○○, ○○○○한 점이 위협으로 존재하고 또한 영향을 미칠 수 있습니다.

Q. 최근에 봉사활동을 한 것이 있다면 무엇이 있나?

A. 교회 친구들과 함께 작년 겨울 노숙자들을 위해 침낭을 주는 자선 활동을 했습니다. 서울역에서 동상으로 노숙자가 사망했다는 뉴스를 접하고 교회 친구들 3~4명이 모여 시작했습니다. 2개월 정도 진행하다가 결국 자금 부족으로 활동을 접게 되었지만, 누군가를 도우려면 개인의 경제적인 성장이 뒷받침되어야 한다는 점을 깨닫게 해준 활동이었습니다.

Q. 마지막으로 하고 싶은 말이 있다면 말해보라.

A. (손 들고) 예! 있습니다. 저는 전공으로 영어를 공부했습니다. 그래서 마지막으로 영어로 말씀드리고 싶습니다.

When I am in trouble, I usually watch ○○ film.

The movie basically shows me this lesson.

Life is not always bright but if I know what I want, I must go out and get it. How much I can take and keep moving forward. That is how winning is done.

I want to show you what I got and how I keep moving forward in your company.

That's all. I appreciate it.

다음은 현중식 씨가 명품가방회사 해외 영업직에 지원했을 때 받았던 면접 질문과 그에 대한 대답이다. 현 씨는 이곳에서도 최종 합격했다.

Q. 지금 옆자리에 앉아 있는 다른 지원자들은 해외 대학을 졸업했는데, 본인이 다른 지원자보다 어떤 경쟁력이 있다고 생각하나?

A. 예, 저는 해외 대학을 졸업하지도 않았고 어학연수도 다녀오지 못했습니다. 하지만 저는 제 옆자리에 앉아 있는 다른 어떤 지원자들보다 영어를 잘할 수 있습니다.

I wanted to go abroad to study English. However, I didn't want to burden my parents.

At first, I went to a big bookstore in Seoul. Since I thought I could meet educated foreigners there. My expectation was correct. I met kind and intelligent foreigners.

I talked with them about little things and also had dinner with them.

All of these works resulted in high grades in my college classes and earned me the chance to volunteer to work abroad and do an internship in an ○○○.

Q. 디스플레이된 가방 중 하나를 골라 느낌을 말해보라.

A. 얼룩무늬를 보니 바둑이가 생각납니다!

Q. 바둑이? 그 가방 가격이 얼마인지 알고는 있나?

(집으로 돌아와 검색했을 때 100만 원이 넘는 가방이었음)

A. 모릅니다. 그렇기 때문에 전문가가 아닌 일반 소비자의 시각으로 이 가방에 대한 느낌을 감히 말씀드렸습니다.

합격 자기소개서

자신의 장점과 단점은 무엇입니까?

'꼼꼼한 완성도'

꼼꼼하고 책임감이 강합니다. 주어진 업무를 능동적으로 계획하고 진행하며 완벽한 마무리를 추구합니다. 이를 통해 인턴 활동 시 대표이사 회의 자료 준비에 참여하는 등 직위 이상의 업무를 담당하며 기대 이상의 인정도 받을 수 있었습니다.

'복잡한 두뇌로 몰입하는 개미는 밥그릇도 못 챙기나?'

길을 가다가도 갑자기 아이디어가 떠오르곤 합니다. 하지만 때때로 그것들을 쉽게 정리하지 못해 머리가 복잡해지는 단점이 있습니다. 또한 지나친 몰입으로 사소한 약속은 잊거나 속한 팀의 일을 우선시하여 정작 제 여가 시간이 부족하곤 합니다. 이를 극복하기 위해 핸드폰의 일정 기능에 중요한 일을 꼼꼼히 기록하게 되었습니다.

자신이 가장 성취감 있게 완수한 일은 무엇입니까?

<u>'신제품 마케팅 프로젝트'</u>

○○에서 인턴 및 사원으로 근무하면서 2번의 신제품 마케팅 프로젝트 과제를 수행했습니다. 식품사업부, 빙과사업부 관련하여 임원 및 팀장들에게 평가를 받는 과제였습니다. 학교나 특별 교육 단체에서 시행하는 프로젝트가 아닌 기업에서 신제품 출시를 감안한 과제였기에 가격 전략 및 시장 침투 전략을 구체적이고 현실적으로 준비했습니다. 식품 사업부 관련해서는 18명 인턴들 중 2명과 함께 팀장으로 활동하며 정성적, 정량적 시장 조사부터 3C 분석을 골격으로 진행했습니다. 200명의 길거리 설문 조사 및 인터뷰, 경쟁 업체 조사 분석, 사회적 트렌드를 감안하여 신제품의 가격, 유통, 홍보 전략 등을 세부적으로 준비했습니다. 빙과사업부 과제 시에는 마이클 포터 교수의 5force 모델을 기반으로 19명의 신입사원 중 3명과 함께 준비했습니다. 신선한 이미지와 대체제 및 보완제를 중점으로 신제품을 고민했습니다. 마트와 시장에 나가 판매 상황을 주시하고 점원들과 시민들을 만나 니즈를 파악했습니다. 그 결과, 식품사업부 과제를 통해 우수 인턴 평가에 반영되었고, 과제 결과는 1등이라는 성취를 얻을 수 있었습니다.

우리 회사에 해당 직무로 지원하게 된 동기는 무엇입니까?

<u>'마케팅 관련 경험과 흥미 그리고 커뮤니케이션 능력'</u>

경영을 복수전공하며 마케팅에 흥미를 갖고 공부를 했습니다. 그리고 그 지식을 활용하여 성공한 경험이 있습니다. KT와 KTF의 공모전에 참가

하여 입상은 못했지만 제출한 아이디어가 상용화된 경험, 기업 마케팅 과제에 성과를 얻은 일 등이 있습니다. 또한 커뮤니케이션 능력입니다. 신문 배달에서부터 한 제과회사의 인턴, 사원에 이르는 다양한 경험을 했습니다. 이는 고객과 진솔한 소통을 할 수 있는 매개체이며, 고객 니즈를 파악하는 핵심 역량이 됩니다. 고객과의 소통은 그 고객의 상황을 이해하는 것을 넘어 직접 경험해봐야 이루어질 수 있기 때문입니다. 다양한 고객층과 소통해본 크고 작은 경험들은 ○○회사 고객들과의 소통에 중요한 밑그림이 될 것입니다. 이 3가지 역량을 바탕으로 ○○의 마케팅 업무에서 새로운 획을 긋는 사원이 되겠습니다.

취업 선배가 조언하는 면접 전략

진실함과 당당함으로 승부하라

합격을 향한 면접 Tip이 있다면 첫 번째 진실함, 두 번째 당당함이다. 내 경험을 비추어볼 때 화려한 수식어의 사용, 임팩트 있는 어구의 사용보다 진실함과 당당함이 면접의 합격, 불합격 여부를 결정지었다.

❶ **진실함** 처음 면접을 준비할 때는 일정한 틀을 만들어놓고 지원하는 회사에 맞게 조금씩 변경했다. 하지만 다대다 면접에 가보니 지원자들의 답변 패턴들이 비슷하다는 것을 알았다. 나는 진실함으로 승부를 걸기로 했다. 지원하는 회사에 따라 나만의 생각과 의견을 녹여 말했다. 그 후

합격률이 좋아졌고, 지원 동기부터 차별화된 답을 할 수 있었다.

❷ **당당함** 내 경험을 보면, 합격에 중요한 영향을 미친 것은 당당함이었다. 위축된 모습을 보인 면접에서는 불합격 통보를 받았고 '내가 준비한 모든 것을 보여주리라!'라고 담대히 나갔던 면접에서는 합격 소식을 들었다. 내 이름의 첫 글자는 'ㅎ'이기에 ㄱㄴㄷㄹ 어순으로 진행되는 면접에서는 주로 마지막으로 면접을 보았다. 면접관들은 이미 앞에서 어느 정도 지원자들을 결정했거나 지친 모습으로 맞이해주는 상황이었다. 이때 나는 당찬 모습으로 면접장에 활기를 불어넣었다. 언급하기 불편한 회사의 약점을 제시하면서 내가 그것을 해결해보겠다고 의지를 표현했다. 그때 면접관들은 다시금 면접장 분위기를 뜨겁게 만들어줬다는 평가와 함께 합격이라는 희소식을 전해주었다.

합격한 면접은 무엇이 다를까?
취업 선배들의 합격 면접 공개
: 7년 전 약속, 유성민 편

🌳 취업 선배 유성민, 그는 누구?

건설회사에서 전자전기공학 전공을 살려 일하고 있습니다. 작년까지 저는 이렇다 할 스펙 하나 없는 취업 준비생이었습니다. 제가 내세울 수 있는 장점은 다양한 아르바이트 경험과 어학연수 반년이 전부였습니다. 수십 번의 서류 탈락으로 많이 힘들었지만, 생각해보니 가장 큰 문제는 자신감 부족이었습니다. 장점은 잊고 단점만을 의식하면서 입사 지원을 한 것입니다. 자기소개서에는 이런 저의 위축된 모습이 담겨 있었습니다. 당장 자기소개서부터 바꾸고 장점에 집중하기 시작했습니다. 그리고 반드시 취업하겠다는 의지를 갖고 노력한 결과, 원하는 회사에 합격하여 만족스러운 직장 생활을 하고 있습니다. 여러분도 다른 사람이 갖지 못한 자신만의 경쟁력을 잊지 않으셨으면 좋겠습니다.

합격 면접 Q&A

Q. 자기PR을 해보라.

A. 안녕하십니까, 지원자 유성민입니다.

저는 ○○건설에 입사하기 위해 대학 생활 동안 크게 2가지를 준비했습니다.

첫째, 엔지니어의 머리입니다. 전기뿐만 아니라 전자, 제어, 통신을 공부하여 다양한 전공 지식을 쌓았습니다. 둘째, 비즈니스 마인드입니다. 관상새우 수입, 오페라 스태프, 매장 판매 등 10여 가지의 아르바이트 경험을 통해 비즈니스 마인드를 키웠습니다. 중국을 비롯한 저임금 국가에 비해 소품종 다량 생산이 경쟁력이 없어진 현재, 고도의 기술과 아이디어가 필요한 도시개발 산업은 앞으로 한국 산업의 핵심이 될 것이라고 생각합니다. ○○건설에서 엔지니어의 머리와 비지니스 마인드로 최첨단, 친환경 도시를 만들기 위해 노력하겠습니다. 이상입니다.

Q. 면접 중인 다른 회사가 있나?

A. 네, A사는 최종 합격 발표를 기다리는 상태이고, B사는 다음주에 2차 면접이 예정되어 있습니다. 하지만 제가 가장 가고 싶은 회사는 이곳입니다.

Q. B사에는 면접 보러 가지 않을 건가?

A. 이곳에 합격된다면 다른 회사 면접은 가지 않을 것입니다.

Q. 이번에 우리 회사에 떨어지고 B사에 합격하면?

A. B사에 합격하더라도 입사하지 않고 내년 상반기에 다시 이곳에 도전할 것입니다. 저는 며칠 전에 입사 의지를 다지고자 ○○회사를 찾아와 보았습니다. 출입증이 없어서 제가 일하고 싶은 부서를 찾아가지는 못했지만, 회사 앞 편의점에서 선배님들을 만나 대화를 나누며 조언을 들을 수 있었습니다. 회사를 방문한 이후 애사심이 더욱 커졌습니다. 이곳이 저의 목표이고, 이번에 떨어지더라도 계속 도전해서 ○○건설 신입사원이 되겠습니다.

Q. 지금까지 살면서 가장 잘했다고 생각하는 일은 무엇인가?

A. 제가 지금까지 살면서 가장 잘했다고 생각하는 일은 어학연수를 다녀온 것입니다. 남들도 다 가는 어학연수이지만 저에겐 특별한 의미가 있습니다. 고등학교를 졸업 후 어학연수를 위해 10여 가지의 아르바이트를 했고, 7년에 걸쳐 1,500만 원을 모을 수 있었습니다. 7년 동안 1가지 목표를 위해 달려왔고, 올해 드디어 그 목표를 이루었습니다. 지금은 새로운 목표에 대한 기대와 무엇이든 할 수 있다는 자신감에 가득 차 있습니다. 이제는 이곳에서 목표를 세워 달려가고 싶습니다.

Q. 10여 가지라, 굉장히 많은 아르바이트를 했는데?

A. 네, 아르바이트는 저에게 단순한 돈벌이가 아닌 새로운 배움의 장소였습니다. 커피를 좋아해서 스타벅스에서 일하며 커피 만드는 법을 배웠고, 운동화를 좋아해서 나이키 운동화를 수집했습니다. 오페라 공연을 많이 보고 싶어서 국립오페라단 스태프로 일하며 매일 공연을 보았습니다. 그 밖에도 학원 강사, 서빙 등 다양한 아르바이트를 했습니다.

Q. 장사를 하면 잘할 것 같은데 사업을 해보는 것은 어떤가?

A. 그동안 취미나 좋아하는 것을 위해 다양한 아르바이트를 했습니다. 그러나 이제는 단순한 취미가 아닌 인생의 목표를 위해 꼭 이곳에 입사하고 싶습니다.

Q. 살면서 가장 힘들었던 적은 언제인가?

A. 제가 살면서 가장 힘들었던 적은 4년 전 아버지가 돌아가셨을 때입니다. 사고로 갑자기 돌아가셨고, 저는 준비되지 않은 상태에서 슬픔과 한 집안의 가장이라는 부담감을 떠안게 되었습니다. 처음엔 많이 힘들었지만, 이제는 남들보다 더 열심히 살아가는 계기가 되었습니다.

Q. 우리 회사는 해외 파견도 많이 가는데, 해외에 나가도 괜찮은가?

A. 네, ○○회사는 남미 시장을 주력으로 세계로 진출하고 있습니다. 저는 입사하여 남미 시장을 위해 스페인어를 공부할 것입니다. 언제든 회사가 필요로 할 때 갈 수 있게 준비된 인재가 되겠습니다.

Q. 만약에 중동으로 발령되어도 괜찮은가?

A. 만약 중동으로 발령받는다면 결정된 날부터 바로 아랍어를 공부할 것입니다. 업무에 대한 지식도 중요하지만 그 나라 사람들을 이해하고 소통하는 것 또한 매우 중요하다고 생각합니다.

합격 자기소개서

지원 동기/희망 근무 분야

제 목표는 ○○건설에서 신도시 전체의 전기 설계 책임자가 되는 것입니다. 하나의 건물이 아니라 하나의 도시를 책임지기 위해서는 많은 경험과 지식이 꼭 필요하다고 생각합니다. 저희 학교는 4학년까지 학부제를 유지하여 폭넓은 전공 공부를 가능하게 해주었습니다. 전기뿐만 아니라 전자, 통신, 제어를 공부하여 다양한 전공 지식을 쌓았습니다. 또한 7년 전 저 자신과 했던 약속을 지키기 위해 다양한 사회 경험을 쌓으며 자기계발을 했습니다. ○○건설은 대형 PF사업과 신도시 건설로 도시개발의 선두주자로 꼽히고 있습니다. 동북아시아의 새로운 관문인 송도국제업무단지를 비롯하여 충주의 기업혁신도시, 대구의 이시아폴리스, 동탄의 메타폴리스 등 도시개발로 고부가가치를 창출하고 있습니다. 또한 국내에서의 쌓은 기술로 베트남의 스플랜도라를 시작으로 해외로 무대를 넓혀가고 있습니다. 저는 ○○건설에서 도시를 더 안전하고 스마트하게 만드는 일을 하고 싶습니다. 약속을 중시하고 끈기 있게 노력하는 저는 ○

ㅇ건설에서 회사와 고객의 약속을 제일로 생각하며 도시개발 산업의 발전에 기여하겠습니다. ㅇㅇ건설의 멀티플레이어가 되어 ㅇㅇ건설과 함께 세계로 나가 최고의 신도시를 세우겠습니다.

성장 과정/성격 장단점/생활 신조

목표를 정하면 이룰 때까지 계속 전진합니다. 눈으로 보고 몸으로 부딪히면서 해답을 찾아 나아갑니다. 지금까지 이런 강한 추진력으로 살아왔습니다. 대학 합격 후 아르바이트는 단순한 용돈 벌이가 아닌 새로운 배움의 장소였습니다. 커피를 좋아해서 스타벅스에서 일을 하며 커피 만드는 법을 배웠고, 이제는 집에서 어떤 커피든 직접 만들어 즐길 수 있게 되었습니다. 운동화를 좋아해 나이키 매장에서 일을 하며 운동화를 수집했습니다. 오페라 공연을 많이 보고 싶어서 국립오페라단의 스태프로 일하며 매일 공연을 보았습니다. 이제는 그저 취미나 좋아하는 것을 위해서가 아닌 인생의 목표를 위해 'ㅇㅇ건설'라는 호랑이굴로 들어가려고 합니다.

자기계발/난관 극복 사례

2003년 겨울, 처음으로 해외여행을 다녀왔습니다. 독일에서 2주 동안의 새로운 세계를 경험하고 돌아오는 비행기 안에서 장기 프로젝트를 계획했습니다. 7년 후 어학연수를 떠나기로 한 것입니다. 이를 위해 대학 생활과 병행하면서 각종 아르바이트를 하며 돈을 모으기 시작했습니다. 국립오페라단 스태프, 스포츠 매장, 커피 전문점, 창고 관리 등 7년 동안

10여 가지 아르바이트를 하면서 1,500만 원을 모았습니다. 드디어 목표를 이룰 날이 되었습니다. 소중한 시간을 헛되이 보내지 않으려 매일 아침 1시간씩 예습, 자기 전 1시간씩 복습을 했습니다. 마지막으로 어학연수를 마무리하면서 미국을 여행했습니다. 나이아가라 폭포의 물살을 맞으면서, 그랜드캐니언의 바람을 맞으면서 7년 동안의 장기 프로젝트에 마침표를 찍은 성취감에 눈물을 흘렸습니다. 여행을 마치고 온 지금 새로운 목표에 대한 기대와 무엇이든 할 수 있다는 자신감에 가득 차 있습니다. 이제는 'ㅇㅇ건설'에서 저의 두 번째 장기 프로젝트를 계획하려 합니다.

취업 선배가 조언하는 면접 전략

희망하는 회사에 직접 찾아가라

기자들이 기업의 정보를 가장 많이 얻는 곳이 그 기업의 엘리베이터와 식당가라고 한다. 직접 회사에 찾아가면 인터넷이나 책에서는 얻지 못하는 중요한 정보들을 구할 수 있다. 대부분의 취업 준비생들이 많은 시간을 들여 인터넷으로 기업에 대해 조사한다. 열심히 검색한 자료들은 대부분 뻔하거나 오래된 정보다. 게다가 이미 다른 경쟁자들도 다 아는 자료들이다. 그 기업에 대해 알고 싶다면 직접 찾아가보라. 아는 선배나 친구가 있다면 정보를 얻기 수월하겠지만 없어도 크게 상관없다. 회사 근처의 식당, 카페, 편의점에서 사원들을 쉽게 만날 수 있다. 실제 기업에서 최근 어떤 일이 진행되고 있는지, 어떤 목표를 가지고 나아가고 있는지, 인터넷에선 볼 수 없는 귀한 정보를 얻을 수 있다. 나 역시 면접에 앞서 직접 회사를 찾아가보았다. 출입증이 없어서 내가 일하고 싶은 부서를 찾아가지는 못했지만, 회사 앞 편의점에서 선배님들을 만나 대화를 나누며 유용한 조언을 들을 수 있었다. 이 경험은 면접장에서 입사 의지를 보여주는 좋은 예시가 되었다. **지금 컴퓨터 앞에 앉아 있다면 키보드 치는 손가락을 멈추고 희망하는 회사에 찾아가보길 권한다.**

합격한 면접은 무엇이 다를까?

취업 선배들의 합격 면접 공개

: 맨발로 뛰는 마케터, 김우철 편

🌳 취업 선배 김우철, 그는 누구?

전자회사 B2C그룹 충북팀에서 전매마케팅을 담당하고 있습니다. 업무가 녹록치 않지만, 하루하루 이끼처럼 끈질기게 덤벼들고 있습니다. 저는 사람들의 욕구 발굴에 관심이 많고 인사이트를 찾아 헤매는 열정의 마케터를 꿈꾸고 있습니다. 많은 분들이 지금 취업 걱정 때문에 잠 못 이룬 채 고민하고 술로 밤을 지새우고 있으실 겁니다. 저도 그랬으니까요. 갈수록 취업난은 심해지고 졸업자들은 늘어나고 있습니다. 똑똑한 사람들, 별난 사람들, 잘난 사람들도 매우 많습니다. 하지만 사회는 제대로 실행할 줄 아는 사람을 좋아하고 선호합니다. 저는 딱히 내세울 것은 없지만 목표가 정해지면 깊게 파고 들어가는 스타일입니다. 바로 이런 성격 덕분에 취업에 성공했다고 생각합니다. 여러분들도 자신의 꿈과 목표를 위해 깊고 넓게 파시기 바랍니다. 꼭 좋은 성과를 거두실 겁니다.

합격 면접 Q&A

Q. 자기소개를 해보라.

A. 안녕하십니까. 지난 2.5개월 동안 강원도에서 Only&Best 제품들을 알려온 독한 인턴사원 김우철입니다. 크게 성격, 영업에 대한 열정 측면에서 말씀드리겠습니다.

첫째, 목표 달성을 위한 실행에 있어서 주저함이 없는 성격입니다. 인턴 1차 면접 준비를 하면서 ○○전자 한국마케팅본부에 대한 궁금증을 풀기 위해 한 치의 망설임 없이 12월 7일 강원팀 사무실에 직접 찾아가 한국마케팅본부에 대한 전반적인 현황은 어떠한지, 필요한 역량은 무엇인지 등에 대하여 듣고 왔습니다.

둘째, 영업에 대한 열정입니다. 영업 관리 조직에서 근무하기 위해서는 영업을 해봐야 한다고 생각합니다. 그래서 이번 프로젝트를 실시하면서 30명 이상의 고객들을 직접 만나고 왔습니다. 오랄컴을 바탕으로 Only&Best 제품들을 설명하고 체험을 권장하는 등 홍보에 주력했고, 판매가 발생한 후에는 지속적으로 문자와 전화로 RSM을 실시하며 제품의 장단점을 파악했습니다. 현장에서 다양한 고객들과 다양한 상황을 겪었던 경험들은 입사 후에 업무를 하는 데 큰 도움이 될 것입니다.

○○전자 제품 사랑과 영업에 대한 매력으로 시작한 인턴 생활이었습니다. 이제 정식 신입사원으로 미리 먼저 생각하고 일찍 앞서 준비하여 제대로 실행하는 마케터가 되고 싶습니다. 한 번 더 기회를 주십시오! 감사합니다.

Q. 왜 우리 회사에 지원했나?

A. 2가지로 나누어서 말씀드리겠습니다. **첫째, 평소 가전제품에 관심이 많습니다.** 집에 오는 홈쇼핑 카탈로그는 빠짐없이 꼼꼼하게 살피고, 어머니께서 전자제품을 구경하러 가실 때는 항상 같이 다닙니다. 신기술이 적용되었거나 디자인이 뛰어난 제품들은 눈여겨보았다가 인터넷에서 찾아보고, 동네 마트에 가면 꼭 전자제품 코너에 들러 제품을 둘러봅니다. 사용상의 편리점이나 고객들의 만족도 같은 것을 개인적으로 판단하는 등 전자제품에 관심이 많다 보니 LED, LCD TV 원리, 냉장고 콤프레셔의 중요성, CPU 1, 2세대의 차이점, 램의 그래픽카드 중요성 등 전자제품 하드웨어에 대한 지식이 쌓였습니다. 최근 전자제품 트렌드는 사이즈는 대용량, 크기는 슬림화되는 추세입니다. 제가 생각할 때 이런 흐름에 가장 앞선 기업이 바로 ○○전자입니다. ○○전자 제품을 가지고 영업한다면 아프리카에서도 팔 수 있다고 자신하여 지원했습니다.

둘째, ○○전자를 선택한 또 다른 이유는 실행력이 강한 조직이기 때문입니다. ○○전자 한국마케팅본부 전사 구호가 "미리 먼저 생각하고 일찍 앞서 준비하여 제대로 실행합시다!"입니다. 저는 인턴 경험을 하면서 ○○전자가 매우 실행력이 강한 조직임을 알았습니다. 바로 그 실행력을 배우고 싶어 지원했습니다. 저 역시 무슨 일을 하든 실행력이 제일 중요하다고 생각했고, 평소 다양한 경험을 통해 실행력을 키워왔습니다. 회사의 기업문화와 제 성격이 닮아 이렇게 지원했습니다.

Q. 당장 내일 냉장고 100대 팔아 오라고 시키면 어떻게 할 것인가?

A. 직접 발로 뛰겠습니다. 무작정 발로 뛰는 것이 아닌 B2B 영업을 하겠습니다. 방법은 중소기업청 및 주변 상권에서 가망 고객을 추출한 뒤 제품의 특·장점을 도표화시켜 직접 영업을 해보겠습니다. 경쟁사 냉장고와 비교 자료를 만들어 제품의 기술력을 널리 알리겠습니다.

Q. 지원한 직무에 대해 말해보라.

A. 상품에 대한 정책(진열, 판촉, 인력 관리 등)을 세우고 판매 사원들을 관리하는 직무입니다. 영업 전략을 세워 판매 사원들에게 전하는 커뮤니케이터 역할을 맡는 것으로 알고 있습니다.

Q. 지원한 직무를 위해 준비한 것은?

A. 고객에 대한 이해 없이는 영업 관리자가 될 수 없다고 판단, 학부 시절 마케팅 기획단 활동과 영업팀 인턴을 했습니다. 학업 또한 소홀히 하지 않아서 장학금 1회, 교환학생 장학금 1회 수상했습니다. 교환학생을 가서는 고객가치창출이라는 수업을 들으며 영업 관리자로서의 역량을 키웠습니다.

Q. 좋아하는 운동은?

A. 축구, 춤을 좋아합니다. 고등학교 시절에 축구부를 조직할 정도로 축구에 대한 애정은 남달랐습니다. 색다른 것을 좋아하는 저는 대학교에 입학하여 댄스동아리에 들어갔습니다. 7년 동안 연고전 댄스 배틀 2회 우승, 30회가 넘는 각종 공연에 참가하며 팀워크를 배웠습니다.

Q. 전국구 조직이다 보니 지방 근무도 잦을 텐데, 지방 근무도 가능한가?

A. 100퍼센트 가능합니다. 학교를 강원도에서 다니다 보니 전국 어느 곳에서도 겨울을 날 수 있고 빙판길도 잘 다닙니다.

Q. 전자산업이 향후 10년 뒤에는 어떻게 변할까?

A. 블루오션이 아닌 레드오션입니다. 게다가 ○○라는 거대한 골리앗이 버티고 있어서 쉽지 않겠지만 ○○전자 제품력을 본다면 충분히 전자시장에서 1등을 할 수 있을 것입니다. 연구, 생산 직원들이 땀 흘려 열심히 만들어준 만큼 현장에서 불티나게 팔 수 있도록 공부하고 제대로 실행할 수 있는 마케터가 되겠습니다.

합격 자기소개서

자신이 가진 열정에 대하여

'아들, 꽃 새겨진 냉장고 어때?'

집으로 오는 홈쇼핑 카탈로그 전자제품 섹션을 수시로 읽어볼 정도로 가전제품 구경은 오랜 취미입니다. 어머니께서 가전제품을 구입하실 때는 매장에 저를 꼭 데리고 다니십니다. 집 앞에 위치한 ○○전자 베스트샵은 전자제품의 유행을 볼 수 있는 공부방이며, 부모님의 단골가게이기도 합니다. 특히 2010년 출시된 백색가전이라는 말을 무색하게 만든 하상림 작가의 '아트 디오스 냉장고'는 어머니의 위시리스트 1순위이기도 합니다. 제품들을 구경하며 부모님께서는 품격 있고 편리한 Family Life를 꿈꾸셨고, 저는 전자제품에 대한 애정을 키웠습니다. 감성적인 ○○전자의 제품들을 보면서 ○○전자 입사를 간절히 꿈꿔왔습니다. "환경이 어려워도 솟아나는 구멍은 고객에게 배워라" 영업, 마케팅 현업에서 근무하고 계신 마케팅 동아리 AIM 선배님들의 조언입니다. 이는 수업을 듣거나 대외 활동을 할 때 행동의 근간이 되었던 저의 생활신조이기도 합니다. 2010년 KT&G 강원상상유니브마케팅기획단 시절에 고객을 통해 원주라는 새로운 시장을 개척한 경험이 있습니다. KT&G 기업 이미지 제고라는 목표하에 춘천 거주 대학생들을 대상으로 문화예술 프로그램을 기획, 실행, 홍보하는 임무를 부여받았습니다. 하지만 참여율이 저조하여 50만 원 이상의 적자가 나기 일쑤였습니다. 원주 시장의 필요성이라는 주제로 강원본부장님께 프레젠테이션을 직접 했지만 시간과 비용이 많이 들어

간다는 이유로 거절당했습니다. 저희 조는 이에 굴하지 않고 원주 4개 대학과 3곳의 번화가들을 발로 뛰며 설문 조사를 실시했습니다. 이와 함께 FGI와 IDI를 활용했고, 1달 동안 600명의 대학생들을 만나 65퍼센트가 "수강 의향이 있다"는 결과를 얻었습니다. FGI와 IDI를 통해서는 "자신을 표현하고 싶은 욕구가 있지만 도구가 없다"는 인사이트도 발견했습니다. 이를 바탕으로 원주에서 댄스, 랩 프로그램을 개설하여 1달 만에 적자는 흑자로 전환되었고, 이미지 제고에도 기여했습니다.

본인이 이룬 가장 큰 성취에 대하여

'Smart Cart를 아십니까?'

2010년 창업경진대회에서 Smart Cart라는 아이템으로 장려상을 수상했습니다. 평소 자주 이용하던 마트에서 긴 카트 행렬에 서 있는 고객들의 지친 모습에서 착안하여 만든 아이템이었습니다. RFID 기술을 접목시켜 물건을 카트에 담는 동시에 계산이 되고 리더기를 통해서 결제하는 카트였습니다. 대회 출전을 위해 4명의 친구들과 '마트 이용 고객 편의 증진'이라는 목표를 세우고 사업 계획서를 작성했습니다. 조장의 지시에 따라 설계 도면 작성, 영업 전략, PPT 작성 등의 역할 분담을 했습니다. 저는 영업 전략 부문을 맡아 원주에 있는 중대형마트 10곳의 점장들과 미팅을 주선하여 제품에 대한 호응도와 구입 의사 여부를 물었습니다. 인건비 절약(캐셔)과 고객 편의 증대라는 이익 때문에 점장들의 반응은 매우 긍정적이었으며, 이를 사업 계획서에 반영해 프로젝트의 설득력을 높였습니다. RFID의 높은 가격 때문에 본선에서는 장려상을 수상했지만, 이

프로젝트를 통해 제품 기획부터 생산, 판매까지 모든 과정을 간접 체험할 수 있었습니다. 특히 영업과 영업 전략의 막중한 책임감과 중요성을 깨달았으며 혁신은 사소한 관심에서도 나올 수 있다는 것을 배웠습니다.

본인의 가장 큰 실패 경험에 대하여
'640만 원의 장학금을 지켜라'

마이애미 교환 학생 시절 그리스 친구와 세일즈 성공 사례 발표를 한 적이 있습니다. 중간 발표와 기말 발표로 나뉘어서 진행되었으며, 발표로만 성적을 받는 수업이었습니다. 640만 원의 장학금을 받았기 때문에 모든 과목에서 B 이상의 성적을 받아야 했지만, 중간 발표에서 11개 팀 중 꼴찌를 했습니다. 중간 발표를 준비하면서 리더였던 그리스 친구 조지가 수업이 어렵다며 책임을 등한시했습니다. 조별 모임 중 맥주를 마시러 사라지는가 하면, 저녁에는 운동을 해야 한다며 각자 알아서 하자는 등의 무책임한 모습을 보였습니다. 이기적으로 보였지만, 그와 대화한 후 그리스에서는 천천히 식사를 하고 시에스타를 즐기는 여유를 가장 중요시한다는 것을 알았습니다. 이에 저는 사례 준비를 떠나 조원들끼리 바비큐 파티를 하자고 제안했습니다. 파티를 하며 시에스타에 대해 묻고, K-POP을 알려주며 공통분모를 만들어갔습니다. 그 이후 5명의 조원들은 더욱 가까워졌으며, 조지는 능동적으로 팀을 이끌기 시작했습니다. 'Personal Branding을 하라', '고객의 아이들까지 섭렵하라' 등의 차별화된 발표 내용으로 저희 팀은 기말 발표에서 2등을 했으며 최종적으로 B를 받을 수 있었습니다.

본인의 역량에 관하여 (글로벌 감각 / 지원 분야 관련 지식)

'지구에서 통하는 ○○의 미소 그리고 김우철의 도전'

군 전역 후 국제적인 안목을 넓히기 위해 미국 어학연수를 떠났습니다. 제일 먼저 언어 장벽을 허물기 위해 문법보다는 TV 드라마와 뉴스를 통해 실제 영어를 배우려고 노력했고, 방과 후에는 미국인들에게 춤을 가르치며 회화 공부의 연장선이 되도록 했습니다. 결과적으로 반 대표로 졸업식에서 스피치를 하는 등 회화 능력을 키울 수 있었습니다. 어학연수를 다녀온 후에는 영어 선생님과 스터디를 통해 영어 감각을 유지했으며, 2011년도 1학기에는 스스로를 더욱 성장시키고자 교환학생에 도전했습니다. 다국적 친구들과 겨뤄서 이기고 싶은 마음에 하루에 5시간 이상 취침하지 않으며 학업에 전념했습니다. 또한 Shadowing Experience라는 프로그램을 이용하여 앤디라는 영업 관리 실무자를 만나서 하루 일과를 관찰하기도 했습니다. 주말에는 댄스동아리와 학생회 활동에 참가하여 미국, 유럽, 아시아, 남미 등의 다양한 계층의 사람들과 교류하며 다문화를 이해할 수 있는 기반을 쌓았습니다. 방학 기간 중에는 뉴욕으로 홀로 떠나 낯선 사람과의 대화를 통해 길을 찾는 등 환경 변화에 따른 적응력을 키웠습니다.

'신민아 없이도 XNOTE를 팔 수 있는 방안을 모색하겠습니다'

2008년 5개월 동안 문화마케팅 전문 기업인 풍류일가 영업팀에서 B2B 고객을 발굴, 지원하는 업무를 수행하며 신속 정확한 업무 처리로 25퍼센트 매출 증대에 기여했습니다. 강원도청부터 SK까지 50명이 넘는 마케팅 담당자들을 만나 HRD 상품 상담과 계약 체결을 진행했습니다. 또한 관심을 보인 고객이 바로 계약하지 않더라도 잠재고객이라고 생각하며 이메일과 전화로 지속적인 관계를 유지, 발전시켜갔습니다. 영업 관리의 핵심은 정확한 고객니즈 파악에 따른 알맞은 전략 수립과 판매 사원들 간의 커뮤니케이션 능력이라고 생각합니다. 실무 경험을 통해 단련한 업무 처리 능력과 판매 사원들과의 협력을 통해 ○○전자 매출 증대에 기여하겠습니다.

본인의 성격에 관하여 (본인의 약점 / 강점에 대하여)

'i7 터보부스트 같은 추진력'

목표 달성을 위해 포기할 줄 모르는 추진력이 저의 가장 큰 장점입니다. "인상 좋은 젊은이가 자꾸 찾아오니 거절을 못하겠구만!" 2010년 영삼성 대학생 기자 시절에 춘천상인엽합회 회장님께서 해주신 말씀입니다. 강원 지역 리더를 맡아서 춘천 공지천에서 영삼성 길거리 홍보를 하려고 했지만 기업의 로고가 새겨진 물품을 이용한 상업적인 홍보 활동은 금지한다는 연합회의 반대 때문에 홍보 활동을 진행시킬 수 없었습니다. 이를 해결하기 위해 15번이 넘게 전화하고 2번 직접 회장님을 찾아뵈어 상업적인 홍보가 아닌 대학생들을 위한 무료 커뮤니티 홍보라는 점을 계속 강조했습니다. 또한 5명의 조원들과 함께 3일 동안 공지천 주변에 위치한 10개의 음식점 사장님들을 만나 홍보 목적에 대해 말씀드렸습니다. 그 결과 연합회의 허락을 얻어 주말에 걸쳐 홍보 활동을 진행시킬 수 있었습니다.

'지나친 욕심'

목표를 이루어야 한다는 욕심에 동료들을 재촉하기도 합니다. 강한 추진력으로 좋은 결과를 얻었지만, 동료들로부터 미움을 사기도 했습니다. 이를 보완하기 위해 동료들과 더 많은 대화를 시도하고 목표를 이루어나가는 과정에서 동료들에게 세심하게 주의를 기울이도록 노력하고 있습니다.

본인의 10년 후 계획에 대하여

'a Right Intern for ○○전자'

원주 학성동에 위치한 ○○전자 베스트숍 좌측에는 하이마트가, 우측에는 삼성전자 디지털프라자가 위치해 있어서 경쟁이 매우 치열합니다. 세 매장을 방문한 결과 경쟁 상품을 직접 매장에 가져다 놓고 손님들에게 비교 설명을 해주며 제품을 팔고 있습니다. 선배님께 업무를 배우며 매장을 찾아주시는 손님들을 대상으로 설문 조사를 실시하겠습니다. 이를 바탕으로 동료 인턴들과 머리를 맞대고 판매 활동 촉진 전략 수립에 대해 고민 또 고민하겠습니다. 이와 동시에 하루에 1번 판매 사원들과 정기적인 자리를 마련하여 그들의 소리를 듣고 판매 활동 촉진 전략에 적극 반영하겠습니다. 제품의 특징 또한 메모를 하며 파악해나가겠습니다.

'a Right Person of ○○전자'

끊임없는 영업 관리에 대한 공부와 자기계발을 통해 통찰력을 갖춘 ○○전자 임원이 되는 것이 목표입니다. 통찰력을 키우기 위해 2010년부터 『세종처럼』을 시작으로 인문학 서적을 8권가량 꾸준히 읽고 있습니다. 입사 후에는 ○○전자의 인재 육성 프로그램을 통해 업무에서 부족한 부분은 보완하고, 글로벌 기업인만큼 영어 회화 실력을 더욱 향상시키고, 5년 안에 제2외국어를 마스터하여 급격한 시장 환경에 대비하겠습니다. 실무 능력을 배양하고 함연주의 샤인 냉장고, 3D 기술이 최초 적용된 OPTIMUS 3D처럼 한발 앞선 영업 관리 프로세스를 설계하여 ○○ Way를 달성하는 데 기여하겠습니다. 낮은 배움의 자세를 통해 ○○전자와 동반 성장하는 것이 저의 비전입니다.

취업 선배가 조언하는 면접 전략

10퍼센트의 부끄러움을 즐겨라

잠시 내 이야기를 해보겠다. 나는 취업박람회를 적극적으로 찾아다니면서 한 대기업 인사담당자와 친분을 쌓았다. 함께 점심을 먹으면서 인사담당자는 회사의 사업 비전과 현황 등을 자세히 알려주었고, 자기소개서 작성에 대한 조언도 해주었다. 결과적으로 인·적성 검사에서 불합격했지만, 이를 계기로 더욱 도약할 수 있었다. 이후 나는 ○○전자 인턴 입사라는 입사라는 또 다른 목표를 세우고 도전했다. 하지만 회사 정보가 많지 않았다. 이대로 포기할 수는 없었다. 정장 구두, 서류 가방, 입사 지원서를 깔끔하게 준비한 후 회사 건물로 찾아갔다. 그것도 새벽에 기상해서 직원들과 같이 이른 아침에 출근했다. 그리고 건물 1층 안내데스크에 가서 직원에게 이렇게 이야기했다.

"인사담당자 좀 만나 뵈러 왔습니다."

"무슨 일이시죠?"

"다름이 아니라 이 회사에 취업하고 싶은데, 어떻게 해야 할지 몰라서 문의드리러 왔습니다."

이후 1시간 정도 기다렸을까? 인사팀에서 내 또래 정도로 보이는 누군가가 내려왔다. 그는 이러면 안 된다며 나중에 공채 때 지원하라는 말을 남기고 돌아섰다. 그때 내 입에서 튀어 나온 말.

"그러면 회사 구경이나 시켜주세요."

무슨 배짱이었는지 모르겠다. 인사팀 직원은 당황했지만, 나는 당당했다. 올라가서는 인사팀 사무실에서 자초지종을 설명하고 5분만 도와달라고 말씀드렸다. 그랬더니 인사팀 과장님께서 다행히 나의 열정을 좋게 봐주셨고 시간을 내주셨다. 나는 준비한 서류와 질문 노트를 펴고 폭풍처럼 질문하며 답변들을 빼곡하게 메모했다. 그렇게 얻은 정보들을 토대로 자기소개서를 적었고, 다행히 서류 전형에 합격했다. 면접 때도 이 에피소드는 힘을 발휘했다. 회사를 찾아와 인사담당자를 만났다는 이야기를 꺼냈더니, 면접관들의 눈빛이 달라지는 것을 느꼈다. 그렇게 꿈에 그리던 합격 소식을 들었고, 인턴 생활을 경험한 후 최종 면접에 합격했다.

회사가 궁금하다면 그냥 찾아가라. 인터넷에 떠도는 정보들도 좋지만 발로 뛰어서 얻는 정보가 몇 배는 알차다. 가장 확실한 길은 고객(가고픈 회사)과 만나는 것이다. 박람회든, 본사든, 매장이든 지원 회사와의 접점을 만들고 그것을 키워라. 나는 경험을 통해 깨달았다. 약간의 부끄러움과 그것을 이겨낼 수 있는 용기가 내 연봉과 꿈을 결정한다는 것을.

뽑히는 면접

인쇄일 초판 1쇄 | 2012년 10월 31일
발행일 초판 1쇄 | 2012년 11월 7일
　　　　초판 4쇄 | 2015년 11월 20일

지은이 | 신길자

발행인 | 이정식
편집인 | 신휘선
출판팀장 | 신수경
책임편집 | 양영광
편집 | 한정아
디자인 | 씨오디
마케팅 | 안영배, 경주현
제작 | 주진만

발행처 | (주)서울문화사
등록일 | 1988. 12. 16
등록번호 | 제2-484호
주소 | 서울특별시 용산구 새창로 221-19
편집문의 | 02-799-9326 구입문의 | 02-791-0762
FAX | 02-799-9144
홈페이지 | http://books.ismg.co.kr
이메일 | book@seoulmedia.co.kr

copyright ⓒ 신길자 2012

ISBN 978-89-263-9339-0 (13320)

이 책은 저작권법에 따라 보호 받는 저작물이므로 무단전재와 무단복제를 금지하며,
이 책 내용의 전부 또는 일부를 이용하려면 반드시 저작권자와 (주)서울문화사의 서면 동의를 받아야 합니다.